神经语言学
NEUROLINGUISTICS

崔 刚 著

清华大学出版社
北京

内 容 简 介

本书围绕神经语言学的研究的两大核心内容，分为四个部分：第一部分讨论神经语言学的学科属性、背景、历史和研究的方法，第二部分讨论采用语言学理论与心理学实验对语言障碍的研究，第三部分讨论采用大脑成像和脑电技术对大脑的语言功能和语言处理的神经基础，第四部分神经语言学研究所存在的三个主要问题进行了讨论，并提出了一定的解决方案。

本书采用文献研究的方法对该学科一百多年的研究进行全面的梳理与思考，理清其发展脉络，总结已有的研究成果，发现共识与分歧，分析目前存在的问题，指明神经语言学未来的研究方向。

版权所有，侵权必究。举报：010-62782989，beiqinquan@tup.tsinghua.edu.cn。

图书在版编目（CIP）数据

神经语言学/崔刚 著. —北京：清华大学出版社，2015（2024.12重印）
ISBN 978-7-302-38571-4

Ⅰ.①神… Ⅱ.①崔… Ⅲ.①神经语言学 Ⅳ.①H0-05

中国版本图书馆 CIP 数据核字（2014）第 273591 号

责任编辑：刘琦榕
封面设计：平　原
责任校对：王凤芝
责任印制：宋　林

出版发行：清华大学出版社
　　　　网　　址：https://www.tup.com.cn，https://www.wqxuetang.com
　　　　地　　址：北京清华大学学研大厦 A 座　　邮　编：100084
　　　　社 总 机：010-83470000　　　　　　　　邮　购：010-62786544
　　　　投稿与读者服务：010-62776969，c-service@tup.tsinghua.edu.cn
　　　　质量反馈：010-62772015，zhiliang@tup.tsinghua.edu.cn
印 装 者：北京建宏印刷有限公司
经　　销：全国新华书店
开　　本：155mm×230mm　　印　张：24.5　　插　页：1　　字　数：317 千字
版　　次：2015 年 8 月第 1 版　　　　　　　　　印　次：2024 年 12 月第 6 次印刷
定　　价：148.00 元

产品编号：059307-04

本书的出版得到清华大学人文社科振兴基金后期资助项目（2013WKHQ006）支持，在此致谢。

序

　　我的挚友、清华大学外文系崔刚教授嘱我为他的新作《神经语言学》写序，说实话，我很忐忑。从20世纪90年代中期至今，他一直在神经语言学和心理语言学领域辛勤耕耘，著述甚丰，出版此书是水到渠成。而我却对神经语言学了解不多，故作此序甚感惶恐。为了扬长避短，我先说说自己所了解的崔刚。

　　崔刚选择研究神经语言学或许是因为他在大学一年级时学过动物解剖与生理之类的课程。他高中毕业后考入山东农业大学的兽医专业学习，一年后学校决定送他到曲阜师范大学改学英语，毕业后可以回农大担任英语教师。这种做法在20世纪80年代中期比较普遍，因为那时刚刚改革开放，我国开设英语专业的学校还不多，招生人数也极少，不能满足社会需要，许多没有开设英语专业的理工科大学要解决英语师资问题很困难，所以不得不采取委托其他学校代为培养的办法，从本校学生中挑选英语基础好的学生作为英语教师来培养。后来崔刚又以优异的成绩考入北京外国语大学，攻读硕士学位，在刘润清等先生指导下学习语言学。刘先生了解他的知识背景，就让他考虑把神经语言学作为自己的研究方向。崔刚是个听话的学生，就这样他走上了漫长的学习和研究道路，至今已有20多年。

　　后来他跟随刘润清先生继续攻读博士学位，并在北京大学第一医院神经内科失语症专家高素荣主任的帮助下，接触到大量的失语症资料，为他撰写博士学位论文《失语症患者的口语表达障碍研究》奠定了基础。他的博士学位论文从语音、词汇、语法、语用四个主要方面对以汉语为母语的失语症患者的口语表达障碍进行了详尽、系统的语言学描述，填补了我国汉语失语症语言学研究的空白。2002年，他的专著《失语症的语言学研究》由外语教学与研究出版社出版，而这本《神经语言学》是他在这一领域探索和研究的进一步成果。

崔刚在 1998 年获得博士学位后到清华大学外文系任教，2001 年就晋升为教授，2006 年成为博士生导师。作为英语教授和语言学的研究者，他指导部分研究生继续从事神经语言学研究，也指导其他一些研究生结合英语教学进行研究。他本人对英语教学理论和语言学理论的诸多方面造诣颇深，出版了《英语教学理论与实践》（对外经济贸易大学出版社，2006）、《英语教学十六讲》（清华大学出版社，2009）、《中国环境下的英语教学研究》（清华大学出版社，2014）等英语教学方面的理论著作，并与刘润清先生合作编辑出版了《当代语言学名著选读》（上、下卷）（外语教学与研究出版社，2009，2010）。

崔刚之所以取得这样的成就，我认为首先得益于刘润清先生这样的名师指导以及高素荣主任这样的"贵人相助"。没有他们两位的指导和提携，他可能走的是一条完全不同的道路。其次是他本人的勤奋。从本书所列的参考文献就可看出，扎实的英语功底是做研究的一个必要条件，没有这个功底就无法在短短的 20 年中完成 800 份外文资料的研读。此外，没有全面、深厚的语言学基础，就无法编辑出两本厚重的《当代语言学名著选读》；没有对英语教学的热爱，也无法写出三本英语教学理论的著作。而所有这些工作的完成，都离不开他个人的勤奋与执着。这是很值得他人学习的。

神经语言学在我国的研究还处于起步阶段。王德春等先生编著、上海外语教育出版社 1997 年出版的《神经语言学》一书是我国出版的第一部，也是迄今为止唯一一部以此学科命名的著作。其他相关研究分别从医学、神经科学和认知科学等不同角度对失语症以及语言的神经学基础进行探讨。相较而言，王德春等先生的《神经语言学》主要研究脑神经和言语活动的关系，重点放在语言的神经机制上，而本书则详细阐述了神经语言学的失语症语言学基础，二者可说互为补充。

本书的学术价值是显而易见的。崔刚长期从事神经语言学研究，尤其是在失语症患者语言障碍的语言学研究方面做了大量的工作，是我国语言学界在 20 世纪 90 年代最早开始相关领域研究的学者之一。2006 年，他在我国大学外语院系里率先开设了神经语言学课程，开始培养从事该领域研究的硕士和博士研究生。多年来，他长期跟踪国内外相关领域的研究进展，阅读了大量的文献，并不断地进行认真的思考与研究。这些工作都确保了本书的专业水平。另外，崔刚还是语言学理论和心理语言学方面的专家，并有许多重要的研究成果，这也使得他能够从更广的视野去理解与分析神经语言学的研究对象。本书结构清晰，条例清楚，用简明的语言把神经语言学的一些深奥的理论阐释出来，容易被读者理解和接受。本书的内容非常完整。它首先对神经语言学进行了学科定位，对其与其他相关学科的关系、研究的内容、方法以及研究的历史都进行了深入的讨论；然后围绕该领域研究的两大核心内容，即语言障碍研究和语言的神经机制研究，进行详细的专题讨论。这些内容紧扣学科前沿，吸收了国内外，尤其是国际上相关领域的最新研究成果。更为重要的是，本书具有较强的思想性，融汇了崔刚对相关领域研究的深刻认识与思考。他从一个语言学研究者的角度出发，对神经语言学 100 多年的研究进行了认真、全面的梳理，在总结发展脉络和各种相关理论的基础上，讨论了目前存在的问题以及今后研究的方向。

对于汉语失语症语言学的研究，本书可以从一个侧面提高我们对语言的认识，也可以为失语症的矫治提供依据。相信本书的出版对推动我国神经语言学的研究将起到重要的作用。

史宝辉
2013 年 11 月 26 日于北京

前言

神经语言学研究语言和大脑功能之间的关系，其目的在于揭示人类语言的理解、产生、习得以及学习的神经和心理机制。撰写本书的目的在于采用文献研究的方法对该学科100多年的研究进行全面的梳理与思考，理清其发展脉络，总结已有的研究成果，发现共识与分歧，分析目前存在的问题，指明今后的研究方向。

在本书的撰写过程中，笔者在以下几个方面给予了特别关注。

第一，内容覆盖的全面与平衡性。从国际的范围来看，神经语言学研究的核心内容包括采用语言学理论和心理语言学实验对语言障碍的研究，以及采用大脑成像和脑电技术对于语言神经机制的研究这两个方面。从 *Brain and Language* 和 *Journal of Neurolinguistics* 两个代表性期刊上面所发表的论文数量来看，属于前者的论文数量要大于后者；另外，近几年出版的该领域的代表性专著（例如，Ahlsén, E., *Introduction to Neurolinguistics*, published by John Benjamins in 2006; Stemmer, B. & Whitaker, H. A., *Handbook of Neurolinguistics*, published by Academic Press in 1998）也都指明前者在神经语言学中的主导性地位。目前神经语言学研究的成果也更多地体现在前者上，因为它的研究历史悠久，而且所采用的理论框架和研究方法比较稳定，研究的结论也比较一致。而在大脑成像和脑电技术的应用方面，由于测量的精确度与大脑的工作机制相比还存在一定的差距，因此尽管研究的数量众多，但是往往陷于各说各话的境地，难以达成统一的结论。但是在我国，神经语言学的研究基本集中在后者上，对前者的重视不足。本书的研究全面地覆盖了上述两个方面的内容。

第二，努力跟踪国际上最新的研究成果。本书的写作前后经历了五年的时间，并与神经语言学课程的教学相结合，笔者先后阅读了大量的相关论文和专著，以确保本书内容的前沿性。

第三，努力做到指导思想明确、框架思路清晰。在文献的阅读、研究和写作过程中，笔者首先对神经语言学的学科属性进行充分考察，把整个研究置于语言学、心理语言学、神经科学和认知科学的大背景之下，对每个具体问题都从以下六个角度进行深入的思考：（1）该问题经历了什么样的研究历史？（2）采用了什么研究方法？（3）目前有哪些研究的发现？（4）这些发现有哪些共识与分歧？（5）目前的研究还存在哪些问题？（6）今后的研究方向是什么？以确保全书内容的层次性和系统性。

第四，不简单地复述他人的研究，而是从一个语言学研究者的视角全面审视这些研究，并在深入思考的基础上对这些研究做出评价，找出其中的问题，明确今后的研究方向。

神经语言学的研究包括两大核心内容：一是语言障碍研究，其目的在于通过对患者在语音、词汇、语义、句法、语用和语篇等层次障碍的描述，分析障碍产生的内在原因，并以此探讨语言处理的心理与神经机制；二是利用大脑成像和脑电技术对语言处理和语言学习的大脑机制的研究。围绕这两个方面的内容，本书分为四个部分。第一部分包括第1章至第5章，讨论神经语言学的学科属性、背景、历史和研究的方法。第二部分包括第6章至第11章，讨论采用语言学理论与心理学实验对语言障碍的研究，以失语症为主，同时兼顾其他类型的语言障碍。第三部分包括第12章至第13章，讨论采用大脑成像和脑电技术研究大脑的语言功能和语言处理的神经基础。最后一章在总结前期研究的基础上，对神经语言学研究所存在的三个主要问题进行了讨论，并提出了一定的解决方案。

本书在论述过程中，涉及大量的神经学和语言学的术语，为方便读者理解，大部分术语都提供了英文原文。一般是在该术语第一次出现时提供其英文原文，但是有时出于行文流畅的考虑，也有部分术语的英文原文是在详细解释该术语含义时才出现。此外，本书参考了许多国内外同类研究中的图表，直接引用时，如图表中出现较难的英文专业名词或术语，则以图注形式或者在解释图表含义的正文中提供其中文释义。对于正文和图表中出现的一般英语词汇和常见术语，则不做过多注释。

本书的读者对象为从事语言学研究的学者与相关专业的研究生，对于从事失语症和神经科学领域研究的人士来说也有一定的参考价值。神经语言学是一门新兴的跨学科的研究领域，所涉及的学科广泛，而且对于许多问题的研究仍然处于探索之中，尚无定论。

由于笔者专业与背景知识的局限，本书还存在着许多问题，恳请学界专家学者提出宝贵意见。

感谢学长史宝辉教授。作为我国语言学界一名颇具影响的学者，他长期关心与支持我的工作，并为本书撰写了序言。感谢清华大学出版社，尤其是外语分社郝建华社长，由于她的帮助，本书才得以顺利出版。本书的出版得到了清华大学人文社科振兴基金项目后期资助项目（2013WKHQ006）的支持，在此一并致谢。

崔　刚

2013 年 11 月于北京清华园

目 录

序 i

前言 v

第 1 章　导论 1
1.1　什么是神经语言学 1
1.2　神经语言学的研究问题 3
1.3　神经语言学研究的意义 7
1.4　结语 13

第 2 章　语言的生物基础 15
2.1　神经系统 15
2.2　大脑的结构 18
  2.2.1　大脑的外部结构 18
  2.2.2　大脑的两个半球 19
  2.2.3　大脑的沟与回 21
  2.2.4　大脑的 Brodmann 分区 22
  2.2.5　大脑的灰质与白质 23
2.3　神经细胞 25
  2.3.1　神经细胞的结构 25
  2.3.2　神经细胞的分类与功能 26
  2.3.3　神经细胞的联结 28
  2.3.4　神经模块及其之间的联结 32
2.4　人类的语言基因 33
2.5　结语 36

第 3 章　语言障碍 37
3.1　失语症 37

ix

  3.1.1 失语症的分类 ··· 37
  3.1.2 失语症患者的主要语言障碍 ························· 40
 3.2 儿童语言障碍 ·· 43
  3.2.1 儿童失语症 ··· 43
  3.2.2 专门性语言障碍 ······································· 46
  3.2.3 兰达—克莱夫纳综合征 ······························ 47
 3.3 失读症 ··· 49
  3.3.1 失读症的定义 ··· 49
  3.3.2 儿童失读症 ··· 49
  3.3.3 成人失读症 ··· 50
 3.4 结语 ·· 52

第 4 章　神经语言学的研究方法 ·································· 54
 4.1 语言学研究方法 ··· 54
 4.2 心理语言学的实验方法 ···································· 60
 4.3 电极刺激技术 ·· 63
 4.4 大脑成像技术 ·· 65
  4.4.1 血流动力学成像技术 ································ 65
  4.4.2 电磁技术 ·· 73
  4.4.3 事件相关电位 ··· 77
 4.5 结语 ·· 84

第 5 章　语言与大脑关系研究的历史纵览 ····················· 86
 5.1 关于语言与大脑之间关系的不同观点 ················ 86
 5.2 古希腊罗马时期：大脑还是心脏 ······················· 87
 5.3 15 世纪至 18 世纪：对失语症的注意与观察 ········ 90
 5.4 19 世纪：失语症科学研究的开始 ······················ 92
  5.4.1 Gall 的颅相学理论 ································· 92
  5.4.2 Broca 与 Wernicke 的经典失语症研究 ········· 95
  5.4.3 经典失语症研究的进一步发展 ··················· 100
  5.4.4 整体功能学说的孕育 ······························· 102
 5.5 20 世纪上半叶：大脑整体功能学说的兴起 ········ 104

        5.5.1　大脑功能整体学派的失语症研究 ·············· 105
        5.5.2　大脑功能定位学说与联系学说 ·············· 107
5.6　20世纪下半叶：神经语言学的诞生与发展 ·············· 109
        5.6.1　神经语言学的诞生 ·············· 110
        5.6.2　解剖关联理论的回归 ·············· 112
5.7　结语 ·············· 115

第6章　语音障碍 ·············· 117

6.1　语音学研究 ·············· 117
        6.1.1　语音学与音位学 ·············· 117
        6.1.2　不同类型失语症患者的语音错乱 ·············· 119
6.2　发音错误 ·············· 121
        6.2.1　语音错乱 ·············· 121
        6.2.2　新语 ·············· 124
        6.2.3　声调障碍 ·············· 126
        6.2.4　音节结构的障碍 ·············· 126
6.3　结语 ·············· 132

第7章　词汇障碍 ·············· 134

7.1　词类与词汇障碍 ·············· 134
        7.1.1　语言的词类 ·············· 134
        7.1.2　实义词与功能词 ·············· 136
        7.1.3　动词与名词 ·············· 136
        7.1.4　规则与不规则 ·············· 139
        7.1.5　规则性与过去式之争 ·············· 141
7.2　词的结构与词汇障碍 ·············· 143
        7.2.1　词的结构 ·············· 143
        7.2.2　屈折词素 ·············· 145
        7.2.3　派生词素 ·············· 148
        7.2.4　复合词 ·············· 149
7.3　词汇障碍的频率效应 ·············· 150
7.4　词汇障碍与词汇处理的心理过程 ·············· 152

7.5 结语 ··· 154

第 8 章 语义障碍 ·· 155
8.1 意义的本质与种类 ·· 155
    8.1.1 语义的本质 ·· 155
    8.1.2 意义的种类 ·· 156
8.2 语义理论与语言障碍 ·· 159
    8.2.1 语义场 ··· 159
    8.2.2 语义成分分析 ·· 161
    8.2.3 原型理论 ·· 162
8.3 命名障碍 ··· 165
    8.3.1 命名错误 ·· 165
    8.3.2 影响命名障碍的因素 ······································ 167
8.4 结语 ··· 176

第 9 章 句法障碍 ·· 177
9.1 语法缺失与语法错乱 ·· 177
9.2 语言理解中的句法障碍 ·· 179
    9.2.1 以句法学为基础的理论 ···································· 180
    9.2.2 与语言处理相关的理论 ···································· 183
9.3 语言产出中的句法障碍 ·· 187
    9.3.1 以句法学为基础的理论 ···································· 188
    9.3.2 与语言处理相关的理论 ···································· 196
9.4 句法理论与语法缺失研究 ··· 198
9.5 结语 ··· 201

第 10 章 语用障碍 ··· 203
10.1 指示语的使用障碍 ··· 204
    10.1.1 指示语的定义与类型 ····································· 204
    10.1.2 指示语障碍 ·· 205
10.2 言语行为障碍 ·· 212
    10.2.1 言语行为理论 ·· 212
    10.2.2 言语行为障碍 ·· 214

目录

- 10.3 会话含意 216
  - 10.3.1 会话含意理论 216
  - 10.3.2 会话含意障碍 218
- 10.4 结语 224

第 11 章 语篇障碍 228
- 11.1 语篇的衔接与连贯障碍 228
  - 11.1.1 语篇的衔接与连贯 228
  - 11.1.2 衔接与连贯障碍 229
- 11.2 语篇的类型与语篇障碍 232
  - 11.2.1 语篇的类型与会话分析 232
  - 11.2.2 记叙性语篇障碍 235
  - 11.2.3 会话障碍 237
- 11.3 语篇处理理论与语篇障碍 240
- 11.4 AphasiaBank 简介 243
- 11.5 结语 245

第 12 章 大脑的语言功能 247
- 12.1 大脑右半球的语言功能 247
  - 12.1.1 大脑右半球在语言加工中的作用 248
  - 12.1.2 大脑右半球在语言功能恢复中的作用 252
  - 12.1.3 大脑右半球在第二语言习得中的作用 253
- 12.2 镜像神经元系统的语言功能 254
  - 12.2.1 镜像神经元系统 254
  - 12.2.2 镜像神经元与语言功能 256
- 12.3 布洛卡氏区的语言功能 259
  - 12.3.1 布洛卡氏区的定位 260
  - 12.3.2 布洛卡氏区的语言功能 261
- 12.4 丘脑的语言功能 264
  - 12.4.1 丘脑性失语症患者的语言障碍 264
  - 12.4.2 丘脑语言功能的实验研究 266
- 12.5 神经纤维与语言处理 268

  12.5.1 神经纤维的研究技术 ················· 269
  12.5.2 连接语言功能区的神经纤维 ············ 270
 12.6 结语 ······································· 273

第 13 章 语言处理的神经基础 ··············· 274
 13.1 言语感知 ··································· 274
  13.1.1 语音处理系统的专属性 ················ 275
  13.1.2 言语感知的神经基础 ·················· 278
 13.2 句子的理解 ································ 285
  13.2.1 句法处理 ····························· 285
  13.2.2 语义处理 ····························· 288
  13.2.3 时间进程 ····························· 289
 13.3 语篇处理 ··································· 290
 13.4 语言的产出 ································ 292
  13.4.1 语言理解与产出的共享机制 ············ 293
  13.4.2 词汇的产出 ··························· 295
  13.4.3 句子的产出 ··························· 298
  13.4.4 发音动作的协调 ······················ 300
 13.5 结语 ······································· 301

第 14 章 问题、挑战与可能的解决方案 ········ 302
 14.1 神经语言学研究的复杂性 ················· 302
 14.2 语言学与神经科学的兼容性 ··············· 306
 14.3 关于大脑功能的反射说和内在说 ··········· 310

参考文献 ·· 313

第1章

导 论

对于许多人来说,神经语言学是一个比较陌生的术语。为了使读者能够对神经语言学这一学科具有初步的认识和理解,我们在本章将重点围绕以下三个问题展开讨论:什么是神经语言学?它主要研究哪些问题?研究这些问题的意义是什么?

1.1 什么是神经语言学

神经语言学是现代语言学的一个分支,是语言学与神经科学之间的交叉学科,主要研究语言和大脑功能之间的关系,目的在于理解人类语言的理解、产生、习得以及学习的神经和心理机制,探究大脑对于语言信息的接受、存储、加工和提取的方式与过程。

Whitaker(1971:6)最早使用 neurolinguistics 这一术语,并创办了以此命名的学术期刊《神经语言学学报》(Journal of Neurolinguistics),他指出:"我们要想对语言具有适当和足够的认识,就要把来自于语言与大脑的结构和功能相关的各种学科领域的信息相互联系起来,其中至少要包括神经科学和语言学。"从神经科学的角度来看,神经语言学属于认知神经科学的研究范畴。认知神经科学旨在探讨认知过程的生物基础,阐明这一过程的神经机制,其主要的研究领域包括语言(即神经语言学)、视觉、听觉、注意和记忆等心理现象。除了认知神经科学之外,神经科学还包括系统神经科学(主要研究神经系统的结构与功能)、行为神经科学(主要研究人类行为的神经基础)、发展神经科学(主要研究儿童发育过程中神经系统的发展过程)和细胞神经科学(主要在细胞和分子的层次上研究神经系统的结构与功能)等分支。神经语言学在整个神经科学中的地位以及与其他学科的关系可以用图 1-1 来表示:

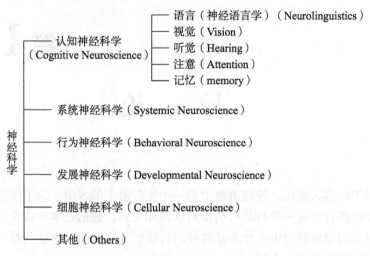

图 1-1　神经科学分支学科概图

神经科学和语言学都可以被视为认知科学的组成部分，因此，我们也可以把神经语言学放置于一个更加宏观的学科背景之下，其学科关系可以用图 1-2 来表示：

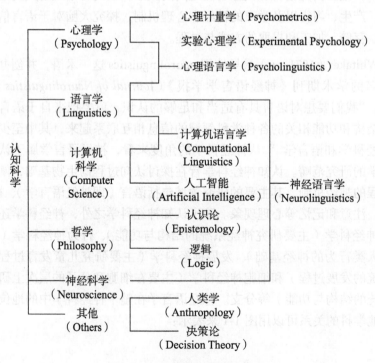

图 1-2　认知科学分支学科概图

作为神经科学与语言学的交叉学科,神经语言学的研究人员主要来自于神经科学和语言学两个研究领域。在研究过程中,尽管他们都采用同样的研究方法,但是研究的侧重点却各不相同。语言学研究语言的结构,对于从事语言学研究的人来说,他们研究神经语言学的目的更多地是为了解决语言本身的问题,力图从神经科学的角度来探讨语言的不同结构在大脑中的呈现方式和语言处理的过程,进而探究人类语言的本质。而对于从事神经科学研究的人来说,他们则更多地从神经科学出发,把对语言处理的神经基础研究作为一个突破点,其主要目的在于探究人类神经系统的结构与功能。

1.2 神经语言学的研究问题

如上所述,神经语言学的研究涉及语言学、神经科学、心理学等多个学科领域,但是,它不是这些学科的简单相加,而是综合采用这些领域的方法来研究语言和大脑之间的关系。其主要内容包括语言损伤、语言处理和语言习得的神经和心理机制,包括正常言语的神经生理机制以及言语障碍的神经病理机制。神经语言学研究的核心问题主要是以下六个方面。

一、失语症患者的语言障碍以及由此所反映出的大脑的语言功能。

神经语言学起源于失语症的研究。在很长的一段时间里,神经语言学又被称为语言的失语症学(linguistic aphasiology)。失语症(aphasia)一词来自希腊语 a(not)和 phanai(to speak),意思为"不能说话",法国医生 Trousseau 首先用它来描述大脑损伤致使患者不能用语言表达自己思想的现象。现在,失语症一词被广泛用来描述由于各种大脑损伤,包括脑出血、脑血栓、脑肿瘤、脑外伤等,所造成的语言障碍。语言学研究一般以正常人的语言为素材,但是对于神经语言学来说,语言功能障碍的研究具有特殊的意义。从历史的角度来看,神经语言学起源于人们对于语言障碍的关注和研究,它可以追溯到公元前 400 年 Hippocrates(希波克拉底)关于语言障碍的描述。另外,语言障碍的研究可以使我们更好地了解正常的语言处理过程。语言的理解与产生包含着极其复杂的心理和生理过程,而正常人的话语是在极短的时间内组织起来而且以流利的语流表达出来的,从而掩盖了语言产生和理解的复杂过程。而对于有语言障碍的人来说,由于语言处理机制的某些环节出现异常,他们对语言处理的速度明显减慢,并呈现出许多典型的症状,从而为研究语言处理的过程以及语言与大脑之间的关系提供了机会。失语症的科学研究从 Broca(1861)开始,历经一个多世纪的时间,失语症患者表现出的各种语言障碍为研究大脑和语言之间的关系提供了丰富的材料,失语症研究从而成为探索语言和大脑之间关系的重要途径。正如 Caplan(1987:238)所说:"目前研究语言和大脑之间关系的最常用、最重要的方法是分析由于大脑损伤所导致的语言障碍。"研究者力图通过研究语言障碍与大脑损伤部位之间的对应关系,探究大脑的语言功能。另外,神经语言学关于语言障碍的研究也涵盖了与失语症相关的其他症状,例如,老年痴呆、阿尔茨海默症等。

二、儿童大脑的发展过程以及与此相伴的语言习得过程。

主要包括两个方面:正常儿童的语言习得过程与大脑发育之间的关系以及儿童母语习得过程中出现的各种语言障碍。与成年人的失语症一样,儿童语言障碍对于神经语言学来说也具有特殊的意义。儿童语言障碍产生的原因在于先天或后天因素对大脑所造成的损伤或发育不良,主要包括失语症、专门性语言障碍(Specific Language Impairment,SLI)和兰达—克莱夫综合征(Landau-Kleffner Syndrome)三种类型。儿童的大脑还处在生长发育阶段,语言习得也处于发展过程之中,其语言障碍具有很强的可变性与可恢复性。因此,儿童语言障碍的研究对于我们了解儿童语言习得的过程以及大脑和语言之间的关系要比成人语言障碍的研究具有更为重要的意义(崔刚、张岳,2002)。除此之外,发育正常的儿童的语言习得过程以及大脑发育过程之间的对应关系也是神经语言学研究的重要问题。从个体的发展来看,每个人习得语言的过程要受到遗传、环境等诸多因素的影响,各有不同的特点,但是又存在着共同的规律,这一规律与人的大脑发育过程具有密切的关系。神经语言学研究的一个重要目标就是要揭示儿童从出生到成人整个语言发展过程和大脑之间的关系。例如,Kuhl(2004)的研究发现,婴儿在倾听语言时会利用计算(统计)策略来发现语言的数量和词汇节律。这说明人生来大脑中就具有先天遗传下来的统计和词汇节律知识。

三、在人类进化过程中,大脑的进化与发展过程以及由此带来的语言能力发展。

根据达尔文的生物进化理论,人类的发展经历了漫长的进化过程(如图1-3所示)。大约在2300万年前,类人猿与其他灵长类动物分离,而大约在500万年前人类和黑猩猩产生差异(Pika,2008)。在不到300万年的时间内,人类大脑的重量从300克增加到目前的1200~1400克,而且体积和复杂性在进化的过程中也不断增加,使得一些旧有的功能得以改进,也

图 1-3 人类进化过程示意图（资料来源：BSIP/Science Photo Library）

使得一些新的功能（如语言、工具制造、创造）得以出现。在语言学研究和现代科技高度发达的今天，人们对于语言的起源和进化过程仍然知之甚少，其中的一个重要原因在于：与人类器官进化的研究不同，我们无法得到关于语言进化的化石类证据。但是，目前科学界所普遍赞成的一个观点是，大脑的体积在 300 万年内增长了三倍以上，100 万年之内就增长了一倍，这相对于人类的漫长进化过程而言是相当迅速的。语言能力的进化应该是随着大脑体积和复杂程度的发展而产生的，在距今 200 万~30 万年前，智人（Homo sapiens）就已经具备了语言和符号的处理能力，他们的大脑中就存在与语言功能密切相关的布洛卡氏区，此时人类的发音器官也已经进化得非常完善，能够发出区别于动物的人类特有的声音（Harley，2001）。关于造成大脑体积迅速增长的原因，研究者的意见还不统一。其中一种观点认为，它与语言能力的产生和由此给人类带来的便利具有很大的关系，人类进化后期大脑体积增加最大的部位（包括大脑的额叶以及颞叶、顶叶和枕叶的连接区）似乎都与语言功能有关。Deacon（1997）认为，语言与大脑的进化是按照一种相互促进的方式，为了解决认知和感觉运动问题而共同进行的。随着大脑额叶上皮层的增加，符号处理的技能变得更加重要，对语言能力的要求也就随之提高，这就促进了言语器官的发展，而言语器官的发展又反过来提高了人类的符号处理能力以及大脑的进化。大约在 50 万年前口语的出现，使得人类大脑皮层的面积开始增加，人脑中负责口语的机制和语义机制经过几十万年的进化，神经系统自然而然地连接为一个整体。大脑容量的增加要受到一定的限制，因为大脑越大，成熟所需的时间就越长，要消耗大量的新陈代谢，同时也受到待产母体骨盆出入口宽度的限制，因此，大脑容量的增加必须平衡以上缺陷，使人类能更加适应生存。在对这一问题的研究过程中，目前的研究者一般以灵长类动物为实验对象，通过教授它们学习人类的语言来看大脑的进化与语言功能之间的关系。

四、双语与多语的神经与心理机制。

如果一个人懂得两种或者两种以上的语言，这会不会影响到他/她的大脑对于语言的处理方式？不同的语言在大脑中是如何分而不混的？它们是否会相互干扰？这些问题都使得双语或多语的神经与心理机制成为神经语言学研究的一个重要而有趣的课题。目前，对于这一问题的研究主要采用两种方式。一种是对双语失语症患者的研究，它描述不同的语言组成成分之间的分离和双重分离的现象，还发现了一些双语失语症所特有的症状（例如，病理上的语码混合和转换，以及翻译障碍等），这使得研究者能够把某些双语的特有能力与专门的神经功能系统联系起来。另一种方式是对双语者或者多语者大脑的实验研究，例如，电生理研究（在大脑外科手术过程中进行电刺激和事件相关电位）和神经解剖功能研究（正电子释放成像和功能性磁共振成像）等。人们通过在接受开颅手术的双语或多语失语症患者的大脑中插电极的方法，发现这些患者大脑中的每一个语言区域都进一步分成三个或者若干个小区，其中较大的一个负责两种或者两种以上的语言，而其他较小的区域则各自负责某一种特定的语言。在这些较小的区域中，负责外语的区域要比负责本族语的大。由此人们推论，这大概是由于学习外语的初期所需要的神经细胞较多所致，而随着外语水平的提高，相应的语言区域也会逐渐收缩（毛子欣，1996）。人类具有学习多种语言的特殊能力，这被认为是大脑功能可塑性变化所调节的技能。Newman 等（2002）的研究表明，在精通两种语言的人中，主要由左脑负责调解第一和第二语言的处理过程，但是随着熟练程度的提高或者年龄的增长，部分重叠的程度和两种语言的偏侧性会减少。他们还发现，双语者大脑左半球下部大脑皮层的灰质密度要比单语者高，这一区域的灰质密度会随着第二语言熟练程度的提高而增加，但是会随着年龄的增长而减少。这些现象可能是由遗传因素造成，也可能是由于语言学习经历所导致的结构重组。人脑的结构会因为学习第二语言的经历而有所改变，人脑会根据环境的需要而在结构上发生变化。Karl 等（1997）的研究表明，在大脑额叶的布洛卡氏区，对于在成年后学习外语的双语者来说，不同的区域负责处理不同的语言，但是，如果人们在早期就学习外语，那么母语区和外语区则趋于被标记在额叶的同一区域。

五、语言处理、语言习得和语言损伤过程的计算机模拟。

神经语言学研究提出了许多关于语言处理、语言习得和语言损伤过程的模型，它们为计算机模拟提供了理论基础。计算机模拟多采用线性处理模式和并行处理模式，最近几年，联结主义网络模型也被广泛地应用于计算机模拟之中（崔刚，2006，2007）。

六、大脑中语言处理过程的观察与测量。

尽管现代科技的发展为我们提供了许多研究大脑的手段，但是，大脑仍然被视为神秘的"黑箱"装置。我们还不能完全直接地研究大脑在语言处理过程中的工作情况。正像王德春（1988：11）指出的那样，神经语言学"这门学科刚刚起步，研究相当困难，这是因为语言是个复杂的现象，而人脑也许更为复杂。人类分裂原子进入微观世界，探索宇宙进入宏观领域，但对自身由1.5公斤细胞组成的大脑迄今所知不多。探脑比登月困难。"对于语言和大脑之间关系的研究只能通过对大脑工作外部表现的观察与测量来进行。那么，如何进行观察与测量也是神经语言学研究的重要问题。

1.3 神经语言学研究的意义

神经语言学研究具有重要的理论意义。首先，神经语言学属于神经科学的一个分支，其研究有助于我们认识大脑的性质及其功能特点，从而推动神经科学的发展。语言是人类区分于其他动物的最重要的标志之一，语言能力为人类所特有。无论是巴甫洛夫实验室的狗，还是科学家教说话的大猩猩，它们都不具备这种能力。而言语活动都是以大脑神经活动为基础的，人的大脑作为一个极其复杂的机能系统，其最高级部分与语言的关系最密切。神经语言学就是要找出人脑中与语言有关的，而其他动物所没有的特殊成分。因此，研究语言和大脑之间的关系，可以使我们更好地认识人类大脑的性质，进而加深我们对于人类自身的认识。另外，神经语言学研究也具有重要的哲学意义（周雪婷，2008），研究脑功能、探索大脑奥秘，阐明人类智慧、意识和思维的哲学本质并得到科学实验的验证，已成为当代的前沿尖端课题，将有助于我们理解大脑复杂的高级认知功能，揭开大脑活动的奥秘。2011年8月25日的《中国社会科学报》刊登了一篇就神经语言学对笔者进行专访的文章，题目是"神经语言学：'说出来'的脑科学"，这一题目很巧妙、形象地表达了神经语言学对我们认识人类大脑的意义。

神经语言学同时也是语言学的一个分支，其研究有助于我们深入认识语言处理的过程，从而推动语言学，尤其是心理语言学的发展。语言处理是一个复杂的心理过程。以言语的理解为例，说话者所说的话以声音的形式连续不断地传到听者的耳朵中，要理解所听到的话，至少需要以下的步骤：词的辨认，认知词的相关意义，确定词与词之间的语法关系，利用词、句法、语境和背景知识构建意义等，其中的每一个步骤都包含着非常复杂的过程（崔刚，2007）。尽管语言处理的过程非常复杂，但是人们处理语言的速度却非常快。在一般的谈话过程中，正常人通常在一分钟之内要说出大约150个单词，而且，各方之间的谈话也进行得非常连贯顺畅，在前一个说话者结束之后最长半分钟之内，另一个人就要接过话轮开始说话，就在这短短的半分钟之内，听者需要理解前一个说话者所说的话，而且还要计划好自己要说什么，并开始讲话（Bull & Aylett，1998）。要解释语言处理的复杂性和高效性，一方面我们需要研究人的认知策略，更为重要的是，我们需要探究语言处理的神经基础，因为语言处理归根结底是由人的大脑来完成的（Dabrowska，2004）。

神经语言学研究很好地体现了语言学与失语症研究之间的关系，可以极大地促进语言学的发展。从20世纪50年代开始，在Chomsky（1957，1965）的语言学理论的影响下，现代语言学研究越来越多地注意到语言的生物学基础，即大脑和语言之间的关系，而神经语言学研究则是语言生物学基础理论最为直接的来源，正如Caplan（1987：238）所说："目前研究语言和大脑之间关系的最常用、最重要的方法，是分析由于大脑损伤所导致的语言障碍。"语言功能在大脑中的定位研究就是很好的例子（详见本书第3章）。失语症研究是神经语言学的核心内容，而失语症研究在语言学研究中的作用也是不可忽视的。Laver（1980）提出，有五种言语材料可以作为观察语言产生的依据，其中之一就是失语症患者的语言障碍。关于失语症的研究对语言学所具有的特殊价值，英国语言学家Aitchison（1989：17）曾经打过一个比方，能够很形象地说明这一点。他指出："小的故障往往可以比完善的工作系统更能揭示内在的工作机制。如果我们打开水龙头，水管里流出了清澈的水，我们就无法判断水的来源。但是，如果有几根鸽子的羽毛随着水一起流了出来，那么，我们就可以知道水是从鸽子可以靠近的水箱里流过来的。"桂诗春（1991：416）也持有类似的观点，他说："正常言语毫不费力，简单明了，但却反而掩盖了语言产生的复杂过程。失语症患者的言语和正常人如此不同，自然能吸引大家的注意。"

失语症研究在语言学中的作用主要体现在以下两个方面。

首先，失语症研究为语言学理论提供了一个有效的验证基础。Jakobson被认为是第一个认识到失语症研究的价值并从事失语症研究的语言学家（Blumstein，1988）。Jakobson（1971）认为语言学不仅可以有助于理解失语症的本质,更为重要的是,失语症研究可以为语言学提供用来验证语言学理论的"自然的实验"。他重点研究成人失语症,并且特别关注语言的原始要素和结构特征,以及它们的层次构造和组织。他指出,失语症患者语言功能的退化体现出语言系统固有的结构原理。这就意味着,语言系统的组织框架的损坏方式是有规律的,只有对语言系统的原始要素和结构原理的性质做出一定的假设才会有这样的规律。自语言学问世以来,人们就语言的本质、功能与结构提出了各种各样的理论,尤其是在心理语言学诞生以后,人们提出了许多关于语言理解和产生的理论。我们可以采用各种方法来证实这些理论,但是,最为直接的方法是通过对人类大脑的研究来证实,因为语言的理解与产生最终是由人的大脑控制的。而对语言和大脑之间关系的研究只能通过考察大脑工作的一些外部表现来进行,因此,我们可以通过对大量的失语症患者的语言障碍的研究,很好地揭示语言和大脑之间的关系,验证我们所提出的语言学理论。国外研究者已经在运用失语症研究验证语言学理论方面做了大量的工作。例如,Blumstein(1988:214)概括了失语症患者在语音、词汇和句法层次上的语言障碍及其对语言学理论的启示。在语音方面,他指出:"在语言学理论中,人们对语音学和音位学理论进行了区分,失语症的研究表明,这一区分是有道理的,因为几乎所有的失语症患者在语音产生的过程中都表现出在音位层次上的障碍。"关于大脑词库的研究也很好地说明了失语症研究在语言学研究中的作用。寻找词汇困难是所有失语症患者共同的问题,大脑词库的研究是通过对失语症患者词汇障碍的研究来发现大脑词库中词汇储存和提取的规律,人们在这一方面已经取得了许多进展。例如,崔刚(1994)根据对八位布洛卡氏失语症患者词汇障碍的研究,分析了语音、语义、词汇的构成以及词频等因素对于大脑词库中词汇储存和提取的影响,验证了心理语言学对于大脑词库中词汇的储存以及从中提取词汇的机制的理论。Nickels(1995)则分析了失语症患者的命名障碍,进而评价了从大脑词库中提取词汇过程的各种理论模式,分析了它们的有效性及其存在的问题。

其次,失语症研究也是语言学的重要理论来源。失语症研究不断地为语言学提出新的问题,推动语言学的发展。在失语症研究过程中,研究者设法用语言学理论来描述和分析失语症患者的语言障碍,他们会从中发现语言学理论所存在的局限性,这就使得语言学研究者从失语症的研究中发现语言学理论的不足,从而确定新的研究问题,对原有的理论进行修订补充，甚至提出新的语言学理论。因此，失语症研究不断地为语言学注入新的活力，极大地推动了语言学的发展。失语症研究对于语音学发展的促进就是一个很好的例证。国际音标（IPA）是由国际语音协会制订的一套符号系统，用于标记任何语言的发音，已经经过了多次的修订。根据1979年修订的情况，国际音标包含70个辅音和25个元音，能够详细地描述因为发音部位、鼻化等因素造成的语音变体，目前该音标系统已经被广泛地应用于失语症患者语音障碍的描述之中。但是，人们在应用的过程中发现，现有的国际音标无法完全描述患者的发音，因为国际音标的设计是以正常人的发音为基础的，并没有考虑到失语症患者的发音情况，这就使得国际音标的使用范围受到了限制。这种情况引起了一些语言学家的关注。Canepari（1983：19）指出："大多数语音学家都有一些不安的感觉，这是由各种原因造成的，但首先是由于我们没有足够数量的符号来标注特殊的音。"鉴于此，一些英国的失语症研究者和语音学家一起对国际音标进行了修订和补充，制订了"语言障碍的语音描述表"。这不仅为失语症研究提供了更为有效的描述工具，而且进一步扩展了国际音标的使用范围，推动了语音学的发展。

神经语言学研究还具有重要的实践意义，这首先体现在语言学理论在失语症患者语言障碍的描述上。对患者语言障碍的描述有助于判定脑损伤的部位及病情，这种描述越精确，对医生和患者便越有利。神经语言学对失语症的研究尤为重视，这是因为这一学科的主要构成基础就是语言病理学。失语症是由于大脑损伤所导致的语言障碍，然而值得注意的是，多方面的证据表明，这些损伤并不会导致语言能力的全面丧失，它们对语言能力的破坏是有选择性的，不同部位的损伤会导致不同类型的语言障碍。语言学理论把语言划分为语音、音位、词汇、句法、语义、语用、语篇等层次，这为失语症患者语言障碍的描述提供了很好的框架。在20世纪60年代末70年代初，人们主要针对患者言语中的形容词和功能词的使用进行描述（例如，Jones & Wepman，1967；Spreen & Wachal，1973）。接着，研究者开始把转换生成语法用于描述患者语言中词与词之间的结构关系（例如，Myerson & Goodglass，1972）。后来，各种语言学理论开始渗透到神经语言学之中，用来描述失语症患者的句法障碍，其中，Quirk等（1972）的语法理论起了很重要的作用。例如，以Quirk等（1972）的语法为基础，Crystal等（1976）设计了失语症患者的"语言评估、恢复与筛选程序"（LARSP），其目的是为医生提供一套描述失语症患者语言障碍和语言功能恢复的工具，但是从实际使用的情况看，该程序主要用于描述失语症患者在词汇和句法方面的语言障碍。从20世纪90年代开始，语用学理论也被广泛应用于失语症患者语言障碍的描述中，例如，Lesser & Milroy（1993）运用Levinson（1983）和Grice（1975）的合作原则描述了失语症患者在指示语的使用、会话结构、语篇连贯和角色转换等方面的障碍。在汉语失语症的研究中，崔刚（2002）运用语言学理论系统描述了布洛卡氏和传导性失语症患者在语音、词汇、句法和语用层次的语言障碍。

神经语言学的研究还有助于研究者加深对失语症患者语言障碍的认识，准确把握他们的真正问题所在。传统的失语症研究在分析患者语言障碍的原因时多从大脑的损伤入手，神经语言学的诞生使得研究者开始从语言学的角度，根据语言学理论关于语言产生和语言理解的描述来揭示失语症患者的语言障碍。例如，Byng & Black（1989）根据Chomsky的语言学理论对失语症患者的语言能力进行了分析，他们把名词短语和介词短语等句法结构作为内在的概念和语义结构的体现，描述了患者语言中谓语—论元（predicate-argument）结构，通过对失语症患者的语言中这一结构的分析，揭示了内在语义结构和句法体现之间的关系。McEntee & Kennedy（1995）则根据Chomsky的管辖约束理论分析了一例具有严重语法缺失患者的口语材料，结果表明，患者的语言能力中仍然保留着区分明确的词汇范畴，而且患者的语言中没有违反词汇顺序的现象，但是患者的语言多为独词句，不能正确地使用限定词和单词的屈折变化，这说明患者在词形句法表征（morphosyntactic representation）方面存在问题，因此，他们认为该患者的语法缺失现象是由于语言运用而不是语言能力的缺陷造成的。

神经语言学的研究对于失语症患者语言功能的恢复也具有很大的意义。随着现代医学科技的不断发展，新的治疗手段不断出现，失语症患者生存的可能性越来越大，现在的问题是要恢复他们的语言能力，提高他们的生活质量。在过去几十年里，神经语言学已经在失语症患者语言功能的恢复方面取得了很大的进展。例如，Davis & Wilcox（1985）、Penn（1985，1988）等人设计了"发展失语症患者交际能力"程序（PACE），该程序以Halliday的系统功能语法和神经语言学的研究成果为理论基础，结合现代交际教学法，系统地对失语症患者进行训练，以便最大限度地恢复患者的语言交际能力。Edith等（1988）对PACE进行实验，结果表明该程序是一种有效地改善失语症患者交际能力的方法。

神经语言学的实践意义还体现在它在语言教学方面的应用价值。随全球化进程的不断发展，外语教学已经成为一个重要的理论与实践领域，这在我国表现得尤为明显。从 20 世纪 80 年代开始，中国的外语教学伴随着改革开放的步伐进入了一个新的阶段，我国拥有世界上人数最多的把英语作为外语来学习的学习者——据 Eoyang（1999）的估计，我国学习英语的人数超过了美国的总人口，拥有世界上最为庞大的英语教学与研究队伍，在历史上也从来没有像今天这样重视英语的学习。但是，令人遗憾的是，我们的外语教学还存在着诸多问题，"费时低效"的现象还很普遍。要解决这些问题，首先要搞清楚语言学习的内在规律，而神经语言学的研究就为解决这些问题提供了一种可能的途径。语言学习理论应该建立一种能够解释学习者的目标语言知识和技能的获得与发展过程的机制。长期以来，语言学习理论的研究主要采用心理语言学的研究方法，通过对学习者行为的研究建立起关于语言学习内在过程的假设。但是，归根结底，语言学习作为一种认知活动，最终要受大脑的支配，语言知识的获得、语言技能的形成，以及它们的发展都会引起大脑的变化。人们对于语言学习神经基础的忽视在很大程度上不是因为人们没有意识到这一点，而是因为我们现在对大脑的认识还不够充分，还不足以使我们通过这些知识来更加深刻地认识语言学习的内在规律。随着十几年来现代科技，尤其是大脑成像技术的迅速发展，神经语言学关于语言学习、双语甚至多语的研究已经得到了很大的发展，并取得了丰硕的成果。这就使我们能够从神经学的角度来研究语言学习，从本质上认识其内在规律，探讨语言知识和技能在大脑中的表征形式以及语言能力的发展给大脑带来的影响，从而在实践上更好地指导语言教学。

从方法论上来讲，从神经基础的角度研究语言学习和传统的研究方法有所不同。尽管两者都是一种建立推论和假设的过程，但是在方向上却截然相反。传统的语言学习研究按照从语言行为到内在机制的方向进行。研究者首先观察学习者的语言行为，然后分析这些数据，找出其中隐含的内在规律，从而建立关于语言学习机制的假设。而从神经基础的角度研究语言则按照从内在机制到语言行为的方向进行。研究者首先分析与综合神经语言学关于语言学习机制的研究成果，然后发现语言学习的神经基础，进而推论学习者的语言行为。由此我们可以看出，两种研究方法之间存在互相映照和互相补充的关系。尤其是语言学习神经基础的研究将会弥补传统研究方法的不足，为语言学习理论的发展起到极大的推动作用。例如，传统的语言学习理论研究大多以模块学说为基础，承认语言习得机制或者普遍语法在语言学习中的作用，但是时至今日我们也不能确定它们是否真的存在，它是否适用于语言学习。另外，关于大脑的研究也发现很难确定哪些区域或者神经网络与普遍语法存在一定的关系。神经科学在动机、记忆和注意等领域的研究方面都已经取得了很大的进展，而这些都与语言学习具有直接的关系，借鉴这些研究成果，探讨它们对语言学习过程的启示，对于语言学习理论的研究具有重要的意义。我们不妨从神经语言学的角度出发，反思我们原来的教学理论和教学方法与语言学习和使用的神经机制是否相吻合。21世纪被科学家称为"生物科学、脑科学的百年"。在20世纪末欧美和日本的"脑十年"研究计划推动下，对人脑认知功能及其神经机制进行多学科、多层次的综合研究已成为当代科学发展的主流方向之一。这些研究的成果将会在教育的各个领域，包括外语教学在内，产生巨大的影响。

另外，神经语言学的研究成果也能被计算机科学的研究广泛吸收（周雪婷，2008）。神经语言学研究的是生物学意义上的人脑的高级功能，而计算机科学界关注的是人工智能，若要使得计算机智能化，模拟人脑的功能，首先要对人脑的工作原理有一个比较清晰的了解，神经语言学的研究能提供人脑加工语言信息的一些原理，这对计算机解决自然语言生成、理解等问题无疑大有帮助。

1.4 结语

作为一门新兴的交叉学科，神经语言学具有无穷的魅力。这种魅力主要来自于其广阔、有趣或者神秘的研究领域以及诱人的应用前景。语言是人类区别于动物的最为重要的标志之一，语言能力的存在使得人类能够进行更为复杂高级的符号处理和思维活动。大脑是世界上最为复杂的物质。虽然大脑的体积不大，但是它的处理和加工能力却是巨大的。在人类的大脑中，含有复杂的神经网络和它们彼此之间的联结，这些组成了对人类来说最为复杂的系统。大脑对感知信号的计算分析能力、对自身和宇宙的理解能力是相当复杂的。我们不妨说，世界上存在着两个宇宙，一个就是我们所处的星球世界，璀璨的星星、皎洁的月亮可以激起人类无限的遐思，激发我们探索宇宙奥秘的热情。另一个宇宙就是我们的大脑，它在复杂程度上应该与星球世界相提并论。对第一个宇宙的探索可以使我们更好地认识人类所处的环境，拓展我们的生存空间。而对第二个宇宙的探索可以帮助我们回答"我是谁"这一最为古老的问题，更好地认识人类的本质，拓展我们的心理空间。人的大脑中大约有1000亿个神经细胞，每个神经细胞每10毫秒就可以执行上千次的运算，也就是说，每个神经细胞都具有差不多相当于一台小型的计算机的处理能力（Anderson，2010）。1000亿个神经细胞中有相当大的部分是同步活动的，大量的信息处理是通过彼此的交互作用实现的。请想象一下，一个具有比1000亿台交互式计算机还要强的处理能力的装置该是个什么样子的。但是与此同时，我们又不得不面临一种矛盾的现象：与计算机相比，人的大脑在很多方面又存在劣势，例如，在一些函数的运算上，一个简单的袖珍计算器就能胜过我们的大脑！诸如此类的、看似矛盾的现象或许有可能更好地揭示大脑的本质。

  人脑是长期生物进化的结果，关于包括语言在内的大脑功能及其结构的研究属于自然科学的领域。然而，人是社会的产物，语言活动基本上是一种社会活动，对于语言的研究又属于社会科学的范畴。这样，神经语言学就处在了自然科学和社会科学的结合点上。神经语言学的跨学科性决定了其研究成果的广阔应用价值，这些研究成果不仅可以运用于社会科学领域，也可以应用于自然科学领域。

第2章

语言的生物基础

语言的物质基础是人的大脑，而大脑又是生物亿万年进化的产物，是宇宙间最复杂的系统，其机能是任何动物所无法比拟的，也是人体最精密、最重要的生命器官。高度发达的现代医学技术使得我们可以进行各种人体器官的移植，包括肝脏、肾脏、心脏等，这些原有的器官被更换之后，这个人的身份不会有任何的改变。但是，如果把一个人大脑移植了，这个人的身份可能就成为一个问题。人脑的平均重量大约一千多克，只占到身体总重量的百分之几，然而就是这一占身体很小部分的组织却控制着人类各种包括语言在内的复杂的认知和心理活动。从不同的角度去研究大脑是现代科学研究的前沿课题，在本章中，我们无法全面地介绍这些研究的成果，而只能从读者阅读本书的实际需要出发，介绍一些与语言有密切关系的神经学基本知识，以帮助读者阅读和理解本书后面章节的内容。本章内容的安排基本按照从宏观到微观的次序，首先从总体上介绍人的神经系统，包括中枢神经系统和外周神经系统；然后介绍大脑的结构，包括其外部结构、两个半球以及主要的功能分区；接着介绍神经系统的基本构成单位——神经细胞，包括它们的结构、分类、功能以及相互的联结和传递信息的方式等；最后介绍与语言相关的人类基因。

2.1 神经系统

人的神经系统分为两大部分：中枢神经系统和外周神经系统（如图2-1所示）。

外周神经系统包括与脊髓相连的所有运动和感觉神经细胞，它们遍布人体的周身和内脏器官，其主要成分是神经纤维。外周神经系统把身体各部与中枢神经系统联系起来，通过它，脑和脊髓既可获得全身器官活动的信息，又能够发送信息到各器官以调节它们的活动。将来自外界或者体内的各种刺激转变为神经信号向中枢神经系统传递的纤维被称为传入神经纤

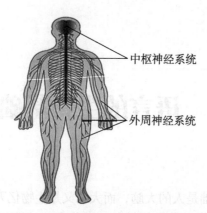

图 2-1　中枢神经系统与外周神经系统

维,由这类纤维所构成的神经叫作传入神经或者感觉神经,包括两种类型:(1)躯体感觉纤维,分布于皮肤、骨骼肌等处,负责将这些部位所接受到的刺激传入中枢系统;(2)内脏感觉纤维,分布于内脏、心血管以及腺体等处,负责将这些结构的感觉冲动传入中枢系统。向周围的效应器传递中枢冲动的神经纤维被称为传出神经纤维,而这类神经纤维所构成的神经则叫作传出神经或运动神经,包括躯体运动纤维和内脏运动纤维。前者分布于骨骼肌并负责支配它们的运动,后者负责支配平滑肌、心肌运动以及调节腺体的分泌,由它们所组成的神经又被称为植物性神经。

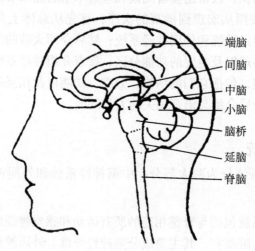

图 2-2　中枢神经系统各部位

中枢神经系统由脑和脊髓组成(如图 2-2 所示)。男性成人的脑重量约 1400 克,女性成人的脑重量约为 1300 克。脊髓是中枢神经系统的低级部分，位于椎管之内，呈扁圆柱形，上经枕骨大孔与延髓（又称延脑）相连，下端为脊髓圆锥。脊髓是感觉和运动的传导通路，人体躯干和四肢各部分所接受的感觉信息都要经过脊髓才能上传到脑，而脑对躯干四肢活动的控制和调节也要经过脊髓才能下传到全身各部。脊髓还是躯体和内脏简单反射的中枢，如膝跳反射、排尿反射等不需要脑的参与，仅靠脊髓即可完成。

脑是中枢神经系统的头端膨大部分，位于颅腔之内。脑的一些部位之内有空腔，其内充满脑脊液，被称为脑室，主要包括大脑左右半球内的两个侧脑室（分别为第一脑室、第二脑室）、第三脑室和第四脑室。按照由下往上的顺序，脑包括六个主要的部分：

一、延脑（medulla oblongata），又称末脑（myelencephalon）或延髓，位于脊髓的上端，下与脊髓相连，呈细管状，其主要功能在于控制呼吸、心跳、吞咽及消化。

二、脑桥（pons），位于延脑之上，是由神经纤维构成的管状体，要比延脑粗大一些，连接延脑和中脑，其功能与睡眠有关。

三、小脑（cerebellum），位于脑桥之后，形似两个相连的皱纹半球，其功能主要在于控制身体的运动与平衡。脑桥和小脑有时也被统称为后脑（metencephalon）。

四、中脑（mesencephalon），位于脑桥之上，恰好处于整个脑的中间，其功能与视觉和听觉有关。在中脑的中心有一个网状结构，控制觉醒、注意、睡眠等意识状态。网状结构的作用扩展至脑桥、中脑和前脑。延脑、脑桥、小脑和中脑合称为脑干（brain stem）。脑干的内容中央是脊髓的中央管扩大形成的第四脑室。

五、间脑（diencephalon），位于中脑之上，它虽然体积不大，但是功能十分复杂，仅次于大脑皮层。它不仅是除嗅觉外一切感觉冲动传向大脑皮层的转换站，而且是重要的感觉整合机构之一，在维持和调节意识状态、警觉和注意力方面起着重要的作用。间脑因其位于大脑半球和中脑之间而得名，它的中间有一个侧扁的管腔，称为第三脑室，它通过小孔同两侧脑室相通。

六、端脑（telencephalon），又称大脑，是人脑中最重要、最高级、功能最复杂的部分，是控制机体运动、感觉、语言、内脏及其调节的最高中枢，人的心理功能主要靠它来完成。大脑和间脑一起有时被称为前脑。人的大脑由左右两个半球组成，借助大脑脚与脑干相连。两个半球之间由胼胝体相连接。半球内的脑室称为侧脑室，它们借助室间孔与第三脑室相通。

中枢神经系统与外周神经系统相互配合，构成了一个完美的指挥与控制中心。中枢神经系统对言语的感知、支配和调控功能都是通过外周神经系统实现的。人的面、唇、舌等和说话有关的肌肉以及包括喉和声门在内的发音器官都由外周神经支配。大脑皮层的语言中枢发出指令，通过外周神经达到相应的言语肌肉和发音器官，引起收缩活动，完成说话的动作。

2.2 大脑的结构

2.2.1 大脑的外部结构

人的大脑位于颅腔之内，颅骨被头皮包围，颅骨与头皮一起为大脑形成了很好的保护。另外，在颅骨之下，大脑还被结缔组织膜覆盖，其中的最外层为硬膜（dura mater），厚而坚韧，由致密结缔组织构成，有保护和支持作用；中层为蛛网膜（arachnoid），是一层无血管的透明薄膜，内层为软膜（pia mater），紧贴于脑和脊髓表面，内有丰富的血管（如图 2-3 所示）。在蛛网膜和软膜之间有脑脊液（cerebrospinal fluid）。人的脑脊液总量约为 140 毫升，更新时间为 5~7 小时，其主要功能是提供浮力，保护中枢神经系统，并为它们提供一个相对稳定的、确保神经细胞和神经胶质细胞正常活动的有机离子环境。

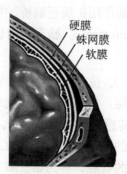

图 2-3　大脑的保护层

大脑是中枢神经系统中最为发达的部分，呈球形，由大脑纵裂将其分为左、右两个半球，是中枢神经系统的最高级部分。人类的大脑是在长期进化过程中发展起来的思维和意识的器官。大脑左、右大脑半球由胼胝体

（corpus callosum）相连。半球内的腔隙称为侧脑室，它们借助室间孔与第三脑室相通。根据大脑所处的人类头部的相应位置，大脑的前部称为额，后部称为枕，外下方向前突出的部分称为颞。大脑表面许多部位的命名都与此有关。

大脑半球的背侧面，各有一条斜向的沟，称为侧裂（lateral fissure）。侧裂的上方，大约在半球的中央处，有一由上走向前下方的脑沟，称为中央沟（central fissure）。每一半球又分为四个叶（lobe）（如图2-4所示）。在中央沟之前与外侧裂之上的部位，称为额叶（frontal lobe），为四个脑叶中最大的部分，约占大脑半球的三分之一，它也是脑发展最晚的部分；外侧裂以下的部位，称为颞叶（temporal lobe）；中央沟之后与外侧裂之上的部分，称为顶叶（parietal lobe）；顶叶与颞叶之后，在小脑之上大脑后端的部分，称为枕叶（occipital lobe）。以上各脑叶，均向半球的内侧面和底面延伸，而在各脑叶区域内，各有许多小的脑沟，其中蕴藏着各种神经中枢，分担不同的任务。大体而言，额叶负责思维、决策、话语的产生、运动等，颞叶负责语言的理解、听觉感知、长时记忆和情感等，顶叶负责身体各部位的感觉、综合视觉和身体运动信息等，枕叶负责视觉信息的感知和处理。

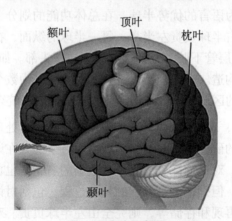

图2-4 脑叶示意图

2.2.2 大脑的两个半球

在正常情形之下，大脑两半球的功能是分工合作的，在两个半球之间，由神经纤维构成的胼胝体相联结（如图2-5所示），负责沟通两个半球的信息。如果将它们切断，大脑两半球被分割开来，各半球的功能陷入孤立，缺少相应的合作，在行为上会失去统合作用，就会形成裂脑（split brain）。

研究"裂脑人"的语言特点可以帮助我们了解言语的神经机制,尤其是两个半球在语言功能方面的分工,因此成为神经语言学研究的一个重点问题,并由此得出了大脑两个半球功能不对称的结论。

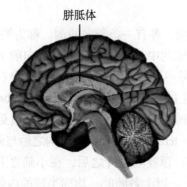

图 2-5 联结两个半球的胼胝体

左脑和右脑看上去长得很对称,但是它们在结构和功能上有着诸多的不同。许多专门的功能性中枢似乎主要集中在大脑的某个半球,例如,对于大多数右利手的人来说,和语言功能相关的神经中枢大都位于左半球,换言之,左半球为语言的优势半球。在总体功能的划分上,大体上是左半球负责右半身,右半球负责左半身。每一半球的纵面,在功能上也有层次之分,原则上是上层管下肢,中层管躯干,下层管头部。如此形成上下倒置、左右交叉的微妙构造。在每一半球上,又各自分区为数个神经中枢,每一中枢各有其固定的区域,分区专司形成大脑分化而又统合的复杂功能。

早在 1865 年,Broca 就认识到大脑左半球在语言处理方面的优势。对大量脑损伤患者的研究表明,绝大多数惯用右手的人在语言上都呈现出大脑左半球的优势。对于这部分人来说,大脑的右半球也在语言处理过程中起到一定的作用,但是,语言处理的核心过程,包括对词和句子形式的处理、字面意义的再现和存储等,则完全由左半球负责。对于惯用左手或者左右手并用的人来说,情况就比较复杂,但大脑左右半球的不对称依然存在。这种半球优势的形成主要取决于遗传因素,与所处的环境以及接触的语言往往没有多大的关系。大脑左半球优势的发展还可以和语言习得联系起来。Lenneberg(1967)等人的研究发现,儿童习得第一语言的临界期正好与半球优势从开始到完成的阶段相吻合。大脑左右半球的功能分化不是绝对的,它们既有分工,又有密切的协作。另外,在不同的个体之间,也存在着一定的差异。

2.2.3 大脑的沟与回

如图 2-6 所示,大脑半球表面凹凸不平,布满深浅不同的沟,沟间的隆凸部分被称为脑回,一些较深的沟被称为裂,例如,外侧沟(sylvian fissure),亦称外侧裂,或者塞而维氏裂,是大脑半球最深、最明显的沟,将大脑半球的额叶与颞叶分开,其尾部将大脑半球的顶叶和颞叶分开。大脑半球皮质的三分之二掩蔽在沟的底和壁上,大脑的沟与回可能是因为大脑皮质各部的发育快慢不均而产生的。大脑半球表面在胚胎发育到第六个月时,开始出现沟回,出生后逐渐发育完全。

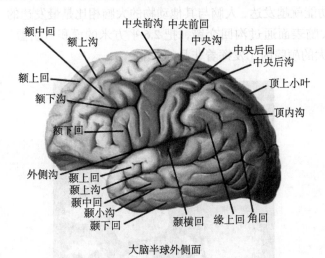

图 2-6 大脑的沟与回

大脑半球的重要沟回有以下这些。在大脑半球的上外侧面,中央沟的前方,有与它平行的中央前沟(sulcus precentralis),两沟之间的大脑回是中央前回(gyrus precentralis)。自中央沟的中部,向前发出上、下两条大致与半球上缘平行的沟,分别为额上沟(sulcus frontalis superior)和额下沟(sulcus frontalis inferior),两者把额叶中央前回之前的部分分为上、中、下三部分,分别是额上回(gyrus frontalis superior)、额中回(gyrus frontalis medius)和额下回(gyrus frontalis inferior)。在颞叶有两条与外侧沟大致平行的沟,分别是颞上沟(sulcus temporalis superior)和颞下沟(sulcus temporalis inferior)。颞上沟以上的脑回称为颞上回(gyrus temporalis superior),颞上沟和颞下沟之间的脑回称为颞中回(gyrus temporalis medius),颞下沟以下的脑回称为颞下回(gyrus temporalis inferior)。在颞上回的后部外侧沟下壁处,有数条斜行的短回,是颞横回。在顶叶中央沟的后方，有一条与它平行的中央后沟（gyrus postcentralis），两沟之间的脑回是中央后回（gyrus postcentralis），在顶叶中央后沟的后方，有一条与半球上缘大致平行的短沟，称为顶内沟（sulcus intraparietalis），顶内沟以上的脑回称顶上小叶（lobulus parietalis superior）。围绕颞上沟末端的脑回称为角回（gyrus angularis），围绕外侧沟末端的脑回是缘上回（gyrus supramarginalis）。

沟与回的结构大大增加了大脑的表面面积，使之达到2.6平方米，超过了人体表面的面积，从而大大强化了大脑皮层的功能。大脑半球的沟回越多，脑功能就越发达，人脑与其他动物的大脑相比是最发达的（如图2-7所示）。大脑表面通过沟回交错，把2.6平方米的面积"折叠"起来，装进容积不大的颅腔内，发挥着非凡的功能。

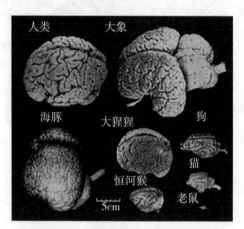

图2-7 人脑与动物大脑比较

2.2.4 大脑的Brodmann分区

Brodmann（1868—1918）是德国神经学家，1898年获得医学博士学位。1900年至1901年在法兰克福精神病院工作，随后来到柏林大学神经科学学院，从此开始了他成就卓著的神经科学研究。Brodmann（1909）一生最大的学术成就是使用数字对大脑表面进行了分区（如图2-8所示）。其中与语言功能相关的主要区域包括：（1）躯体运动中枢：第4、6区，位于中央前回和中央旁小叶前部。（2）躯体感觉中枢：第1、2、3区，位于中央后回和中央旁小叶后部。（3）视觉中枢：第17区。（4）听觉中枢：第41、42区，位于颞叶颞横回；（5）运动性语言中枢：第44、45区，即布洛卡氏区，位于额下回的后部；（6）书写中枢：第8区，位于额中回的后部；(7) 听觉性语言中枢：第 22 区，位于颞上回后部，紧邻听觉中枢；(8) 视觉性语言中枢：第 39 区，位于角回，与视觉中枢相邻。

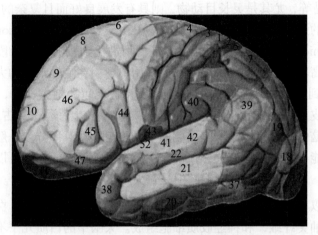

图 2-8 Brodmann 的大脑分区图

2.2.5 大脑的灰质与白质

从大脑的构成材料来看，大脑包括灰质（grey matter）和白质（white matter）两种物质（如图 2-9 所示）。灰质因在新鲜标本上呈现暗灰色而得名，它覆盖在大脑半球表面，又称皮质或大脑皮层（cerebral cortex），其厚度从 1.5 到 4.5 毫米不等，平均厚度约为 2.87 毫米。从体积上讲，灰质占大脑总量的 60% 到 65%，面积约为 2600 平方厘米。灰质是神经元胞体集中的地方，是高级神经活动的物质基础，是信息处理的中心。由于每个神经细胞总是与多个神经细胞相联结，所以，灰质实际上是细胞体和它自身树突以及与它相连接的其他神经细胞的轴突的结合体（关于神经细胞的结构见本章 2.3 节）。

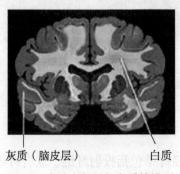

图 2-9 大脑中灰质与白质的排列

大脑皮层是大脑结构进化的最新产物。一些生物，如鱼，是没有皮层的；另外一些生物，如两栖动物和鸟，有简单的皮层；而哺乳动物，如狗、马、猫等，尤其是灵长目动物，则具有发展良好而且复杂的大脑皮层。根据动物的进化过程，人类的大脑皮层又可分为新皮层（neocortex）和古皮层（archicortex）两部分。新皮层是动物进化到较高级的阶段才出现的皮层，从高等爬行类动物端脑顶壁内开始出现，在哺乳动物的大脑中正式确立并得到极大的发展，占据哺乳动物大脑表面的绝大部分，占成年人整个大脑皮层表面的90%以上。古皮层是种系发生过程中最古老的部分，在人类大脑中，只是见于颞叶内侧的海马、齿状回等部分。一般来说，古皮层的功能与短时记忆有关，该部分皮质损伤的患者，智力可以维持在一定的水平，长时记忆不受影响，但是丧失了学习新事物的能力。

灰质以下是白质，因其在新鲜标本上呈现亮白色而得名。白质由细胞突起，即轴突纤维，和神经胶质细胞组成。大脑中的白质几乎不包含神经细胞体和树突，但是白质内还有灰质核，这些灰质核靠近脑底，称为基底核（又称基底神经节）。白质把不同脑区的灰质联系起来，负责传递神经信号。白质为皮质细胞之间的远程联结提供现实与潜在的联结通道。图2-10清楚地显示了远程联结的纤维束，其中最长的是上纵束，联结布洛卡氏区和沃尼克氏区的弓状纤维束也是上纵束的一部分。

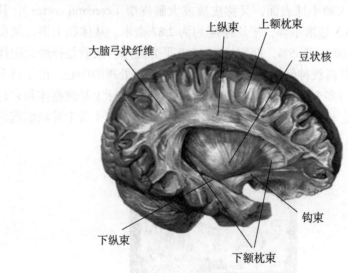

图2-10 大脑中的神经纤维束

大脑半球内的神经纤维包括投射纤维、联合纤维和胼胝体三种。投射纤维开始于脑干,投射到大脑半球,形成冠状放射。它们把脑干和大脑半球联结起来,并在两者之间传递神经信号。联合纤维构成环形束,把同侧大脑的不同部位联系起来,以调整大脑皮层的活动。胼胝体把两个半球联结起来,使两个半球互通信息。

2.3 神经细胞

2.3.1 神经细胞的结构

构成神经系统大厦的基本建筑材料是神经细胞。神经细胞又称神经元(neuron),具有接受神经刺激、传导神经冲动的功能,人类大脑由神经元密集堆砌而成,其数量可以达到 10^{12} 个。每个神经细胞都能接受和传导神经冲动到其他数以千计的神经细胞(Robert,2001)。人类大脑皮层的每1立方英寸包含了10000英里的神经纤维,它们将细胞彼此联结起来。

神经细胞的种类很多,在某一个特定的位置上,也许会有数千个不同类型的神经细胞(Kandel等,1991)。它们的形态差异也非常大,有圆形、锥形、梭形、星形等。但是,总体而言,神经细胞的基本结构包括胞体(cell body; soma)和突起(processus)两部分,如图2-11所示。胞体包括细胞膜、细胞质和细胞核。神经细胞的主体叫做胞体,其直径一般为5~100微米。与其他种类的细胞一样,胞体负责合成细胞工作所需的能量、排出废物、生成细胞实现其功能所需的化学物质等。另外,胞体的细胞膜还负责收集电脉冲。神经细胞的胞体内含有丰富的尼氏体(Nissel's body)和神

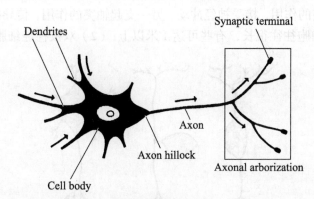

(注1:图中箭头所示为神经冲动的传递方向)

(注2: dendrites 树突; cell body 细胞体; axon hillock 轴丘; axon 轴突; synaptic terminal 突触末梢; axonal arborization 轴突分支)

图2-11 神经细胞基本结构图(Arbib,1989:52)

经细胞纤维。尼氏体具有合成蛋白质的功能,主要合成更新细胞器所需的结构蛋白、神经递质所需的酶类以及肽类的神经调质。

突起由胞体发出,分为树突(dentrite)和轴突(axon)两种。树突是高度分叉的,像一棵树的分支和细枝。树突能够传导电脉冲,负责接受信息并传送到细胞本体,当电脉冲在胞体达到一定程度,就需要通过轴突释放,这样轴突就负责把信息从细胞体传出。树突较多,粗而短,反复分支,逐渐变细。轴突是一个长的管状通道。在轴突发起的部位,胞体常有一锥形隆起,称为轴丘(axon hillock)。轴突一般只有一条,细长而均匀,中途分支较少,末端则形成许多分支,分支末端膨胀成小球,被称为突触末梢(synaptic terminal),又称突触小体。轴突可以将神经冲动由胞体传至神经末梢,引起末梢释放化学物质,因而影响与其相联系的其他细胞的生理活动。大脑里的轴突细小,但是很长,有时可以达到1米以上。

在人的神经系统中,除了神经细胞之外,还有神经胶质细胞,其数量为神经细胞数量的10~50倍,胞体较小,无树突和轴突之分,不具备神经传导的功能,其主要作用体现在对神经细胞提供支持、绝缘、营养和保护等,并参与血脑屏障的构成。

2.3.2 神经细胞的分类与功能

根据不同的分类标准,神经细胞可以被分为不同的类型。根据形态,神经细胞可以分为三种类型(如图2-12所示):(1)假单极神经细胞(unipolar neuron),由胞体发出一个突起,但在一定距离之后又分为两支,一支起树突的作用,接受神经冲动,另一支起轴突的作用,传导神经冲动。该类神经细胞往往很长,有些可达1米以上;(2)双极神经细胞(bipolar

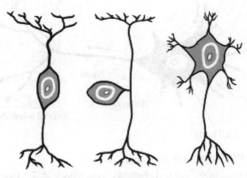

双极神经元　假单极神经元　多极神经元

图2-12　神经细胞的形态

neuron），由胞体发出两个突起，一个为树突，分布至周围，另一个为轴突，伸向中枢；（3）多极神经细胞，由胞体发出多个树突和一个轴突。

根据功能，神经细胞也可分为三种类型：（1）直接与感受器相连，将信息传向中枢者叫感觉（传入）神经细胞（sensory neuron），在形态上常常表现为单极神经细胞。其中一部分通过突触传递，能从皮肤感受器将所接受到的信息传递到脊髓和大脑，激活某些脑区而引起感觉，另一部分只能传递信息，不能引起感觉。（2）直接与效应器相连，把信息传给效应器者叫运动（传出）神经细胞（motor neuron），一般位于脊髓中，而且轴突很长，因为它们必须把信息从脊髓一直传递到人的脚趾、手指和身体的其他部位。一旦受到损伤，可引起有关部位的运动障碍。（3）在感觉和运动神经元之间传送信息者叫中间神经细胞（interneuron），多数有许多树突，在形态上表现为多极神经细胞，其主要功能在于连接中枢神经系统不同区域的神经细胞，接受来自其他神经细胞的信息，并把信息传递出来。

无论是运动神经元，还是感觉神经元或中间神经元，神经细胞的功能分区分为：（1）输入（感受）区。就一个运动神经元来讲，胞体或树突膜上的受体是接受传入信息的输入区，该区可以产生突触后电位（局部电位）。（2）整合（触发冲动）区。始段属于整合区或触发冲动区，众多的突触后电位在此发生总和，并且当达到阈电位时在此首先产生动作电位。（3）冲动传导区。轴突属于传导冲动区，动作电位以不衰减的方式传向所支配的目标器官。（4）输出（分泌）区。轴突末梢的突触小体是信息输出区，神经递质在此通过胞吐方式加以释放。

神经细胞的基本功能是通过接受、整合、传导和输出信息实现信息的交换。神经元可以直接或间接（经感受器）地从身体内、外得到信息，再用传导兴奋的方式把信息沿着长的纤维（突起）做远距离传送。信息从一个神经元以电传导或化学传递的方式跨过细胞之间的联结（即突触），而传给另一个神经元或效应器，最终产生肌肉的收缩或腺体的分泌。神经元还能处理信息，也能以某种尚未清楚的方式存储信息。神经元通过突触的连接使数目众多的神经元组成比其他系统复杂得多的神经系统。总的来说，神经细胞具有六个基本功能（Dudai, 1989）。第一，输入功能，可以接收来自于外部环境或者其他神经细胞的信号；第二，合成功能，可以对接收的信号进行合成与加工；第三，传导功能，可以把合成的信息传递一定的距离；第四，输出功能，可以把信息传递给其他细胞；第五，计算功能，可以把一种信息映射转化为另一种信息；第六，表象功能，促进内部表象的形成。

2.3.3 神经细胞的联结

如上所述，神经细胞的联结与信号传递主要通过突触（synapse）进行。突触是一个神经细胞与另一个神经细胞相接触的部位。神经细胞是各自独立分离的结构单位，它们之间的连接方式只是相互接触，而无细胞质的相互沟通。突触具有特殊的结构，是神经细胞之间信息传递和整合的关键部位（见图 2-13）。

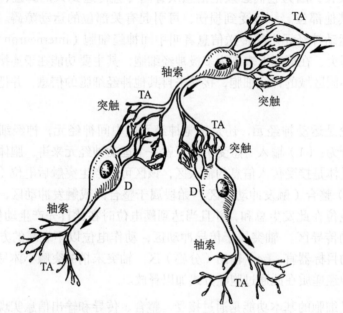

（注：箭头表示神经信号传送的方向；TA 表示轴突的中末分支，即突触小体；D 表示树突）

图 2-13 神经细胞突触示意图

一个突触包含突触前膜（presynaptic membrane）、突触间隙（synaptic cleft）与突触后膜（postsynaptic membrane）（见图 2-14）。突触前膜是轴突末端突触小体的膜，突触后膜是突触后神经细胞与突触前膜相对应部分的膜。突触前膜和突触后膜较一般神经细胞膜略厚。突触前膜与突触后膜之间存在的间隙称为突触间隙。突触间隙大小约 20 纳米。突触间隙由液体填充，与细胞外液相连通，具有相同的成分。突触前膜向突触小体的胞浆内伸出一些致密突起。在突触小体的轴浆内，有较多的线粒体和大量聚

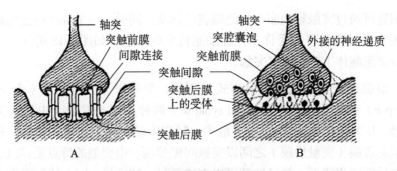

图 2-14 突触的基本结构图

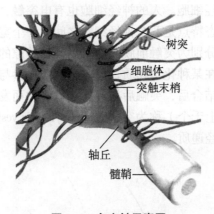

图 2-15 多突触示意图

集的突触小泡（synaptic vesicle）。突触小泡内含有高浓度的化学物质，被称为神经递质（neurotransmitter）。线粒体可提供合成新递质所需要的三磷酸腺苷。突触小泡在突触小体中的分布不均匀，多聚集在致密突起处。不同神经细胞的突触小泡的形态和大小不完全相同，而且所含的递质也不相同。例如，释放乙酰胆碱的突触，其小泡直径在 30~50 纳米之间，而释放去甲肾上腺素的小泡，直径在 30~60 纳米之间，其中有一个直径为 15~25 纳米的致密中心。突触后膜上存在一些特殊的蛋白质结构，称为受体（receptor）。受体能与一定的神经递质发生特异的结合，从而改变突触后膜对离子的通透性，激起突触后神经细胞的变化，产生神经冲动，或者发生抑制。一个神经细胞的轴突末梢可分出许多末梢突触小体，它可以与多个神经细胞的胞体或树突形成突触（如图 2-15 所示）。通常一个神经细胞有许多突触，可接受多个神经细胞传来的信息，如大脑皮质锥体细胞约有 30 000 个突触。小脑中有的细胞可多达 200 000 个突触。因此，一个神经细胞可通过突触影响多个神经细胞的活动；同时，一个神经细胞的胞体或树突通过突触可接受许多神经细胞传来的信息。如图 2-15 所示，一个神经细胞胞体上就有许多突触。

根据神经冲动通过突触方式的不同，突触可分为电突触（electrical synapse）和化学突触（chemical synapse）两种类型（图 2-14 中的 A 为电突触，B 为化学突触）。在电突触中，轴突末端（突触前膜）和另一神经细胞的表膜（突触后膜）之间以突触间隙相隔。电突触的特点是：（1）突触前后两膜很接近，神经冲动可以直接通过，速度快；（2）传导没有方向之分，形成电突触的 2 个神经细胞的任何一个发生冲动，都可以通过电突触而传给另一个神经细胞。人的神经细胞也有电突触，但是以化学突触为主。化学突触的形态特点是两个神经细胞之间有一个宽约为 20~30 纳米的缝隙。缝隙的前后分别为突触前膜和突触后膜，缝隙的存在使神经冲动不能直接通过，只有在某种化学物质，即神经递质的参与下，在神经递质与突触后膜上的受体结合后，突触后神经才能去极化而发生兴奋。在突触前膜内有很多小泡（上千个），称为突触囊泡（synaptic vesicles）（见图 2-16），其内含物质就是神经递质。

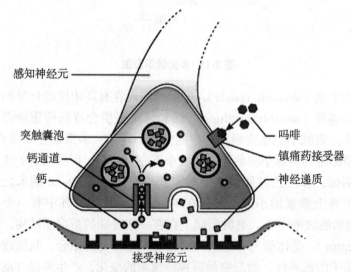

图 2-16　神经囊泡示意图

当神经冲动从轴突传导到末端时，突触前膜透性发生变化，使 Ca^{2+} 从膜上的 Ca^{2+} 通道大量进入突触前膜。此时，含递质的突触囊泡可能会由于 Ca^{2+} 的作用而移向突触前膜，突触囊泡的膜与突触前膜融合而将递质排出至突触间隙。突触后膜表面上有递质的受体，递质和受体结合而使递质中的 Na^+ 大量涌入细胞，于是静息电位变为动作电位，神经冲动发生，并沿着这一神经细胞的轴突传导出去。这就是通过神经递质的作用，神经冲动通过突触而传导到另一神经细胞的机制。神经冲动沿着轴突移动的速度与轴突的大小有关。在最小的轴突中，神经传导以大约 0.5 米/秒的速度缓慢前进，但是在最大的轴突里神经冲动的移动速率可以达到 120 米/秒（Robert，2001）。

神经冲动有兴奋性的，也有抑制性的。当细胞接收到兴奋性神经冲动时，细胞膜上的电位会增加，该细胞就会被激活。如果细胞膜上的电位降低，该细胞就会被抑制。抑制是神经冲动在到达突触时受到阻碍，不能通过或是很难通过所致。神经冲动能否通过化学突触取决于这一突触释放的递质的性质和突触后膜的性质。如果释放的递质能使突触后膜去极化，一定量的递质就可使突触后神经细胞去极化而兴奋，实现神经冲动的传导。反之，如果释放的递质不但不引起突触后膜的去极化，反而加强膜的极化，也就是说，不但阻止 Na^+ 的渗入，而且促使 K^+ 的大量渗出，或 Cl^- 的大量渗入，结果膜的电位差加大，接受刺激的阈限也就增高，只有更强的刺激才能引起兴奋。这种释放抑制性递质的突触就是抑制性突触。

尽管神经细胞之间神经冲动传递的方式基本相同，但是也有一些小的差异。例如，一个神经细胞所释放的递质的数量可大可小。而且，在神经递质被释放之后，还要及时停止，否则，接受递质的细胞会持续处于兴奋状态，无法接受新的信息。神经细胞对递质再摄取的速度也有快有慢，速度越慢，第二个神经细胞的兴奋程度就越高。而且，神经细胞在突触处单位面积上受体的数量也有差异，受体数量越多，接受细胞被激活的程度就越高。所有这些因素都会影响到神经细胞之间突触的强度。神经细胞之间突触的一个重要特点在于其可塑性，它可以随着经验的变化而变化。每次当一个神经细胞接收到来自于另一个细胞的神经冲动，联结两个细胞之间的突触就会得到加强。这样，反反复复，两个细胞之间的联系就会变得非常强。相反，如果一个神经细胞长时间接受不到另外一个细胞的信号，那么这两个细胞之间的联结也会变弱。

根据突触接触的部位分类，突触的接触形式有三种：（1）轴突—树突突触（axodendritic synapse），即一个神经细胞的轴突末梢与下一个神经细胞的树突相接触，如图 2-17（a）所示。（2）轴突—胞体突触（axosomatic synapse），即一个神经细胞的轴突末梢与下一个神经细胞的胞体相接触，如图 2-17（b）所示。（3）轴突—轴突突触（axoaxonic synapse），即一个神经细胞的轴突末梢与下一个神经细胞的轴丘或轴突末梢相接触，如图 2-17（c）所示。

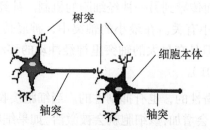

图 2-17（a） 轴突—树突突触示意图

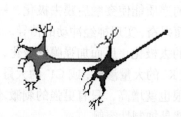 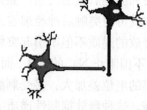

图 2-17（b） 轴突—胞体突触示意图　　图 2-17（c） 轴突—轴突突触示意图

2.3.4　神经模块及其之间的联结

大脑中包含大量的神经细胞，每个细胞都与成千上万的其他细胞相联结，从而构成一个复杂的网络体系。据 Murre & Sturdy（1995）的估计，大脑中神经细胞的数量应该为 10^{12} 左右，其中有五分之一的神经细胞位于大脑新皮层，这一部分被认为负责包括语言处理在内的各种认知活动。大脑皮层的一个细胞平均与其他细胞具有 4000 个联结，那么在大脑新皮层部分就有 3.3×10^{13} 个联结。另外，许多神经细胞联结在一起，构成大脑中不同的模块，这些模块之间又相互联结。也就是说大脑中神经细胞之间的联结至少有两种，一种是个体神经细胞之间的联结，另一种是神经模块之间的联结。

每个模块都负责心理活动的一个方面或者某一个阶段，例如，辨认熟悉的面孔、在讲话过程中找到合适的词表达自己的思想等。实际上，大脑作为一个整体系统，其内部的联结相当复杂。在许多情况下，一个模块的功能也是多重性的，经常参与多种心理活动。例如，有的模块参与对物体视觉信号的处理，它同时也要参与这些物体心理形象的形成。同样，参与句子理解的模块也要参与句子产生的过程。因此，对于某个具体的模块来说，它要完成自己所承担的任务，也必须要与其他的模块相联结。例如，负责熟悉面孔辨认的模块必须要接收来自于形状与颜色感知模块的信息，而且还要把信号传递到包含有所辨认出面孔的人名的模块。同样，在语言产生的过程中，负责寻找词汇的模块也必须要接收计划模块的信息，并且要与负责把单词整合成合乎语法的句子的模块进行互动。单词寻找模块与语法模块的互动充分说明了不同模块之间互动的复杂性。它们之间的联结不是单方向的，并不是按照句子计划 → 寻找词汇 → 词汇组合 → 说出句子的顺序进行的，其中有许多双向的互动。某些单词在被选定之后，在组合和说的过程中可能会发现不合适，从而需要重新寻找，有些词可能在句法结构被确定之前就已经选定，还有一些词，尤其是功能词，可能需要在句法结构确定之后才能选定。

2.4 人类的语言基因

基因是生物遗传的结构单位和功能单位，是将遗传信息从上一代传递给下一代的载体。语言是人类所特有的交际能力，在历史上曾经有许多位科学家试图训练动物进行讲话的能力，但是无论如何训练，动物所能使用的语言极其有限（Steinberg & Sciarini, 2006）。例如，Gua 是一只雌性大猩猩。为了使它具有和人一样的语言环境，Kellogg 夫妇把它和自己比 Gua 大 3 个月的儿子 Donald 一起像兄妹一样抚养。过了 9 个月之后，Gua 学会对 95 个口语词、短语和句子做出反应，但是没有学会讲任何的话。而与此同时，Donald 已经能够比较流利地使用口语，而且能说出具有一定复杂结构的句子。Viki 是一只由 Hayes 夫妇从小就抚养的雌性大猩猩。与 Gua 一样，Viki 也被视为家庭成员，与 Gua 不同的是，Viki 得到了专门的语言发音训练。在 3 年之后，Viki 只学会说 4 个词，而且发音不清，难以理解。研究者还进行了一些教灵长类动物使用手势语的实验。Gardner 夫妇都是心理学家，他们认为 Viki 不能学会讲话是因为缺乏必要的发音器官。于是他们尝试教一只雌性黑猩猩幼仔 Washoe 使用美国手势语。在 4 年之后，Washoe 学会了大约 130 个手势，并能表达两三个手势对应的话语。但是在此之后，Washoe 的手势语水平不再进步。后来，Washoe 被转到一个由 Fouts 夫妇建立的灵长类动物居住地。在这里，Washoe 收养了一个儿子，并教它学会了一些手势语，但是其他猩猩并没有从与 Washoe 的交往中学到任何的手势语。这些研究都表明，人与动物在语言能力方面的差异是先天性的。Chomsky（1957）认为人生来就在大脑中具有一个和语言相关的装置，即语言装置（language faculty），以配合后天的学习，这种装置能衍生出无数的句子，具有很强的创造性。Pinker & Bloom（1990）也认为语言是生物进化和自然选择的结果。这也就意味着语言能力应该在人类的基因中有所体现，这也自然使得有关的研究者寻找人类的语言基因。

从20世纪60年代起，科学家就开始寻找和语言有关的基因，到90年代，一个患有罕见遗传病家族（被称为KE家族）的语言障碍引起了大家的注意。该家族三代人中一半的成员不能控制自己的嘴唇和舌头，阅读存在障碍，也难以记住词汇，不能理解和运用语法，难以组织好句子。这一症状被称为发展性言语失用症（developmental verbal apraxia，Hurst等，1990）或专门性语言障碍（specific language impairment，SLI，Gopnik，1990）。KE家族三代人的语言缺陷使得科学家相信，致病的原因在于他们的基因出现了问题。最初，Gopnik（1990）等人认为这种语言缺陷可能是由于身体中的一个常染色体显性基因发生了突变，只影响形态句法，因此这个基因称为"语法基因"（Pinker，1994）。后来，Vargha-Khadem等（1995）发现这种基因并不专门负责语法或语言。KE家族的患病成员不但对物体的命名比较迟缓和缺乏准确性，而且还会遇到一些构音障碍（dysarthria）或颅面畸形（craniofacial dysmorphology）方面的疾病。1998年，Fisher等人将KE家族基因突变的研究范围缩小并定位于7号染色体长臂即7q31上，并暂时命名为SPCH1。他们还发现位于7q31一个基因的突变会给对患者带来表达混乱、语法缺失、发音困难、阅读理解障碍等多方面的症状，但是该区域有70个染色体，因此还需要进行更为准确的定位。

一个被称为CS英国男孩的发现使得该项研究又大大推进了一步，他虽然和KE家族没有任何的血缘关系，但是与他们具有相同的症状。通过两者基因的对比，Lai等（2001）发现，同一个基因在CS男孩和KE家族成员身上都发生了突变，染色体7号和5号位的相互易位而导致7q31区的一个基因遭到损坏。原来所称SPCH1基因实际上就是FOX基因组中的一员。根据命名惯例，该基因被称为FOXP2。FOXP2属于一组基因中的一个，为胚胎发育中的调控基因。该组基因通过制造一种可以粘贴到DNA区域的蛋白质来控制其他基因的活动。而FOXP2的基因突变破坏了DNA的蛋白质黏合区，使它无法形成早期大脑发育所需的正常基因顺序。科学家们对KE家族患病成员的大脑图像进行研究后发现，他们的基础神经中枢出现了异常，而口舌的正常活动正是由这个区域来控制的，另外，后来的研究（例如，Belton 等，2003；Vargha-Khadem 等，2005；Takahashi 等，2009；Piattelli & Uriagereka，2010）发现，这些患者大脑皮层中与语言相关的中枢也不正常。

此后，科学家们开始研究 FOXP2 在不同物种中的表现，并力图进一步证明语言与人类文明发展之间的关系。Enard 等（2002）测定了一些灵长类以及小鼠的 FOXP2 基因，并与人类的 FOXP2 基因序列进行了比较，结果发现，人类和小鼠共同的祖先生活在大约 7000 万年以前，从那时到现在，该基因蛋白质的氨基酸序列只发生了三处变化，其中的两处变化发生在大约 600 万年前人类与黑猩猩分离之后。基因掌握着蛋白质形成的"密码"，而蛋白质是生物体中运动的杠杆和传动的装置，FOXP2 基因上的变异明显改变了相关蛋白质的形态，从而使得人类祖先能够更好地控制嘴唇和喉咙的肌肉，发出更多样、更丰富的声音，为语言的产生打下了良好的基础。基因变异是自然界的普遍现象，它主要是由细胞的复制机制出现问题而引起的。在绝大多数情况下，基因变异有害无益，但是也有例外，FOXP2 的变异就是其中之一。Enard 等（2002）指出，这一变异正好发生在 20 万年前，也就是解剖学意义上的现代人出现的时候。

FOXP2 基因存在于所有的哺乳动物中，但是小鼠和其他动物的基因缺少关键的变异，而这些关键变异只发现于人类身上。因此，这些关键的变异导致了只有人类能够通过复杂的语言进行交流，而动物只能发出吼叫声或者鸣叫声。实验室白鼠被"植入"人类语言基因会发生什么现象？Enard 等（2009）对此进行了实验研究，结果发现携带人类 FOXP2 基因的小鼠依然能发出超声波唧叫声来引起它们妈妈的注意力，这和普通白鼠没有差别。但是白鼠唧叫声的音高比试验前低。白鼠还表现出其他一些行为改变，比如不愿意去周边环境探索。最令他们惊奇的是，实验室白鼠大脑结构发生了变化。在和人类语言功能区类似的白鼠大脑区域内，长出了结构更为复杂的神经细胞。在人类进化进程中，变异的 FOXP2 基因"不断提高发音的动力控制装置的微调能力"，"这是人类独特的功能，帮助人类学会并协调肺部、喉部、舌头和嘴唇的肌肉运动，而这些对语言来说是必需的"（Enard 等，2009：870）。他们认为，FOXP2 基因影响了人类许多器官的发展，比如大脑、肺和食管。

FOXP2 是目前发现的唯一一个与语言有关的基因，我们目前尚不清楚其他基因和语言功能之间的关系，更不清楚基因之间的相互作用。另外，研究者对于该基因的具体功能还存在诸多的争论，都有待进一步的研究。

2.5 结语

　　基因携带有遗传信息的 DNA 序列，是控制性状的基本遗传单位。正是因为人类在某些特定基因上与动物的细微差异而导致了人类产生出极其复杂的神经系统，这一事实使我们充分领略了"失之毫厘，谬以千里"的真正内涵。而这一复杂的神经系统，尤其是其中大脑的存在，为语言的习得、理解与产生提供了坚实的物质基础。语言包括语音、词汇、句法、语义、语篇等不同的层次，不同的层次之间又相互影响，相互关联。语言的处理过程不仅涉及语言本身的内部结构，还与人的认知系统（包括记忆、学习、推理、解决问题等）具有复杂的关系，这是一个极其复杂的心理过程。如此复杂的过程以及如此高的工作效率都足以证明人的神经系统的高效性，从语言处理的角度来研究其神经基础的工作机制正是神经语言学研究的目标和它的意义所在。人脑是一个自然的神经网络计算机。它由大约 140 亿个神经细胞组成，每个神经细胞都有大约 1000 个左右像树枝一样的突起。一个神经细胞体及其发出的许多突起就构成了一个神经元。人脑中所有的神经元之间紧密连接。按照排列和组合推算，神经元之间可能的结合方式几乎是无限的，从而构成了一个结构极其复杂、严密的神经网络。大脑皮质及大量的神经元和它们之间互相联系的广泛性、灵活性和精密性，使大脑皮质获得了完善的分析和综合能力，成为思维与语言的物质基础。

第 3 章

语言障碍

人脑是语言活动的控制中心。因各种原因（包括遗传、大脑发育不良、脑外伤、脑出血等）而导致的大脑功能异常往往会表现在语言上，患者由此出现语言障碍。在众多的语言障碍中，成人失语症出现的可能性最大，因此也最受关注，研究的历史也最为悠久。与成人相比，儿童的大脑还处在生长发育阶段，其语言习得的过程也处在发展之中，儿童的语言障碍具有很强的可变性与可恢复性，因此，儿童语言障碍的研究对于我们了解儿童语言习得的过程以及大脑和语言之间的关系具有特殊的意义。除此之外，随着神经语言学研究的不断深入，失读症等与语言障碍相关的患者也越来越受到关注。在本章中，我们将对这些语言障碍进行介绍与讨论。

3.1 失语症

3.1.1 失语症的分类

大脑损伤是造成失语症的直接原因，但是由于个人大脑的差异以及大脑损伤的部位、大小以及严重程度的不同，失语症的症状表现千差万别，因此，失语症的分类一直是失语症研究中最为重要的任务之一。自 Broca（1861）的研究以后，人们对失语症按照不同的标准进行了许多种不同的分类，这些分类方法都反映了当时人们对于失语症的性质及其原因的认识。失语症的分类方法以及由此产生的失语症名称很多，但是从总体上看，分类的标准主要有两种：一种是根据失语症患者的语言障碍进行分类，另一种是根据大脑损伤的部位进行分类。

首先，我们来看以语言障碍进行分类的方法。Head（1926）认为，造成失语症的原因在于患者在符号的制定和表达方面的缺陷；语言是复杂的高级技能活动，需要大脑的整体参与，大脑损伤的部位与失语症患者的语言障碍之间没有直接的联系，因此，失语症种类的划分要以失语症患者的语言障碍为标准。根据 Head 的分类方法，失语症有四种类型：词语性失语症（verbal aphasia）、句法性失语症（syntactic aphasia）、名词性失语症（nominal aphasia）和语义性失语症（semantic aphasia）。Jakobson（1971）被认为是第一个从事失语症研究的语言学家，他重点对成年人失语症进行了研究，并结合语言学理论把失语症分为词性变化缺失性失语症（paradigmatic aphasia）和句法缺失性失语症（syntagmatic aphasia）两种类型。另外，Holland 等（1990）根据失语症患者语言的流利程度把失语症分为流利型失语症（fluent aphasia）和非流利型失语症（non-fluent aphasia）。根据失语症患者的语言障碍进行分类的好处在于它的直观性，人们可以根据失语症的名称很容易地判断出患者的语言障碍类型。但是，一个失语症患者往往会表现出众多方面的语言障碍，而且以患者的语言障碍为标准进行分类也缺乏相应的神经解剖学基础，临床上的应用有限，因此没有被广泛接受。

目前，被人们广泛接受的分类方法仍然是传统的经典分类法，即根据大脑损伤的部位进行分类。该分类方法起源于 Broca（1861）的失语症研究，并经过后来的研究不断修订而发展起来。1861 年，Broca 发现了一例丧失语言表达能力，而语言理解能力相对正常的失语症患者，他在患者死后的尸体解剖中发现大脑损伤的部位位于大脑左半球第三额回的后部。1874 年，Wernicke 描述了一类与 Broca 的病例相反的一种失语症。他指出，习惯于使用右手的人的大脑左半球的两个区域与语言行为具有特殊的关系，一个区在第一颞回（即沃尼克氏区），构成言语感觉中枢，另一个区在第三额回的后部（即布洛卡氏区），构成言语运动中枢，这两个区的损伤会相应地导致两种类型的失语症：运动性失语症（后被称为布洛卡氏失语症）和感觉性失语症（后被称为沃尼克氏失语症）。另外，Wernicke 还认为两个区之间通过皮质下神经纤维相互联结，他从理论上推测，联结纤维的损伤会导致第三种失语症，即传导性失语症。Lichtheim（1885）在 Wernicke 分类方法的基础上，设计了失语症的分类图，除了 Wernicke 提出的言语感觉中枢、言语运动中枢和两个中枢之间的联系外，他又加上了言语感觉中枢的直接传入和言语运动中枢的直接传出路径，以及这两个中枢之间的间接联系（如图 3-1 所示）。

在图 3-1 中，A 表示言语感觉中枢，位于第一颞回的后部（第 22 区，沃尼克氏区），M 表示言语运动中枢，位于第三额回后部（第 44、45 区，布洛卡氏区），B 表示联结言语感觉中枢和言语运动中枢的所有联合皮质，但无准确的皮质定位。

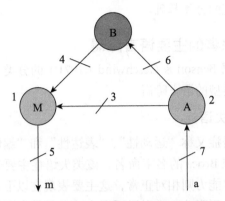

图 3-1 Wernicke-Lichtheim 语言处理模型

根据图 3-1，失语症可以被分为以下七种类型[1]：（1）布洛卡氏失语症（Broca's aphasia），由言语运动中枢（M）损伤引起；（2）沃尼克氏失语症（Wernicke's aphasia），由言语感觉中枢（A）的损伤引起；（3）传导性失语症（conduction aphasia），由言语感觉中枢和言语运动中枢之间的联系（A→M）的损伤引起；（4）皮质性运动失语症（transcortical motor aphasia），由联合皮质与言语运动中枢之间的联系（B→M）的损伤引起；（5）构音障碍性失语症（dysarthria），由言语运动中枢传出路径（M→m）的损伤引起；（6）皮质性感觉失语症（transcortical sensory aphasia），由联合皮质和言语感觉中枢的联系（A→B）的损伤引起；（7）纯词聋（pure word deafness），由言语感觉中枢的直接传入路径（a→A）损伤引起。上述七种失语症类型都具有典型的语言障碍，例如，言语感觉中枢的直接传入路径的损伤致使纯词聋失语症患者在语言理解和复述方面具有严重的障碍，而他们的自动言语、阅读和写作能力则相对正常，因为与这些功能相关的大脑中枢和路径都没有受到损伤。这种分类方法对后来的失语症分类产生了深远的影响，Benson & Geschwind（1971）在此基础上又对失语症进行了更为细致的分类，他们把失语症分为布洛卡氏失语症、沃尼克氏失语症、传导性失语症、皮质性运动失语症、皮质性感觉失语症、命名性失语症、完全性失语症、皮质混合性失语症、失读伴失写失语症、失读不伴失写失语症、言语不能失语症、纯词聋失语症 12 种不同的类型，其中人们研究最多的是前面的七种失语症类型。这种方法把失语症患者的语言障

---

[1] 为了便于理解，此处所描述的失语症名称以及图 3-1 中的语言中枢名称均采用现代的说法，与当时 Lichtheim 的说法略有不同，具体差异可参见本章相关部分的论述。

碍和大脑损伤的部位结合起来,因而更容易被人们接受,现在已经成为人们进行失语症研究的分类基础。

3.1.2 失语症患者的主要语言障碍

下面我们根据 Benson & Geschwind（1971）的分类,介绍上文提到的七种主要失语症类型的语言障碍。

1. 布洛卡氏失语症

布洛卡氏失语症又称"运动性"、"表达性"和"编码性"失语症,以法国著名神经学家 Broca 的名字命名。该类失语症主要表现为语言表达障碍,而语言的理解能力则相对正常,这主要表现在以下几个方面。(1) 语言的发音与节奏受到影响。患者说话费力,尤其是在开始讲话时表现得更加明显,患者在讲话时语速很慢,中间停顿时间较长,而且缺乏语调的变化,声音较正常偏低。(2) 表现出严重的语法缺失现象（agrammatism）。讲英语的失语症患者的语言中往往缺少冠词、时态和单复数等语法标志词尾。对于讲汉语的失语症患者来说,他们一般只能使用一些实词,而在虚词的使用方面则表现出明显的障碍,从而出现了所谓的"电报式语言"现象。例如,一名患者在谈到自己的病情时说:"回龙观（北京地名）……瘫了……胳膊……完了,扎针……完了",而在描述自己的工作时说:"爬……电杆……修……电灯……电……工,供电局"。对于大多数布洛卡氏失语症患者来说,尽管他们讲话的语量少,但是由于他们的语言中多为实词,仍然可以表达大体意思。(3) 句法结构简单。布洛卡氏失语症患者语言的句法结构往往仅局限于简单句,很少会说出结构比较复杂的句子。(4) 复述能力较差。虽然患者的复述能力比自动言语要好一些,但是也表现出很大的困难,尤其是在复述虚词方面,困难更大。患者在复述时表现出与自动言语相同的问题,常常会省略语法词,例如,一名患者将"他刚一进门就又下雨又打雷"复述成"进门……下雨……"(5) 命名障碍。在要求患者对一些事物或者图片进行命名时,患者也表现出了一定的困难,但是,大部分患者可以接受语音提示,例如患者无法说出"牙刷"的名称,但是如果提示"牙……",有的患者可以说出"牙刷"一词。

2. 沃尼克氏失语症

沃尼克氏失语症又称"感觉性"、"接受性"或"解码性"失语症,首先由 Wernicke（1874）发现。该类失语症患者在语言理解方面有明显的障碍,往往答非所问。例如,一位患者在要求叙述病情时,却讲述了他科研如何受到阻碍的情况，经过医生的几次制止，并加以反复的手势提示，患者似乎有所理解，说："喔，头疼，对，我就告到部里……"，接着又回到了他原来的题目上面，而且情绪激动。Sparks（1978）在描述这类失语症患者的语言障碍时指出，这类患者似乎缺乏"治疗意识"，因为他们看起来好像不知道自己为什么来看病。沃尼克氏失语症患者的语言理解障碍还表现在患者有时表现出"持续症"的现象，例如，医生要求一名患者"张嘴"，他听懂了，把嘴张开。然后要求他"举手"，该患者又张开了嘴，对医生反复指令都是如此反应，而且医生的声音越大，他的嘴就张得也越大。句子的结构以及句子中词汇的构成对患者的理解程度都有影响。一般来说，句子的结构越简单，患者理解起来就越容易，句子中所包含的实词比例越大，患者理解起来也就越容易（高素荣，1993），患者理解简单的指令要比信息询问句好些。在口语表达方面，沃尼克氏失语症表现出了典型的流利型失语症的特点。患者的语量与正常人相似或者偏多，说起话来往往会滔滔不绝，有时需要医生的制止才能停止谈话。语音语调都比较正常，句子结构也相对比较完整，尽管有时也有语法错误，但是患者的语言往往缺乏实质性意义的词汇，导致很多空话。而且沃尼克氏失语症患者的语言中包含大量的赘语或新语（jargon），使人难以理解。这种赘语和新语现象也出现在复述和命名过程中，由于患者语言理解的障碍，复述往往无法进行，但是，一旦听懂一个词，就会抓住这些零星听懂的词，使用赘语或者新语进行复述。例如，一位患者把"门"复述为"门，哦，门在这里"，把"吃葡萄不吐葡萄皮"复述为"吃豆腐啊，吃一块"。还有一位患者把"他刚一进门就又下雨又打雷"复述为"他刚去刚去牙板子就出晚子"。

3. 传导性失语症

传导性失语症是首先由 Wernicke（1874）预测，而后经过研究者证实的一种失语症。这类失语症患者在语言理解和表达方面均表现出一定的障碍，复述障碍尤为严重。患者的自动言语比较流利，基本上能够达到使用语言进行交际的目的，但是找词的困难表现突出。有时患者讲话时语速较慢，往往是因为患者意识到自己找词的缺陷而有意识地减慢速度，以便表达清楚，有时甚至会逐字地说。但是传导性失语症患者的语言与布洛卡氏失语症患者的语言有着明显的不同，因为这些患者语言的句法结构一般比较完整，与电报式语言具有明显的差异。另外，患者为了弥补自己找词的困难，在讲话过程中往往会加入大量的类似"这个"、"那个"之类的插入语。语音错误也是传导性失语症患者比较严重的语言障碍，例如，一位患者把"一月三十号住空军医院"说成"一院（yuan）三十货（huo）住工（gong）军医院"。令人感兴趣的是，这类语音往往呈现一定的规律性，一般是患者所发的音与目标语音具有许多相似之处。这类错误也大量地存在于患者的命名和复述过程中。复述困难是传导性失语症患者最为严重的语言障碍，有时患者可以听懂要求复述的词、短语或者句子的意义，但是不能做出正确的复述。例如，一位患者在被要求复述"门"时，用手指着房门，但是不能正确地复述出来；另一位患者不能复述"拖拉机"一词，但是他能把它描述为"在农村里嘎拉嘎啦走的"，医生接着问："在农村里嘎拉嘎拉走的是什么东西？"患者马上回答："那不是拖拉机吗？"然而当要求他单独复述"拖拉机"一词时，他还是无法做到。与此类似，Luria（1966）曾描述一位传导性失语症患者在复述"不"一词时说："不，医生，我不会说'不'哇。"高素荣（1993）的研究表明，要求复述的词的常用程度、词义的抽象性与具体性以及所复述句子的长短和结构的复杂性都会影响患者复述的成败。总的来说，词汇越常用，词义的具体性越强，句子越短，句子的结构越简单，患者复述成功的可能性就越大。

4. 命名性失语症

命名性失语症又称健忘性失语症（amnestic aphasia）。它很早就引起了研究者的广泛注意，Goldstein（1948）和 Head（1926）都曾经对此类失语症进行过深入的研究。患者在语言理解和复述方面均比较正常，其主要语言障碍为命名不能（anomia）。在患者被要求对某些物体命名时，他们可以描述该物体的形状、功能等特性，但是不能说出物体的具体名称。例如，一位患者说不出电扇的名称，但是他能描述它是用来吹风的，也可以用手势说明电扇的运转情况。大部分患者在有提示的情况下可以说出物体的名称。患者的口语表达比较流利，但是缺乏实质的内容，语言中包含大量意义不明确的词汇，造成言语空洞，无法准确地传递信息。

5. 皮质性运动失语症

皮质性运动失语症患者的数量较少，与布洛卡氏失语症的症状基本相同，明显的差别在于皮质性运动失语症患者具有很强的语言复述能力，大部分患者可以像正常人那样成功地复述词、短语、绕口令、简单句和复杂句。

6. 皮质性感觉失语症

皮质性感觉失语症和沃尼克氏失语症的症状基本相似，其明显的差别在于皮质性感觉失语症患者具有很强的语言复述能力，而且这种差别与皮质性运动失语症和布洛卡氏失语症的差别相同。

7. 完全性失语症

完全性失语症是所有失语症类型中语言障碍最为严重的一种，患者在语言表达、理解、复述、命名等方面均存在严重的障碍，基本无法通过语言进行交际，只有通过一些非语言途径表达自己的思想。

3.2 儿童语言障碍

儿童语言障碍的原因在于先天或后天因素对大脑所造成的大脑损伤或发育不良，主要包括失语症、专门性语言障碍和兰达—克莱夫综合征三种类型。

3.2.1 儿童失语症

儿童失语症的症状在许多方面与成人失语症具有相似之处，儿童不论在语言习得的任何阶段患上失语症，其语言能力的发展都会马上中断。但是与成人失语症不同的是，儿童失语症患者的语言恢复能力要远远高于成人患者。另外，儿童失语症患者在语言障碍的表现形式上也具有与成人患者不同的特点，尤其引人注意的是两者在沃尼克氏失语症方面的差异。对于儿童患者来说，当沃尼克氏区受到损伤后，不会呈现出流利型失语症的症状，却表现出与布洛卡氏失语症患者相似的语言障碍，例如，语言的发音与节奏受到影响，患者说话费力，而且具有严重的语法缺失现象。这似乎表明，在儿童的大脑功能侧化（lateralization）尚未完成，语言功能在大脑中的定位尚不确定，他们的沃尼克氏区和布洛卡氏区还没有发展到像成人那样具有明确的语言功能分工的程度。

儿童失语症的研究为儿童语言习得的关键期假说提供直接的证据。Lenneberg（1967）研究了单侧大脑受伤的儿童，并分析了这些儿童在受伤后的语言能力、语言习得以及大脑左右半球功能的侧化等问题。其研究的结果可以总结为表 3-1（转引自 Obler & Gjerlow，1999：68）：

表 3-1　不同年龄段儿童单侧大脑受伤后对语言习得的影响和大脑功能的侧化

年　龄	正常儿童的语言发展状况	大脑损伤对语言的影响	大脑功能的侧化
0~3 个月	咿呀语出现	50% 的患者没有影响，50% 的患者咿呀语出现较晚（但后来的发展正常）	大脑尚未出现功能的侧化现象

（续表）

年　龄	正常儿童的 语言发展状况	大脑损伤对语言的影响	大脑功能的侧化
4~36个月	开始说出单词，并开始习得语言的结构	原有的语言能力完全丧失，语言习得的过程重新开始	左利手或右利手的现象开始出现；左半球开始承担一些专门的语言功能，但是，两个半球仍然参与语言活动
3~10岁	语法完善，词汇量迅速增加	出现失语症的症状；仍有可能完全恢复（阅读或写作能力除外）	两个半球仍然参与语言活动；如果左半球受到损伤，右半球有可能替代其语言功能
11~14岁	在此阶段学习第二语言会出现第一语言的口音	一些由失语症造成的语言障碍无法恢复	大脑左右半球功能侧化，而且一般情况下不会改变
15岁左右	第二语言的习得难度增大	失语症症状难以消除，如果持续3~5个月，所造成的语言障碍很难恢复	对97%的人来说，语言功能定位于左半球

由表3-1可以看出，低龄儿童在受到严重的大脑损伤之后仍然能够正常习得母语，Lenneberg因此提出了"潜力均等假说"（equipotentiality hypothesis），认为在儿童出生后的前两年，大脑左右半球发展语言的潜力是均等的，因此由左右任何半球损伤导致的语言障碍都可以由未损伤的半球的功能来弥补。只有在某一特定的年龄之后，大脑损伤才能引起真正的失语症，该年龄在青春期前后（12~13岁），这就是"关键期假说"（critical period hypothesis）。他认为在语言习得的过程中存在着一段时间，在这段时间内，语言的习得最为容易，而超过这段时间，语言的习得能力就会受到限制。另外，Lenneberg还注意到那些先天智力低下的儿童如果在14岁之前能够接受语言训练，会在语言能力方面取得一定程度的进步，能够掌握一定的词汇，并能执行一定的口语指令；但是在14岁之后，即使接受了语言训练，也不会有任何程度的进步。Lenneberg所提出的语言习得关键期的概念引起了人们广泛的兴趣，并从不同的方面对该假说进行了研究。

Curtiss（1977）对一例语言环境受到剥夺的儿童的语言行为进行了研究，进一步证实了Lenneberg的语言关键期假说。在20世纪70年代初，美国发生了一起虐待儿童的案件，一个叫Genie的女孩在出生20个月之后被囚禁在小屋内长达12年。在此期间，由盲人母亲定时喂饭，但是由于对丈夫的惧怕，母亲不敢与 Genie 交谈，因此，Genie 一直生活在没有语言的环境中。在她 13 岁被人发现时，她完全没有语言能力，后来，一些语言学家对其进行了近 7 年的语言训练，但是，她的语言能力仍然很差，不会使用冠词、代词、助动词、动词时态等，所讲出的句子有许多语法错误。Curtiss（1977）认为，这是由于 Genie 错过了语言习得的关键期所致。

Johnson & Newport（1989）则通过对第二语言学习情况的研究证实了语言习得关键期的存在。他们研究了母语为朝鲜语和汉语并在不同的年龄阶段移民到美国的人在英语环境下对英语语法的掌握情况。结果发现，到达美国的年龄越早，语法的掌握程度就越好，其中 3~7 岁到美国的儿童对英语语法的掌握程度与本土美国人没有多大差异，而 8 岁后对语法的掌握程度开始下降。

也有一些研究不支持 Lenneberg 提出的关键期假设。语言病理学家 Aram（1988）对一些大脑受伤的儿童进行了研究，认为脑损伤对儿童语言发展的影响并不是由受伤的时间决定的，而是取决于受伤的部位。她分析了大脑受伤的儿童和正常儿童的即席发言后发现，大脑右半球受伤的儿童的话语水平与正常儿童接近，而左半球受伤的儿童在说简单句和复杂句时都比正常儿童困难，左右两个半球都受伤的儿童在给物体命名时则会出现明显的障碍。另外，左半球受伤的儿童在回答问题时要比右半球受伤的儿童慢但是更加准确。Aram 在研究中并未发现受伤时间对儿童的语言水平有任何的影响。

还有一些学者针对 Lenneberg 所提出的"潜力均等假说"进行了研究。Dennis & Kohn（1975）研究了一批 8~28 岁的患者的语言材料，这些患者的大脑左半球或右半球至少被切除了 6 年以上。从表面来看，那些在幼年左半球受到损伤的人在日常生活中语言能力相对正常，但如果对他们进行语法测试，结果发现他们在语言的某些方面要比正常人差。例如，这些患者会在造句时避免使用被动语态，而在理解结构复杂的句子时，不论句子的第一个名词是动作的执行者还是受动者，他们总是倾向于把第一个名词看作是动作的执行者。结果表明，即使是在幼年时期，大脑右半球也不能在左半球受到损伤时完全代替其语言功能。

在总结大量研究的基础上，Satz 等（1990）指出，从当时神经解剖学的研究水平来看，幼儿在刚出生时大脑两个半球的功能并非完全对等，在"潜力均等假说"的基础上，他们认为，在儿童大脑的右半球有一个备用区域,该区域在左半球受到损伤后会代替其语言功能。所谓的"潜力均等"并不是指大脑左右半球的潜力均等,而是指左半球语言区与右半球备用区的"潜力均等"。

3.2.2 专门性语言障碍

有些儿童的语言障碍并非是由脑损伤引起的。在学习能力有缺陷的儿童中,有一部分儿童患有"专门性语言障碍"。这些儿童在其他方面的认知能力都很正常甚至还高于平均水平,但是在语言能力方面却存在明显的障碍。虽然运用大脑影像技术难以看出这些儿童的大脑有任何的损伤,但是通过解剖可以发现他们的语言中枢细胞出现了异常的集结束。

有些患有专门性语言障碍的儿童的语言障碍主要表现在语音方面,例如,省略末尾辅音、将软腭辅音的发音部位前移等。造成这一问题的生理原因目前尚不清楚(Obler & Gjerlow, 1999),一种理论认为这是由于儿童在听力发展的关键时期受到疾病(如中耳炎)的影响,从而使儿童无法清晰地辨认声音。但是,一些儿童并没有得过中耳炎或其他疾病,却同样存在发音障碍,而且他们倾向于把最小对立体(minimal pair)区分开来,只不过其区分方法与正常人不同,例如,用缩短元音的方法代替结尾的辅音:用 /pɒ/ 代替 pot。这种障碍可能会普遍存在于某一家族中,这表明该语言障碍的产生有其生理根源,有可能是由于患者的语言产生机制中负责将音位特征转化成口语词汇的环节出了问题。

还有一些专门性语言障碍患者的语言障碍表现在形态和句法方面。Gopnik & Crago(1991)重点研究了这种缺陷的遗传因素。他们的研究对象是一个三代家庭,家庭成员包括祖母、祖母的 3 个女儿和 2 个儿子,以及 11 个孙辈子女。虽然他们的听觉和智力都正常,但在 7 岁之前他们的语言都难以达意。他们还发现这个家庭中患有专门性语言障碍的成员在理解复数含义以及判断人称、时态和数等语法方面存在很大障碍。相比之下,他们能够较好地纠正宾语结构方面的错误(如本应跟宾语的动词没有跟宾语)。在变化时态及复数方面,专门性语言障碍患者的反应速度较慢且不够准确。在书写方面,虽然患者已经学会了变化不规则动词,但却总是在变化规则动词时犯错误。另外,他们在理解否定的被动句以及辨认派生词方面也会遇到很多困难。

在 20 世纪 90 年代初发表的一系列有关论文中(例如,Mathews, 1994; Gopnik & Crago, 1991; Dalalakis, 1994; Fukuda & Fukuda, 1994;

Goad & Gopnik, 1994; Goad & Rebellati, 1994; Gopnik, 1994; Kehayia, 1994), 研究人员更为详细地研究了患专门性语言障碍的家庭成员在对英语的复数、时态和形容词的屈折变化进行处理时所表现出的障碍以及在日语、希腊语等语种中类似的现象。研究人员对患者进行了即席发言、句子的语法性判断等方面的测试, 在每一种测验中他们都发现, 患专门性语言障碍的家庭成员与正常的家庭成员一样都能理解词尾屈折变化的含义, 但是他们不能够使用这些规则。在几乎所有的词尾屈折变化的测验中, 患专门性语言障碍的家庭成员虽然认知水平正常, 但是他们的测验成绩较差。比如在一项判断数的含义的测验中 (Mathews, 1994: 133), 测试人员要求受试者说出一些句子 (如, I drove past several truck on the way.) 是否正确, 在这些测验中他们并不是自动地套用规则, 而是边在口中重复这些规则边运用, 而且有时运用得不够准确。比如当被问到过去式如何表示时, 一位受试者说:"如果是今天发生的就加 ing, 像 swimming 和 I went swimming today., 如果是昨天发生的就说 I swamt yesterday.。"

Gopnik (1994) 首次针对具体的语言功能障碍提供了清晰的遗传方面的证据, 同时, 他也对专门性语言障碍的病理原因提出了一种可能的解释, 即生理因素决定了大脑中细胞的组合与连接方式, 从而使得人们能够正确处理形态、句法方面的问题。有人认为对词尾变化的障碍只是患者认知能力缺陷的伴随结果, 但 Gopnik (1994) 的研究却表明, 他的受试者对词素的感知能力与正常人无异, 而且当这些词缀出现在其他结构中不包含屈折变化含义时, 受试者犯错误的几率就小得多。他因此认为, 由于患专门性语言障碍的儿童学习语言的过程被推迟, 他们的大脑对句法规则的认识能力也有所下降, 因而才会导致在使用过程中犯错误。

3.2.3 兰达—克莱夫纳综合征

兰达—克莱夫纳综合征是一种由癫痫病引起的语言功能障碍失调, Landau 和 Kleffner 于 1957 年首先对这种病症进行了描述和报道。该语言障碍的患者都是患有癫痫病的儿童, 年龄在 3~8 岁之间。Landau & Kleffner (1957) 发现 70% 的兰达—克莱夫纳综合征始于 6 岁之前, 而在 8 岁之后极少发生。从解剖学的角度来看, 患者的大脑并没有受到过损伤, 但近来的研究表明, 新陈代谢异常很可能是引起该语言障碍的主要原因 (Beaumanoir, 1999)。目前, 该种语言障碍已经引起了临床学界、心理语言学界和神经语言学界的广泛关注。一方面, 临床学家试图通过有关的研究探讨由癫痫病引起的失语症和由脑损伤引起的失语症之间的异同; 另一方面，心理语言学家和神经语言学家也通过对该类患者的语言特点和脑电波的分析来研究癫痫病对儿童语言习得的影响。

兰达—克莱夫纳综合征最常见的病症表现在患者对听觉信号的理解出现严重的障碍。虽然通过测试表明患者的听力是正常的，但他们却无法理解话语，并伴随有语言表达能力方面的缺陷。Korkman 等（1998）认为这是因为患者在理解语言的过程中其"语音解码"过程出现了问题。但是在很多情况下，患者对无意义的声音信号也无法辨认。因而，Maquet 等（1995）认为这是由癫痫病引起的"听觉辨识障碍"（auditory agnosia）造成的。

在被报道的大多数病例中，患者在出现语言理解障碍之后还会出现语言表达能力的缺陷，有时会忘记单词，有时会出现语音方面的异常。Ichiki 等（1998）认为这些表达能力的缺陷只是在"语音解码"过程受到破坏后而产生的伴随症状。然而，兰达—克莱夫纳综合征患者表达能力的缺陷有很多种表现形式，诸如"语法缺失"、"言语模仿"（echolalia）、"命名不能"等。而且，这种症状的程度会出现时好时坏的波动，有时甚至会在短时间内恢复正常。因此，"语音解码说"并不能完全成立，但是，人们目前还没有找到更为全面、合理的解释。

当患有兰达—克莱夫纳综合征的儿童到了 12~13 岁后，尽管癫痫病会痊愈，但是他们的语言能力仍然很差，词汇量和语法只能恢复到患病之前的水平，患病后语言习得的进程受到了很大的影响。患病的时间越早，延续的时间越长，语言习得受损的程度就越大（Hirsch 等，1990）。

在许多关于兰达—克莱夫纳综合征的研究中，Metz-Lutz 等（1999）所做的有关短时记忆的研究对心理语言学很有启发意义。他们对 6 个患有该语言障碍的儿童进行了长期的跟踪研究，并做了大量的实验。其中一个实验是在这 6 个儿童的癫痫病痊愈后对他们做的语言测验。从实验数据来看，这些儿童在重复句法结构较为复杂的句子时存在较大困难，在处理有意义词汇和无意义词汇时差别很大，而且还经常犯一些语义错误。他们据此认为患者的语音短时记忆受到了损伤。为了验证这一点，他们又进行了进一步的实验。通过单词重复实验，他们发现了"词长效应"（word-length effect），又通过字母重复实验发现了"语音相似效应"（phonological similarity effect）。这两个效应不仅证明了他们假设的正确性，还证明了在人的语音短时记忆中存在着"发音循环器"和"语音存储器"，从而为 Baddaley（1986）的短时记忆模式提供了有力的证据。

3.3 失读症

3.3.1 失读症的定义

失读症（dyslexia）是各种对书面语言理解缺陷的总称，又被称为字盲症、诵读困难，一般指由于大脑器质性损伤或病变而无法接受和理解书面语言的症状。失读症患者的智力同一般人并无差别，历史上很多著名的学者都曾经受到失读症的困扰，其中包括爱因斯坦和爱迪生，他们的科学成就令我们惊叹，但是他们的阅读和写作能力却与常人有较大的差距。由于阅读是一个非常复杂的思维过程，不同的专家对于失读症的性质及原因看法存在很大的差异，医学界和心理学界对此也有不同的解释，因此，对于该类语言障碍的定义也不一致。例如，世界神经科学联合会（World Federation of Neurology）的定义为"不是由于教育不当、智力不足和缺乏社会文化接触机会而导致的阅读学习障碍"，而美国国家健康学会（National Institute of Health）的定义为"由处理图像符号困难而导致的阅读障碍"。相比而言，美国国家神经障碍与中风学会（National Institute of Neurological Disorders and Stroke）所给出的定义要全面得多，"失读症是一种由于大脑损伤所引起的学习障碍，专门影响人的阅读能力。对于患有失读症的人来说，他们的智力正常，但是阅读能力明显低于常人。尽管失读障碍因人而异，但是失读症患者的共同特点在于他们都存在拼写、语音处理（对于声音的控制），以及进行迅速视觉与语言关联反应的困难。在成年人之中，失读症一般由大脑损伤或者痴呆引起。它也可以因为家族遗传等原因产生，最近的一些研究已经发现一些基因可能会导致发展性失读症的产生。"

从以上定义我们可以看出，当一个人的阅读困难无法通过智力缺陷、不当教育或视觉障碍等感知问题解释的时候，通常就会被诊断为失读症。这种阅读困难可能是来自先天（基因缺陷）或后天的脑损伤以及相应的听觉和视觉障碍。总体而言，失读症包括以下三种情形：（1）在学习阅读方面具有特殊困难的儿童；（2）这些儿童成年后虽然具备了一定的阅读能力，但是仍然表现出一定的阅读障碍；（3）某些已经具备阅读能力的成年人由于大脑损伤而导致的阅读障碍。

3.3.2 儿童失读症

儿童失读症又称发展性失读症（developmental dyslexia）。患有此类语言障碍的儿童一般都具有正常的视力、听力、智力和受教育程度，只是阅读能力受损。约有 10% 左右的儿童存在发展性阅读障碍，而且男孩多于女孩。另外，患有发展性失读症的儿童左利手所占的比例要大一些。

研究儿童失读症要比成年人困难得多，因为成年人在患失读症之前已经具备了正常的阅读能力，因此诊断起来要容易得多。而儿童则不同，我们必须首先要对正常儿童阅读能力的发展过程具有正确的认识，还要了解在此过程中需要具备的认知能力。Frith（1985）指出，儿童阅读能力的发展需要经历四个阶段：（1）语标技能的形成，即从整体上识别熟悉词汇的能力；（2）字母技能的形成，在这一阶段，儿童学会识别单个的字母，并与单个的语音联系起来；（3）拼写技能的形成，儿童学会识别单词的组合，即词素；（4）阅读能力的形成，此时儿童能够完全地不依赖于口语而熟练地阅读书面语言。很多人可能会因为阅读训练不足或者先天的原因而不能完全达到这一阶段。在上述四个阶段中，前一个阶段是后一个阶段的基础，也就是说，只有首先具备了上一个阶段的技能，下一阶段的技能发展才有可能。儿童可能会在上述任何一个阶段出现问题，并且会影响到后续阅读能力的发展。但是，当儿童出现问题时，他们往往会采取一些补偿策略，这些策略的使用很容易掩盖儿童在阅读方面的困难，但是经过专门的测试还是能够发现他们的问题的。

儿童失读症的表现形式是多种多样的。有的儿童可以辨认单个的字母，但是难以把他们识别为整个的单词，例如，把单词 some 辨认为两个音节，读成 /səumi:/。还有的儿童在阅读某些字母的语音方面存在特殊的困难，当他们碰到新词时，阅读的速度会减慢，而且往往会出现读音错误。例如，他们可能会把人名 Travis 读成 /tɑːrvs/（Obler & Gjerlow, 1999）。还有些具有阅读障碍的儿童倾向于逆序读词，例如，把 saw 读成 was，而且他们容易混淆互为镜像的字母，如 b 和 d、p 和 q 等。

3.3.3 成人失读症

成人失读症又称获得性失读症（acquired dyslexia, alexia），它是指由于大脑损伤而导致的对已经获得的阅读能力的丧失或受损，是一种语言性的阅读障碍，不是由一般的视力障碍所致，也不是由阅读过程中所依赖的注意、记忆、视空间等非语言性的高级神经功能损伤引起。

由于失读症的症状非常复杂，又加之研究者的角度不同，对于失读症的分类及名称至今尚未统一。失读症可以按照大脑病变的解剖部位分为：枕叶失读症（occipital alexia）、顶颞叶失读症（temporo-parietal alexia）和额叶失读症（frontal alexia）。

枕叶失读症又称后部失读症、纯失读症、失读不伴失写症或纯词盲（word blindness）。该类患者都具有文字阅读障碍，而且往往伴有朗读障碍。他们可以读字母，但是不能理解字母以及联合成音节的词。按照定义，该类失读症不伴失写，但书写并非完全正常，自发书写或听写表现较好，抄写可能较正常人稍差，有的患者对于自己几分钟前写过的字也可能不认识。枕叶失读症的病理损伤常在左侧枕叶距状区或外侧膝状体至距状区的视觉通路上，以及胼胝体压部或紧邻压部外侧白质。

顶颞叶失读症又称中部失读症、失读伴失写症、角回性失读症、失语性失读症等，是失读症中较为常见的一种。该类患者的阅读和书写能力全部或者部分丧失，字母和词都不认识。既不能通过视觉途径认识文字，也不能通过触觉（如在患者身体、皮肤上书写）、听觉（拼读字词给患者听）或书写动作（患者用手或笔描画拼出字、词）来理解。书写障碍的程度也不一致，主要影响主动书写和听写，而抄写能力则常常保留。抄写常表现为临摹性质，摹本如为印刷体者只能抄写成印刷体，摹本为手写体者则只能抄写成手写体。对所抄写的摹本文字和自己抄写出的文字均不认识、不理解。顶颞叶失读症的病变部位位于语言优势半球的角回和顶颞叶的交界区。

额叶失读症又称前部失读症。虽然早就发现布洛卡氏失语症患者常常伴有阅读障碍，但就是否为一种独立的失读症类型一直存在争议。Benson（1977）在61位布洛卡氏失语症患者中发现有51位患有阅读障碍，其表现与枕叶失读症和顶颞叶失读症具有明显的差异，具有独特的神经语言学特点，因此将其列为第三种失读症类型。该类失读症患者的字母失读明显，词失读较轻，大多对测试者拼出的字母不认识；常有惰性阅读的现象发生，即阅读思维不能随阅读内容的改变而改变，当阅读刺激词已经改变，患者仍以前一个阅读的词应答，有时刺激词已经换了几个，患者仍然重复读同一个词。近形错读也是此类失读症患者的常见症状，他们很容易将刺激字读作形态相似的另一个字，如"由"读作"申"，或读字的一部分，如"油"读成"田"。大多数额叶失读症患者可理解一些文字材料，但仅限于个别字，特别是名词实词、动作动词和意义明确的修饰词。如果句子依靠一两个或几个有实质意义的字即可理解全句，此类失读症患者可猜出全句的意义。如果句子结构较为复杂，患者就不能理解或理解错误。有时有些额叶失读症患者能理解报纸上的新闻标题，却不理解文章中的句子。

额叶失读症患者还会出现语句和篇章失读：即丧失对语法结构、语句前后因果关系、短文逻辑关系的综合分析能力。患者常伴有严重书写障碍，包括拼写障碍、遗漏字母、构字障碍；抄写虽相对好，仍较其他失读症要重。额叶失读症的病变部位位于语言优势半球额叶的后半部。

失读症也可以根据阅读的认知过程分为深层失读（deep dyslexia）、语音性失读（phonological dyslexia）和浅表性失读（surface dyslexia）三种类型。深层失读首先由英国学者 Marshall & Newcombe（1973）提出，是目前相关研究中提及最为广泛的失读症类型，其核心的、最为典型的特点是在朗读书面材料时，患者频繁出现使用语义相关词的替代错误。具体表现为：（1）语义性错读（semantic paralexia），患者在朗读时经常出现语义相关词的替代错误，例如，把 castle 读成 knights，把 night 读成 sleep 等；（2）朗读语法功能词障碍，患者常常漏读或者用其他的功能词来代替目标功能词，例如，把 the 读成 that 或 which 等；（3）不能读假词，能读真词，患者阅读词汇时不能利用发音规则读出假词，经常读出与刺激词在结构上相似的真词，例如，把 flig 读成 flag 等；（4）单词屈折变化和派生词缀读错，患者经常在朗读单词时将其中的屈折变化读错或者增删，例如，把 lead 读成 leader，把 talked 读成 talk 等；（5）词汇的词性、语义等特征都有可能对患者的朗读产生影响，患者朗读名词的能力要好于形容词和副词，朗读动词的能力要差于名词、形容词和副词，而朗读功能词的能力最差。另外，患者朗读具体名词的能力要好于抽象名词。语音性失读首先是由 Derouesné & Beauvois（1979）提出的。该类患者在许多方面与深层失读类似，不能利用读音规则读假词，在朗读屈折变化、派生词缀、语法功能词方面困难突出，但是他们与深层失读最大的不同在于朗读中不会出现语义性替代的错误。浅表性失读也是由 Marshall & Newcombe（1973）首先提出的，是一种看起来和深层失读近乎相反的阅读障碍，最为突出的特点是不能朗读读音不规则的词，例如，患者不能确定 home 的字母 e 是前面音节的一部分，不发音，而读成 /həumɪ/，把 fame 读成 /fæmɪ/。之所以被称为浅表性失读，是因为此类患者缺乏任何以整词为基础进入语义或者语音的通道。

3.4 结语

除上述语言障碍外，由于大脑损伤所导致的语言障碍还有很多种，其中在神经语言学研究中涉及最多的有阿尔茨海默症（Alzheimer's disease,

AD)和帕金森症(Parkinson's disease)。前者又称老年痴呆症，是一种以进行性认知障碍和记忆力损害为主的中枢神经系统退行性疾病，患者初期出现记忆力和思维能力减退，不久就会不易辨认方向，语言表达困难，无法辨认亲人，最后丧失生活自理能力。后者是一种慢性的中枢神经系统退化性失调，它会损害患者的动作技能、语言能力以及其他功能。言语障碍是帕金森病患者的常见症状，表现为语言不清、说话音调平淡且没有抑扬顿挫、节奏单调，等等。早期的神经语言学研究多以失语症和失读症为研究对象，随着该学科的不断发展以及研究的深入，许多学者开始关注这两类患者的语言障碍，并以此来探究大脑和语言之间的关系。

第4章

神经语言学的研究方法

神经语言学是现代语言学的一门边缘学科，由语言学、神经学、心理学和计算机科学等许多学科相互交叉、相互促进而形成和发展起来。神经语言学充分体现了现代科学的一个重要特点，即高度分化基础上的高度综合。我们可以从语言学和神经科学两个不同的角度对神经语言学进行研究。一是根据语言学理论，尤其是心理语言学关于语言理解、产生、习得和学习的理论，对言语活动的心理和神经机制做出假设，再用神经科学的研究方法加以验证；二是根据医学对于言语活动现象的观察，在神经科学和语言学理论的指导之下进行实验，并得出相关的结论。目前神经语言学的研究方法主要有三种：一是语言学的研究方法，主要用于失语症患者语言障碍的分析。该方法通过系统的失语症患者语言能力检查，获取语言材料，然后再运用一定的语言学理论对这些材料进行分析，力图描述与解释失语症患者语言障碍的内在规律。二是心理语言学的行为实验方法。该方法运用于神经语言学的研究之中，它与普通的心理语言学研究的差别主要体现在研究对象方面。它以失语症患者为对象，力图运用心理语言学关于语言习得、产生和理解的理论，揭示失语症患者语言障碍的本质。三是神经科学的研究方法。该方法主要采用现代大脑成像技术，多以正常人为研究对象，实时观察语言处理过程中大脑的活动变化，进而发现语言处理的神经基础。

4.1 语言学研究方法

采用语言学的研究方法进行神经语言学研究首先要获取失语症患者的语言材料。这一工作一直是神经语言学研究中的重要任务，它最早是为了满足大脑与语言关系研究中解剖关联法的需要。该方法起始于19世纪60年代 Broca（1861）所进行的失语症研究，其基本的思路是，首先观察、搜集与整理失语症患者的语言材料，分析其具体的语言障碍所在，然后再确定患者大脑损伤的部位，那么该部位就被认为负责受影响的语言功能。在19世纪，大脑损伤部位的确定往往需要等到患者去世之后进行尸体的解剖才能进行。进入20世纪后，解剖关联法得到了很好的发展。首先，对患者语言障碍的观察更加系统、科学，许多研究者设计了系统的失语症患者语言障碍检查系统，另外，现代CT技术等的应用也能够使研究者很快确定大脑损伤的部位。随着现代科技的不断发展，解剖关联的方法已经逐渐为现代神经科学的研究方法所取代。但是失语症患者语料的收集仍然是神经语言学研究的重要任务之一，只不过其目的不再是满足解剖关联法的研究需要，而是进行相应的语言学和心理语言学分析，从而对失语症患者的语言障碍进行描述和解释。

失语症患者语料的获得一般要经过以下几个步骤：（1）患者的选择。应该根据研究的需要确定适当类型的患者，需要考虑的因素包括失语症的类型、严重程度、年龄、性别、受教育程度、家庭住址（以便于确定患者的口音，是讲官方语言，还是某种方言）等。在确定患者后，还应征得患者本人和家属的同意。（2）地点的选择。要确定好语料收集的环境，例如，是在医院进行，还是在患者家里进行。（3）录音设备以及语言调查表的准备。在开始之前要准备好相应的录音设备，要选择那些灵敏度和精确度高，但是体积小的设备，以便让患者在不觉察的、自然的状态下进行各种语言活动。在某些情况下，为了更加全面、细致地记录患者的语言活动，也可以考虑使用录像设备或者两台以上的录音设备。另外，为了在短时间内获得更多的、更具代表性的语料，还要根据研究的需要提前设计好调查的程序和问题，最好设计好一份完整的调查表。（4）语料收集。语料收集一般按照预先设计好的程序依次进行。在这一过程中应该注意以下几个问题：①态度和蔼，亲切自然；②多鼓励赞扬，尤其是在患者完成某一任务遇到困难时，绝对不能讥笑讽刺，或者做出任何伤害患者自尊心的事情；③时间不宜过长，不造成患者的疲倦，不增加患者的痛苦；④观察仔细，随时记录患者的各种表现。（5）数据的分析与整理。下面我们以崔刚（2002）所进行的研究为例来说明失语症患者语料的搜集与整理过程。

该项研究的目的在于从语言学的角度对于失语症患者的语音、词汇、句法和语用障碍进行全面的描述与分析，共收集了24位失语症患者的语言材料，其中布洛卡氏失语症和传导性失语症患者各12位，所有的语料都是医生在对患者进行失语症检查时的录音。

除了失语症患者言语的录音，崔刚（2002）还查阅了患者的病例，从中获得了他们的一些背景信息，包括年龄、性别、文化程度、职业、居住地、受检时间、左右手习惯以及所患的失语症类型等，失语症类型是由医生根据患者的语言障碍以及大脑损伤的部位来综合诊断确定的。这些患者都习惯上使用右手，年龄在42~74岁之间，15位男性，9位女性。其中高中及以上文化程度者12人，初中及以下文化程度者12人。除了一位患者之外，其他患者均为北京人，来自河南的患者是一位受过高等教育的教师，习惯使用普通话进行日常交际。所有失语症患者的检查都用普通话进行，因此，该研究以普通话作为分析的基本依据，但是也会考虑到一些口音和方言的因素。

失语症患者的检查是按照北京大学医学部（原北京医科大学）神经科设计的"失语症检查表"（高素荣，1993）进行的，主要包括谈话、理解、复述、命名等部分。在检查时，通常会有两个医生在场，一个向患者提问，另一个则利用录音机来记录患者和医生之间的对话。在检查过程中，医生总是鼓励患者多说话，尽量让患者感到放松，同时根据患者的情况及时做出调整。整个过程大约持续30分钟，所以，患者不会感到疲惫。

谈话的设计是为了检查患者理解口语信息以及做出恰当口头反应的能力。谈话通过询问关于职业、姓氏、年龄和疾病等的常见问题来进行，而且患者还被要求描述图片。这部分包括三个小部分：（1）回答提问：①您好些了吗？②您以前来过这吗？③您叫什么名字？④您多大岁数啦？⑤您家住在什么地方？⑥您做什么工作？（或退休前做什么工作？）（2）叙述：①您说说您的病是怎么得起来的？或您怎么不好？（或谈工作，或谈家庭）；②让患者看图片（图4-1，图4-2），说说图画是什么意思。(3)系列语言：从1数到21。这样的谈话能表现出患者的整体语言能力，因此患者在这一部分的表现可以为我们提供关于患者的语音、词汇、句法和语用等障碍的信息。

理解部分的设计是为了检查患者对口语的理解能力，主要包括两个部分：（1）肯定/否定问题：①您的名字是张小红，对吗？②您的名字是李华明，对吗？③您的名字是……（患者的真实姓名），对吗？④您家住在前门/鼓楼，对吗？⑤您家住在……（患者的正确居住地），对吗？⑥您家住在通县/延庆，对吗？⑦您是大夫，对吗？⑧我是大夫，对吗？⑨您是男/女的，对吗？⑩这个房间灯亮着，对吗？⑪这个房间的门是关着的，对吗？⑫这是旅馆，对吗？⑬这是医院，对吗？⑭您穿的衣服是红/蓝色的，对吗？⑮纸在火中会燃烧，对吗？⑯每年中秋节

图 4-1　失语症检查用图 1（高素荣，1993）

图 4-2　失语症检查用图 2（高素荣，1993）

在端午节前先过，对吗？ ⑰ 您吃香蕉时先剥皮，对吗？ ⑱ 北京七月会下雪，对吗？ ⑲ 马比狗大，对吗？ ⑳ 农民用斧头割草，对吗？ ㉑ 一斤面比二斤面重，对吗？ ㉒ 木头在水里会沉，对吗？（2）执行口头指令：① 把手举起来。② 闭上眼睛。③ 指一下房顶。④ 指一下门，然后再指窗户。⑤ 摸一下铅笔，然后再摸一下钥匙。⑥ 把纸翻过来，再把梳子放在纸上边。⑦ 用钥匙指梳子，然后放回原处。⑧ 用梳子指铅笔，然后交叉放在一起。⑨ 用铅笔指纸一角，然后放在另一角处。⑩ 把钥匙放在铅笔和梳子的中间，再用纸盖上。

　　在复述部分，医生要求患者重复词、词组和句子。这些词组和句子在长度和复杂程度方面都有所不同。复述包括两个部分：（1）词复述：①门；②床；③尺；④哥；⑤窗户；⑥汽车；⑦八十；⑧新鲜；⑨天安门；⑩四十七；⑪拖拉机；⑫活蛤蟆。（2）句子复述：①听说过。②别告诉他。③掉到水里啦。④吃完饭就去遛弯。⑤办公室电话铃响着吧。⑥他出去以后还没有回来。⑦吃葡萄不吐葡萄皮。⑧所、机、全、微、他、合。⑨当他回到家的时候，发现屋子里坐满了朋友。

在命名过程中，医生让患者面对物体，说出其名称，或者让患者在一分钟之内说出尽可能多的蔬菜的名字，让患者对简单的问题进行回答等。在这一部分中，患者被要求给常见物体、动作和颜色等命名，这些东西以真实的物体或者图片的形式，或以医生问问题的形式来呈现。本部分主要包括：（1）实物命名：铅笔、纽扣、牙刷、火柴、钥匙、皮尺、别针、橡皮、表带、发卡、头发、耳朵、手腕、拇指、中指；（2）图片命名：摔跤、吸烟、喝水、跑步、睡觉；（3）系列命名：说出你所想到的蔬菜名称，以及以"大"字开始的词；（4）颜色命名：向患者出示图片，要求说出图片的颜色，包括：红、黄、黑、蓝、绿、白；（5）问题命名：向患者提出问题，要求患者根据所问问题说出事物的名称，问题包括：①晴天的天空是什么颜色？②春天的草是什么颜色？③玉米粒是什么颜色？④煤是什么颜色？⑤牛奶是什么颜色？⑥太阳是什么颜色？⑦看什么知道是几点了？⑧天黑了什么使房间亮起来？⑨您用什么切菜？⑩用什么点烟？

录音材料的记录与整理是一件极其繁琐、费时费力的工作。在崔刚（2002）的研究中，所有的录音材料都被逐字逐句地记录下来。研究（Marslen-Wilson & Tyler, 1981）表明，正常说话者半秒钟就会做出反应。在记录过程中，考虑到失语症患者的语言障碍，该研究把2~3秒确定为正常的反应时间。当时间间隔比这段时间长的时候，就在括号内给出精确的时间。另外，对于患者出现的语言错误，除了记录患者的错误之外，还要记录下正确的目标语音、词或者短语。每个患者的录音都要听至五遍，前三遍进行记录，后两遍进行核对检查。

在采用语言学的研究方法时，许多研究并不一定采用上述系统的失语症患者检查方案，而是根据研究的需要，收集患者和某一具体的语言障碍相关的语料。我们不妨以失语症患者语音障碍的响度研究来进一步说明神经语言学研究中的语言学研究方法（崔刚，2012）。响度是指一个声音的响亮程度，在现代音位学研究中，它被视为一种重要的音位学特征，是描述音节结构的重要成分。语言学家试图利用响度的级别来解释人类语言中音节的基本结构，也就是说，为什么某些音节（例如，/trɑː/、/smɑː/、/mlɑː/）在语言中是合法的，而另外一些音节（例如，/rtɑː/、/msɑː/、/lmɑː/）却是不合法的。Selkirk（1982）提出了响度顺序原则，他指出，在任何一个音节中，都有一个构成响度峰的音段。此音段前和/或后都有一系列音段，其响度值自响度峰向两侧依次递减。这样，在一个音节中，音节核心的响度峰（由元音担当）响度最高，音节头的响度向着音节核心的方向逐渐升高，而音节尾的响度则向音节核心的反方向逐渐降低。响度顺序原则是管辖音节结构的重要原则，例如，/træp/ 是一个合法的音节，因为它符合上述的响度顺序原则，从 /t/ 音开始一直到 /æ/，响度依次增加（/t/ 爆破音、/r/ 滑音），然后再降低。相反，/rtæp/ 就不是一个合法的音节，因为在起始辅音 /r/ 和元音 /æ/ 之间有一个响度的降低。在此基础上，Clements（1990）又提出了响度分散原则（Sonority Dispersion Principle，SDP），认为最优的音节结构是，响度从开始到响度峰最大化地逐步升高，然后再从响度峰开始到结束最小化地依次降低。根据这一原则，在响度峰之前，构成音节头的辅音之间以及辅音和元音之间的响度差异越大越好，而在响度峰之后，构成音节尾的辅音之间以及它们与元音之间的响度差异则越小越好。例如，/pɑː/ 要优于 /lɑː/，因为前者两个音位之间的响度差异要大于后者。而 /ɪl/ 要优于 /ɪt/，因为前者两个音位之间的响度差异要小于后者。

从 20 世纪 70 年代末开始，响度理论也被应用于失语症患者语音障碍的分析中。这些研究的对象、语种和具体的响度理论各有差异，但是它们所采用的方法和研究步骤却基本相同。（1）受试者的确定。要根据研究的目的来确定具体的受试者，重点考虑因素包括母语、大脑损伤的部位、失语症类型、性别、年龄以及受教育的程度等，另外还要注意患者不存在智力障碍、精神疾病等影响患者表现的干扰因素。（2）语言材料的收集。在这一部分，研究者一般要求患者完成一定的语言任务，例如回答问题、重复、命名、描述图画等，在患者完成语言任务的同时用录音设备记录患者的语言材料。语言任务的确定主要考虑两个方面的因素：一是任务量，要使患者产出足以用来分析的语言材料，同时又要保证任务量不会导致患者的疲倦；二是语言本身的因素，包括目标词汇的频率、结构等。例如，Christman（1992a）在其研究的命名、朗读和重复部分，为了取得目标词汇频率的平衡，他选取了高频词、中等频率的词和低频词各五个，另外又从 Dahl（1979）的《美国口语词汇频率》一书中随机选取了单音节和多音节的词汇。在语言材料的收集过程中，还要注意以下两点：一是环境的安静，实验场所不易受到周围声音的影响；二是录音设备的精确度，要求麦克风和录音机都要确保获得精确的语音材料。为了确保这一点，有时还要采用两部录音设备同时录音的方式。(3)录音材料的整理。录音材料一般要由两位受过专门训练的人同时采用国际音标进行标注，而且至少有一位标注者对于标注的目的并不清楚，这样可以避免标注的倾向性。两人分别标注完成后，要对两个版本进行比对，不统一的地方还要再次听录音，直到达成完全的一致。(4)语音障碍的分析。首先要发现患者的语音错误，然后根据错误的类型进行分类，并根据研究的需要进行相应的分析。分析的过程可以分为两种类型：一种是研究者知道患者想要产出的目标音位，这样就可以通过对错误音位和目标音位的响度比较发现新产生的音节结构是否更加优化，从而验证响度原则对于语音错误产生的限制作用；另一种是研究者难以识别患者想要产出的目标音位，只好采用分布分析的方法，通过对患者的言语材料的音节结构统计分析找出出现频率最高的音节结构。

目前关于失语症患者语音障碍的响度研究已经取得了许多的成果。例如，Christman(1994)对三位母语为英语的失语症患者的新语语料进行了分析，重点比较了替换错误中错误语音和目标语音之间的关系，结果发现大部分错误并未改变目标音节的响度结构，即使在那些改变了原有响度结构的错误中，也是那些使得响度结构更加优化的错误占多数。Romani & Calabrese(1998)对一例意大利语的布洛卡氏失语症患者在进行重复任务时的语音障碍进行了详细的研究，并力图以此来验证响度分散原则。该患者的语音错误包括替换、省略、增加和单个音位的移位四种类型，其中替换错误的比例最大，接近50%，而被替换的音位绝大多数是辅音，占67%。另外，这些替换错误多发生在音节头部分，而且替换音的响度一般要比目标音的响度低，这与响度分散原则是一致的，因为这样可以增加音节头辅音之间以及它们与响度峰之间的响度差，从而得到更优的音节结构。有关的研究内容我们在第6章还会详细讨论。

4.2 心理语言学的实验方法

神经语言学是从心理语言学分化出来的一个交叉学科，因此，心理语言学的实验方法也被广泛运用于神经语言学的研究。心理语言学通过对正常的成年人和儿童的行为研究来推断语言和言语的过程与所使用的机制。它的实验方法也可以用来探究语言和言语是如何随着大脑损伤而发生变化的。在神经语言学研究领域，使用心理语言学实验方法最为广泛的是对成

第 4 章 神经语言学的研究方法

年人失语症的研究,主要从语言的层次结构上着手,包括语音、词汇、语义和句法等。这些研究的目的在于确定语言障碍是否反映了某一特定语言层次上的损伤,并以此为基础进一步说明,在某一特定的层次内,结构上的语言学原则能否对语言处理的模式做出合理的解释,或者确定语言障碍是否反映语言处理过程的某个或者某几个阶段的损伤。

实验方法是自然科学最为常用的一种研究方法,从本质上讲,实验方法也是一种观察,但不是自然的观察,是一种有控制的观察。心理语言学实验的操作流程可以用图 4-3 来表示:

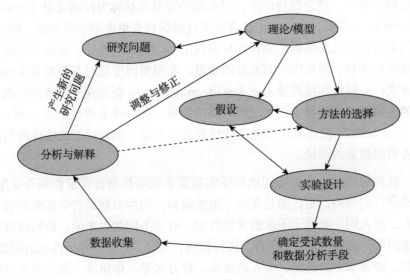

图 4-3 心理语言学实验流程图

由上图我们可以看出,一个心理语言学实验起点和终点都在于语言学理论或者关于语言处理的模式,首先研究者要根据这些理论或者模式来提出研究的问题和有关的假设,并选择研究的方法。研究的方法决定着实验的设计,并会对实验的假设产生一定的影响,研究者可以在选择研究方法的过程中进一步反思,确定自己的假设。实验的设计决定着研究的具体内容,包括样本的大小和数据分析的方法,然后再实施实验并获得相关的数据。对这些数据的分析与解释有三个方面的作用:第一,帮助研究者进一步反思研究方法的选择;第二,对心理语言学理论和模式进行确认或者进行调整或修订;第三,产生新的研究问题。

一种语言行为往往是多种因素共同作用的结果,为了研究某一因素在语言行为过程中所起的作用，我们需要把其他的相关因素控制起来，在它们保持不变的状态下，变化需要研究的因素，从而发现这一因素的作用。一项心理语言学实验的参与者主要包括主试者和受试者。主试者（experimenter）就是指主持实验的人，受试者（subject）就是实验的对象。心理语言学实验包括三种变量：自变量（independent variable）、因变量（dependent variable）和额外变量（extraneous variable）。自变量是指那些需要加以控制，并用以进行比较的因素，或者那些影响或者控制该行为的因素。因变量是指那些需要加以测量的因素。心理语言学实验要求控制额外变量，使之保持恒定，因此额外变量也被称为控制变量（control variable）。在实验过程中，主试者要通过操纵自变量去影响因变量。例如，我们要研究辨认长的词汇是否比短的词汇所用的时间要长，那么词汇的长度就是自变量，而反应时间就是因变量。在测量因变量时有两种基本的测量方式，一种是在线测量（on-line measurement），就是在受试者进行语言处理的同时进行测量，例如反应时间的测量；另一种是离线测量（off-line measurement），就是对语言处理的结果进行测量，例如对于语法性的判断或者错误数量的测量。

在理想的状态下，心理语言学实验要求能够控制自变量和额外变量，并确保它们保持恒定，但是实际上很难做到，因为心理语言学实验的对象是人，而人则一直处于不断的变化当中。对于不同的人来说，我们可以对一些因素，诸如年龄、学历等，进行控制，但是，对于一些个性化的因素，例如，语言水平的高低、个人的经验、智力水平、体质等，则很难加以控制。即使是同一个人，一些难以控制的因素也可能会对实验的结果产生影响，例如，实验的前一天晚上是否睡眠充足、是否吃过早餐、当时的情绪等。有两种因素有可能对实验结果产生影响，而且不容易控制，一种就是前面我们谈到的这些与受试者个人有关的因素（subject variables），还有一种就是环境的因素（situational variables），即实验环境中有可能对实验结果产生影响的各种因素，例如，周围的噪音、光线与照明等。对于这些问题，研究者在进行心理语言学实验中要给予充分的注意。

心理语言学实验经常采用"启动"（priming）的方法，其基本理念是如果两个对象之间具有一定的相似性，而且处于同一处理层次中，那么它们之间就会产生相互影响；否则就不会产生任何影响。例如，如果我们预先看过 butter 一词，那么在辨认与它有语义相关性的 bread 一词时就会容易一些。启动的效果有两种，一种是加快了处理的过程，这被称为促进

（facilitation）；另外一种是减慢了处理的过程，这被称为抑制（inhibition）。

实验方法具有两个特点。第一个特点是目的性。实验者总是带着特定的目的来进行实验的。实验研究的目的是为了验证某一种理论或假设的正确性。第二个特点是可控制性。自然观察只能等到所要观察的事物出现时才能进行，或只能对已有的事物进行观察。而实验方法可以使实验具有更好的控制性。首先，实验方法为实验者观察创造了最好的条件，他可以在各项准备工作完成之后，从容地进行观察与记录。另外实验者设定了明确的实验条件，别人可以重复实验，对他的实验结果进行检验。但是，实验方法也有一个致命的问题，那就是它的非自然性。神经语言学研究的目的在于发现人们在自然情况下使用语言的神经机制，而实验方法都要控制变量，实验环境都有人为的因素参与其中，那么在实验室里取得的结果能否说明人们在自然环境中使用语言的情况是令人怀疑的。心理语言学实验的具体设计所涉及的问题很多，国内已有多本相关的著作（例如，舒华、张亚旭，2008）出版，读者可以进一步阅读相关的书籍，在此不再赘述。

4.3 电极刺激技术

电极刺激是指在手术过程中采用定位麻醉的方法，使患者保持清醒的状态，使用细微的电极刺激大脑皮层的不同部位，借此来观察由此产生的患者行为的变化。为了防止受到电刺激部位的脑组织遭到破坏，常采用双向方型脉冲刺激。如果刺激的组织是某个核团，可以采用不锈钢针形电极，除了它的尖端之外，都涂上绝缘漆。这样可以确保电极尖端所在的位置就是大脑受刺激的部位。如果受刺激的部位要求比较精准，则采用玻璃微电极（蔡厚德，2010）。电极刺激技术的使用具有很长的历史，在19世纪首先被应用于动物大脑的研究之中。生理学家发现用电流刺激狗大脑皮层的特定区域，可以引起对侧肢体肌肉的收缩，第一次从狗的大脑皮层中划分出运动区。之后这项技术就很快被运用于人类大脑的研究之中。在电极刺激技术的应用史上，最具影响的当属Penfield及其同事所进行的研究（Penfield & Jasper，1954；Penfield & Roberts，1959；Penfield & Perot，1963）。他们将这一技术用于检查人类大脑皮层各个区域的功能。在进行外科手术时，他们用无损伤性的微弱脉冲电流直接刺激患者的大脑皮层的某个点。由于患者在手术时处于清醒的状态，因而既可以测量刺激皮层引起的肌肉收缩反应，又可以记录刺激皮层后患者口述的自我感受。例如，在刺激患者的左侧颞上回并且达到一定的阈值时，患者就会说："我能听到呼喊声。"当时的研究主要在癫痫病患者手术的过程中进行，他们发现电流作用于人类大脑皮层的表面不仅可以引起患者行为的变化而且干扰患者正在进行的行为。Penfield & Roberts（1959）发现，用低压电流刺激患者大脑皮层的语言区，包括布洛卡氏区、沃尼克氏区，会引起患者言语行为的变化。例如，当一个探针刺激了语言区时，患者报告说："啊！我知道那是什么了。那是放在你鞋子里的东西。"当撤去探针时，患者说："脚。"

　　Penfield 等人的研究引起了人们极大的兴趣，越来越多的人开始使用电极刺激技术，力图通过观察对大脑皮层不同部位的刺激所引起的言语行为变化来研究语言与大脑之间的关系。Ojemann（1991）在实验中对大脑进行了电刺激研究。与 Penfield 等人的研究类似，该研究中的被试也是接受癫痫治疗的患者，他们的部分颅骨被打开，大脑皮层也就相应地暴露出来。Ojemann 向受试者展示一幅图画并要求他们进行命名，探针此时作用在大脑的某个区域或者移开，然后记录患者大脑皮层接受电刺激的区域以及命名错误的比例。其结果如图 4-4 所示，其中右上角的数字 117 表示患者的总数，图中的小数字表示被检测患者的数量，圆圈区域表示接受电刺激的区域，被圈住的数字表示有命名错误患者所占的百分比。

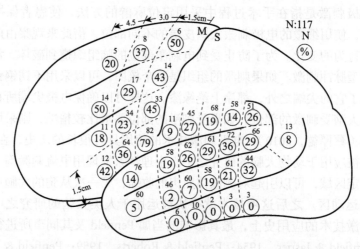

图 4-4　大脑皮层的电刺激结果（Ojemann，1991：2284）

　　除了命名之外，还可以让患者阅读一篇短文并根据短文的内容填写句子，在任务进行的同时刺激大脑皮层的特定区域，此时可能会导致受试者阅读的困难，甚至完全停止。如果移走探针，相应的阅读困难消失了，研究者就可以据此得出结论，这些具体的语言任务存在关键性的定位区域（Robert，2001）。

电极刺激技术的优势在于它观察的直接性，但是，它只能作为对受试者进行生理外科手术时的附带实验来完成，这使得该技术的应用具有很大的局限性。更为重要的是，该方法具有很高的技术要求，而且有可能会给患者带来伤害，因此也具有很高的风险性。

4.4 大脑成像技术

近30年来，随着功能影像学技术的不断发展，现代化的大脑成像技术在神经语言学的研究中被广泛地应用，而且其作用越来越重要。这不仅是因为它可以更加准确、全面地确定大脑损伤的部位或者反映大脑的工作状况，更为重要的是，它大大拓展了神经语言学研究对象的范畴。以往的研究方法主要局限在具有大脑损伤的患者，从20世纪80年代以后，先进的功能性影像学技术也可以用于观察正常人的大脑活动情况，这使得神经语言学研究得到迅速的发展。通过这些设备，研究者可以直接地观察到在进行某一语言处理任务时正常人大脑的活动情况，进一步验证心理语言学实验所得到的结果。对于包括语言能力在内的大脑高级认知的研究有两个核心观察点：时间和空间。所谓时间是指某一语言处理活动发生的具体时间以及在语言处理过程中的不同时间点出现的信息。具有高度时间分辨率的神经学方法可以使我们准确地探测在语言理解和语言产出过程中大脑在不同时间点的活动。所谓空间就是指某一语言处理活动在大脑中发生的具体位置。如上所述，关于语言功能在大脑中的定位一直是神经语言学关注的核心问题，但是在很长的时间内，对这一问题的研究主要依靠对失语症患者的观察，只有现代神经科学方法才使得我们有可能观察健康大脑的神经活动。

目前神经语言学研究中使用最多的功能性成像技术包括血流动力学成像和电磁学成像两种。

4.4.1 血流动力学成像技术

血流动力学成像技术的基本原理在于要进行某一项认知任务，就要相应地增强大脑的神经活动，也就随之增加被激活的大脑区域的糖分和氧的供应，这一变化可以通过局部脑血流量（regional cerebral blood flow，rCBF）反映出来。正电子释放成像（positron emission tomography，PET）、功能性磁共振成像（functional magnetic resonance imaging，fMRI）和功能性近红外光光谱仪（functional near-infrared spectroscopy，fNIRS）

可以在受试者进行某一语言任务时，通过检测血流量的变化确定参与这一任务的大脑区域。在利用该类技术进行神经语言学研究时，需要基于对照扣除的方法（如图 4-5 所示）。我们要进行一个语言活动的研究，首先要得到一个对照图像，即受试者在不进行该语言活动时的图像，然后再得到受试者进行该语言活动时的图像，最后把两张图像进行比较，扣除对照图像的内容，从而得到第三张图像，其中所显示的内容就是受试者的大脑工作区域。

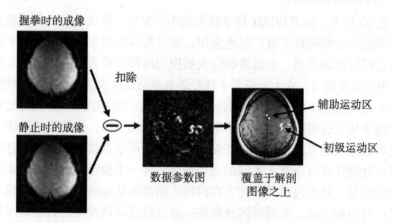

图 4-5 对照扣除法示意图

但是，我们在研究中还要注意该类技术的局限性。第一，局部脑血流量的变化只是大脑工作区域的间接反映。因此，正电子释放成像和功能性磁共振成像都是神经活动的间接检测方法。第二，对于神经语言学研究来说，它们还存在着一个严重的血流动力学滞后的问题，也就是说，从受试者开始执行某一语言任务，血液要到达相应的区域需要数秒甚至 1 分钟的时间，而语言活动的进行是以毫秒计算的（Poeppel，1996）。

1. 正电子释放成像

正电子释放成像（PET）技术是利用正电子同位素衰变产生出的正电子与人体内负电子发生湮灭效应这一现象，通过向人体内注射带有正电子同位素标记的化合物，采用复合探测的方法，探测湮灭效应所产生的伽马射线，得到人体内同位素的分布信息，由计算机进行重建组合运算，从而得到人体内标记化合物分布的三维断层图像。

其工作原理可以做如下描述。在正常情况下，有机分子和化合物不发出电磁信号，因此是无法检测的。为了检测局部脑血流量的变化，首先需要在检测之前通过静脉注射的方式,把能够使有机分子和化合物释放正电子的同位素注射到血液中。同位素会在短时间内均匀地分布于大脑中。大脑在工作状态下新陈代谢旺盛,尤其是在进行某一专门任务时,相应的大脑工作区域的供血量就会增加,这样该区域的同位素就会随着供血量的增加而增加,并大量释放正电子。这些正电子与电子相碰撞,就会释放出伽马射线。这样就可以通过伽马射线检测器检测到头皮不同区域所释放的伽马射线的强度,再通过计算机将伽马射线的强度图谱转化为肉眼可以识读的图谱。某一大脑区域的工作强度越大,伽马射线的强度也就越大。这就是正电子释放成像的工作原理。在采用 PET 进行研究时,需要将一种放射性示踪物质注射到人体的血流中,受试者被安置在一台 PET 设备(如图 4-6 所示)中,该设备可以检测出放射性元素含量的变化。图 4-7 显示了 4 个 PET 图像,它们分别是大脑在休息、阅读、欣赏音乐以及阅读和音乐欣赏同时进行的状态下的工作状况,灰色深度越大,表示该脑区的激活程度越强。

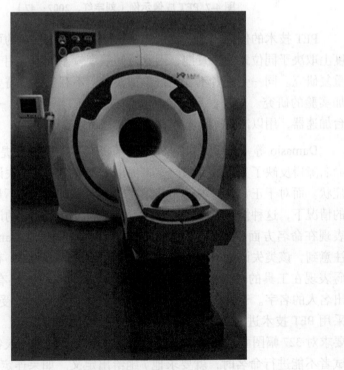

图 4-6 PET 设备

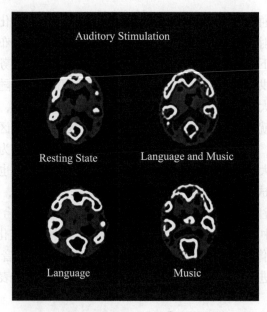

图 4-7 PET 成像示例（刘宇红，2007：47）

　　PET 技术的优势在于其图像的精确性，但是该技术的可靠性在很大程度上取决于同位素的半衰期，因此时间效度较差，不适用于单个受试者的重复研究。同一受试者不宜频繁参加实验，不利于那些需要受试者多次参加实验的研究。另外，系统造价很高，除 PET 设备外，一般还需配备一台加速器，用以制备同位素。

　　Damasio 等（1996）利用 PET 技术研究了人们词汇提取的神经基础。命名障碍反映了人们从大脑词库中提出词汇的困难，是失语症患者的普遍症状。而对于正常人来说，尤其是在有心理压力、睡眠不足或者极度疲倦的情况下，这种情况也会经常发生。命名性失语症患者的语言障碍则仅仅表现在命名方面，他们一般都是大脑颞叶受到损伤。Damasio 等（1996）注意到，该类失语症患者的命名障碍往往是有选择性的，有的患者命名障碍表现在工具的命名上，有的表现在动物的命名上，还有的只是不能说出名人的名字。于是她和她的同事们选择 29 位大脑颞叶受到损伤的患者，采用 PET 技术进行实验，并选择 9 位正常人作为控制组。所有受试者均要求对 327 幅图画进行命名，其中包括工具、动物和名人各 109 个。当受试者不能进行命名时，就要求他/她给出定义。如果连定义也不能给出，该结果就从该实验中排除。在受试者进行命名的同时，用 PET 设备绘制出他们的 rCBF 图。

对控制组（即正常人）的研究结果表明，参与名人命名的大脑区域位于左侧颞叶的前部，即颞极的位置，参与动物命名的大脑区域位于颞叶的下部，而参与工具命名的大脑区域则位于颞叶更加靠后的位置，从颞叶下部的后部一直延伸到左侧枕叶的前部。以此结果为基础，研究者又对失语症患者进行了研究，结果发现，左侧颞极受到损伤的患者在名人命名方面存在着较大的障碍，命名正确的比例为59.8%，而在其他类型的命名方面则比较正常，正确率接近100%。对于左侧颞叶下部受到损伤的患者来说，他们在名人的命名方面也存在着困难，命名的正确率略高于颞极受到损伤的患者，为75.5%，这说明该类患者与正常人的研究结果不完全一致，而且，他们在三种命名的准确率方面差别不大，动物命名和工具命名的准确率分别为80.1%和84.5%。颞叶下部后部以及枕叶前部受到损伤的患者的表现与控制组的结果是一致的。他们在工具命名方面存在着更多的困难，正确率为78.5%，而在名人和动物命名的准确率分别为91.7%和88.3%。Damasio等（1996）由此得出结论，词汇是按照不同的类型分别储存于颞叶之中，而人物、工具和动物很可能是词汇类型的相关参数。

PET技术已经被广泛地应用于神经语言学的研究之中，但是，其中存在的问题是这些研究的结果往往差异很大。Poeppel（1996）综合评述了四个利用PET技术研究大脑语音处理机制的研究，结果发现，针对同样的问题，四个研究得出了四个不同的结论。他指出，造成这种状况的原因在三个方面。（1）实验任务的分解不够具体。一个语言处理任务往往包括许多步骤，而每个步骤都有可能与不同的大脑区域相关联。如果对一个任务所隐藏的认知过程不够清楚，就很难把实验组与对照组相比较。（2）对于语言学理论的参照不足。实验者更多地从自己的直觉出发，而没有很好地了解语言学，尤其是心理语言学的研究成果。（3）受试者本身的因素。受试者的大脑血流量变化有可能会受到多种因素的影响，而研究者很难控制这些不可预测的因素，因此，对于同样的语言任务，在不同的实验室所得出的结论很可能会有很大的不同。

2. 功能性磁共振成像

功能性磁共振成像（fMRI）是一种血氧水平依赖性（blood oxygen level dependent，BOLD）成像技术，它靠测定血液中含氧量的变化来测定大脑的工作区域或者病变区域。在脑激活期间，神经活动的兴奋性水平增强，会消耗更多的氧和糖，大脑工作区域的血红素会在大约两秒钟后明显减少，从而导致大量的含氧血涌向大脑的工作区域，致使该区域的氢原子核的密度也成比例地增加。功能性磁共振成像技术通过测量氢原子核密度的增加而得知哪些大脑区域出现了大量涌入的含氧血，并把获得的三维图像叠加到结构磁共振图像上进行比较，就可以知道哪些区域参与了工作。fMRI 设备如图 4-8 所示。

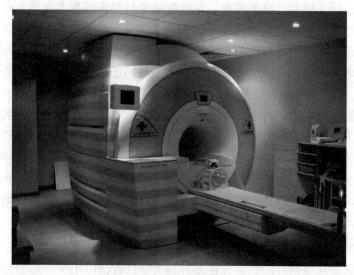

图 4-8 fMRI 设备

　　fMRI 技术已经被广泛地应用于心理学以及神经语言学的研究之中。例如，Mitchell 等（2008）利用这一技术研究了大脑中不同语义类型词汇的呈现方式，并由此通过计算机来了解人们在某一时刻的想法。在该项研究中，他们请了 9 名学生志愿者来协助实验。研究人员给他们一个单词，然后要求他们思考每个单词的特征，研究人员对他们进行思考时的大脑活动进行扫描成像。就每一个单词，9 个人都会给出有细微差别的大脑图像，然后研究人员综合 9 个图像，得出 1 个平均图像。研究小组先后对 58 个单词进行这样的处理，最终开发出一种程序，可以计算出某个人在看到这些单词时的大脑平均活动，并可获得人们在思考一个单词时的平均值。为了验证这种程序的可靠性，研究小组还用不在 58 个单词之列的"芹菜"和"飞机"进行测试。研究人员要求电脑对"芹菜"和"飞机"这两个单词和扫描到的大脑成像进行配对，电脑成功通过了测试（如图 4-9 所示）。他们（2008：1193）认为，不同的单词是可以通过大脑成像区别开来的。"如果我同时向你展示两个单词的大脑成像，你就会发现这两个图像看上去非常相似。但如果你看上一会儿，就可能会发现它们之间的细微差别。"

该研究小组下一步的工作是研究大脑活动对短语的不同反应。比如"兔子"、"跑得快得兔子"、"讨人喜爱的兔子",它们都是迥然不同的概念。他们希望将此作为研究大脑如何处理语言的一种方法。

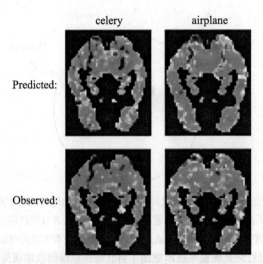

图 4-9 预计与实际得到的大脑活动图像对比(Mitchell 等,2008:1192)

与 PET 成像技术相比,fMRI 技术的优势在于不必注射同位素,从而减少了对受试者的影响,允许较长时间的测量。此外,它还可以提供较高的时间和空间分辨率。但是,它在大脑工作区域的定位方面存在一定的缺陷。含氧血在大量涌入血红素较低的区域时,也会同时涌入到一些周边的不参与工作的大脑区域,因此,实际参与工作的区域往往会小于图像显示的区域范围。

3. 功能性近红外光光谱仪

近年来,功能性近红外光光谱仪已经成为检测人体组织血流动力反应的重要技术,可以探测组织表面下数毫米甚至数厘米的组织的光学特征。其基本的工作原理是,人体组织对于处于 650~1000 纳米频谱窗的近红外光具有穿透性,在生物组织中,光子会经历数千次的弹性散射事件和数次源于吸收发色团(chromophore)的吸收事件,而主要的吸收发色团为含氧血红素和去氧血红素,两者在 600~900 纳米的光谱范围内拥有截然不同的吸收光谱。在近红外光的测量系统中,将近红外光由一特定位置射入,并在其他组织的表面位置来侦测。套用光子在组织中传递的物理模型(即扩散方程式,diffusion equation),可以重建出组织的光学参数（散射与吸收系数），基于组织的吸收系数由所有发色团的数值经过加权综合得出，我们也能够分别算出含氧血红素和去氧血红素的浓度，由此通过光子的吸收特性计算出血红素浓度的总量与血氧饱和度（如图4-10所示）。

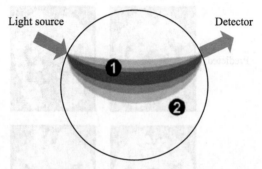

（注：在光子进入一散射组织后，会经历数千次的随机散射才离开组织，其确切的路径无法确切得知，但能通过概率的计算推估其可能的路径分布，图中①的部分便有很高的概率有光子通过，②的部分则没有明显的可能性。）

图 4-10　近红外光测量系统示意图（台北荣民总医院教学研究部：2013）

近红外光谱仪的使用可以追溯到 20 世纪 70 年代（Jobsis, 1977），它最初被用来检测新生儿与成人大脑皮层的氧化过程，后来在 90 年代早期，有研究者（例如，Chance 等，1993）提出该设备可以通过正常人的头皮来检测大脑的活动。到 90 年代中期，人们研制出了利用多个近红外光光源和多个可以安置在头皮的探测器的多通道近红外光光谱系统。例如，DYNOT932 型功能性近红外光光谱仪配备有 9 个双波段（760 纳米和 830 纳米）射源和 32 个光线侦测通道，空间解析度为 5~10 毫米，时间解析度为 8~10 赫兹，光子在头部的穿透深度为 3~5 厘米。该系统是一部可移动的设备，包含一个整合近红外光源产生器、传导光纤、放大器与转换器的模块组合，以及一套信号截取与处理平台（如图 4-11 所示）。

现在，这一技术已发展成为一种新型的大脑成像技术，并广泛地运用于神经语言学的研究中。与功能性磁共振成像技术一样，功能性近红外光光谱仪也是以大脑血流的相关参数来探测大脑认知功能的工具。但是，与前者相比，后者具有更多的优势。第一，这表现在它使用的便利性。该技术是一种安全的、非损伤性大脑功能的检测装置，更为重要的是，所使用的用于把近红外光传输的光纤具有很好的弹性和柔软性，适宜于任何的头部位置和姿势。如图 4-11 所示，照射光纤束（光源）和信号收集光纤束

(探测器)被装配在一个可弯曲的集线器内,然后再把集线器固定于头皮的不同位置。安装示意图见图4-12。这样,受试者完全可以在自然的状态下参与实验,而不必受到束缚与限制,从而更有利于得到真实准确的数据。第二,除了大脑皮层表面的认知活动之外,该技术可以检测到皮层下的活动。第三,该技术可以提供更为精确的数值,包括氧基血红素、去氧血红素、血红素总量和氧饱和度。第四,该技术具有很强的兼容性,可以和fMRI、PET、脑磁图、脑电图等其他设备配合使用。作为一种新的大脑成像技术,功能性近红外光光谱仪具有广阔的应用前景,*Brain and Language* 在2012年曾专刊发表了一系列采用这一技术进行的神经语言学研究。

图 4-11 功能性近红外光光谱仪

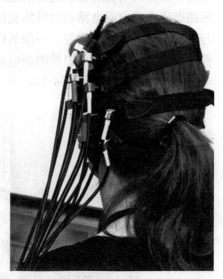

图 4-12 功能性近红外光光谱仪光线安装示意图(Quaresima 等,2012:80)

4.4.2 电磁技术

神经细胞的电化学性质为研究大脑的高级功能活动提供了机会。当人们进行某一项认知活动时,例如,观察某个物体、识别某个声音、发出某个语音等,都会引起大脑中电化学的变化。这些变化可以通过安放在头皮的电磁成像技术记录下来。从正常人和各种脑损伤患者中收集到的与语言相关的电生理资料,有助于我们揭示语言和大脑之间的关系。目前这些设备主要包括脑电图(electroencephalography, EEG)、脑磁图(magnetoencephalography, MEG)以及事件相关电位(event-related potentials, ERPs)三种。与血流动力学成像技术相比,电磁技术最大的优势在于它的直接性,它可以直接地测量在从事某一认知活动时大脑的电磁变化,因而使测量的结果更加准确。由于事件相关电位在当代神经语言学研究中具有特殊重要的地位,我们将在下一节专门进行介绍。

1. 脑电图

脑电波是最早用来测量大脑神经活动的指标,开始于1929年。脑电图是在头皮上用电极记录颅骨内神经细胞的电活动。某个脑区开始工作时,神经细胞的电信号(即微弱电流)会从细胞的一端传向另一端。电流的运动是一个闭合的通道,电流向一个方向运动,必须还要有一个回路,也就是说,流出的电流还会从它的周边流回。脑电图的工作原理就是通过拾取回路电流来确定有电活动的脑细胞的位置,并由此判断是哪些大脑区域参与了工作或者发生了病变。一般的做法是,让受试者戴上一顶装有多个电极的帽子。这些电极可以检测脑电活动的有规律的变化,并将其记录到脑电图上。脑电图设备见图4-13。

图 4-13 脑电图设备

脑电图成像技术更多地用于疾病的诊断,在过去近20年的时间中,该技术也被广泛地应用于心理学以及神经语言学的研究中。图4-14显示了睡眠过程中5个阶段的脑电变化。在我们睡眠时存在一个生物节律,即大约在90~100分钟的时间内经历一个有5个不同阶段的周期。通过脑电图可以精确显示睡眠周期中的脑电活动,从而了解和揭示睡眠的本质。阶段1是睡眠的开始,昏昏欲睡的感觉就属于这一阶段。此时脑波开始变化,频率渐缓,振幅渐小。阶段2开始正式睡眠,属于浅睡阶段。此时脑波渐呈不规律运行,频率与振幅忽大忽小,其中偶尔会出现被称为"睡眠锭"的高频、大波幅脑波，以及被称为"K 结"的低频、很大波幅脑波。阶段 3 和阶段 4 是沉睡阶段，受试者不易被叫醒。此时脑波变化很大，频率只有每秒 1~2 周，但振幅增加较大，呈现变化缓慢的曲线。这四个阶段的睡眠共要经过约 60~90 分钟，而且均不出现眼球快速跳动现象，故统称为非快速眼动睡眠（non-rapid eye movement sleep，non-REMs）。在阶段 5，脑波迅速改变，出现与清醒状态时的脑波相似的高频率、低波幅脑波，但其中会有特点鲜明的锯齿状波。睡眠者通常会有翻身的动作，并很容易惊醒，似乎又进入阶段 1 的睡眠，但实际是进入了一个被称为快速眼动睡眠（rapid eye movement sleep，REMs）的睡眠阶段。因为，此时除了脑波的改变之外，受试者的眼球会呈现快速跳动现象。如果此时将其唤醒，大部分人报告说正在做梦。因此，REMs 就成为睡眠第 5 个阶段的重要特征，也成为心理学家研究做梦的重要根据。

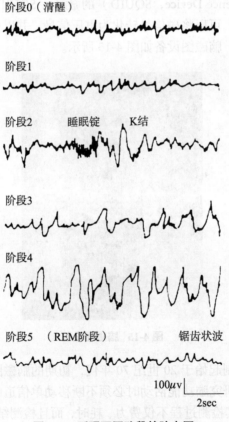

图 4-14 睡眠不同阶段的脑电图

但是，该技术的缺陷在于它的空间准确性较差，很难把头皮上电极的位置与相应的大脑工作区域联系起来。另外，由于受到颅内组织的非均匀性和颅骨的电阻影响，加上电极的接触电阻，脑电信号衰减、失真严重。同时，脑电图采用交流放大，不能记录直流信号，因此，脑电图的信息含量较少。

2. 脑磁图

脑磁图是为了克服脑电图工作原理的缺陷而发展起来的、以大脑磁场信号为基础的脑功能图像技术，它集低温超导、生物工程、电子工程、医学工程等 21 世纪尖端科学技术于一体，是无创伤性地探测大脑电磁生理信号的一种脑功能检测技术。其基本工作原理在于，当电信号在大脑神经细胞之间流动时，必然会产生相应的磁场。但是，由此产生的磁信号非常微弱，需要经过一种特殊的叫做超导量子干涉仪（Superconducting Quantum Interference Device，SQUID）的放大。SQUID 是一种低噪声、高增益的转化器，可以将磁信号转化为电压信号，并以此判断大脑工作区域的位置和强度。脑磁图设备如图 4-15 所示。

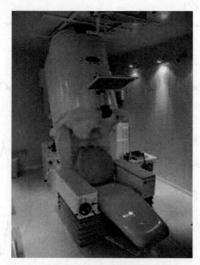

图 4-15 脑磁图设备

脑磁图的研制起始于 20 世纪 70 年代，初期的脑磁图为单信道的传感器装置，在探测研究脑功能活动时必须不断移动单信道的传感器探头以检测脑磁图信号，其检测过程不仅费力、耗时，而且检测结果的可重复性差，以致无法深入进行脑功能研究和临床应用。随着计算机技术的不断发展和应用软件技术的开发,医学影像学信息处理技术得到迅速发展,因而使得脑磁图的设计和研制发生了质的变化。到了 80 年代,脑磁图由单信道已发展成 37 信道传感器装置,并用于癫痫诊断和一些脑功能方面的研究。90 年代初期已研制出全头型的多信道脑磁图测量系统,只需要经过一次测量就可采集到全头的脑磁场信号。而现在,信号探测传感器在整个头部分布的探测位置数量已达到 275 个,可同时快速地收集和处理整个大脑的数据,并通过抗外磁场干扰系统和计算机综合影像信息处理技术,将获得信号转换成脑磁曲线图,而且还可与磁共振成像技术等解剖影像信息叠加整合,形成脑功能解剖学定位,准确地反映出脑功能瞬时的变化状态。

  脑磁图和脑电图具有一定程度的相似,但是,脑磁图避免了颅骨和大脑周围组织对于脑电所形成的电阻对于电信号的影响,因此,磁信号的失真程度小,具有毫秒级的时间分辨率,可以对脑生理活动进行实时的观察,也可以对受试者进行多次测量。但是,一项认知活动往往包含复杂的机制,而作为高级的大脑功能,很可能会有不同的区域或者结构参与了活动,为了精确定位磁场变化的来源,受试者的头部需要长时间地固定于一个位置。另外,脑磁场容易受到外部磁场的干扰,因此,必须要有一个很好的磁场屏蔽环境,这就意味着受试者需要长时间待在一个小房子中。这些因素都限制了脑磁图的技术在神经语言学研究中的应用。

4.4.3 事件相关电位

  脑电是从头皮表面记录到的电波信号,是脑活动时的生物电变化。脑电可分为自发性和诱发性两种。自发性脑电是指在清醒、安静、闭目状态下或在睡眠状态下记录的电位。诱发性脑电是指在外部刺激的作用下记录的电位,又称诱发电位(evoked potential)。诱发电位根据不同的标准可以有不同的分类。根据电极位置与活动神经结构的空间距离,可以分为近场电位(near-field potential)和远场电位(far-field potential)。根据感觉刺激的类型,可以分为躯体感觉诱发电位(somatosensory evoked potential,SEP)、听觉诱发电位(auditory evoked potential,AEP)和视觉诱发电位(visual evoked potential,VEP)。根据潜伏期的长短,可分为短潜伏期、中潜伏期和长潜伏期诱发电位。根据电位波形的稳定与完整,可分为稳态诱发电位和瞬态诱发电位。事件相关电位是一种特殊的诱发电位,它是近场电位,也是长潜伏期诱发电位,它与普通诱发电位的主要不同在于它是由有意赋予刺激某些心理意义、利用多种刺激的变化引起的电位。

1. 基本原理与特点

在 20 世纪 60 年代，Sutton 等（1965，1967）首先提出了事件相关电位的概念，在此后 40 多年的时间内，有关的实验研究和临床应用得到了很大的发展。事件相关电位属于一种特殊的诱发电位，反映人对一个事件认知过程中大脑的神经电生理变化，因此也被称为"认知电位"（cognitive potentials）。具体来讲，就是当人对一个事件进行认知加工时，如注意、记忆、思维、说话、听声音等，通过平均叠加技术从头颅表面记录到的大脑电位活动，经过特殊的仪器记录这些活动，就形成了事件相关电位的图形。因为事件相关电位与认知过程有密切关系，故被认为是"窥视"心理活动的"窗口"，它为研究大脑认知活动过程提供了新的方法和途径。

与一般的诱发电位相比，事件相关电位具有以下两个特点：（1）事件相关电位要求被检测者意识清醒。受试者不是被动地接受检测，而是要主动地参与到检测过程中来。（2）事件诱发电位检测一般不是单一或者是固定不变的刺激，而必须有两个以上的刺激组成刺激序列（Oddball paradigm, OB，又称 Oddball 刺激序列），或者改变刺激的量，使之与标准刺激发生偏离。其目的就是要让受试者分辨出不同的刺激而做出不同的反应，从而确认他们的认知过程。

2. 事件相关电位的成分

事件相关电位所包含的成分较多。如上所述，诱发电位的分类方法有多种，依据刺激通道分为听觉诱发电位、视觉诱发电位、体感诱发电位等；根据潜伏期（即从开始作用到出现该电位的时间）长短分为早潜伏期诱发电位、中潜伏期诱发电位、晚（长）潜伏期诱发电位和慢波。临床上实用起见，将诱发电位分为两大类：外源性电位和内源性电位。前者与感觉或运动功能有关，易于受到刺激的物理特性影响，但是尚未真正参与认知的成分，相当于外周性成分。后者指不受刺激物理特性的影响，与认知功能有关的成分，两者之间存在着明显的不同。有人对刚刚死亡的患者做事件相关电位的检查，虽然可以诱发出外源性电位，但是不能诱发出内源性电位。事件相关电位常以成分的极性字母（P 为正，N 为负）和波峰的潜伏期数值命名，例如，P300 表示在刺激后 300 毫秒达到峰值的正波，N400 表示在 400 毫秒左右达到峰值的负波。P300 是最为经典的事件相关电位成分，曾经有很长的一段时间把它和事件相关电位本身等同起来。其实它只是人们重点研究的内源性成分之一，除此之外还有 P1、N1、P2 等外源性（生理性）成分和 N2 等内源性（心理性）成分。在事件相电位 P300 的分析中一般只包括几个正相波（positive，P）和几个负相波（negative，N）。按照出现的事件顺序和极性分别被称为 P1、N1、P2、N2、P3（即 P300）（如图 4-16 所示）。现在事件相关电位的概念范围有还包括 N4（N400）、失匹配阴性波（Mismatch Negativity，MMN）、伴随负反应（Contigent Negative Variaeion，CNV）等。

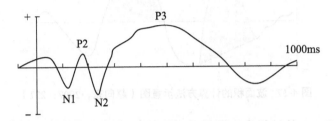

图 4-16　事件相关电位中 P300 的几个波的模式图（赵向东，2007：230）

在阅读事件相关电位图时，要注意以下几个方面：（1）波形，也就是图形中呈现的波的形状，一般具有稳定的波形和次序；（2）潜伏期，又称波峰潜伏期，是指从刺激开始至波峰出现的时间，单位以毫秒（ms）表示。（3）波峰间期，指从一个波峰到另一个波峰的时间，单位同样以毫秒表示。（4）波幅，其数值以微伏（uV）表示。波幅目前尚无明确的正常值范围，但是就个体来说，刺激引起的波幅越高，说明记忆越清晰，内容被记住的可能性就越大。事件相关电位有单峰、双峰或多峰，特别是 P300 成分，20% 左右的正常人会出现双峰，因此，必须制定判别双峰或者多峰时峰值幅度的标准。常用的原则是：单峰时，取其峰幅值；双峰时，取其中大的峰幅值，有时也采用双峰的延长线来确定峰值；多峰时，选其最明显的峰或者面积最大的峰。（5）波面积，取某一波上升支最低点与其下降支最低点连线，此线与该波曲线所包围的面积，就是该波的波面积，以毫秒·微伏表示。有时也在波的上升支和下降支各自与基线相交的两点之间连线，计算此线与该波所包围的面积（如图 4-17 所示）。波面积代表着大脑的神经细胞群在单位之间内释放的生物单位的总和，面积的大小也与记忆的清晰程度具有很大的关系。两个常用的事件相关电位成分，如图 4-17 所示。

P300 是最经典的事件相关电位成分，首先由英国科学家 Sutton 等（1965）发现。当一个刺激的出现对于受试具有重要意义时，则在潜伏期平均为 300 毫秒（200~700 毫秒）时出现一个正相诱发电位。P300 不是一个单一波，而是由若干个正相成分组成的波群，除了外源性成分 N1 和 P2

外，还有不受刺激物理特性影响的内源性成分 N2 和 P3。另外，有时会出现两个波峰，分别为 P3a 和 P3b，前者可以表示警觉的过程，后者则表示注意和记忆分配的过程。

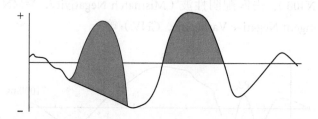

图 4-17　波面积的计算方法示意图（赵向东，2007：231）

关于 P300 的神经发生源目前尚无统一的说法。开始一般认为它起源于大脑内侧颞叶（medial temporal lobe，MTL），其中包括海马、杏仁核、海马旁回等结构，这些结构在神经生理和心理学领域一直被认为与人类学习和记忆的过程密切相关。但随着实验的增多，实验证明 P300 有多处起源，它可能与顶下联络区、额叶前部、丘脑内侧、中脑网状结构等有关系。因此，大多数研究者赞成 P300 具有多个发生源这一说法。P300 反映认知过程中大脑的神经生理改变，而心理及思维活动是大脑最高级的活动，就必然不能局限于一个点，而必然是多处协作完成的。

P300 常被用于导致各种智力障碍的疾病的诊断，例如，脑血管病、痴呆、弱智、精神病等。这些患者的共同特点是 P300 时限延长，振幅会有不同程度的降低等。除了临床应用之外，P300 还被广泛地应用于提高工效、教育和测谎等领域。人的工作能力是决定工作效率的重要因素，而在人的能力中，认知活动又是最基本，也是最重要的内容。利用 P300 从心理生理学角度来研究人的信息加工能力，可比单纯的行为学更科学地说明工作能力高低的机制及其影响因素。例如，美国空军单位已开始用事件相关电位的 P300 成分来选拔飞行员，并进行训练观察，预测未来飞行成绩的高低。在教育领域，P300 也得到了很大的应用。研究表明，左脑负责逻辑思维，而右脑则倾向于形象思维。北京市曾进行过以下实验：选 40 名右利手且视力正常的小学生，分为两组，一组为实验组，另一组为常规组。实验组采取形象教学法，常规组则采用传统教学法。结果分析表明，实验组右半球 P300 时限显著缩短，而常规组两半球 P300 基本对称，反映了形象教学对右脑开发的效果。

N400 由美国学者 Kutas & Hillyard（1980）首次发现。该项研究采用视觉刺激，首先让受试者默读由 7 个单词构成的句子，同时记录由句末词诱发的电位。目标刺激词分为两组，一组为语义矛盾词，即句末词与整个句子的意义一致，例如，He spread the warm bread with socks.。另一组词为外形矛盾词，即整句在语义上前后一致，但第七个词以大一号的字母呈现，例如，She put on her high heeled SHOES. 语义矛盾词诱发的波形中，出现了一波峰潜伏期在 400 毫秒左右的负相成分，其波幅的大小与语义的矛盾程度相关，矛盾程度越大，则波幅越大。外形矛盾词诱发的波形中，出现了一波峰潜伏期在 560 毫秒左右的正相成分。前者被称为 N400，后者则是晚发正相成分（late positive component，LPC）（如图 4-18 所示）。

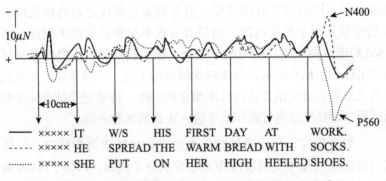

图 4-18　N400 的发现（Kutas & Hillyard，1980：203）

这一研究结果表明，语义矛盾和字词物理特性的改变（如大小等）可能激活的是两种不同的脑内语言加工过程，N400 所反映的是语义加工的过程。此后 Kutas & Hillyard（1984）又进一步指出，目标刺激词无须位于句末，也无须与整句的意思相矛盾，只需带有一定程度的不可预测性，越出乎意料的词所诱发的 N400 越明显，N400 的波幅与受试者对目标刺激词的期望程度呈负相关。

这一发现立即引起了众多神经生理学、认知心理学，尤其是神经语言学研究者的关注，这说明语言的辨认以及句子阅读的过程可以通过事件相关电位进行研究，由此 N400 也被称为"语言相关电位"。N400 是事件相关电位的一个内源性成分，为语言认知事件相关电位中的一个负相波，反映了大脑皮层对语言的认知加工过程，并且可从 N400 的波幅、潜伏期及头皮分布特征等多个维度来描述脑语言认知加工过程。波幅显示了脑语言认知加工的难易程度，潜伏期反映了语言认知加工的时间进程，头皮分布特征表明语言认知过程的脑内源。这三个指标可用来描述语言精细加工的过程。

3. 检测方法

一、对受试者的要求。事件相关电位实验要求受试者要充分地合作。受试者要全身放松采取舒适的坐姿，并告之注意力必须充分集中才能完成实验的要求，要在实验过程中尽量排除一些无关心理因素的干扰。开始之前一定要向受试者详细讲清实验的过程、具体步骤以及相关的要求，因为操作过程的细微差异就有可能导致实验结果的很大不同。例如，一种要求：受试者在对目标词进行辨认的基础上尽快做出按键反应，而对非目标词不作反应；另一种要求：受试者在看到目标词就做出反应。这两种要求包含着不同的语言处理过程，前者需要在辨认之后再作反应，此时P300的潜伏期短于反应时间，而后者要求不用辨认就做出反应，可能会使P300的潜伏期大于反应时间。另外，在实验期间，还要要求受试者尽量减少眼球的活动和眨眼，以便减少眼电的干扰。一般来说，在正式的实验开始之前需要对受试者进行几次操作的训练，待确定受试者完全明确实验的过程并能熟练地进行操作后才进入正式的实验阶段。

二、刺激模式。利用事件相关电位进行神经语言学研究，应该根据研究目的以及与此相关的事件相关电位成分（例如，P300、N400等）的不同选择不同的诱发刺激类型和模式。刺激根据对受试者要求的不同可以被分为目标刺激和非目标刺激。有些刺激需要受试者在实验过程中做出反应，例如按键、计数等，这类刺激就是目标刺激（target stimulus，T，又称靶刺激）。不要求受试者做出反应的刺激是非目标刺激（non-target stimulus，NT，又称非靶刺激）。目标刺激和非目标刺激按照一定比例随机出现在刺激序列中。根据刺激内容的差异，刺激可以被分为视觉刺激和听觉刺激。

视觉刺激模式包括以下几种：（1）Oddball 刺激序列。该种模式包括随机出现的两种刺激信号，例如，不同强度和色调的光、单词、汉字、句子、图形、图像、照片等。其中一种刺激为低比例（一般在15%~25%之间，不超过30%）的目标刺激，另一种是高比例（75%~85%）的非目标刺激。要求受试者对目标刺激进行按键反应或者默数目标刺激出现的次数。此类任务主要是通过目标刺激诱发P300成分。（2）记忆比较任务。在此类任务中，刺激信号可以是数字、字母、符号、词句、图形等，要求受试者从多个刺激中找出目标刺激。研究者可以通过记忆量的改变，观察P300的变化情况。(3) 选择注意任务。该任务分别在两个或者多个"感觉区域"呈现一系列的刺激，要求受试者注意其中一个区域，并检测偶然出现的目标刺激。由注意区域目标刺激诱发的电位减去相同情况下非注意区域目标刺激诱发的电位，就会获得反应注意活动的电位。(4) 词汇的识别。刺激信号主要是字、词、句子等不同的语言单位，要求受试者按照指导语的要求对给出的刺激进行分类、识别、比较和匹配，并作出相应的反应，以便诱发 N400 成分。听觉刺激主要采用 Oddball 刺激序列。该模式与同类视觉刺激模式基本相同，只不过把视觉刺激换成了听觉刺激。通过耳机给予双耳刺激，分别为高频音（如 2000 赫兹）和低频音（如 1000 赫兹），由目标刺激诱发 P300 成分。

4. 影响事件相关电位的因素

在采用事件相关电位进行神经语言学研究时，还要考虑到有可能对实验结果产生影响的各种因素，主要包括：(1) 刺激本身的因素：涉及目标刺激的比例、刺激的时间间隔以及刺激的感觉通道。目标刺激在所有刺激中占的比例越小，P300 的波幅越高，反之，波幅减小。刺激的时间间隔越长，P300 波幅越高。刺激的听、视感觉通道都可产生事件相关电位，但其潜伏期及波幅不尽相同。(2) 受试者的心理因素。事件相关电位检测过程中一般要求受试者主动参与，因而受试者的觉醒状态、注意力是否集中都有可能影响到实验的结果。另外，由于受试者只有识别目标刺激并做出反应才能诱发出电位成分，因此，任务难度对测试结果也有影响，难度加大时，波幅降低，潜伏期延长。(3) 受试者的年龄。不同年龄的受试者所呈现的事件相关电位的波幅及潜伏期也不相同。潜伏期与年龄呈正相关，随年龄增加而延长，而波幅与年龄呈负相关。儿童及青少年的波幅较高。

表 4-1 神经语言学研究中大脑成像技术的特点（主要依据 Stemmer, 2008b: 61）

技术	测量对象	分辨率		对受试者的影响	费用	优点	缺点
		空间	时间				
EEG、ERPs	生物电活动（在头皮上检测电压的波动）	厘米	毫秒	无损伤、可允许轻微的移动、极少的不适感	低	时间分辨率高、易于记录	空间分辨率低
fMRI	血氧水平	毫米	1~5 秒	无损伤、严格限制受试者的身体移动、有一定的不适感	高	空间分辨率高	高磁场、时间分辨率低

（续表）

技术	测量对象	分辨率		对受试者的影响	费用	优点	缺点
		空间	时间				
PET	注射放射性示踪剂、测定耗氧水平	毫米	大约90秒	有损伤、头部不能移动、有一定的不适感	非常高	能够测量大脑的代谢	时间分辨率低、有受到放射性损伤的危险、只适用于简短的语言任务
MEG	生物磁活动（在头皮安装超导探测器和放大器以检测磁场的变化）	毫米	毫秒	无损伤、严格限制受试者身体的移动、极少的不适感	非常高	空间与时间的分辨率都非常高	测量的区域受限

4.5 结语

作为一门跨学科的研究领域，神经语言学的研究方法也充分体现了它的交叉性和多样性。作为介于语言学和神经科学之间的研究领域，神经语言学一方面要借助包括 PET、fMRI 等现代化大脑成像技术和神经科学的理论来研究语言的神经基础，该方面的研究集中体现了这一学科的神经科学特性；另一方面，它还要利用语言学理论对于失语症患者的语言障碍进行系统的研究，从而体现它的语言学特性。本章所介绍的三种研究方法相互补充、相互衔接，各自具有独特的优势与作用。

语言学研究方法的首要目的就是依据一定的语言学理论对失语症患者的语言障碍进行描述，从而发现他们哪些语言能力被保留下来，哪些语言能力丧失了，以便为解释造成这些障碍的原因奠定基础。心理语言学的行为实验方法一方面有助于我们更加准确、具体地描述失语症患者的语言障碍，也可以通过心理语言学关于语言加工和处理的理论对这些障碍产生的原因进行解释。另外心理语言学实验也可以以正常人为受试者，探讨大脑和语言之间的关系。该方法具有简便易行、成本低廉的优点，但是由于该方法无法直接观察的大脑的活动，因此所得出的结论尚需大脑成像技术的进一步验证。血流动力学技术是通过间接的手段检测大脑的神经活动，而电磁技术则为直接观察大脑的神经活动提供了可能。由于大脑神经活动和语言处理的复杂性，对于同一个研究问题需要经过多种研究方法相互验证。目前，我们应注意防止神经语言学研究中的唯技术倾向，以为有了现代化的大脑成像技术，就可以忽视其他研究方法的作用，这是一种错误的看法，因为目前尚没有任何一种技术能够使我们完全准确无误地观察大脑的活动，如表4-2所示，不同的大脑成像技术都各有利弊。对于这些技术来说，除了在空间和时间上的分辨率各有不同的局限之外，它们还很难做出因果推论，正如 Anderson（2010：112）所言："仅仅检测到人在执行某一项任务时某个大脑区域得到激活，并不能说明这一区域就是执行该任务的关键。"

第5章

语言与大脑关系研究的历史纵览

神经语言学是一门古老而又年轻的科学。Paradis（2004：1）认为，直到1968年才由法国神经学家Henry Hécaen首次使用neurolinguistique一词，距今也只有40多年的时间。但是，人们对于语言和大脑之间关系的关注与研究却有非常悠久的历史。这些研究主要来自三个方面，一是有关人类心智的哲学思想，二是神经科学关于大脑功能的研究，三是失语症的研究。其中，失语症的研究为语言与大脑之间关系的研究提供了最为丰富的成果，因为失语症是由于大脑损伤而导致的语言障碍，对它的研究都会直接或者间接地涉及大脑和语言之间的关系。在本章中，我们首先简要地介绍历史上出现的关于语言和大脑之间关系的不同观点，然后按照不同的历史阶段讨论语言和大脑之间关系的研究概况。

5.1 关于语言与大脑之间关系的不同观点

关于语言和大脑之间关系的研究经历了几千年的时间，期间人们提出了各种不同的观点（Ahlsén, 2006），其中处于两个极端的是大脑功能定位学说（localism）和大脑功能整体学说（holism）。功能定位学说认为特定的心理功能可以由单一的脑结构独立承担，大脑皮层可以分成许多独立的区域，分别负责人类的各种高级功能，从而成为各种心理活动的控制中心。这些中心的地位可以是平等的，具有同等的重要性，也可以是不平等的，有些中心，例如额叶前部的区域，可能比其他的区域更加重要，居于支配的地位。从功能定位说的观点来看，失语症是由于大脑中语言中心的损伤所造成的。而功能整体学说则认为任何心理功能都是大脑整体活动的结果，因为大脑是作为一个整体来工作以便实现各种高级认知功能的，例如符号化思维、智力、抽象能力等等。在此观点下，失语症被认为是总体认知能力丧失的标志，而不是仅仅由具体的大脑语言区域损伤所造成的。

在上述两个极端的观点之间，还有联系学说（associationism）、大脑功能动态定位学说（dynamic localization of functions）和以进化为基础的学说（evolution-based view）等。联系学说承认大脑皮层中各种控制中心的存在，但是认为人类各种高级功能的实现依赖不同中心之间的相互关联。语言能力被认为是图像与词汇之间相互关系的实现，而失语症的产生则是由于语言功能中心之间联系中断所造成的。功能动态定位学说认为，不同的心智功能可以被进一步区分为各种次功能，它们必须要按照不同的方式相互结合才能实现复杂的功能，而大脑功能的定位应该与这些次功能相联系。以进化为基础的理论学说则强调在人类进化过程中不断形成的大脑层级结构以及它们在语言和交际中的作用。从进化论的观点来看，大脑中越是位于内部和下部的结构就越原始，而外部和上部的结构则是后期进化的结果，负责人类的高级智能。这种观点最后往往倾向于大脑功能的整体学说。

5.2 古希腊罗马时期：大脑还是心脏

在汉语中，我们常说"做事情要用心"、"他心里想的是什么"等等，诸如此类的表达方法反映了人类早期对于思维器官的认识。如上面所述，尽管人类早期很可能对大脑感兴趣，但是并没有把它和思维联系在一起，而是认为心脏是思维的器官。但是，即使是在此背景下，人们还是很快就把语言和大脑联系起来了。

人们对于语言和大脑之间关系的关注可以追溯到古埃及、古希腊和古罗马时期。《史密斯纸草书》（Edwin Smith Papyrus）是古埃及最重要的医学文献。它是大约公元前1600年的抄本，然而其内容却是基于大约公元前3500年的材料。古埃及医学的创始人Imhotep被认为是该书的作者。Edwin Smith在1862年从一个商人手中购得此书的古代手稿，后来由其女儿捐赠给了美国纽约历史学会。该书描述了48个外科病例，其中叙述了解剖学上的"脑"、"脑膜"、"脊髓"和"脑脊液"等，在人类历史上第一次提到大脑是语言的控制中心，头部的损伤可能会导致身体其他部位的症状。但是，在当时，人们仍然认为灵魂存在于心脏之中，而语言的丧失是由于死亡之神向人的大脑吹入其幽灵而导致的，因此，治疗失语症需要在颅骨上钻孔，以便于把神的幽灵释放出来。

在公元前5世纪，被尊为"医学之父"的古希腊医生Hippocrates（希波克拉底）的著作中也有关于语言障碍的记载。《希波克拉底学派文集》（Hippocratic Corpus）首次清楚地论及大脑损伤对语言能力丧失的影响，而且他还注意到，语言障碍往往与患者身体的偏瘫同时出现，而且偏瘫的体侧与大脑损伤的部位正好相反。Hippocrates 认为，大脑是智力的器官，而心脏是感知的器官。他指出："人们应该知道，只有大脑能带来喜乐、愉悦、欢笑、嘲弄、悲愁、忧伤、沮丧与叹息。也只有靠大脑，借由特别的方式，我们才能获取智慧与知识，看到、听到、知道东西的优劣、好坏、甜美或无味……同时也因为这个器官，我们才会变得疯狂、错乱，充满恐惧与惊骇……我们得在大脑不健全的时候忍受这些情绪……因此我认为大脑对人的宰制权最大"（转引自王士元，2011：19）。在之后的公元前 4 世纪到公元前 3 世纪，被后人尊为"解剖学之父"的 Herophilus（希罗菲勒斯）的研究又进一步强化了 Hippocrates 的观点。他首先采用实验的方法，开始进行人体的解剖。基于解剖的发现，他首次区分了大脑和小脑，并认为大脑由不同的脑室构成（如图 5-1 所示），是负责人类智能（其中自然包括语言在内）的器官，而心脏则不具备这种功能。

（Ⅰ·VETRICVLVS：第一脑室；Ⅱ·VETRICVLVS：第二脑室；
Ⅲ·VETRICVLVS：第三脑室）

图 5-1 希罗菲勒斯提出的大脑脑室示意图（Tesak & Code，2008：13）

古希腊伟大的哲学家 Plato（柏拉图）（公元前 3 世纪）也对大脑的功能进行过讨论。他认为，大脑是所有感知器官的控制中心，人类的不同能力都可以在大脑中找到相应的定位。这可以被认为是最早的大脑功能定位说。与此不同，Aristotle（亚里士多德）却把大脑看成为一个冷却系统，因为血液有时会很热，所以血液流到大脑里去，让它冷却一下，而人的心脏才是整个神经系统的中心。他指出："灵魂以及对于自主性运动的控制，实际上，包括总的神经功能在内，都是由心脏负责。而大脑只是一个不太重要的器官。……大脑，或是不具备大脑的生物所拥有的那个相应器官，是整个身体里最清凉的部位。因此，就像湿气被阳光一晒就会蒸发，当血液流到身体上部，被冷却而变得黏稠时，它就又会往下流，再一次变成水"（转引自王士元，2011：18）。这种观点对于后来的研究没有多少影响，但是 Aristotle 提出的关于心理过程的流程图对于后来的语言处理模式却颇具启发。他提出人的心理过程为：感觉器官 → 感觉 → 感知 → 认知 → 记忆（Ahlsén, 2006：12）。

Galen（盖伦）是古罗马时期最为著名的医生和解剖学家，他进一步发展了关于人类的各种智能可以被定位于不同脑室的观点。作为当时角斗士的医生，他发现了很多病例来支持这一观点。经过 Hippocrates、Galen 以及当时其他一些学者的努力，脑室理论逐渐成形，并且勾勒出了人类心理活动的信息处理流程图。

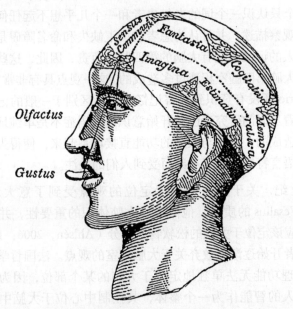

图 5-2 中世纪时期的脑室理论（Tesak & Code, 2008：14）

如图 5-2 所示，在各个脑室之前的大脑前部区域属于共有感觉区（sensus communis = common sense），负责接受来自于外部感觉器官的信息，如味觉（gustus = taste）和嗅觉（olfactus = smell）。第一脑室是想象区（imagina + fantasia = imagination），负责形象和意象的产生。第二脑室是判断（estimativa = judgment）和思考（cogitativa = thinking）区，具有理性的特征。第三脑室是记忆（memorativa = memory）区，负责信息的储存。由此我们可以看出，根据中世纪时期的脑室理论，来自外部世界的信息首先被转化为意象，然后经过认知的思考和评估，最后被储存于记忆中。脑室理论是最早的比较完整的大脑功能定位学说，按照这一学说，失语症的产生应该是由第三脑室的损伤所造成的，属于一种记忆障碍（Finger，1994：372）。

5.3 15世纪至18世纪：对失语症的注意与观察

从15世纪开始，许多医生开始积累有关失语症患者语言障碍的描述。在当时，许多病例都是出于医生的好奇心而被记录下来。Benton & Joynt（1960）指出，直到16世纪后期，人们才开始认识到这些病例的特定语言本质，并出现了在患者行为缺陷分析方面与现代标准相近的病例报告。

15世纪后期，意大利医生Guainerio（1481，转引于Benton & Joynt，1960）对一个只认识三个词的老年患者和一个几乎想不起任何人名的患者分别进行了观察描述，并且认为患者的词汇缺失和命名障碍是由记忆损伤造成的，而人的记忆功能有大脑的第四脑室负责，因此，这些患者的语言障碍是由于大脑第四脑室积液过多造成的。这一观点具有非常重要的意义，尽管Guainerio还没有意识到语言记忆有可能区别于一般的记忆，但是他的观点标志着当时的研究者已经开始意识到失语症不是单纯地由于舌头移动的损伤所造成的，而是与大脑的功能直接联系起来，使得失语症作为一种具有独特语言特性的研究对象而受到人们的关注。

在16世纪，关于脑室中功能定位的观点受到了意大利解剖学家Varolius和Vesalius的质疑，他们强调大脑体积的重要性，并且认为人类的心理功能应该定位于大脑的松软物质部分（Ahlsén，2006：12）。到了17世纪，研究者开始逐渐地放弃关于大脑脑室的观点。法国哲学家Descartes认为人的心理功能无法单独地定位于大脑的某个部位，因为人的灵魂是不可分的，人的智能作为一个整体，其控制中心位于大脑中部的松果体（Descartes，1974）。外科医生Willis（1664，1672）则更加强调联结大脑左右两个半球的胼胝体的作用，认为它是人类想象力的控制中心，而且人类关于图像的记忆痕迹也位于胼胝体。虽然大脑中的纹状体也能够产生感知印象的图像，但是没有胼胝体的参与，这一图像也是不完整的。在17世纪，也同样保留了许多关于失语症的病例报告。Schmidt（1676）和 Rommel（1683）首次对失语症病例进行了完整的描述。Schmidt 研究了一位右半身麻痹的患者，该患者患有严重的、令人费解的语言障碍，并描述了他从病症中恢复的过程。当患者的部分语言功能恢复之后，仍然保留着深层阅读的障碍。Rommel 对一位患严重的非流利型失语症的女患者做了生动的描述。他发现，虽然这位患者不能流利地或者重复地说出单词，但是如果让她按照一定的顺序去背诵，她就能死记硬背地记住她的祈祷词。她不能从序列中任意挑出一个词，也不能模仿研究者去重复其中的某一部分。由此看来，到了 17 世纪后期，医学界已经能够描述不同的失语症症状。

　　从 18 世纪开始，失语症病例的收集和对失语现象的分类描述逐渐增多。许多描述与 Rommel（1683）的病例描述水平相近，但是研究者已经开始逐渐把语言障碍从认知和运动控制障碍中区分出来，并认为它是自主的、具有自己内在规律的研究对象。Benton & Joynt（1960）曾经提到 Duc de Simon 在 1718 年出版的一本著作，书中描述了一个著名的病例：一位患有失语症的士兵由于失去了说和写的能力，不得不用一根指示棒在字母板上进行拼读来表达自己。Linne（1745）描述了这样一个患者，他自己不能说出或者重复任何名字，但是能默读并理解那些名字。Dalin（1745）则描述了另一种类型的病例：一个患者根本不能说话，却保留着唱歌的能力。

　　18 世纪后期的一部重要医学著作是由意大利解剖学家 Morgagni（1769）撰写的《解剖学对于疾病部位的原因之研究》。该书总结了许多失语症病例，它们大都源于各种大脑疾病。令人遗憾的是，尽管 Morgagni 描述了这些病例出现的右侧偏瘫或者左侧大脑半球的疾病，但是他并没有发现它们之间具有的必然联系。另外，Gesner（1789）也为探讨大脑和语言之间的关系，尤其是失语症的研究，做出了重要的贡献。他对几个患有语言缺失，却还保留着言语的运动和发声能力的患者进行了描述与分析。其中有两个患者只能用一种自造的特殊语言说话或者书写，另一个患者在长篇阅读中出现由于突然失语而不能继续阅读的情况，但是在几天之后却康复了。与同时代以及以前的研究者相比，Gesner 的分析在更大程度上与 19 世纪的观点接近。他注意到，失语症患者的语言障碍是语言特有的，单词的记忆可以独立于其他类型的记忆，甚至可以独立于其他的认知能力。他提出，失语症是一种记忆障碍，是大脑的不同部位之间不能相互联结，从而导致图像或概念与相应的语言符号之间的联系中断。

　　从上述论述我们不难看出，19 世纪之前就已经有了大量的关于各种失语症病例的描述，并由此对语言和大脑之间的关系进行了初步的推论，但是，在此阶段，语言和大脑之间的关系更多是融合于大脑和人类智能之间的关系之中，只是到了后期，才开始逐渐把语言同其他认知活动分离开来，从而能够更加准确、详细地探究语言和大脑之间的关系。

5.4 19世纪：失语症科学研究的开始

到18世纪末，早期出于好奇心的比较零散的失语症研究逐渐发展成认为失语症是特定于语言的研究。19世纪初，失语症以及由此引起的关于语言和大脑之间关系的研究进入了一个新的阶段，其中，法国研究者为此做出了重要的贡献。

5.4.1 Gall 的颅相学理论

Gall（1758—1828）是把人类的心智功能定位于大脑皮层的第一人，在此之前，大脑皮层一直被认为是脑膜的延伸，其主要作用在于向大脑提供营养。Gall 还指出，大脑皮层是人类大脑组织的最高层次，它和大脑灰质的其他区域通过大脑白质的神经纤维相联结。大脑由具有不同功能和特点的区域组合而成，它的每个部分都负责一个特定的行为、个性和潜能。他还认为，如果一个人具有某种行为特征或者性格特点，那么负责这一特征或者特点的大脑部位就会在体积上变大，并且会在人的颅骨上反映出来，因此，我们可以通过观察一个颅骨的外在特征来判断他的情感与智力特点，这就是所谓的颅相学理论。Gall 和他的学生 Spurzheim（1776—1832）通过检查罪犯和精神病患者的颅骨来检验自己的理论。在大量研究的基础上，他们把众多的心智能力定位于大脑皮层（图 5-3）。

如图 5-3 所示，耳朵上面这一段是 acquisitiveness，说明一个人的贪欲是否强烈，稍微往左一点是 tune perception，说明一个人的音乐感知能力，而语言功能被定位于眼睛之下的大脑皮层，位于大脑两个半球的前额叶区。根据 Ombredane（1951）的介绍，Gall 假设语言功能由两个部分组成：对词的记忆和对语言的知觉。Gall 还出版了许多的医疗案例著作，列举了许多失语症患者的例子，来证明自己的"功能定位"理论。其中一个患者由于中风而导致严重的语言产出障碍，这个患者指着自己的前额（即前额叶区）说那里有毛病，也许 Gall 把这个患者的手势当成自己的理论依据了。另一个患者由于在击剑运动中前额遭受到剑伤而致病，出现了词汇搜索障碍以及右部躯体衰弱。

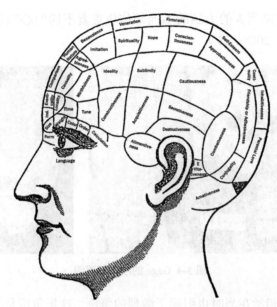

图 5-3 Spurzheim 的大脑功能定位图（Tesak & Code，2008：41）

Bouillaud 也是 Gall 的追随者，他在 1825 年撰写了一篇论文，试图论证 Gall 关于语言的解剖学理论。尽管 Bouillaud 的观点不断受到许多人的批评，但是也不乏支持者。今天来看，Bouillaud 为大脑和语言之间关系研究所做的贡献是不容忽视的，因为他提出了语言的生物学观点，而这个观点超越了它出现的年代。他指出，对于失语症患者来说，虽然发音器官（舌头、嘴唇和声门）在非语言活动中仍然能够完整地保留它们的功能，但是它们却丧失了语言的运动控制。Bouillaud 提出了这些器官的双重神经控制系统，一个是言语活动的功能，另一个是吃和吞咽的功能。

除了 Gall 及其追随者的研究之外，在美国发生的一次意外事故也进一步强化了颅相学中关于大脑功能定位的思想。Gage 是一位年轻的铁路筑路工人，在 1848 年夏天的一次爆破中，一根钢钎意外地从他的左侧面颊穿入，迅速穿过其大脑的前部，并迅速从其头盖骨顶部穿出（如图 5-4 所示）落在了离他 200 英尺（60.76 米）的地方。令人吃惊的是，Gage 并未因此丧命。他在其工友的帮助下站了起来，并去了医院。其后，Harlow 医生对他进行了数年的跟踪观察，结果发现，尽管 Gage 并没有像其他类似的患者一样瘫痪、失去记忆或者语言能力，但是他也发生了很大的变化。他的注意力无法集中，不能为未来做出计划，也不能很好地与他人相处。Harlow 由此认为，钢钎只是损伤了他负责心理个性以及计划的大脑组织，这说明人的大脑的不同部位负责着不同的心智功能（转引自 Tesak & Code，2008：23）。

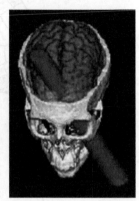

图 5-4 Gage 的颅骨复原图

Gall 的颅相学在当时也引起了激烈的争论。这场争论具有很浓厚的政治意味，因为 Gall 把人的心智功能进行分类，并定位于大脑皮层的具体区域，这在很大程度上对教会提出了挑战，当时的教会认为人的灵魂（其中包含各种心智活动）是不可分的。除了来自于教会的人士之外，反对者中还包括著名的哲学家 Hegel（黑格尔）、Schopenhauer（叔本华）以及 Comte（孔德），他们都认为，大脑皮层和人的心智行为是完全不同的两种东西，根本不可能把这两者联系起来。Gall 的一个主要反对者 Flourens（1824）认为，大脑肯定有功能的划分，但是大脑皮层必须要作为一个整体才能实现其功能。他以动物（主要是鸟类）为对象做了许多实验，结果发现，在切除大脑的某些部位后，仍然可以使大脑的功能不受影响，这些研究结果在多年后又重现出现，成为"大脑功能均势说"（equipotentiality）的主要依据。

在 19 世纪早期，除了关于大脑功能定位的争论，关于失语症的描述与分析也仍在继续，其中，Lordat（1843）对于自己本人失语症症状的描述与分析值得一提。Lordat 是法国蒙波利埃（Montpellier）大学的教授，曾经患有短期的严重失语症。他把口语的产生分为十个阶段，第一个阶段是启动说话的意图以及给要表达的思想定义。第二个阶段是将思想微观化，使其成为更为基本的观点，从而更快速地处理这些有序的排列和关系。后面的一个阶段就是 Lordat 所谓的"观点的具体化"阶段，跟着就是将声音连接起来，然后就是声音的运动实现。Lordat 关于言语过程的分析相对于他所处的时代来说是非常先进的。但是由于当时讨论的焦点是语言功能的定位,因此,他的这个非主流的观点并没有引起足够的注意。

5.4.2 Broca 与 Wernicke 的经典失语症研究

在神经语言学的发展史上,19世纪中期是一个具有特殊意义的时期。Broca 和 Wernicke 等人的突出贡献使之成为关于语言和大脑之间关系科学研究的开始。

Paul Broca(布洛卡)(1824—1880)是19世纪法国著名的外科医生、神经学家和人类学家。19世纪60年代前后,人们正在对人类的某些高级功能在大脑中定位的理论进行激烈的争论。1861年,Broca 在 Bicetre 医院注意到一个失语症病例,认为它有可能会验证关于语言功能在大脑中的定位理论。该失语症患者名为 Lebourgne,从儿童时代开始就患有癫痫病,但是,仍然能在农场从事农业劳动。到30岁时他几乎丧失了全部的语言表达能力,因此被送进了医院。他唯一能说出的一个词就是"Tan",因此被医院的人们称为"Tan 先生"。除了语言障碍之外,该患者的身体状况良好,他在医院的生活能基本自理,能听懂别人的语言并且能做出适当的反应,而且听力极佳,还可以通过非语言交际方式设法使人知道自己的想法。大约在他住院10年后,Lebourgne 病情恶化,右臂丧失了正常功能。后来,右腿也瘫痪了。Broca 对这位患者进行检查,发现该患者大脑的左前叶出现损伤。他于是对患者产生了更大的兴趣,然而在检查过后三天,Lebourgne 去世,Broca 马上对尸体进行解剖,并在此解剖结果的基础上撰写了他第一篇著名的论文"通过对一例失语症患者的观察看言语产生的部位"。

该论文描述了 Broca 对死者大脑解剖的发现,死者大脑的左前部额叶有损伤,损伤处的脑前回内有囊肿,而且囊肿周围的大脑皮层已发生病变(如图 5-5 所示)。Broca 把患者病情的发展分为三个阶段:第一阶段持续了大约10年时间,大脑损伤发生在第三前回,在此阶段,患者的症状表现为单纯的语言表达障碍;在第二阶段,损伤扩展到相邻的大脑皮层的运动区,导致患者的右臂功能丧失;在第三阶段,损伤继续向后扩展,致使患者右腿瘫痪。接着,Broca 对患者的语言异常及其与大脑损伤之间的关系进行了分析。Broca 采用了对语言的广义的解释,他指出"事实上,我们有数种语言。每一种符号系统在广义上都是语言,它们使我们能够用一种易于理解、复杂而又迅速的方式表达自己的思想,因此,口语、哑语、打字、绘画等都是语言。我们具有一种总体的语言能力,它包括我们表达

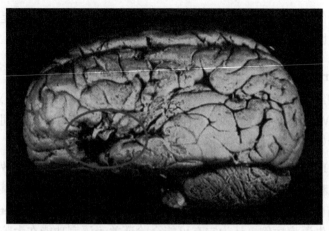

(注：其中被圈出的深色部分为病变发生的部位)
图 5-5 患者 Lebourgne 的大脑

思想的所有方式，它可以被定义为建立思想和符号之间稳定联系的能力，不论它是声音、图画或者其他"，口头表达能力只是人类整体语言能力的一个组成部分（Broca, 1861）。在人类整体语言能力的一个组成部分出现障碍时，其他的组成部分仍然有可能是正常的，而且人们会设法利用那些正常的部分来弥补自己的缺陷，人的语言能力都包括接受能力（例如，听与读）和表达能力（例如，说和写）两个方面。Lebourgne 除了口头语言的表达能力出现障碍之外，其他的语言能力表现正常，因为他很明显地能够理解别人对他讲的语言，而且能用非口语方式进行交际。Lebourgne 的口语障碍以及相应的大脑左前部额叶的第三前回的损伤使 Broca 得出结论：左前部额叶的第三前回控制着人们的口语表达能力。

到 1863 年，Broca 已经研究了 20 个与 Lebourgne 相似的病例，其中的 19 位患者的大脑损伤部位都在大脑左前部额叶的第三前回（Broca, 1863），这又进一步为 Broca 的语言功能的大脑定位学说提供了证据。Broca 在分析造成失语症的原因时，还提出了一种语言产生的心理模式。在这一模式中，Broca 把语言产生的过程划分为三个阶段。在第一阶段，人们产生思想；在第二阶段，人们把思想转化为相应的语言符号；在第三阶段，人们通过相应的发音器官把这些语言符号表达出来。1865 年，Broca 发表了他的第二篇关于语言障碍的重要论文"论言语产生的部位"。在该论文中，Broca 通过对八例失语症患者的语言障碍的研究进一步完善和发展了语言功能在大脑中的定位学说。他指出，他所研究的八位失语症患者都是右利手，而且大脑损伤均发生在左半球，因此，对于大部分人来说，控制语言表达能力的大脑部位处于大脑的左半球。Broca 认为，尽管大脑两侧的沟回之间存在一些小的差异，但这种差异是微不足道的，因此大脑的左右半球具有不同的功能分工，大脑两侧功能的不对称性是与对称的器官具有相同的功能这一传统的生物学普遍原理是相矛盾的。Broca 又进一步解释说，某些人大脑右半球的发展先于左半球，于是，他们是左利手。人们已经注意到，在某些儿童发展的早期，神经系统的疾病影响到左半球，但是，并没有引起语言障碍的发生，这说明这部分人的右半球控制着语言功能并决定了他们是左利手。因此，Broca 认为，如果能使右利手的失语症患者的右半球接替左半球的功能，并控制他们的语言能力，这些人的失语症可望得到治愈，许多失语症患者不能治愈的原因主要是因为没有做到这一点。最后，他指出许多失语症患者具有语言的理解能力这一事实表明，大脑的右半球在广义的语言的心理机制中也起着作用，这其中包括词汇与意义之间关系的确立，而左半球则主要在语言表达方面起作用。

Caplan（1987）指出，Broca 对于解剖细节的仔细观察、在有限资料的基础上建立和发展假设的勇气以及他所提出的假设打开了一个新的研究领域，今天的神经语言学研究仍然在努力回答他在当时所提出的一些问题。Eling（1994：32）在评价 Broca 时指出："布洛卡是在失语症研究领域最为著名的人物，这不仅因为他写了一些重要的论文，还因为目前人们研究最多的失语症是以他的名字命名的。"Broca 的失语症研究对神经语言学的发展做出了突出的贡献，今天的许多神经语言学著作在回顾学科的历史时，都把 Broca 的失语症研究作为神经语言学研究的起点（例如，Luria，1976；Jakobson，1971）。

在继 Broca 之后，Wernicke 又进一步发展了大脑脑回功能定位的思想，进而形成了大脑功能的联系学说。他在 1874 出版了神经语言学研究史上的另一部重要的著作《失语症的症状群：解剖基础的心理学研究》，"这一划时代的著作为后来 40 多年的失语症研究奠定了基调"（Geschwind，1966：4）。Wernicke 还提出了语言处理的反射弧模式（如图 5-6 所示）。根据这一模式，语言被分为感知和运动两个部分，词汇也被相应地储存为运动意象和感知声音意象（又称记忆意象）两种形式。他指出右利手者的大脑左半球的两个区域与语言行为具有特殊的关系，一个区在第一颞回（即沃尼克氏区），构成言语感觉中枢（图 5-6 中的 a_1），负责处理词汇的记忆意象，另一个区在第三额回的后部（即布洛卡氏区），构成言语运动中枢（图 5-6 中的 b），负责处理词汇的运动意象。这两个区的损伤就会相应地造成两种类型的失语症：运动性失语和感觉性失语。另外，Wernicke 还认为两个区之间通过位于岛叶皮质下神经纤维相互连接（图 5-6 所示的 a_1 到 b），他从理论上推测，连接纤维的损伤会导致第三种失语症，即传导性失语症。关于语言和思维的关系，Wernicke 认为，两者是相互独立的，感知声音意象是语言理解所必需的，只是属于语言的一部分，而不属于思维，因此，语言的理解可以独立于其他的能力而单独受到损伤。

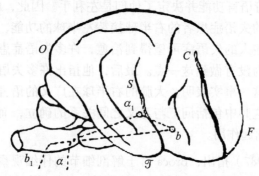

（F：额叶；O：枕叶；C：中央沟；S：外侧裂；T：颞叶；α：听觉神经通往延髓的入口；a_1：听觉神经的中央节点，为记忆图像中心；b：运动意象中心；b_1：发音肌肉；αα₁：听觉神经；a_1b：联结纤维束；bb₁：发音运动神经通道）

图 5-6　Wernicke 的语言处理的反射弧模式（Tesak & Code，2008：80）

德国医生 Lichtheim 是经常和 Wernicke 一起被提起的名字。在长期的医学实践与研究过程中，他只发表过一篇关于失语症的论文（Lichtheim，1885），然而正是这篇论文奠定了 Lichtheim 在神经语言学研究史上的独特地位。在该文中，他"力图确定语言的神经分布通道、与这些通道密切相关的功能以及它们之间的联系，并且确定这些功能在大脑中的定位"（Lichtheim，1885：204-205）。除了 Broca 和 Wernicke 所提出的两个语言中枢外，Lichtheim 还提出了第三个语言中枢，即"概念中枢"，这个中枢没有具体的大脑定位。由于语言障碍还涉及书面语言的问题，Lichtheim 又增加了字母的视觉形象记忆和书写运动神经网络分布区域两个中枢。另外，他还提出了自己的分类系统，采用了一些新的术语，这些术语后来未被广泛采用。Wernicke 很快就接受了 Lichtheim 的观点，并修改了失语症的名称，在不考虑书面语的情况下，Wernicke 的失语症分类及其相应的大脑损伤定位如图 5-7 所示：

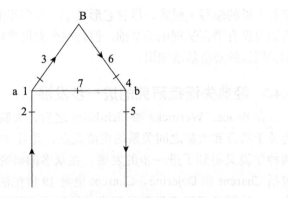

(B：概念中心；a：声音意象中心；b：运动中心)

图 5-7 Wernicke-Lichtheim 语言处理模型（Tesak & Code，2008：89）

根据 Wernicke 的分类系统，大脑皮层中声音意象中心（位于沃尼克氏区）的损伤会导致皮质性感觉失语症（图 5-7 中 1 所示），其主要症状是语言理解和重复障碍，自动言语能力相对正常，但是经常有言语错乱的现象发生。听觉通道的损伤会导致皮质下感觉性失语症（图 5-7 中 2 所示），其主要症状也同样包括语言理解和重复的障碍，但是自动言语能力则完全正常。图 5-7 中 3 所示为经皮质感觉失语症，由声音意象中心到概念中心的通道损伤所致，主要语言障碍表现为语言理解困难和自动言语中的言语错乱现象，而重复能力则比较正常。运动中枢的损伤会导致皮质性运动失语症（图 5-7 中 4 所示），此类患者的语言理解能力相对正常，而自动言语和语言重复能力较差。与此类似，由运动神经通道损伤所导致的皮质下运动失语症（图 5-7 中 5 所示）患者仍然能够提供词汇的语音信息（例如，音节的数量等），因为他们的运动中心没有受损。对于由概念中心到运动中心通道损伤所造成的经皮质运动性失语症（图 5-7 中 6 所示）患者来说，他们理解和复述能力相对较好，而自动言语中则经常有言语错乱的现象发生。第七种失语症类型是由听觉中心和运动中心之间的神经通道损伤所导致的传导性失语症，其症状在于自动言语和复述的障碍，而其理解能力则比较正常。在 Wernicke-Lichtheim 的语言处理模型中，各个中心之间都有联结相联系，因此属于联系学说的范畴，有时也被称为古典的联结主义模型。

Wernicke-Lichtheim 语言处理模型的核心要点包括三个方面：（1）大脑皮层的初级感觉和运动区；（2）次级关联区；（3）两种区域与大脑的其他高级区域和亚皮质结构的结构与功能的联系。由于 Broca、Wernicke 和 Lichtheim 研究的连续性，上述语言处理的模式又被称为 BWL（三个人名字首字母的缩写）模式，尽管它形成于一百多年前，对于语言及其结构的认识也没有语言学理论的基础，但是在今天仍然颇具影响，已经成为从事相关领域的必备基础知识。

5.4.3 经典失语症研究的进一步发展

在 Broca、Wernicke 和 Lichtheim 之后，大脑定位学说和联系学说成为关于语言和大脑之间关系的主流观点，并且在许多研究者的努力之下，两种学说又得到了进一步的发展。在众多的研究者中，比较突出的学者包括 Charcot 和 Dejerine。Charcot 也是 19 世纪法国最具影响的神经学家之一，他继承了联系学说的观点，认为语言是一个复杂的结构，其中包括至少四个要素：听觉记忆意象、视觉记忆意象和两个运动记忆意象（一个用于口语，一个用于书面语），而不同的记忆障碍则会导致相应的失语症类型。"当一个人不能理解书面语言时，他就患有语言视盲（verbal blindness）或者视觉语言遗忘症；当一个人不能理解口头语言的声音时，我们可以把这种症状称为词聋（verbal deafness）或者听觉语言遗忘症。与此类似，我们也可以按照同样的原则把运动词汇意象丢失的症状称为

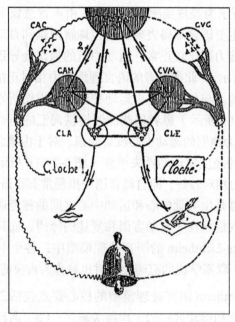

（IC：联系中心；CAC：一般听觉中心；CAM：词汇听觉中心；CLA：言语产生中心；CVC：一般视觉中心；CVM：词汇视觉中心；CLE：书写中心）

图 5-8 Charcot 的钟形图（Bernard，1889：37f）

运动语言遗忘症。"(1890,转引自 Rosenfield,1992:105)。在他"关于失语症的不同形式"(Charcot,1884)的系列讲座中,Charcot 提出了著名的大脑语言功能定位的"钟形图"(如图 5-8 所示)。其中包括四个与语言相关的记忆中心(CAM、CLA、CVM 和 CLE),分别与联系中心相联结,它们又分别通过一般听觉中心和一般视觉中心与外部世界相联结。

Charcot 在 Broca 等人研究的基础上,还对各个记忆中心进行了相应的大脑定位(如图 5-9 所示)。他认为,言语产生中心位于额叶的第三脑回,书写中心位于额叶的第二脑回,词汇听觉中心位于颞叶的第一脑回,而词汇视觉中心则位于顶叶下部的脑回。

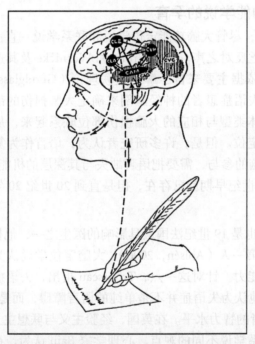

图 5-9 大脑左半球语言记忆中心的定位(Cole & Cole,1971:19)

Dejerine 是 Charcot 的学生,他是瑞士人,但是也在法国巴黎工作。在 1891 年和 1892 年,Dejerine 先后报道了两例阅读障碍的病例。病灶分别位于大脑左半球角回和枕叶皮质下,并且累及胼胝体,他由此推测大脑左半球的角回区是理解书面语言所需要的图像分析中枢。如果该区受到损伤,患者的阅读和书写能力都会有障碍。如果大脑左半球的角回没有损伤,但是与视觉中枢的神经通道受损,患者的阅读能力会有障碍,而书写能力则会得到保留。

另外，Kussmaul 的失语症研究也颇具影响。Kussmaul（1877）区分了"语法缺失"和"词汇缺失"两种言语障碍，认为它们是从属于失语症的两个独立的类型。在随后的几年中，许多研究者对这两种类型分别进行了医学描述和心理学解释。例如，Pitres（1898）对词汇缺失或者单纯的词汇寻找困难进行了详细的阐述，但是他没有为其找到相应的大脑损伤部位。语法缺失是一种特殊的、复杂的语言障碍。这些患者主要用名词或者非常简短的词组进行交流，不能运用语言的纯语法成分，如助动词、名词和动词的屈折变化或者介词等等，但是，语法缺失很难与特定的大脑损伤部位联系起来。

5.4.4 整体功能学说的孕育

在 19 世纪，尽管大脑功能定位学说和联系学说一直占据着主导的地位，但是也不乏反对之声。对于 Broca 和 Wernicke 及其追随者来说，大脑功能的定位依据主要来自于解剖关联理论（Goodglass, 1993）。也就是说，通过对失语症患者的神经解剖来确定大脑损伤的部位，然后再把语言障碍的具体类型与相应的大脑损伤部位联系起来，从而确定语言功能在大脑中的定位。但是，许多研究者认为，语言作为复杂的高级神经活动，需要全脑的参与，需要把语言缺失与其深层的机能缺失联系起来。这种思想在 19 世纪早期就已存在，但是直到 20 世纪 20 年代才逐渐形成一定的影响。

Trousseau 也是 19 世纪法国最具影响的医生之一，他被认为是反对大脑定位学说的第一人（Ahlsén, 2006）。大脑定位学说认为，失语症不会影响人的思维能力。针对这一点，Trousseau 指出，失语症患者的智力都会受到影响。他认为失语症并不是单纯的语言障碍，而是一种认知障碍，因此会降低患者的智力水平。在英国，经验主义与联想主义哲学产生了与 Wernicke 的联系学说不同的观点。心理学家 Bain 认为，在心理和身体之间存在着对应关系，每一种心理现象的发生都同时伴随着身体的变化。与此同时，Spencer 也把进化理论引入到心理学领域，认为反复的联系会导致神经系统的改变，而这种改变可以从一代人遗传给下一代的人，从而形成人类大脑智力的基础。这些思想都在很大程度上影响了被认为是认知学派创始人的 Jackson。

几乎与 Broca 同时，Jackson 从 1863 年开始，花了 30 多年的时间来研究失语症。他认为，应该用动态的心理学观点，而不是动态的解剖学观点来研究失语症，因为初级的感觉和运动机能在大脑中是有定位的，而像语言这一类的高级心理活动非常复杂，不能简单地将其机能定位于大脑的某一区域，这就是所谓的大脑整体功能学说。Jackson（1866）把语言分为两个层次：自动语言和命题性语言。自动层次的语言包括固定化的句子、某些新语和诅咒语，它们的产生是无意识的行为。命题性层次的语言一方面取决于它们的形式（可以表达两个事物之间的关系），另一方面取决于它们的灵活性程度（可以受语义和语境的影响），它们的产生是一种有意识的行为。有意识和无意识行为的区别是很明显的，两种活动形式背后有着不同的神经机制，其中，有意识行为应该是失语症研究的重点。Jackson把言语过程视为思维的一部分，失语症患者不是找不到词，而是丧失了使用词来传递信息，或者"命题化"的能力。一个失语症患者可能不能回答一个简单的问题，但是却能背诵一段短文。对于失语症患者来说，某一部位的大脑损伤并不会导致语言功能的完全丧失，他们仍然保留着讲话的能力。只不过这一能力要依赖于他们的情感状况，因为他们的智力水平也相应地受到了损害。

Jackson还把Spencer的进化理论运用到了失语症的研究之中，认为神经系统的功能是按照从简单到复杂、从低等功能中心到高等功能中心、从更有组织的中心到更加复杂的中心、从自动化无意识行为到有意识行为的方式进化的。他把神经系统的功能分为基本反射性行为、自动化行为和有意识的行为三种。这些功能并不定位于大脑的任何中心，而是按照垂直的方向来定位的，从低层次（脊柱和脑干）到中等层次（运动与感知中心）最后到高等层次（大脑前部）。Jackson最广为引用的话是："症状的定位绝对不能等同于功能的定位"，也就是说，当时所流行的解剖关联理论是站不住脚的。Jackson的理论尽管早在1874年和1878年就已发表，但是直到20世纪20年代被Head（1926）采纳之后才产生了广泛的影响。

著名心理学家Freud也对大脑功能的定位学说和联系学说提出了质疑。他在1891年出版的《论失语症》一书中指出，Wernicke-Lichtheim模型存在两个致命的问题：一是它不能足以解释真实发生的失语症症状，二是它预测了不可能出现的失语症类型。关于第一个问题，Freud认为，各种失语症类型与其相对应的症状之间的关系纯属偶然，这些症状的发生一定会受到外部条件的影响，而不是单独由大脑损伤的部位所决定的。"每当人们企图把发现的言语障碍与Lichtheim的模型相匹配时，困难就出现了，因为人们发现不同的言语功能都受到不同程度的损伤，并不是说，某一语言功能完全丧失了，而另一语言功能还保留完好"（Freud，1953：9）。对于第二个问题，Freud 指出，虽然 Wernicke-Lichtheim 模型可以预测传导性失语症的发生，但是该失语症类型其实并不存在。他认为，区分不同的语言中心和通道是没有道理的，因此没有必要区分中央失语症和传导性失语症，"所有的失语症都起因于联系（即传导）的中断"（Freud，1953：67f）。Freud 认为大脑的语言功能位于颞叶、顶叶和枕叶之间交界的广泛区域，在这里，包括嗅觉、味觉、视觉等各种功能交织在一起，构成一个网络系统。

Freud 被认为是第一个"新语法学派的神经语言学家"（neogrammarian neurolinguist）（Buckingham，2006；Marshall，1974）。他支持了当时正在孕育的心理语言学提出自己新的分析手段，建立正常语言的处理、发展与进化模式。他还主张采用语言学的方法描述语言障碍。他（1893）认为语言是一个复杂的关联结构（association structure）（如图 5-10 所示），其中包括词汇之间的封闭性关联（声音—图像、阅读的影像以及书写和运动—图像）和物体之间的开放性关联，而在这两种关联中，却存在着符号关系，每一个词都作为一个符号与一个物体相关联。因此，从心理学的角度来看，"词汇关联本身的障碍可以被称为词语性失语症，词汇和物体之间关联的障碍是符号缺失性失语症（asymbolic aphasia），而当物体关联障碍导致言语障碍时，它们应该被称为知识缺失性失语症（agnostic aphasia）"（Freud，1893，转引自 Kastle，1987：522）。

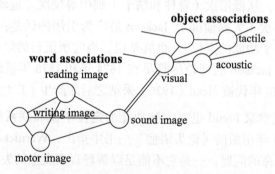

图 5-10 Freud 的语言模式（Kastle，1987：522）

5.5 20 世纪上半叶：大脑整体功能学说的兴起

从 20 世纪初开始，大脑与语言关系的研究进入了一个繁荣的时期，有关失语症研究的文献迅速增加。例如，von Monakow 在 1914 年出版的一本著作涉及的参考文献有 2000 多个。其中一个很重要的原因在于第一次世界大战带来了大量的大脑损伤患者，这使得人们更多地关注大脑损伤给患者带来的影响以及失语症患者语言功能的恢复。在 20 世纪上半叶这段时间内，大脑功能整体学说的影响不断扩大，并逐渐占据主导地位。主张大脑功能整体学说的学者认为，心理活动主要是符号处理的过程，而大脑损伤会降低符号处理的功能，因此，对于这一过程的描述与心理分析要比检查大脑的损伤本身重要得多。

5.5.1 大脑功能整体学派的失语症研究

Marie 曾经在 Broca 和 Charcot 的部门做实习医生，而且与 Charcot 的关系密切，但是他并不赞成大脑功能定位理论。1906 年 5 月，Marie 发表了他的第一篇关于失语症研究的论文"大脑左半球额叶的第三脑回在语言功能中并不起特殊的作用"，在此后很短的时间内，他接连发表了至少 14 篇相关的论文（例如，Marie，1906b，1906c，1907）。这些文章引起了强烈反响和许多的争论，"整个巴黎医学界被 Marie 的文章震惊了"（Brais，1992：693）。Marie 强烈反对 Broca、Wernicke 等人的理论，指出许多大脑左半球额叶第三脑回受伤的患者并没有出现失语症的症状。他认为，语言理解障碍是所有失语症患者的核心问题，因此只有一种基本的失语症类型，就是沃尼克氏失语症。此外，他还提出失语症是某种智能障碍在语言上的特殊体现，而布洛卡氏失语症患者的语言表达困难只是发声控制系统障碍的综合征。

von Monakow 是 20 世纪早期的重要神经学家，他最初也是大脑功能定位学说的支持者，但是后来又改变了立场。他（1911，1914）主张"时间上的定位"，而非"空间上的定位"。大脑中一方面存在着一些神经机制负责进行一些运动和感知的初级功能，这些神经机制的损伤会导致明确的障碍。另一方面，大脑中还有一些神经机制是按照时间的先后顺序来工作的，它们负责一些高级的功能，这些神经机制的损伤会产生抑制的效果，并影响整个大脑皮层。而语言作为一种高级智能活动，大多数言语行为都需要神经网络的参与。他很少涉及语言机能的功能区域，认为大脑损伤对离它较远区域的结构的功能也会产生抑制的效果。因此，大脑损伤只会影响功能，而不是大脑皮层上的某个功能中心，真正受损伤的是按照时间顺序进行的心理活动的某个环节。例如，大脑损伤有可能会导致神经细胞激活阈值的改变。

在失语症研究的历史上，Head 是一个非常重要的人物。他的主要贡献表现在两个方面，一方面是他把Jackson被人长期忽视的著作进行整理，发表在 *Brain* 杂志上，使得Jackson的观点引起了人们的注意；另一方面是他的两卷本《失语症及其相关语言障碍》(1926)。Head对Broca、Wernicke等大脑定位学说和关联学说的支持者进行了讽刺性的攻击，把他们称为"图表绘制者"(diagram makers)，而他出版这部著作的目的就是要在失语症研究中消除他们的影响。他指出这些图表绘制者们"并没有为失语症问题的解决提出任何具有永久性价值的东西"(Head，1926/I：65)，反而用他们那些越来越复杂的模式造成了失语症研究的混乱。

与Marie一样，Head也认为失语症与智力缺陷相关，但是，与Marie不同的是，Head认为失语症患者的语言障碍会带来相关心理活动的障碍，而不是说失语症是有智力缺陷所造成的。他指出："如果一个人不能在谈话的过程中表达自己的思想，或者不能完全理解词和短语的意义，他就不能自由地从一个思想领域转移到另一个思想领域。……另外，我们不要忘记，一个处于文明社会的人的智能生活在很大程度上要依赖于说话、阅读和书写，这些能力的任何限制都会反过来影响患者。……这就不可避免地导致患者思维能力的减弱，许多失语症患者的智力会逐渐退化"(Head，1926/I：211)。

Head支持Jackson和von Monakow的观点，认为人类大脑的功能是一种层级组织结构，是长期进化的结果。失语症是一种符号形成与表达的障碍，这种障碍不仅影响言语行为，还影响其他需要符号参与的非言语行为。他把失语症分为四种类型，认为它们反映了符号性思维的各个方面：词语性失语症，由形成词的能力缺陷造成；句法性失语症，由符号形成和表达的缺陷造成；名词性失语症，由名词使用以及对词和符号意义的理解缺陷造成；词义性失语症，由执行逻辑功能的能力缺陷造成。但是，Head对于四种失语症类型的描述不够准确，不能清楚地阐明通常观察到的各种失语症的表现，以致在10年后，连他的追随者Weisenburg & McBride (1935)都认为，Head的分类不能"概括普遍观察到的类型"。

Goldstein在失语症研究史上扮演了双重角色，他曾经受教于Wernicke，属于传统的解剖关联学派，但是他很快脱离了被他称为"原子派失语症学"的关联学派，提出了"机体失语症学"的概念，成为大脑功能整体学说的有力支持者。Goldstein (1927，转引自Goldstein，1971：164)指出："我们一刻也不能忽视这一点，人是心理与体质的有机体，每一种疾病都会从总体上改变它。"对于失语症患者来说，问题并不仅仅表现在语言本身，他们往往还存在其他的问题。Goldstein 强调内部语言，以及智能和适应能力变化对于失语症的影响，并认为他们作用于、甚至决定了患者的语言行为。他引入了"抽象态度"（abstract attitude）的概念，并与相对立的"具体态度"（concrete attitude）进行了区分，指出："我们可以区分两种不同类型的态度：具体态度和抽象态度。在具体态度中，我们处于被动接受的地位，而且需要对独特的物体与情形做出立即的反映。我们的思想与行为取决于这一物体或者情形的某一方面所呈现出的直接特征。例如，当我们进入一间黑暗的房间时，会自动打开照明的开关，这就是具体的行为。但是，如果我们想到打开开关可能会惊醒正在房间里睡觉的人，然后就不再打开开关，这就是抽象的行为。……我们的行为更多地取决于我们对事物的看法，而不是摆在我们面前的事物本身"（Goldstein，1948：5）。这种抽象态度有时也被称为"范畴化"（categorical）态度，"这是个体的事物本身，只不过是某个范畴的偶然实例或者代表"（Goldstein，1948：6）。抽象态度可以使人具有以下能力：（1）有意识地采取某个行动；（2）能够从一种视角转换到另一种视角，或者在不同的可能性之间做出选择；（3）能够同时考虑一个情形的不同方面，即使他们并不直接相关；（4）能够感知到事物整体的实质，也可以单独地考虑其个体部分；（5）能够抽象出事物的共同特征；（6）能够提前做出计划，并且通过符号的处理来思考并做出行为。在 Goldstein 看来，抽象行为能力能够解释大量的特殊语言障碍，例如，语法缺失源于语法词素和功能词的抽象性，患者不能使用在孤立环境下没有意义的成分。命名性失语症是由于患者不能想象物体的名字是一个任意的代表物体的标签，他不能进行范畴化的行为。

  Goldstein 的研究也涉及大脑功能的定位，但是他的观点与 Broca、Wernicke 等人不同，基本上属于大脑功能整体学说。他认为，大脑皮层可以分为中心区和外周区，前者位于岛叶，负责在动态的背景下构建动态的结构，该部位的损伤会导致抽象态度的障碍。语言的感知与产生都是由中心区所控制的，不论是布洛卡氏失语症、沃尼克氏失语症，还是传导性失语症，患者的大脑损伤都会涉及中心区，都影响内部言语，它们之所以表现出不同的症状，是由于中心区损伤向外周区扩展的不同所造成的。

5.5.2 大脑功能定位学说与联系学说

  在 20 世纪上半叶，尽管大脑功能整体学说对大脑功能定位学说和联系学说猛烈批判，但是仍有一部分学者坚持经典的解剖关联理论，并使得定位说和联系说得到了一定的发展。

作为 Wernicke 曾经的助手，Liepmann（1909）认为 Marie 对于 Broca 和 Wernicke 等经典失语症研究的批判是毫无道理的。针对 Marie（1906a，1906b，1906c，1907 等）观点，Liepmann 逐一进行了反驳。例如，Marie 认为布洛卡氏失语症患者的语言表达困难是由发声控制系统障碍造成的，针对这一点，Liepmann（1909：460）指出："失语症患者的情感性话语以及所保留的词汇证明：患者的神经—肌肉执行器官并未受到损伤。只会说 'good evening, good morning, oh God yes!' 的患者也同样说明，他的舌头、嘴唇和面部完全可以在大脑有要求的时候到达任何必要的位置。"应该说，Liepmann 的反驳还是非常成功的，他的观点得到了当时德国许多学者的认可。

Brodmann 以其大脑功能的定位分区而著名。在综合前人研究的基础上，Brodmann（1909）把大脑分为 52 个区（图 5-11 所示）。其中和

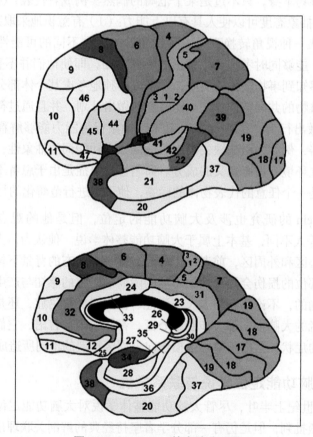

图 5-11 Brodmann 的大脑分区图

语言功能密切相关的区域包括：初级感知区（1、2、3）、初级运动区（4）、初级视觉区（17）、初级听觉区（41、42）、感知联系区（5、7）、联系语言区（22，即沃尼克氏区）、言语运动区（44、45，即布洛卡氏区）等。尽管人们对 Brodmann 的大脑功能分区还有很多的争论，但是直到今天，当人们提到大脑皮层的部位时，它仍然是使用最多的定位方式。

Kleist 也曾担任 Wernicke 的助手，被认为是失语症研究史上最为坚定的大脑功能定位学说的支持者，并且把大脑功能定位理论发展到了极致（Tesak & Code, 2008）。他研究了数百例在第一次世界大战中大脑受伤的士兵，这些士兵多被子弹击中，因此，大脑损伤的部位比较集中。根据自己的研究结果，Kleist（1934）在 Brodmann 分区的基础上提出了大脑功能图（图 5-12 所示），其中语言功能的定位与前人的研究没有多大的变化。

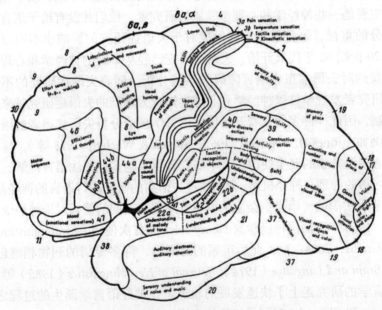

图 5-12 Kleist 的大脑功能图（Luria, 1980: 2）

5.6 20 世纪下半叶：神经语言学的诞生与发展

在 20 世纪下半叶，关于语言与大脑之间关系的研究得到了前所未有的迅速发展。这主要得益于三个方面的因素：社会的需要、相关学科的影响以及现代技术手段的运用。第二次世界大战之后，因脑损伤而患有失语症的士兵大量涌入军事医院和退伍军人医院，于是医院增大资金投入来培训医师，同时也加强了语言和大脑之间关系的研究。当在战争中受伤的退伍军人数量逐渐减少的时候，就出现了一批知识渊博、经验丰富的失语症研究专家。在这一阶段，语言学、心理语言学、认知科学等相关学科也都被广泛地应用于失语症的研究之中。另外，许多现代化的技术手段，例如 PET、ERP 等仪器也成为研究大脑和语言之间关系的有力工具。

5.6.1 神经语言学的诞生

对于神经语言学诞生的时间人们还有不同的观点，许多人（例如，Luria，1976；Jakobson，1971）把 Broca 的失语症研究作为神经语言学的起点。但是，神经语言学是失语症研究和语言学研究的相互结合，语言学研究者参与到失语症研究中来，以及语言学理论在失语症研究中的广泛运用应该是神经语言学诞生的真正标志。在失语症研究的早期，从事相关研究的主要是一些神经学和心理学领域的研究者，他们并没有给予语言学理论充分的重视，语言学理论的发展对于失语症研究的影响也不明显。但是从 20 世纪 60 年代末开始，失语症研究已经从单纯的神经学和心理学分析发展到对失语症患者语言障碍的系统分析。随着失语症研究的不断深入，研究者发现单纯以神经学和心理学知识为基础的失语症研究越来越受到限制，因此，许多研究者开始借助语言学理论分析失语症患者的语言障碍（例如，Jones & Wepman，1967；Spreen & Wachal，1973 等）。与此同时，心理语言学的诞生使得语言学研究者越来越多地关注语言理解、产生以及习得的心理与神经机制，力图通过失语症的研究探讨语言的神经基础。1967 年，法国的《语言》杂志第 5 期曾用整整一期的篇幅讨论神经语言学问题。1968 年，法国神经学家 Henry Hécaen 首次使用 neurolinguistique 一词（Paradis，2004：1），此后很短的时间内，许多专门的刊物相继创刊，例如 *Brain and Language*（1974）、*Journal of Neurolinguistics*（1985）等，神经语言学的研究走上了快速发展的轨道。在神经语言学诞生的过程之中，Jakobson 和 Chomsky 起到了特殊的作用。

Jakobson 是一位在语言学发展史上非常重要的人物，是布拉格学派的创始人之一。它对语言具有广泛的兴趣，在语言学的许多方面都有自己独特的贡献。他最突出的贡献是在音位学理论方面，提出人们可以用有限的区别特征对任何一个音素进行定义，这一观点已经成为现代音位学的基础之一。他区分了 12 对区别特征，并认为它们具有普遍性意义，可以用来描述人类的一切语言。受到语言学原理的启发，Jakobson 对失语症研究产生了浓厚的兴趣，这在他早期的工作中表现得尤其明显。他认为，语言习得和语言功能丧失都是受某些普遍原理制约的。其中的一条原理就是，出现在儿童早期言语中的一个音素，同样也普遍地出现在世界上所有语言的音素中，而儿童言语后期成熟起来的音素，则只出现在极少语言的音素中。他在1941年出版了《儿童语言、失语症和普遍语音规律》一书，可惜该书是用俄语写的，当时没有产生多大的影响。1968年，该书被翻译成了英文，开始引起众多的关注，并产生了深远的影响。在该书中，Jakobson把音位学的普遍原理运用于失语症患者的语音障碍中，提出了"退化假说"（regression hypothesis），认为儿童最后习得的音素在大脑损伤后也最容易丧失，然而早期习得的却最容易保留下来。他还把这一原理运用在语法和句法中，认为除了音位系统之外，这一规则也同样适用于语法的各个成分。对于Jakobson来说，语言学理论和失语症研究完全可以相互融合，相互促进。一方面，语言学理论可以用来进行失语症的描述，也可以使研究者更好地理解失语症患者的语言障碍。另一方面，失语症研究为验证语言学理论提供了一个有效的途径。

Chomsky被认为是世界上目前健在的最具影响力的思想家，是排在马克思、列宁、莎士比亚、《圣经》（如果也算作是一个作者的话）、亚里士多德、柏拉图和弗洛伊德之后第八位被引用最多的学者。在20世纪50年代以前，结构主义语言学一致占据统治地位。结构主义语言学以行为主义心理学为理论基础，认为语言学习的过程就是外界的刺激与自身做出反应的过程。1957年，Chomsky发表了《句法结构》一书，提出了转换生成语法理论。他指出，刺激—反应的机械主义观点是缺乏心理学基础的。人类的大脑具有一种天生的语言习得机制，儿童正是通过这种先天的机制，而并非靠什么刺激—反应来习得语言的。他的贡献不仅体现在他提出的转换生成语法理论上，更为重要的是，他把语言学置于更为广阔的学科背景之下，使得语言学研究者开始关注语言的神经生理基础，从而产生对失语症研究的兴趣，另一方面也使得神经学科领域的研究者更清楚地意识到语言学理论对于失语症研究的价值。Chomsky认为，语言学是认知心理学的一个分支，因为语言理论就是人类知识的一个领域的心理模式，因此应该遵循科学的原理。

在Chomsky的影响下，许多研究者开始意识到，语言学与失语症研究是互补的。例如，Grodzinsky（1984：101）就认为："大多数的语言障碍都是有选择性的，而且这种选择性与一些语法理论的思路是一致的，因此，形式语法必须要成为（失语症患者）功能障碍的描述框架。"与此同时，由于失语症患者的语言障碍为语言学（包括心理语言学）所提出的假说与语言处理模式提供了外部的验证数据。因此，从 60 年代末开始，语言学与失语症研究的结合越来越密切，神经语言学得到了迅速的发展。例如，研究发现，布洛卡氏失语症患者可以通过实义词来理解句子，但是他们在理解句法标志词方面有困难。而沃尼克氏失语症患者的情况恰好相反，他们可以处理句法标志词，但是在理解实义词的语义方面存在困难。这说明，布洛卡氏失语症患者的主要障碍在句法的层次上（Caramazza & Zurif, 1976），而沃尼克氏失语症患者的主要障碍在语义层次上（Caramazza & Berndt, 1978）。

5.6.2 解剖关联理论的回归

在 20 世纪初，大脑功能定位学说和联系学说逐渐被大脑功能整体学说替代，但是到了 20 世纪后期，解剖关联理论以及与此相关的大脑功能定位学说和联系学说又重新受到人们的重视。在众多的研究者中，Luria 和 Geschwind 在重新确立解剖关联理论的地位方面起了非常重要的作用。

Luria 是苏联著名的神经心理学家和神经语言学家，也是苏联神经心理学和神经语言学的奠基人之一。他的研究领域非常广泛，涉及心理学、遗传心理学、病态心理学以及脑部损伤的心理分析。他认为神经语言学的主要任务是对脑局部损伤时言语信息形成和理解过程的异常现象进行神经心理学分析，揭示复杂的心理机制。他说，语言学、信息论、语音的物理学和言语生理学等已经对言语交际过程进行了深入的研究，但是，这些学科没有能够采用精确的客观方法描绘人类的大脑中言语形成与感知的真实过程，这个任务就留给了神经语言学。他充分地利用了当时的语言学理论，认为从思想到言语的途径与从言语到思想的途径在组成和环节上虽然相同，但是这些成分的顺序和心理结构却不一样。由思想到言语的途径是：(1) 起始于某种动机和总意向；(2) 经过内部言语阶段；(3) 形成深层句法结构；(4) 扩展成以表层结构为基础的外部言语。在分析言语形成中哪些阶段和大脑的哪些系统有直接的联系，以及探讨大脑局部损伤患者的言语活动结构有何变化时，Luria 采用了以下方法：(1) 收集患者的自发言语的临床资料；(2) 研究患者的对话；(3) 研究患者的重复性言语；(4) 研究患者寻找必要词汇单位的过程是否受到损害；(5) 分析患者的独白；(6) 让患者按照给出的题目独立进行扩展性口头叙述。研究表明，大脑深层结构损伤造成的言语障碍大致可以分为两种。(1) 间脑—丘脑下部损伤造成皮层紧张度普遍下降，言语交际严重受损；如果是广泛性损伤，患者可能完全丧失言语能力。(2) 大脑深部损伤如果只限于皮质下运动神经节和个别丘脑核，就只破坏言语运动张力，表现为言语迟缓和发音困难（转引自卫志强，1985）。

1947 年，Luria 用俄语出版了《脑外伤失语症》一书。1966 年，随着《人类的表面脑皮层功能》一书的英文版和《脑外伤失语症》英文版的出版，他的观点开始在世界范围内被人们了解。Luria 基本上接受了前人关于言语的运动—发生功能的障碍与前语言区域损伤相关、语言的听觉过程损伤与颞叶受损导致的音义联系中断相关等观点。他区分了"运动"和"感觉"两个基本范畴，将运动失语症划分为两个类型：传入型运动失语症和导出型运动失语症。传入型运动失语症是由大脑底部裂沟后部损伤造成的，因为该部位的损伤可以导致感觉反馈能力的丧失。该类失语症患者表现为不能找到相应的发音部位。导出型失语症与传统的布洛卡氏失语症相类似，表现为不能从一个发音动作过渡到另一个发音动作。在语言的接受方面，Luria 区分了感觉发声失语症和健忘性失语症，前者由于上部颞叶脑回（传统的沃尼克氏区）损伤所致，后者主要与颞叶和顶叶交汇处附近的中下部颞叶脑回的损伤有关。

在其著名的《神经语言学的基本问题》一书中，Luria（1976：15）在解决言语运动的大脑机制问题及言语障碍的各个过程时认为："复杂心理过程是由许多因素制约的机能系统来实现的，因此心理过程不可能只局限在大脑皮层的有限部位，而是分布于整个大脑皮质及皮质下结构。但是，皮质和皮质下结构的各个部位在组成各个复杂的机能系统中，各有特殊的作用。"他根据自己对脑功能的长期实验研究和多年的临床观察，提出脑区分为三个基本的机能联合区：第一区主要指网状结构，包括脑干和旧皮质，其功能在于调节皮质的能量水平，保持大脑皮层的兴奋状态，并使选择性的活动能够持续进行；第二区主要指中央沟后的各个感觉区（视觉区、听觉区和体觉区），其基本功能是接受、加工和储存信息；第三区主要指中央沟前的运动区，其功能是形成运动的计划和提纲，并对进行中的活动编制程序，并加以调节和控制，然后将准备好的运动冲动发向外围。Luria 还把 Saussure 语言学理论运用于失语症的研究，认为言语障碍可以分为两个大类：(1) 与大脑前部损伤有联系的一类主要是连贯的、扩展的、由组合关系组织而导致的言语受损，但是掌握和运用语言聚合性代码的能力仍然相对地保留下来；（2）与上一类相反，潜在地保留着连贯的、由组合关系组织的言语能力，但是由聚合关系组织的语言代码单位的运用过程则遭到破坏。

  Luria 主张大脑功能的动态定位学说，既反对狭隘的解剖关联理论，把复杂的心理活动解释为有限的细胞的机能，也不接受极端的大脑功能整体学说，把大脑视为无法区分的整体。Luria 的理论比较合理地解释大脑的各个部位在处理信息（包括言语信息）过程中既有分工，又有合作的特点，也在一定程度上削弱了大脑功能整体学说的优势地位，使人们重新审视大脑功能定位学说中的合理因素。

  解剖关联理论以及与此相关的大脑功能定位学说与联系学说在今天仍然颇具影响，这在很大程度上要归功于 Geschwind 所提出的新古典主义（neoclassicism，有时也被称为联结主义）。他（1965，1979）重新把 Wernicke-Lichtheim 模式提出来，并在此基础上建立了自己的大脑功能的定位理论（见图 5-13）。

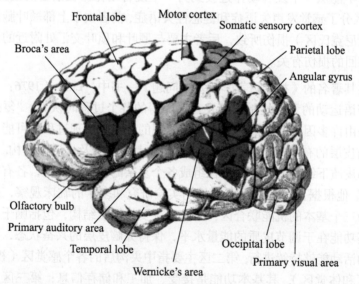

（Broca's area：布洛卡氏区；frontal lobe：额叶；motor cortex：运动皮层；somatic sensory cortex：体觉皮层；parietal lobe：顶叶；angular gyrus：角回；primary visual area：初级视觉区；occipital lobe：枕叶；wernicke's area：沃尼克氏区；temporal lobe：颞叶；primary auditory area：初级听觉区；olfactory bulb：嗅球）

图 5-13 Geschwind 的大脑功能定位图（Geschwind，1979：113）

Geschwind（1979）认为，大脑左半球的某些区域在语言处理过程中具有特殊的功能，尤其是布洛卡氏区和沃尼克氏区，它们会更加集中地参与语言的产生和理解过程。两个区通过弓状束（arcuate fasciculus，AF）相互连接，大脑皮层的角回负责视觉和听觉信息的协调，这对于书面语言以及命名活动是非常重要的。Geschwind（1979：115）指出，语言处理是需要大脑的不同区域参与的信息处理过程。视觉信息通过初级视觉区进入到角回，在这里，视觉符号与相应的听觉范式相关联。如果需要说出单词，该词的表征就会通过弓状束传递到布洛卡氏区，并在该区域激活详细的发声程序，然后再由运动皮层执行这一程序，而发出声音。

Geschwind（1972）的另一个重要贡献在于他使用了"流利"和"非流利"这两个词来区分失语症症状的两个主要类型。尽管我们可以从早期的研究者作品看到类似的概念，但是，在此之前，还没有人用这两个概念简单、界定清晰的词汇来区分失语症类型。

5.7 结语

纵观两千多年人类关于语言和大脑关系的研究历史，我们可以看出，古希腊、古罗马和古埃及时期的相关研究主要来自于哲学家对于大脑和心智关系的哲学思考，其主要贡献在于把包括语言在内的心智活动与大脑联系起来，从而逐渐摆脱了把心脏作为思维器官的观点。18世纪之前对于失语症患者的观察和记录主要出于研究者的好奇心，并未真正地进行系统的研究。直到19世纪后半叶，语言与大脑之间关系的研究才进入了科学发展的轨道。以Broca和Wernicke等人为代表的经典失语症研究提出了较为完整的大脑功能定位学说和联系学说，提出了大脑皮层中的语言中枢。此后的研究始终围绕大脑功能定位学说和大脑功能整体学说的争论进行。期间出现的其他理论，除了Luria的大脑功能动态定位学说之外，都或多或少地倾向于其中一个理论。由Wernicke和Lichtheim所主张的联系学说以及由Geschwind所提出的新古典主义理论虽然承认大脑不同功能区域之间的协作与配合，但是首先是以大脑功能的定位为基础的，因此，他们更加倾向于大脑功能定位学说。而Jackson所主张的以进化论为基础的大脑功能理论虽然在一定程度上承认大脑功能的分工，但是他并不赞成大脑皮层功能的定位，因此基本属于大脑功能整体学说的派别。在大脑功能定位学说和联系学说提出后近60年的时间内一直占据着主导地位，直到20世纪 20 年代，才被大脑功能整体学说所取代，但是在 20 世纪 60 年代这两派学说又再度兴起，随着大脑成像技术的发展与利用，我们对于大脑功能区的定位以及之间联系的认识逐渐清晰起来。

第6章

语音障碍

语音错乱（phonemic paraphasia）是指失语症患者言语中出现语音错误的现象，是他们言语活动中的常见症状。根据语言学理论关于语音学和音位学的划分，失语症患者的语音障碍也相应地表现在两个层次上。神经语言学关于失语症患者语音障碍的语音学与音位学研究主要集中在语言的产出方面，多采用录音材料分析的方法。研究者首先在现场录制患者的语言材料，然后把这些材料进行整理，再采用仪器设备或者按照一定的语言学理论进行描述与分析。

早期的研究多采用结构主义语言学语音描述的理论框架，其中多以音位和区分特征作为基本的描述与分析单位，而后期的研究则更多地采用生成音位学及其相关的理论。在本章中我们将结合有关的语音学和音位学理论对失语症患者的语音障碍进行详细的讨论。

6.1 语音学研究

6.1.1 语音学与音位学

语音学（phonetics）研究语音的性质、语音现象及其内在的规律。音位学（phonology）研究人类各语言的语音系统。在语音学家所研究的各种声音中，或者说在人类的发音器官能够产生的声音中，只有少量的声音能够普遍存在于各种语言中，被人们用来表达和交流思想。研究者把这些声音编成一个可以比较的系统，然后从语音、区别特征或其他语音单位等方面对它们进行分析研究。音位学研究的目的在于揭示语言中所发现的不同语言的区别模式，并且对世界上所有语言的语音系统的性质做出总体的论述。换言之，音位学研究有关语音关系类型的规律以及某种特定语言中语音的范围与功能（因此它也被称为"功能语音学"）。音位学有两个分支：音段音位学和超音段音位学。音段音位学研究语音系统的基本构成单位（包括元音、辅音等），而超音段音位学则研究这些单位之外的语音特征，例如，语调、节奏等。

语音学和音位学都以语音为研究的对象，但是各自研究的角度不同。语音是物理现象，是空气中粒子振动形成的声波，具有一定的声学性质，这是它的自然属性。除了自然属性之外，语音还是语言的物质体现者，语言中不同的表义单位（例如，词、短语等）要靠语音来表达和区分，这是语音的功能。语音学从语音的自然属性的角度研究语言，而音位学则从语音的功能角度研究语音。

人们说话时发出的一连串声音称为语流。语流是由一个一个的音素组成的。对语音的分类就是要对比音素的异同，从而揭示出各个音素的特点。语音的分类通常依据它们的自然属性把语音分为元音和辅音。发辅音时，气流在口腔中会遇到阻碍，例如，/b/、/p/、/t/ 等。发元音时，口腔中不形成任何的阻碍，例如，/ɪ/、/e/、/ɑ:/ 等。

用发音特征来描述元音是比较困难的。元音主要通过舌位、唇形和音长来加以区分。按舌位的高低可以把元音分为高元音、中元音和低元音。按照舌位的前后可以把元音分为前元音、央元音和后元音。元音可以根据唇形的圆展情况分为圆唇元音和非圆唇元音。另外，元音还可以根据发音时间的相对长短分为长元音和短元音。

有些语言还有舌尖元音和卷舌元音。汉语普通话中有两个舌尖元音，一个是舌尖前元音，例如普通话"资 zī"、"词 cī"、"思 sī"中的元音 /ɪ/；另一个是舌尖后元音，例如普通话"知 zhī"、"吃 chī"、"诗 shī"中的元音 /ɪ/。汉语普通话也有卷舌元音，例如，普通话中的"儿"的音就是一个卷舌音。

辅音的分类主要依据三个标准：发音部位、发音方式和声带振动的状态。根据发音部位（即阻碍形成的部位）的差异，辅音可以分为双唇音、唇齿音、齿间音、齿龈音、软腭音、腭音、喉音等。根据发音方式的差异，辅音可以分为塞音、擦音、塞擦音、鼻音、颤音、闪音、边音和半元音等。辅音还可以根据声带是否振动分为清音和浊音，发清音时声带不振动，发浊音时声带振动。另外，某些辅音还可分为送气音和不送气音。发送气音时，有一股较强的气流冲出，发不送气音时没有这样的气流。通常只有塞音和塞擦音有送气和不送气之分。

辅音还可以根据乐音成分的有无和多少，分为噪辅音和响辅音两大类。

噪辅音是指包含噪音而不含乐音，或者噪音成分多于乐音的辅音；响辅音是乐音成分多于噪音的辅音。鼻音、颤音、闪音、边音、半元音属于响辅音。语音学中通常又把颤音、边音、闪音通称为流音。

语音本身就其物质属性而言，在许多方面存在差异，如发音部位、发音方式、清浊与否、舌位的高低等。在不同的语言中，语音的功能也不尽相同。有些语音差别有区分功能，可以将某一特定语言系统中的不同单词区分开来。例如，在英语中 /p/、/b/、/ f /、/v/ 具有区别功能。如果用其中一个代替另一个就会改变整个词义，pin 就会变成 bin，life 就会变成 live。像这样具有区别功能的音就叫音位。音位是语音系统分析中的基本单位。音位作为最小的语音成分可以形成各种不同的组合，成为词素，从而体现它的构词功能，而且，音位作为语音的基本单位能够独立地区分词素的意义，从而体现它的辨义功能。

语音分析不仅把语流分解成音素，而且把音素分解成不同的特征。有的特征能够区别不同的音位，有的不能区别音位。例如，英语辅音的 [+ 浊] 和 [− 浊] 特征能够区分不同的音位，而 [+ 送气] 和 [− 送气] 则不区分音位。一种语言中，凡是能够区分不同音位的语音特征被称为区别特征。每种语言的音位区别特征有所不同，[+ 送气] 和 [− 送气] 在英语不是区别特征，而在汉语中则是区别特征。

6.1.2 不同类型失语症患者的语音错乱

心理语言学研究（Levelt，1989）表明，语言的产出包括提取、计划和执行三个阶段。在说话者决定说什么之后，他需要从记忆中提取内在的语音表征，然后制订产出的计划，构建可以被执行的语音表征，最后在执行阶段完成计划，即把语音表征通过发音器官变为具体的具有各种声学特征的语音。音位学研究语言中限制各种语音构成音节和单词的规则系统，它与前两个阶段密切相关，在音位处理的过程中，在做出发音动作的计划之前，需要选择各种抽象的语音单位（即音位），并把它们安置于正确的序列之中。语音学则研究语音的产出过程，因此直接与第三个阶段相关联。语言学理论中关于语音学和音位学的区分使得神经语言学研究者首先关注不同类型的失语症患者在语音错乱方面是否存在着类型的差别。传统的观点认为，不同类型的失语症患者所犯的语音错误类型是不相同的，一般来说，前部失语症[1]（anterior aphasia）患者倾向于犯发音层次的错误

---

[1] 指由于大脑额叶损伤所造成的失语症，主要指布洛卡氏失语症。

（phonetic errors），而后部失语症[2]（posterior aphasia）患者则倾向于犯音位层次的错误（phonological errors），这主要是基于人们对于不同类型失语症产生原因的传统认识。对于布洛卡氏失语症来说，他们的主要问题在于语言的产出，包括发音动作的计划与实施（即第三个阶段），而他们对于语音在大脑中的抽象表征（即音位）则没有受到影响，仍然可以进行音位的选择与排序。而沃尼克氏和传导性失语症患者的情况则正好相反，对于他们来说，负责储存语音表征的大脑区域受到损伤，从而导致音位的选择与排序出现障碍，而语音的产生则相对正常。具体来讲，沃尼克氏失语症患者的问题在于对于音位表征提取的障碍（第一个阶段），而传导性失语症患者的问题在于音位表征提出之后构建音位的障碍（第二个阶段）。

　　上述观点曾经得到一些早期研究的支持。Blumstein（1990，1994）在综述前人研究的基础上得出结论认为，前部失语症患者的辅音产出障碍主要反映了发音计划执行的问题，而对于后部失语症患者来说，他们在辅音产出方面的障碍则更多地具有音位学的性质，反映了患者在音位表征提取和音位计划过程中的问题。但是，它也不断受到人们的质疑，有更多的学者则认为不同类型的失语症患者所犯的语音错误类型在本质上并无差异。进入21世纪后，神经语言学的相关研究又进一步证实了这一点。例如，Buckingham & Christman（2005）的研究发现许多额叶损伤的失语症患者的言语中也经常出现音位替换错误，而颞叶受到损伤的失语症患者也经常出现发音层次的错误。现在得到普遍接受的观点是，我们很难把发音层次的障碍和音位层次的障碍区分开来。这一结论也得到了对于正常人的神经语言学研究的证实。例如，Gandour等（2000）的研究表明，当本族语为声调语言的人听到与他们的母语声调相吻合的迅速变化的音调时，他们大脑左半球额叶岛盖（即传统的布洛卡氏区）的代谢活动会远远大于以往被认为负责音位处理的颞叶。但是，当他们听到与自己母语的声调不吻合的快速变化的音调时，他们的大脑左半球额叶岛盖就不会呈现出代谢活动的增加。例如，让中国人听泰语声调的表现就是如此。尽管泰语和汉语都属于声调语言，但是两者之间的声调模式不同，这说明大脑左半球额叶岛盖区域也与声调的处理有关，而声调属于音位系统的范畴，因此，大脑的额叶和颞叶都同时参与语音的处理，两者之间并不存在发音和音位层次的明显差异。

---

[2] 指大脑颞叶损伤所造成的失语症，主要包括传导性和沃尼克氏失语症两种类型。

6.2 发音错误

基于语音学与音位学的划分以及人们对于前部和后部失语症的认识，研究者在早期对失语症患者的语音障碍进行了大量的语音学分析，主要包括元音与辅音发音、协同发音以及说话速度的影响等。结果发现，失语症患者普遍存在语音障碍的问题，即语音错乱的现象。

6.2.1 语音错乱

早期的神经语言学关于语音错乱的研究主要集中在以下几个问题上：（1）不同类型的失语症患者在语音错乱方面是否相同？（2）语音错乱的类型有哪些？（3）这些语音障碍与正常人的口误相比具有哪些异同？

1. 语音错乱的类型

关于语音错乱的分类主要基于失语症患者在音位层次的语音错误。Blumstein（1973）认为语音错乱可以被分为以下四种类型：（1）语音替代，用一个音素代替另一个音素，例如，teams→/kɪ:mz/；（2）语音省略，一个单词中的一个或者几个音素被省略，例如，green → /gɪn/；（3）语音增加，在一个单词的发音中加入一个音素或者音节，例如，see → /stɪ/；（4）语音同化，单词中某个音素因受到其前后音素的影响而导致语音错误，例如，degrees→/gədrɪz/。国外的许多其他学者（例如，Trost & Canter, 1974；Martin 等，1975）对讲英语的失语症患者进行了同一类型的研究，其结果虽然稍有差异，但是与 Blumstein 的研究结果出入不大。另外，其他语言的失语症患者的言语材料中也表现出了同样的错误类型，例如法语（Lecours & Lhermitte, 1969）、德语（Goldstein, 1948）、土耳其语（Peuser & Fittschen, 1977）、俄语（Luria, 1966）和芬兰语（Niemi 等, 1985）。其实上述的划分并不是绝对的，尤其是对于同化错误而言，在很多情况下，某个单词的发音会因为语音环境的影响而出现语音的替代、增加或者省略。例如，blue book→blue blook，该错误首先是语音增加的错误，但是这一增加显然是受前面单词的语音影响所致。而 big dog→big bog 虽然是语音替换错误，同时它也是语音同化的结果。

对于各种错误类型出现的比例，也有许多研究对此有所涉及。例如，Ardila 等人（1989）通过对 37 位讲西班牙语的四种类型的失语症患者的言语材料分析，发现失语症患者最容易犯语音替代的错误，而 Popvoci & Voinescu（1991）对讲罗马尼亚语的失语症患者的研究则发现语音省略、替代和增加错误出现的频率都比较高。崔刚（1999b）对布洛卡氏和传导性失语症患者的言语材料分析表明,讲汉语的失语症患者的语音错乱只有替换(例如,ge→zhe;qiche→jiche)、省略(例如,tuolaji→tuoaji)和同化(例如,dabaicai→dacaibai)三种错误类型。其中替换错误的比例最高,占90%左右。不同语言中语音错误类型的比例差异很可能是由不同语言语音系统和结构的差异所造成的。汉语是单音节语言,也就是说,几乎每一个词素都是由一个音节构成的,而绝大多数音节都由声母和韵母组成,即"辅音+元音"结构,与含有大量多音节词素的其他语言相比,汉语的语音结构要简单得多。由于汉语中这一"声母+韵母"的语音结构具有很强的制约作用,即使有语言障碍的人也会努力去构成这一结构,因此,失语症患者在犯语音错误时,往往会用一个音素来代替另一个音素,从而造成替换错误发生的频率高,而省略错误和增加错误的数量很少甚至没有。

Nespoulous等(1984)还专门对语音替代错误进行了研究,结果表明,布洛卡氏失语症患者所犯的替代错误中,目标音和替代音之间的差异要比传导性失语症患者小得多。对于前者来说,他们倾向于用清音代替浊音,替代音和目标音之间往往只有一种区分特征的差别;而对于传导性失语症患者来说,替代音和目标音之间则往往存在两个以上区分特征的差别。崔刚(1999b)也对上述两种失语症患者的替换错误进行了专门的分析,结果表明,失语症患者对于声母和韵母的区分还是很明确的,因为不论布洛卡氏还是传导性失语症患者都没有出现声母和韵母之间相互替代的现象。另外,并不是所有的汉语语音都有可能受到失语症的影响。对于布洛卡氏失语症患者来说,除了f(含有双唇的音位特征)之外的所有摩擦音(s、sh、x、h)和卷舌音(ch和sh)最容易受到失语症的影响,而双唇音(b、m、f、w)、鼻音(m和n)和连续浊音(w、l、r、y)都不容易受到失语症的影响。另外,布洛卡氏失语症患者的语音障碍主要表现在声母上面,而传导性失语症患者的语音障碍在声母和韵母上都有所体现,其中声母中最容易受到影响的音位特征包括塞音、腭音、摩擦音和卷舌音,而最不容易受到影响的音位特征包括鼻音和连续浊音。

研究者(例如,Nespoulous等,1984;崔刚,1999b)还对替代音和目标音进行了比较,结果发现它们之间存在很强的相似性,两者之间往往只有一个区分特征的差别,例如,讲汉语的失语症患者很容易用zh代替ch,而两者之间只有一个送气与不送气的区分特征的差别。Blumstein(1990,1991)还利用标记理论在替代音和目标音之间进行了比较研究。标记理论首先是由布拉格学派提出来的,有标记和无标记是一对相互对立的特征，无标记的项目往往更加具有一般性和广泛性，而有标记的项目则往往具有一定的限定性。例如，在 lion 和 lioness 之间，lion 是无标记的，因为它可以指任何的狮子，不论是雄的还是雌的，而 lioness 则是有标记，因为它只能指雌性的狮子。在音位学中，有标记的区分特征往往要比对应的无标记项更加复杂。Blumstein（1990，1991）的研究表明，失语症患者倾向于用无标记的音位代替对应的有标记的音位。崔刚（1999b）关于汉语失语症的研究也有类似的发现，讲汉语的失语症患者往往用清音来代替与之对应的浊音。

失语症患者的语音错乱还可以被划分为组合（syntagmatic）与聚合（paradigmatic）两种错误（Ahlsén，2006）。组合关系和聚合关系是现代语言学中的一个基本原理，首先是由现代语言学的奠基人 de Saussure 在其著名的《普通语言学教程》中提出来的。组合关系是指在文字或口语的线性结构中一个语言成分与其他语言成分之间的关系。组合关系就是共现关系，也就是横向的关系。聚合关系是在组合的某一个位置上能够相互替换，有共同的特点，故能聚合归类，是纵向的关系。具体到失语症患者的语音障碍来说，组合性错误相当于上述的同化错误，例如，a big dog→a big bog，这是由于 dog 中的 /d/ 音受到了前面 big 一词中 /b/ 音的影响所致，如图 6-1 所示：

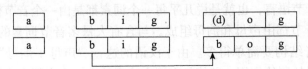

图 6-1　组合性错误示意图（Ahlsén，2006：57）

聚合性错误是指某个音素被另一个可以同样放置于该位置的另一个音素所代替，例如，/kæt/→/bæt/，其中，/k/ 和 /b/ 都属于辅音，都可置于词首，其替换过程如图 6-2 所示：

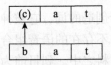

图 6-2　聚合性错误示意图（Ahlsén，2006：57）

由上面的实例我们不难看出，组合性错误与聚合性错误的区分也不是绝对的，上面所举的组合性错误同时也可以被视为聚合性错误，因为

/d/ 这一音素被 /b/ 所替代，尽管它是来自于前面一个单词。但是对于那些由于同化而导致语音增加和替换错误而言，它们只能被视为组合性错误。

2. 语音错乱与正常人的口误

既然不同类型的失语症患者具有同样类型的语音错误，那么一个新的问题也就产生了：失语症患者的语音错乱产生机制和正常人口误中的语音错误的产出机制是否相同？许多研究者（例如，Fromkin, 1971; Buckingham, 1980; Garrett, 1982）围绕这一问题展开了研究，其结果都是肯定的。这些研究都表明心理语言学关于语言产出的模式不仅可以解释正常人的口误，也可以解释失语症患者的语音错乱现象，失语症患者的语音错误与正常人的口误在很多方面都呈现出了共同的特点。例如，两者之间受到影响的语音成分都是相同的，往往是重读的实义词，主要是名词和动词，而且都是这些词的第一个音位最容易受到影响。另外，不论语音错误的类型如何，两者都会很好地遵守语言的音位配列规则（phonotactic rules）和节律结构（prosodic structure）。例如，崔刚（1999b）对讲汉语的布洛卡氏和传导性失语症患者的语言障碍研究发现，在所获得的语言材料中，没有发现增音错误。而对母语为英语的失语症患者的研究结果（例如，Blumstein, 1973）表明，增音是他们常见的语音错误。这一差异恰恰说明了音位配列规则对于失语症患者的制约作用，因为汉语与英语不同，是单音节语言，也就是说几乎每一个词素都是由一个音节构成的，而绝大多数音节都由声母和韵母组成。与含有大量多音节词素的英语相比，汉语的语音结构要简单得多。由于汉语的这一"声母+韵母"的语音结构具有很强的制约作用，即使是有语言障碍的人，也会努力去构成这一结构。因此，失语症患者在犯语音错误时，往往会用一个音来代替另一个音，从而造成替换错误的发生频率高，而省略错误和增音错误的数量少甚至没有的现象。

6.2.2 新语

新语在一般意义上指新创造的词，它被神经语言学研究借用来指失语症患者说出的正常人语言中不存在的语音组合。新语的现象主要存在于沃尼克氏失语症患者的语言材料之中。到目前为止人们对于新语的深入研究还相对较少，其中主要的原因在于其研究的难度很大。失语症患者语言障碍的研究往往需要对患者出现的错误与他们要产出的目标词进行比较，在语音层次上要对包括音位的数量、音节的结构等方面进行比较。但是对于新语来说，研究者很难根据患者的错误判断目标词汇，从而致使分析难以进行（Stenneken 等，2005）。目前关于新语的研究主要涵盖两个方面，一是对新语的描述、分析及其性质的认定，二是关于新语产生的机制。

　　Green（1969）被认为是最早从事新语研究的学者之一。他通过一个个案的研究对失语症患者的新语现象进行了系统的分类，并对患者病情的发展进行了仔细的描述。该患者起初产生了大量的新语和毫不相关的具有语音错乱的词语，Green（1969）认为，新语和语音错乱属于同样性质的语音错误。语音错乱也是新语的一种，只不过它们碰巧与语言中的某些词汇相吻合而已。后来患者的病情有所缓解，他的语言障碍则主要表现为命名障碍（具体主要表现为寻找实义词困难）、用词累赘和语义错乱等。这一发现为后来 Butterworth（1979）提出关于新语产生的机制奠定了一定的基础。Lecours & Lhermitte（1979）从组合和聚合的角度对两例具有纯粹新语症状的失语症患者进行了系统的描述。例如，在 /pærəbɒl/→/pærəpɒl/ 中，/b/→/p/ 产生于两个音位之间的聚合关系，而且 /p/ 的产生也是因为组合关系而导致词首的 /p/ 又在后面得到重复。聚合替换错误往往出现在相似的音位之间，因此，如果在一个单词中包含有相似或者相同的音位，出现替换错误的可能性就会大大增加。Lecours & Lhermitte（1979）认为，出现语音错乱和新语的原因纯属语音问题，而且这一问题会影响到整个单词或者"更高层次的发音单位"。除了语音的相似性和发音时间上的近似性之外，关于新语与语音错乱的研究还应该考虑音位配列规则，即音位之间相互结合的规则。这一观点对新语的研究产生了重要的影响，此后的许多研究者尝试采用音位学中各种关于音位配列规则的理论开展对新语的分析研究。

　　目前有多种模式被用来解释失语症患者新语产生的机制，其中最具影响的当属 Butterworth（1979）提出的解释方式。他认为新语产生具有专门的机制，这一机制能够产生符合语音规则的新语，因为尽管新语听起来难以理解，但是他们的语音组合都符合该语言的音位配列规则。Buterworth 认为新语产生源自于失语症患者寻找词汇的困难，当患者无法找到目标词汇时，该机制就会起作用，首先寻找一个与之接近的词来替代，但是在产出替代词时又出现了语音错乱，错误地替换了其中的某一个音位。例如，当患者想说 cat 一词时，说出了 rog，这一新语产出的机制可以用下图来表示：cat → dog → rog。也就是说，在新语产生的过程中，首先出现了词汇替换的错误，然后又出现了语音替换的错误。这一解释得到了 Buckingham

（1981）的支持。除了新语所呈现的语音规律之外，Buckingham 还发现具有严重新语现象的失语症患者语言能力恢复的过程也说明了上述新语产生机制存在的可能性。随着患者病情的减轻，新语会逐渐减少，甚至消失，但是他们仍然不能直接说出目标词汇，而是存在命名的障碍，具体到上述实例来说，患者恢复的过程可以被描述为 rog→dog→cat。换而言之，患者病情减轻，语言功能恢复，rog 会从他们的语言中消失，但是，他们并不是直接恢复到顺利地使用 cat 这一目标词，而是还要经过中间使用 dog 来代替 cat 的阶段。

6.2.3　声调障碍

　　声调语言（如汉语和泰语）的失语症患者的声调障碍也是神经语言学研究的一个重要问题。Gandour 等（1992）对一些讲泰语的失语症患者进行研究，结果发现他们都表现出了一定程度的声调障碍，患者的语言障碍越严重，声调障碍也越严重。Gandour 等（1994）的研究还发现，声调错误相对于其他类型的语音错误要轻一些。他们发现在失语症患者的语言材料中，音节数量和声调都保存得相对较好。Tzeng & Chen（1988）研究了母语为汉语的失语症患者的声调障碍，发现汉语的上声声调容易受到大脑损伤的影响。崔刚（1999b）也对汉语布洛卡氏和传导性失语症患者的声调障碍进行了研究，结果表明，讲汉语的失语症患者在声调的使用方面也表现出一定程度的语音障碍，但是与音位层次的语音障碍相比，声调障碍要小得多。在很多情况下，患者即使出现了语音替换的错误，词汇原来的声调还保留着。例如，一位患者把"头发"说成了 tufa。尽管该患者把 ou 说成 u，但是仍然保留着原来的阳平声调。该研究的数据表明，在 83% 的语音错误中（包括替换、省略和同化等）中，声调的发音基本正确。这一结果进一步证实了 Gandour 等（1994）的研究成果。另外，崔刚（1999b）还对两类失语症患者的声调错误进行了比较，结果发现他们在声调障碍方面没有很大的区别。汉语普通话的四个声调都有可能受到大脑损伤的影响，但是上声出现错误的可能性最大。而且，在失语症患者出现声调错误时，很少用上声代替其他三个声调，这说明失语症患者的最大声调障碍表现在上声上面，这与 Tzeng 等（1991）的研究成果也是一致的。

6.2.4　音节结构的障碍

　　许多神经语言学的研究者还从音节结构的角度出发，研究了失语症患者的语音障碍，结果表明，音节中不同的部分受失语症影响的程度是不一样的。Stark & Stark（1990）对于沃尼克氏失语症患者的新语进行了研究，结果发现音节尾受到的影响最大，受失语症影响最小的部分是音节核心。Harris（1998）通过对失语症患者语言材料的音节结构分析，发现与音节核心相邻的辅音要比同处于同一辅音簇中的其他辅音更容易受到失语症的影响。例如，在 play 一词中，辅音 /l/ 要比 /p/ 更容易被患者省略。Harris 认为，造成这种现象的原因在于 /p/ 是音节头的核心，居于主导的地位。响度原则也被运用于失语症患者语音障碍的研究之中，并且认为它会影响患者音位的产生，这些工作主要围绕患者的语音错乱和新语两种现象的分析来进行。

　　响度是指一个声音的响亮程度，它与发音时声带的开合度具有很大的关系，响度越大，声带的开度就越大，因此，响度可以被视为一种语音学特征。但是，在现代音位学研究中，它又被视为一种重要的音位学特征，是描述音节结构的重要成分，因为研究者并未发现一种恒定的与响度相关的语音学参数（Christman, 1992a；赵忠德，2006）。响度理论主要包括响度层级或者响度阶和音节中响度的排列原则（主要包括响度顺序原则和响度分散原则）两个方面。

　　现代音位学根据各种语音响度的大小把音位分为若干组，每一组都被附上了响度值。

表 6-1　音位响度阶（赵忠德，2006：203）

音位组	例音	响度值
元音	ɑː、eɪ、ɪ、uː	6
滑音	j、w	5
流音	r、l	4
鼻音	m、n、ŋ	3
擦音/塞擦音	v、ð、z、tʃ	2
爆破音	p、b、t、d、k、g	1

　　音节中响度的排列原则最早起始于 Sievers（1881）和 Jesperson（1904）的研究。他们试图利用响度的级别来解释人类语言中音节的基本结构，也就是说，为什么某些音节（例如，/trɑː/、/smɑː/、/mlɑː/）在语言中是合法的，而另外一些音节（例如，/rtaː/、/msaː/、/lmaː/）却是不合法的。早期的响度排列原则认为，"一个音节中的任何一个音节和音节峰之间，只有具有较高响度值的语音才是合法的"（Clements, 1990：285）。在此基础上，Selkirk（1982）提出了响度顺序原则，指出，在任何一个音节中，

都有一个构成响度峰（由元音担当）的音段，此音段前后的响度值自响度峰向两侧依次递减。例如，/træp/ 是一个合法的音节，因为它符合上述的响度顺序原则，从 /t/ 开始一直到 /æ/，响度依次增加（/t/ 是爆破音，/r/ 为滑音），然后再降低。相反，/rtæp/ 就不是一个合法的音节，因为在起始辅音 /r/ 和元音 /æ/ 之间有一个响度的降低。根据响度顺序原则，一个合法的音节结构应该符合 O+N+L+G+V+G+L+N+O[3] 的排列顺序（Buckingham, 1990），而最为理想的音节结构应该是 O–V–O。

响度顺序原则可以解释音节结构的合法性，但是不能解释为什么某些音节结构要比其他的音节更为常见。例如，Harris（1983）发现，/pra/、/plɑː/、/pna/ 和 /pmɑː/ 都符合响度顺序原则，但是前两者在许多语言中都比较常见，而后两者则很少见。针对这一现象，Harris 认为，在每种语言的音节结构中，构成音节头的辅音之间都有最低响度距离的要求。在英语中，/prɑː/ 和 /plɑː/ 更容易接受，因为在 /p/ 这个爆破音和 /r/ 以及 /l/ 两个流音之间隔了两个响度级别，而在 /p/ 和 /m/ 以及 /n/ 两个鼻音之间只是隔了一个响度级别。Clements（1990）把 Harris 的最低响度距离理论从音节头的辅音簇扩展到所有的音节结构上面，提出了响度分散原则（Sonority Dispersion Principle，SDP），认为最优的音节结构是，响度从开始到响度峰最大化地逐步升高，然后再从响度峰开始到结束最小化地依次降低。根据这一原则，在响度峰之前，构成音节头的辅音之间以及辅音和元音之间的响度差异越大越好，而在响度峰之后，构成音节尾的辅音之间以及它们与元音之间的响度差异则越小越好。例如，/pɑː/ 要优于 /lɑː/，因为前者两个音位之间的响度差异要大于后者。而 /ʊ/ 要优于 /ɪt/，因为前者两个音位之间的响度差异要小于后者。

1. 错误音位与目标音位的对比分析

如上所述，语音错乱是指失语症患者言语中出现语音错误的现象，是失语症患者言语活动中的常见症状。新语在一般意义上指新创造的词，它被神经语言学研究借用来指失语症患者说出的正常人语言中不存在的语音组合。新语的现象主要存在于沃尼克氏失语症患者的语言材料之中。如上文所述，Blumstein（1973）把失语症患者的语音错误分为替代、省略、增加和同化四种类型。神经语言学的研究者（例如，Blumstein, 1978；Buckingham, 1987；Christman, 1994）利用响度理论针对不同的错误类

---

[3] O: obstruent 阻塞音，包括爆破音和擦音；N: nasal 鼻音；L: liquid 流音；G: glide 滑音；V: vowel 元音。

型、不同的语言以及不同的音节成分，对失语症患者的语音错乱与新语进行了详细的分析，其研究结果总体上比较一致，都在一定程度上证实了响度理论的有效性。

Blumstein（1978）首先把响度理论应用于失语者患者语音障碍的研究并解释了在辅音簇形成过程中语音增加的错误。她发现在患者出现增加错误时，总是把流音放置放在音节头的阻塞音的右侧或者响度峰的左侧，很明显，这符合响度顺序原则。Beland 等（1985）以及 Beland & Nespoulous（1985）利用响度理论来解释新语形成过程中语音的省略和重复错误，他们发现，在这些错误产生的音节中，在响度峰之前和之后都会造成辅音之间响度值差异的增加。这与后来的响度分散原则（Clements，1990）略有不符之处，因为响度分散原则认为在响度峰之后的辅音之间的响度差异应该越小越好，不过这一发现并未得到后来研究者的证实。

Buckingham（1987）分析了患者语音错乱中的响度变化，发现失语症患者在出现增加和省略错误时，音节结构符合响度分散原则，从而使得自己发出的错误音节的响度配置优于目标音节。他（1990）还注意到失语症患者在处理元音连读方面具有特殊的困难，因为两个元音之间缺乏必要的响度差异。Buckingham（1987）还注意到，响度原则与其他的音位配列原则是共同起作用的，某一音节结构的出现首先要符合该语言的音位配列原则；否则，即使它符合响度顺序原则，也不会在失语症患者的语音错误中出现。Beland 等（1990）的研究发现，失语症患者容易省略具有 O+L+V 结构的音节中的流音，而不是阻塞音，因为这样可以使得辅音和音节核心之间的响度差异最大化，从而产出具有更优结构的音节。这些结论又进一步得到了来自于对不同母语的失语症患者语音错乱研究的支持。

Christman（1994）对三位母语为英语的失语症患者的新语材料进行了分析，重点比较了替换错误中错误语音和目标语音之间的关系，结果发现大部分错误并未改变目标音节的响度结构，即使在那些改变了原有响度结构的错误中，也是那些使得响度结构更加优化的错误占多数。Christman（1994）因此认为，在新语形成的过程中，响度顺序原则和分散原则具有重要的限制作用，而且响度应该是语音特征的重要组成部分。Bastiaanse 等（1994）分析母语为荷兰语的布洛卡氏和传导性失语症患者言语材料中的响度替换问题，其重点在于错误音和目标音只是相差一个响度级别的替换错误上。他们发现，患者更倾向于产出更为优化的响度结构。在音节的开始，患者倾向于错误地使用一个降低响度的音位，而在音节结束的部分，患者则倾向于错误地使用提高响度的音位。另外，传导性失语症患者要比布洛卡氏失语症患者更容易犯此类错误。Romani & Calabrese（1998）对一位讲意大利语的布洛卡氏失语症患者在进行重复任务时的语音障碍进行了详细的研究，并力图以此来验证响度分散原则。该患者的语音错误包括替换、省略、增加和单个音位的移位四种类型。其中替换错误的比例最大，接近50%，而被替换的音位绝大多数是辅音，占67%，另外这些替换错误多发生在音节头部分，而且替换音的响度一般要比目标音的响度低，这与响度分散原则是一致，因为这样可以增加音节头辅音之间以及它们与响度峰之间的响度差，从而得到更优的音节结构。Romani & Calabrese（1998）也对音节头中的省略错误进行了分析，按照上述的响度理论，失语症患者应该很少在简单音节头结构中犯省略错误，而是倾向于省略复杂音节头结构中的辅音，从而简化为简单的音节头结构。该研究中的结果证明了上述预测，简单音节头结构中的辅音被省略的情况非常少见（只占0.01%），而复杂音节头结构中的辅音被省略的情况则常见得多，在2560次有关的重复任务中，有249次出现省略错误，占9.7%。另外，不论是简单音节头结构还是复杂音节头结构中的省略错误也都符合响度分散原则。在省略辅音之后，音节头中所剩辅音之间以及与元音之间的响度差异应该会相应地增加，从而构成更优的音节结构。例如，患者在O+L+V的音节结构上共出现了24次省略错误，流音被省略次数高达22次。Kohn等（1998）对两位母语为英语的失语症患者在进行重复任务时的语音错乱进行了研究，结果也发现他们在出现语音错误时很少改变原有的响度结构，而且当出现改变时，也会产出更为优化的音节结构。

2. 新语的音节结构分布分析

在对新语的研究中，最大的困难在于研究者很难根据患者的错误判断目标语音，从而导致难以在错误语音和目标语音之间进行比较。但是响度原则在新语形成过程中的限制作用一直是神经语言学家关注的重点问题之一，因为它对于探讨新语形成的机制具有重要意义。如果失语症患者的新语也能遵循响度原则，这说明新语的产出与正常的语音处理机制相同，只不过由于大脑的损伤而导致产出过程的障碍，从而进一步导致大量新语的产出。相反，如果新语的形成不受响度原则的限制，则可以说明：（1）响度并不是语音固有的特征，因此容易受到大脑损伤的影响；（2）新语的产生与正常的语音处理具有不同的机制，因此不会受到响度原则的限制（Christman，1992b）。在难以确定目标语音的情况下，研究者（例如，

Christman, 1992b; Code & Ball, 1994) 采用分布分析的方法, 通过对患者的言语材料的音节结构统计分析发现出现频率最高的音节结构, 进而发现这些结构是否符合响度原则。

Christman (1992b) 以三位母语为英语的具有明显新语症状的失语症患者为对象, 利用响度顺序原则对他们的新语中的音节结构进行了详细的分析。该研究发现新语中最为常见的元音前半音节结构 (包括音节头和音节峰) 为 C+V (辅音 + 元音), 而且辅音多为响度最低的阻塞音。在患者产出的具有两个以上辅音构成的音节头时, 元音前半音节结构多为 O+L+V。在元音后的半音节中 (包括音节峰和音节尾), 出现频率最高的为 V+C 结构, 其中辅音也是多为响度最低的阻塞音, 而且当患者产出具有两个以上辅音构成的音节尾时, 出现频率最高的元音后半音节结构为 V+L+O。Christman (1992b) 据此认为响度是语音的固有特征, 而响度顺序原则在新语产生过程中具有重要的限制作用。Code & Ball (1994) 对母语为英语和德语的失语症患者的新语研究进一步证明了 Christman (1992b) 的研究成果。

Stenneken 等 (2005) 又利用响度分散原则, 以一位母语为德语的失语症患者为对象, 对在无法确认目标语音的情况下新语的响度结构进行了研究。结果表明, 该患者倾向于产出优化的音节结构, 总体上符合响度分散原则, 在音节峰之前呈现出响度差异的最大化和在音节峰之后呈现出响度差异的最小化。另外, Stenneken 等 (2005) 还把该患者的音节响度结构与正常人进行了比较, 发现两者之间具有很高的相关性, 都呈现出了相似的倾向性, 这说明, 响度原则不仅制约正常人的语音产出过程, 而且对失语症患者新语的产生也具有同样的限制作用。

3. 响度处理与语言产生的过程

神经语言学关于语音障碍的响度研究大都结合语言产生的过程来探讨响度处理的问题, 其中大多数研究都以 Levelt (1989) 和 Levelt 等 (1999) 关于语言产出的模型为基础。根据 Levelt 等人的理论, 语言产出过程中在确定了具体的词汇之后, 语音的处理包括音位编码、语音计划和发音三个阶段。在音位编码阶段, 人们需要利用大脑词库中关于词汇的音韵框架以及音位特征信息建立音位计划。音位编码就是要根据这一计划, 再加上具体的发音细节, 进而建立语音计划。发音阶段就是要根据语音计划, 调动不同的发音器官, 产出各种语音。Christman (1992b) 通过对失语症患者语音障碍的响度分析认为, 响度的处理应该贯穿语音处理的各个阶段。也就是说，尽管响度被认为是具有完全抽象音位表征的特征之一（Sussman，1984），但是响度原则对于音位编码、语音编码以及最后的发音过程都起到制约作用。后来的许多研究（例如，Code & Ball，1994；Romani & Calabrese，1998；Stenneken 等，2005）也都持有相同的观点。Stenneken 等（2005：291）在其研究结论中指出："响度原则在语言产出的不同层次上起到限制作用，或者为外缘肌动过程提供基本的特征依据，这一观点可以很好地解释为什么它在受损伤的语言产出过程中产生更大的影响。"

这种观点与传统上人们对于失语症产生原因的认识是一致的。对于布洛卡氏失语症来说，他们的主要问题在于发音（包括语音计划与实施），而他们对于语音在大脑中的抽象表征（即音位）则没有受到影响，仍然可以进行音位的编码。而沃尼克氏和传导性失语症患者的情况则正好相反，对于他们来说，负责储存语音表征的大脑区域受到损伤，从而导致音位的编码出现障碍，而语音计划与实施则相对正常。从上述不同的研究我们会发现，响度原则在不同类型的失语症患者的语音错误和新语中都具有很强的限制作用，这说明响度的处理应该贯穿语音处理过程的始终。我们不妨这样来解释这一现象，响度同时具有语音学属性和音位学属性。它首先作为一种音位特征储存于人的大脑词库之中，因此，响度原则对于音位的编码具有限制作用。它同时又是一种语音特征，因此在语音编码和发音过程中也同样起着重要的作用。

6.3 结语

语音是语言最基本的呈现形式，而失语症患者的语言障碍首先就体现在语音上面，因此失语症患者语音障碍的语言学研究自然备受关注，而且成绩斐然，但是在这一领域我们仍然面临着诸多研究问题的挑战。

首先，当代音位学理论，尤其是生成音位学理论，将会越来越多地得到应用。在 20 世纪 70 年代以前，失语症患者语音障碍的研究主要依据结构主义语言学的语音学和音位学理论，但是自此之后，生成音位学被越来越多地运用到失语症患者语音障碍的研究之中。笔者认为，这种趋势将会继续下去，而且会把研究的重点集中到多种音位配组原则的相互作用和影响上面。以失语症患者语音障碍的响度研究为例，在众多的研究中，虽然有关的结果可以从总体上支持响度原则，但是也出现了许多不支持响度原则的情况。例如，Stenneken 等（2005）的研究中发现在失语症患者的新语中，音节峰后半音节结构 V+O 占了很大的比例（超过 20%），这是无法单独用响度分散原则进行解释的,因为阻塞音的响度最低,这就与响度峰之间出现了最大化的响度差异。要解释这一现象的原因,我们可以从响度原则与其他音位配列原则的共同作用入手。优选论(McCarthy & Prince, 1993; Prince & Smolensky, 1993)认为最终语音形式的产生是多种制约条件交互作用的结果,除了响度原则之外,音位学还提出许多其他的制约条件,例如,强制性非等值原则、同界制约条件等(李兵,1998),失语症患者的许多语音现象无法仅用响度分析来解释。

其次,失语症患者语音感知的研究也需要进一步加强。到目前为止,关于失语症患者语音障碍的研究大多集中在言语的产出方面,即通过患者的自发言语、重复和命名等任务来获得患者的言语材料,而对于患者对于语音感知方面的研究明显不足。另外,关于失语症患者语音障碍的产出机制也有待进一步深化,心理语言学提出了诸多关于语言产出的模型,其中包括符号主义的线性模型,也包括联结主义互动模型,尤其是后者将会对失语症患者语音障碍的研究产生深远的影响。

第7章

词汇障碍

词是语言的基本构成成分，因此失语症患者的词汇障碍会在很大程度上影响到患者句子理解和产出的能力。词汇障碍产生的一个基本原因在于词汇构成结构的复杂性。例如，在英语中与 dog 有关的单词有 dogs、doglike、dogleg、doglegged 等，这些单词都包含两个以上的词素，对于正常人来说，要理解和产出这些结构复杂的单词毫不费力。一方面，我们可以借助不同单词之间的结构关系，把它们有机地结合起来，例如，上述几个单词都可以因为它们都包含 dog 这一词素而被归为同一类别，从而提高语言处理的效率。另一方面，有关的结构知识也有助于人们认知新词的意义。例如，我们如果知道 morphology 一词的意义是关于词的结构的研究，我们也就可以根据相应的词汇结构知识很容易地推测出 morphological 的含义。但是，对于失语症患者来说，他们对于结构复杂的单词的处理就要困难得多。失语症会影响到患者词汇处理的各个方面，例如，词汇意义的识别、词汇形式的提取等。在神经语言学研究中，词汇障碍是指失语症患者在理解和产生复杂词汇时所表现出的处理困难。神经语言学关于词汇障碍的研究首先开始于 Goodglass & Hunt（1958）对于失语症患者在使用 -s 后缀标示复数、时态、数以及人称方面的障碍。在其后 50 年的时间里，词汇障碍成为神经语言学研究的一个核心问题，并且取得了丰硕的成果。

7.1 词类与词汇障碍

7.1.1 语言的词类

每个词都分属于不同的类别。英语有名词、动词、形容词、副词、介词、代词、冠词、指示词、连词和感叹词十大词类。一个词可以只属于一个词类，也可以同时属于不同的词类。例如，foot 一词既可以是名词，又可以是动词。英语中的名词、动词、形容词和副词被称为开放性词类，因为这些词类总有新词不断地增加进来。该类词汇也被称为实义词（content word）、词汇词（lexical word）或者概念词（notional word），因为它们本身具有完整的意义，可以用来表示事物、特性、状态和动作等。其他六种词类被称为封闭性词类，因为这些词类的数量比较稳定，不容易有新词增加进来。该类词也被称为功能词（function word）或者语法词（grammatical word），因为它们本身不具备完整的意义，主要承担一定的语法功能。

  与英语中词汇的分类相类似，汉语语言学者们将词分为"实词"和"虚词"两大类。实词可以分为七类：名词、动词、形容词、副词、数词、量词和代词。名词是指那些可以被数量词修饰的词，如："书"可以跟在"这本"后面，因此它是个名词。动词是指那些可以直接被"不"否定的词，这些词后面还可以跟上一系列典型的动词词缀，如："了"（一种表示完成或过去的体）和"着"（表示延续体的词缀）。形容词一般被认为是动词的一种类型，Chao（1968）称它们为状态不及物动词，因为它们可以被"不"否定，而且还可以独立作为谓语使用；形容词和动词间的区别在于形容词可以被"很"修饰，而动词则不能。副词是修饰动词和形容词的，如"只"、"渐渐"、"很"、"最"等。汉语语法学家们根据"不"、"没"和"别"等否定词的句法行为，将其归类为副词。数词是表示量的粘着词素，它们通常后面跟着量词。量词也是粘着词素，它们后面或者跟着名词，或者跟着指示代词。当数词和指示代词修饰一个名词的时候，其后面必须跟着一个恰当的量词，如"一个人"、"哪辆车"等。代词是指示词，也就是说，它是指示语境中的人或物的词。代词在句法上与所指代的名词的功能类似，但不同的是，它们通常不允许被修饰。汉语中的人称代词有：我、你、您、他、她、它、我们、咱们、你们、他们等。在书面汉语中，第三人称代词有性的区别，"他"、"她"和"它"，而口语中它们的发音都是一样的。

  虚词类包括介词、连词、助词、感叹次和象声词。汉语介词源自动词，它可以表示多种语法关系。连词是由不同的连接成分组成的，如"和"、"而且"和"所以"等。助词大多是单音节词，用来表示许多不同的语法关系、主观含义或情态内涵。汉语语法学家将动词词缀和名词词缀都归入助词中。例如，表示从属关系的"的"、表示疑问句的"吗"、表示呼格的"啊"，以及表示建议、劝告的助词"吧"。叹词用来表示警告、引起他人注意，或者为表达某种情感而发声等。象声词是指那些模拟自然界声音的词，句法上它们可能是名词或副词的附属成分，例如："哗啦"的流水声，雷声或者大车辆路过时的"轰隆"声。

在英语中，名词、动词和形容词都有规则和不规则之分。大多数名词都有单数和复数两种形式，对于绝大多数名词来说，复数的构成都是规则的变化，都是直接在名词后面加 -s 构成，还有一些名词是不规则的，例如，man—men、child—children、tooth—teeth 等。形容词有原级、比较级和最高级之分，例如，high、higher 和 highest。多数形容词比较级和最高级的构成都是规则的，例如，smaller、smallest、more careful、most careful 等，还有一些形容词是不规则的，例如，good—better—best、bad—worse—worst 等。在英语中，动词的形式有过去式和过去分词的区别，相关的变化也有规则与不规则之分，像 walk、talk 等大多数动词是规则动词，还有一部分属于不规则动词，例如，bring—brought、tell—told、eat—ate—eaten 等。

7.1.2 实义词与功能词

失语症患者在实义词和功能词使用方面的差异是很明显的，他们的言语中更容易丢失功能词（Obler & Gjerlow，1999）。这一现象与失语症患者的语法缺失密切相关。所谓语法缺失是指患者省略词汇的屈折变化形式和语法功能词的现象，由此而产生的结果是语言结构简单，"电报式"语言的现象比较突出。该类型常见于布洛卡氏失语症。这一结论也得到了对讲汉语的失语症患者语言障碍研究的证实。崔刚（1994）对 8 位讲汉语的布洛卡氏失语症患者进行了分析研究，发现他们更容易丧失功能词的使用，而实词相对来说要好一些。而且，对于母语为汉语的患者来说，语言障碍更容易表现为形容词和副词的丢失。经典的失语症研究认为，布洛卡氏失语症患者的语言障碍主要表现在语言的表达方面，他们之所以出现电报式语言的现象，是由于该类患者的大脑运动中枢受到损伤，而不得不省略一些没有具体意义的屈折变化和语法功能词（Pick，1913）。

7.1.3 动词与名词

在世界上的各种语言中，名词的数量要远远大于动词的数量，但是，从总体而言，动词的使用频率要远远大于名词。以英语为例，像 see、give、make 等动词都属于使用频率最高的词。许多关于词汇障碍的研究表明，语言障碍患者经常表现出对名词或动词的选择性损伤。正如 Gainotti（1998）所言，动词和名词的词类特异性损伤是一个既非常古老又非常新的话题。说它古老是因为在很久以前，这一问题就引起了许多学者的注意。说它是个非常新的话题，是因为直到今天它仍然是神经语言学研究的一个热点问题。早在几个世纪前，Vico（1744）就描述了一位脑中风患者，该患者能记得名词却忘记了动词，表现出动词特异性损伤（verb specific deficit，VSD）。自此以后，具有 VSD 症状的报道不断增加。研究者发现，动词的处理要比名词难得多。失语症患者所产出的动词数量要远远小于名词，而且，他们在动词的命名方面不如名词。由大脑左半球前部损伤所造成的失语症（包括布洛卡氏失语症）患者在动词方面存在的障碍相对于名词来说要大得多（Shapiro & Caramazza，2003a；Shapiro 等，2000；Tsapkini 等，2002）。然而，另外一些患者却表现出相反的情况，即名词比动词的损伤更严重，出现了名词特异性损伤（noun specific deficit，NSD）（Zingeser & Berndt，1990；Silveri & di Betta，1997）。在众多的研究中，值得我们特别介绍的是 Bates 等（1991）对汉语的动词和名词词类特异性损伤所进行的研究。他们调查了 6 位布洛卡氏失语症和 7 位沃尼克氏失语症患者。结果表明，两类患者在理解方面没有表现出两类词的特异性损伤，但是在图形命名时，布洛卡氏失语症表现出 VSD 的现象，而沃尼克氏失语症患者则表现出 NSD 的现象。进一步的分析发现，在图形命名中，这两类患者对其中由一个动词和一个名词所构成的复合动词（例如，滑雪）中的两个亚词汇成分（即，滑和雪）具有不同的产出能力。具体情况为，沃尼克氏失语症患者对其中的动词成分比名词成分的产出能力好，而布洛卡氏失语症患者则相反，他们对于其中名词成分的产出能力要好于动词成分。这说明两类患者在亚词汇水平上也存在动词和名词分离的现象。

　　针对动词和名词的词类特异性损伤，研究者提出了不同的理论解释。一种解释从动词和名词屈折变化的角度出发，认为 VSD 出现的原因在于动词具有较多的屈折变化形式，例如，在英语中，动词的屈折变化形式要明显地多于名词，这将导致大脑对于动词的加工要比名词相对困难。这种观点虽然可以解释 VSD 现象，但是它存在两个问题：第一，它不能解释 NSD 产生的原因；第二，它不适用于像汉语这样缺乏屈折变化的语言（Bates 等，1991）。另一种解释从动词所承担的句法功能出发，认为动词在句子形成中所起的作用更为重要。在一个句子中，动词要通过其论元结构（argument structure）决定与其匹配的名词种类和数量。例如，不及物动词（如，哭）的论元结构可能为"施事（agent）+ 动词"，及物动词（如，寻找）的论元结构可能为"施事 + 动词 + 主题（theme）"，双宾语动词（如，给）的论元结构可能为"施事 + 动词 + 主题 + 目标（goal）"。因此，当脑损伤影响到词汇加工系统时，动词受到的影响程度就相对较大，而名词等其他词类受到的影响程度则相对较小，从而使得患者更易于出现 VSD 的现象。这种解释得到了一些研究的支持。例如，Kim & Thompson（2000）对 7 位布洛卡氏失语症患者进行了研究，这些患者在词与句子水平上都表现为 VSD，与此同时，动词论元结构的复杂程度对他们的动词分类和命名具有明显的影响，论元结构越复杂，动词命名和分类的准确率就越低。Caramazza（1997）提出了另外一种句法解释，认为在句法网络系统中，动词和名词的句法信息表征存在于相对独立的网络中（如图 7-1 所示）。当脑损伤主要影响到其中一个信息网络时，便会引起相应类型的词汇处理困难。该理论的优势在于它不仅可以解释 VSD，也可以解释 NSD 的现象。

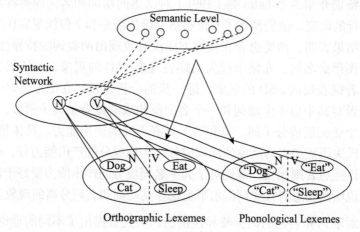

（semantic level：语义层次；syntactic network：句法网络；orthographic lexeme：书写词素；phonological lexeme：音位词素）

图 7-1 动、名词句法信息网络示意图（Rapp & Caramazza，2002：397）

上述几种解释都以句法为基础。也有学者认为，动词和名词的差别并不是纯粹的词类或者句法问题，而是反映了两类词在概念或者语义方面的区分。例如，Marshall 等（1998）指出，这种差异是由人类认知的概念差异所造成的。在人类认知的概念层次上，行为与物体是有区分的。也就是说，人们对于动词和名词处理的认知策略是有差异的。Bird 等（2000）则认为，失语症患者在动词和名词方面的障碍差异是由两种词类的语义特征差异造成的，名词表示物体的名称，而物体的名称是通过人类的感知特征来体现的；动词表示动作的名称，是通过其功能特征来体现的。在人类记忆的语义系统中，感知觉系统和功能特征系统是作为两个相对独立的特征系统而存在的。当脑损伤主要影响其中一种特征系统时，更多依赖这种特征表征的词类和语义范畴便会出现相应的障碍。但是，Shapiro & Caramazza（2003b）的研究却否定了上述两种看法，他们的研究以既可以做名词又可以做动词的同音异义词（例如，he judges、the judges）、伪动词（例如，he wugs）和伪名词（the wugs）作为实验材料，结果表明，真词和伪词都表现出了同样的障碍类型。在完成句子的任务中，动词和伪动词的正确率都要低于名词和伪名词。这就说明词的语法类别对于失语症患者的词汇障碍具有重要的影响，名词与动词的差异就是由两类词语言类别的不同造成的，因为在人的概念或者语义系统中根本不存在伪词。

语言障碍患者所表现出的动词和名词的词类特异性损伤为研究不同词汇类型的表征、处理和神经基础提供了契机（舒华等，2003）。目前，尽管人们提出了多种理论来解释这一现象，但是还没有任何一种理论能够对所有的病例做出圆满的解释，到底哪种理论正确目前尚无定论。笔者认为，今后的研究应该从以下两个方面进一步加强。第一，进行更多的跨语言研究。目前的研究大都以西方语言为对象，对于像汉语这样的语言的研究则很少。第二，更加全面、多层次地看问题，更多地把词类和句法问题与语音和语义相结合，综合考虑。Black & Chiat（2003）在全面评估了有关的研究之后发现，动词与名词的词类和句法差异与语音和语义差异都是同时并存的，而且它们在动词和名词的词类特异性损伤中都起作用。

7.1.4 规则与不规则

名词与动词的规则与不规则现象一直是心理语言学和神经语言学关于语言处理研究的重要问题。规则的名词与动词的屈折变化是有规律、可以预测的，而不规则的屈折变化却没有规律，需要储存于记忆之中。这样，人们自然就会疑问，失语症患者的词汇障碍在规则和不规则的名词与动词方面是否会有所不同，因为，在语言产生的过程中，人们可以按照规则给名词和动词加上相应后缀就可以构成相应的屈折变化形式，而对于不规则的名词和动词，人们需要从大脑词库中提取相应变化形式。

Ullman 等（1997）的研究表明，失语症患者和其他具有语言障碍的患者在处理英语过去式的规则和不规则变化方面存在差异。患有帕金森综合征的患者和患有前部失语症（非流利型失语症，包括布洛卡氏失语症）的患者在规则动词的使用方面困难更大，而患有阿尔茨海默病的患者和患有后部失语症（流利型失语症，包括沃尼克氏失语症）的患者则在不规则动词的使用方面困难更大。他们把动词过去式的规则变化的处理与大脑左半球的前部神经回路相关联，认为它在受规则驱动的程序系统中起作用，而大脑左半球的后部神经回路则与动词过去式的不规则变化相关联，在陈述性记忆和词汇表征方面起作用。按照这一观点，所有规则名词和动词的屈折变化应该由前部区域的大脑皮层负责，而布洛卡氏失语症患者应该在规则的屈折变化方面存在系统的障碍，而不是不规则的屈折变化。然而这一假设并未得到进一步的证实。Shapiro & Caramazza（2003a）研究发现，一位母语是英语的布洛卡氏失语症患者在产出动词方面要逊于名词，而且在不规则动词屈折变化方面的障碍要强于规则动词。这一发现与 Ullman 等（1997）的观点正好相反，但是有意思的是，在 Shapiro & Caramazza（2003a）的研究中，规则性所造成的差异并不适合于名词，这似乎表明规则性只会影响到障碍严重的词类。Ullman 等（2005）此后又以相关的文献为基础，对规则性对词汇障碍的影响进行了全面的综合分析。他们发现，在具体的大脑损伤部位和具体的语言功能之间还不存在明确的关联性，但是，也呈现出一些倾向性。一些电生理和大脑成像的研究表明大脑左半球后部区域很可能与大脑词库有关，而前部则很可能与语法有关。

规则性对于词汇障碍的影响也有可能与名词和动词在经过屈折变化后所造成的词汇音节结构的变化有关，因为规则的屈折变化需要经过加词缀的过程，而不规则变化则不需要。例如，对于不规则动词 eat 来说，其过去式 ate 与其原型动词的音节数量相同，同样，不规则名词 goose 变成其复数形式 geese 也没有引起音节数量的变化。相反，规则动词和名词的屈折变化则会引起音节数量的增加，例如，walk—walked、bus—buses、walk 和 bus 都是单音节，而 walked 和 buses 则变成了双音节。这样，不规则名词的复数形式和不规则动词的过去式形式要比规则名词的复数形式和规则动词的过去式形式在语音结构上要复杂一些。Tsapkini 等（2002）研究了母语为希腊语的患者的词汇结构处理障碍以及规则性对于词汇障碍的影响。希腊语是一种高度屈折化的语言，其动词和名词的规则与不规则变化都需要加词缀。他们发现，非流利型失语症患者只是表现出了不规则动词屈折变化方面的障碍，这似乎表明是否需要加词缀并不会影响到规则性在词汇障碍中的作用。

关于规则性对于患者词汇障碍所产生的影响，也有研究者认为，它们是由语音障碍引起的。有的研究（Bird 等，2003；Braber 等，2005）发现，布洛卡氏失语症患者在阅读、复述和完成句子的过程中，不规则动词相对于规则动词的优势会在音位结构复杂的情况下消失，例如，stepped 要比 slept 难于处理。更为重要的是，有关的错误分析表明，患者在元音方面的表现要明显好于起始辅音和休止辅音。而相对于不规则动词的过去式形式，他们更容易省略规则动词词尾的辅音 /d/ 或者 /t/，这说明失语症患者的词汇障碍更多地来自于音位结构的复杂程度，而非词汇结构本身。

但是，也有研究否定了这种观点。Miceli 等（2004）以讲意大利语的失语症患者为对象，专门研究了词汇障碍和语音障碍之间的关系。该研究采用了重复实验的方法，实验材料在词频、词长和语言类别方面都严格控制，其中包括真词和伪词。实验结果表明，出现词汇错误的患者都会犯语音错误，而出现语音错误的患者则不一定犯词汇错误。

7.1.5 规则性与过去式之争

规则性对于失语症患者词汇障碍的影响与心理语言学研究中的过去式之争具有密切的关系（黄文红、崔刚，2010）。儿童对于英语动词过去式的习得一直是心理语言学研究的重点问题之一。传统的观点一直认为，对规则的动词变化，儿童会利用规则产出其过去时形式，而对不规则动词的过去时形式，儿童则需要将不规则形式存储于记忆之中（Chomsky，1959）。但是，Rumelhart 和 McClelland 在 1986 年发表的"关于英语动词过去式的学习"一文对上述传统观点提出了质疑。他们设计了 Rumelhart-McClelland 模型（RM 模型）来模拟儿童对于英语动词过去式习得的过程。该模型标志着认知科学的一种新的范式——联结主义的兴起，并向传统的符号主义提出了挑战（崔刚、姚平平，2006）。随后，传统的符号主义的支持者 Pinker & Prince（1988）对 RM 模型提出了质疑。该论文拉开了双方争论的序幕。此后，不断有学者参与到双方的讨论之中，讨论的内容也从儿童对英语过去式的习得扩大到成人和失语症患者对不同语言中过去式的表征和处理等问题上。双方争论的一个焦点问题在于，在语言处理过程中，规则形式和不规则形式的处理是由同一个心理机制还是由两个不同的心理机制来完成的。

联结主义的学者坚持单机制理论，该理论认为无论规则形式还是不规则形式的习得、表征和加工都是由联想记忆这个机制来完成的，而且可以用联结主义模型来模拟这个过程。而符号主义的学者则坚持双机制理论，其中的代表就是词汇规则理论（the words and rules theory, WR）（Pinker & Prince, 1988; Pinker, 1999; Pinker & Ullman, 2002）。该理论主张，人类的语言是由词汇和语法这两个系统构成的，动词的规则形式和不规则形式恰好体现了人脑对词汇和语法处理的心理机制的不同。规则形式可以像短语和句子那样，主要由心理语法机制来进行表征和处理。不规则动词的变化没有统一的规则，这些不规则的过去式会作为单个的词储存在大脑词库之中，在需要时从中提取即可，只不过在对它们进行表征时会含有[过去式]这一特征。Ullman（2001）又进一步发展了 WR 理论，提出了陈述性/程序性记忆假说（declarative/procedural hypothesis）。该理论认为大脑词库机制和心理语法机制分别与大脑中两类不同的记忆系统，即陈述性记忆和程序性记忆有关。陈述性记忆主要是有关事实性知识的记忆，而程序性记忆则是对技能性知识的记忆，比如如何做某件事情的记忆。负责表征和处理不规则动词的大脑词库机制与陈述性记忆相关，其神经基础为大脑的颞叶皮层，而负责表征和处理规则动词的心理语法机制则与程序性记忆相关，其神经基础为大脑的额叶和基底核。为了证实各自的理论，双方均展开了大量的实证研究，其中关于规则性对失语症患者词汇障碍的影响的研究成为一个重要的组成部分。

　　Ullman 等（1997）研究了失语症患者对动词规则形式和不规则形式的产出情况。实验任务是向受试者呈现诸如 Every day I like to…Yesterday I… 之类的句子，要求受试者用过去式形式填空。结果发现，对于语法缺失类的失语症患者而言，他们产出不规则动词的过去式更加困难，而且很容易犯过度类推的错误，即将不规则动词规则化，产出诸如 swimmed、hitted 之类错误的过去式形式。双机制理论的支持者指出，不同类型的失语症患者会表现出规则和不规则动词的选择性障碍，这说明两类动词在大脑加工和表征的神经基础是不同的（Pinker & Ullman, 2002）。但是，联结主义模型的支持者对上述实验结果做了不同的解释。例如，McClelland & Patterson（2002）认为，在 Ullman 等（1997）的研究中，语法缺失类失语症患者之所以在产出动词的规则形式时比较困难，是因为在他们的实验材料中，规则动词词尾的辅音簇（平均为 2.0）比不规则动词词尾的辅音簇（平均为 1.2）要长，而且这种差异具有统计学上的显著性，Ullman 等（1997）没有对语音的复杂性进行匹配才造成了所谓的产出困难。Joanisse & Seidenberg（1999）则认为，失语症患者出现选择性受损的现象并非是由不同的处理机制造成的。规则动词产出困难是由于语音处理的困难，而不规则动词的产出困难是由于语义系统受损。为了证明这一点，他们还设计了一个联结主义单机制模型，损害这个模型的不同部位时，该模型也能够像患者那样表现出对规则动词或者不规则动词选择性受损的特点。

人们之所以对过去式的争论感兴趣，是因为它的意义不仅限于过去式本身。首先，由于动词过去式的规则和不规则变化代表着英语和其他很多语言中存在的规则和不规则问题，对于这一问题的研究可以很好地说明人类对于语言规则以及语言知识处理的心理机制。另外，过去式的屈折变化本身在整个语法系统中是一个相对独立的系统，研究起来相对简单，不必过多地考虑它与语言其他部分之间的关系。更为重要的是，研究人员可以通过对过去式表征和加工过程的研究来检验认知科学中传统的符号主义和新兴的联结主义。经过二十多年，双方的争论尚未结束，可以预见对过去式的争论将会对失语症患者语言障碍的研究起到更为重要的推动作用。

7.2 词的结构与词汇障碍

7.2.1 词的结构

词是能够独立使用的、最小的、有语义的语言单位，但是它不是最小的语义单位。有些词可以被分为更小的语义单位。例如，teacher 可以在分为 teach 和 er，dislike 可以再分为 dis 和 like。这种最小的语义单位被称为词素（morpheme）。一个单词可以由一个或者多个词素构成，例如：

boy、man、talk、left、on　　　　　一个词素
help+ful、sing+er、care+less　　　二个词素
care+less+ness、un+desir+able　　 三个词素

词素可以被分为自由词素（free morpheme）和粘着词素（bound morpheme）两种。自由词素是指那些能够独立使用的词素，上述例子中由一个词素构成的词本身就是自由词素，自由词素也称作词根（root）。粘着词素是指那些不能独立使用，只能与其他词素结合才能构成词的词素。粘着词素又可以分为派生词素（derivational morpheme）、屈折词素（inflectional morpheme）和粘着词干（bound stem）三种。派生词素通过改变意义或者词类来派生或者创造新词，例如，like 和 dislike 两个词都是动词，dis 表示一个相反的意义；又如，在 short 的后面加上 en 就变成了动词。派生词素在传统上被称为词缀，放在词或词素前面的是前缀（prefix），例如，un-、dis-、pre- 等，放在词或词素后面的是后缀（suffix），例如，-ful、-less、-ness 等。屈折词素既不改变意义也不改变词类，只是

给词增加一些语法信息。例如，在 apple 后面加上词素 -s，不会改变词的意义和词类，只是增加了复数的语法信息。粘着词干是指那些既不能独立使用，也不能游离出来构成新词的词素，例如，credit、incredible 中的 cred。综上所述，词素的分类可以用图 7-2 表示：

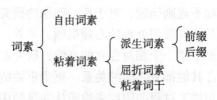

图 7-2 英语词素分类表

有时，一个词素可能会有两种或者两种以上的不同形式，但是这些形式的意义和作用都是相同的。例如，名词复数词素的语音形式可能是 /s/（cats）、/z/（dogs），或者 /ɪz/（churches）。这些不同的形式被称为词素变体。

和印欧语言相比，汉语的词缀比较少，而且许多的词缀都是通过派生而来，而不是屈折变化而来的。汉语的前缀数量很少，常见的一个前缀是"可"，加到动词前面，就能构成形容词，例如，可爱、可笑、可靠。另外一个前缀是"第"，加在数词前面形成序数词，如：第六。另外，"老虎"、"老鼠"、"老鹰"、"老鸹"中的"老"，暗含着对危险动物的一种敬畏而熟悉的感情色彩。大量的单词是由简单词素和一个构词后缀组成的。这种类型中比较常见的两个名词词缀是"子"和"儿"。它们没有任何语法功能，只是被用来构成名词。"子"这个后缀的使用非常广泛，如"鼻子"、"桌子"、"炉子"、"领子"等。后缀"儿"也是一个名词构词词素，但是和"子"不同，它通常带有这样一种意义：某物是附属于一种日常的、熟悉的物体上的，在一些情况下，它还包含"微化"或轻微的"贬损"的色彩，比如，"杏儿"、"里儿"、"画儿"、"子儿"等。后缀"儿"很少和动词连用，如果有，也是大多用在口语中，常用的只有一个"玩儿"。"头"也是一个名词构词词缀，如，"木头"、"石头"、"骨头"等。

复合词也是神经语言学研究所关注的一个重点问题。所谓复合词是指把两个或两个以上的词按照一定的词序排列所构成的新词，例如：greenhouse、boyfriend 等。

7.2.2 屈折词素

失语症患者，尤其是布洛卡氏失语症患者，经常会省略或者替代单词尾部的用于语法标志的屈折词素。例如，Last night Tom talk with me 或者 Last night Tom talking with me。神经语言学在词汇和句法障碍两个层次都会涉及屈折词素的问题，其中主要包括时态、主谓一致以及性（例如，在意大利语中名词 via 中 -a 表示女性）的表达中所使用的屈折词素。

1. 时态与一致

有的研究者认为失语症患者在屈折词素使用方面的障碍就在于词汇结构本身。例如，Thompson 等（2002）认为，这是由于他们不能把时态、数等语法特征信息转化为具体的词汇变化形式。例如，患者知道在描述过去发生的事件时必须要使用动词的过去式形式，而且动词必须要与主语在性和数上保持一致，但是他们无法顺利地获得表示时态和数的特征的词汇形式。也有研究者认为，患者在屈折性词素方面的障碍来源于深层的句法障碍，是由于他们在句子编码方面存在困难。例如，Bastiaanse & van Zonneveld（2004）的研究发现，讲荷兰语的失语症患者在动词屈折变化方面的一个典型问题是他们把从句中的动词从标准的句末位置移位到主句的非标准的、居于第二的位置。在英语中，标准的词序是：主语—动词—宾语，而在荷兰语中，标准的词序是：主语—宾语—动词，例如：

ik denk dat de jongen een fiets koopt
I think that the boy   a   bike buys

在主句中，动词必须要移位到第二的位置，例如：

de jongen koopt een fiets
the boy   buys a   bike

而句法缺失的失语症患者恰好在动词的移位方面存在障碍。Bastiaanse & van Zonneveld（2004）利用 Levelt（1989）的关于言语产生的理论解释这一现象，指出，此类障碍是由语法编码困难造成的，患者不能顺利地构成正确的句型。

Friedmann & Grodzinsky（1997）也把失语症患者在动词屈折变化方面的障碍归因于句法问题，但是与 Bastiaanse & van Zonneveld（2004）不同的是，他们利用转换生成语法理论，参照句法树中诸如时态（tense, T）和一致（agreement, Agr）等功能范畴的次序，提出了句法树剪裁假说（the tree pruning hypothesis, TPH）。

如图 7-3 所示，句法树中一系列的句法操作是按照一定的层级次序进行的，动词和名词的屈折变化在从大脑词库中提取出来之后，会沿着句法树向上移动，以便满足句法树对于屈折变化特征的要求。关于该假说的详细内容，我们将在第 9 章详细讨论。

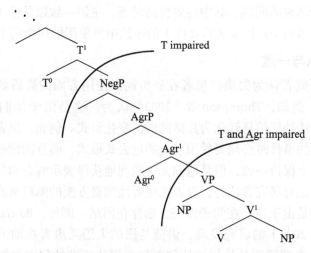

图 7-3　句法树剪裁假说原理示意图（Friedmann & Grodzinsky，1997）

2. 名词的性

失语症以及其他类型的语言障碍患者在名词性的使用方面的障碍也是神经语言学研究的一个重要问题，因为名词的性一方面是属于词汇本身固有的特征，另一方面它又参与句法处理的过程。名词的性是任意的，例如，月亮一词在法语中是 la lune，是阴性的，在德语中是 der Mond 是阳性的，而在希腊语中则是中性的。在一些语言中，大多数名词的性可以通过构词来体现，例如，在意大利语和西班牙语中，以 -a 结尾的词一般为阴性，而以 -o 结尾的词一般为阳性。还有一些语言，名词的性则通过冠词的使用来体现，例如，在法语中，la 表示阴性，le 表示阳性；在德语中，der 表示阳性，die 表示阴性，das 表示中性。另外，在意大利语和西班牙语中，除了词汇本身的结构外，还要求名词和冠词在性方面保持一致，例如，la luna。

对于不同语言的失语症患者的研究表明，在单个名词的命名中，不论患者是否能够顺利地说出目标词，他们都能正确说出目标词的性（Jarema，2008）。Bastiaanse 等（2003）的研究发现，讲荷兰语和德语的布洛卡氏失语症患者在图画的名词命名实验中都能对那些必需的冠词做出相应的变化，以满足与相应名词在性的方面保持一致的要求。Kulke & Blanken（2001）

的研究还发现，在单个名词的产出过程中，失语症患者即使是在出现语义错乱（即错误地使用语义相关的词替代目标词）的情况下，仍然保持目标词的性。Perlak & Jarema（2003）对波兰语的研究也进一步证明了失语症患者在名词的性的方面具有较好的保留。他们采用了词汇判断实验，其中对实验用词的性、数和语法范畴进行了很好的控制，结果表明，语法缺失的失语症患者在名词和动词的词汇判断方面的反应时间要明显长于对照组。但是，在名词的性方面，失语症患者与对照组没有呈现出明显的差别。

与上述研究不同的是，Friedmann & Biran（2003）对讲希伯来语的命名性失语症患者的研究中发现，在单个词汇的产出过程中，名词的性并没有得到很好的保留。他们认为，产生这种差异的原因在于希伯来语与其他语言的差异。在很多的语言中，名词不能单独使用，必须要和限定词（例如，冠词）同时使用，构成一个短语，这就需要名词和限定词之间性的一致。而在希伯来语中，名词是可以单独使用的，不需要构成短语，因此，也就不存在名词和限定词性的一致的问题。

3. 屈折词素的省略与替换

在屈折词素的使用方面，我们需要关注的一个问题是，尽管失语症患者经常会省略或者替换词的屈折变化形式，但是他们仍然不会破坏语言的基本音位配组规律和语法规则。Grodzinsky（1984）的研究发现，只有在屈折词素被省略之后所剩余部分仍然是语言中完整的单词时，屈折词素的省略错误才有可能出现。例如，在英语中，books 一词中复数形式 -s 被省略之后，book 仍然是一个完整的单词。这一现象也同样适用于意大利语和俄语等其他语言。在替换错误中，患者会用一个屈折变化形式代替另一个屈折变化（例如，he danced→he dances），但是不会用派生词素来代替屈折词素（例如，he danced→he dancer），而且会用动词的屈折变化形式代替另一个，而不会用名词的屈折变化形式去代替动词的屈折变化。这说明失语症患者并没有失去有关的语言知识，他们的问题在于不能选择正确的变化形式（Jarema & Libben，2010）。

不同语言的失语症研究还发现，屈折词素省略和替换错误数量与这些词素所包含的句法信息有很大的关系。对于讲那些屈折变化丰富、包含信息量大的语言（例如，芬兰语、德语、意大利语、波兰语或者西班牙语）的失语症患者来说，他们要比讲英语的失语症患者更容易省略或者替换屈折词素（例如，Bates 等，1987；Dromi 等，1999）。这似乎说明失语症患者所表现出的在屈折词素使用方面的错误并不由于词汇本身，而是由于患者的句法处理障碍。与此有关的内容我们将在第 9 章进行详细的讨论。

另外，失语症患者使用屈折词素时并不是同时在所有的屈折词素上出现省略或者替换的错误，而是表现出明显的选择性。例如，一项早期的研究（Goodglass & Berko，1960）发现，讲英语的失语症患者在使用 -s 这一屈折词素时，表示所有格时的出现错误的比例最大，达到 56%，表示第三人称单数形式时次之，错误比例为 43%，而在表示复数形式时错误率最低，只有 21%。几十年后，Laiacona & Caramazza（2004）又做了一个类似的研究，他们采用要求受试者完成句子（例如，This is a guide; these are _____./This person guides; these people _____.）的形式来诱发他们产出具有同样发音的名词和动词的屈折变化形式。结果表明，某些失语症患者在产出动词屈折变化的形式方面要比名词的屈折变化困难得多，而另一些患者的情况则正好相反。这些发现说明，同一语言中的不同屈折词素之间具有相对的独立性，造成这种选择性的原因可能在于不同的大脑部位负责不同词类（如名词和动词）的屈折变化或者不同的词汇处理过程（例如，一致的屈折变化和复数的屈折变化）。

7.2.3 派生词素

与屈折性词素的相关研究相比，神经语言学对于派生词素障碍的研究结果要一致得多。总体而言，失语症患者在派生词素方面单独出现障碍的情况很少见，但是也有一些相关的研究。Marangolo 等（2003）描述了两位失语症患者的语言障碍。这两名患者大脑损伤的部位相似，都位于大脑右半球，包括颞叶和顶叶的灰质和白质以及半卵圆中心（位于大脑皮质下面的大脑半球白质，在水平切面上，位于胼胝体上面，呈半卵圆形）。他们在处理派生词方面存在障碍，但是在其他语言能力方面都表现正常。在该项研究中，Marangolo 等（2003）采用了图画命名的方法，要求患者说出表示动作的动词以及相应的派生名词。除了图片命名之外，他们还要求患者说出口头说出的动词的派生名词，或者口头说出的派生名词的动词形式。两名患者命名派生名词和从动词转化为派生名词的过程中都出现错误，但是在命名动词和产出动词方面均没有困难。该研究也测试了患者从形容词派生出相应名词的能力，结果表明患者在这方面存在的困难极少。针对这种现象，Marangolo 等（2003）认为，与大脑左半球相比，右半球具有更广泛地与外周意义相关的激活能力，而患者右半球的损伤阻塞了通往那些关系比较疏远的相关意义的通道。在这一研究中，形容词和名词之间的关系比较近，因此，患者在从形容词派生出名词方面不存在困难，但是动词和名词的关系比较疏远，因此，患者表现出从动词到派生名词的障碍。他们还认为，大脑右半球可能在处理更富想象性的名词方面具有优势，而大脑左半球则在处理动词方面更具优势。Jarema（2008）认为，该研究表明，派生词素和屈折词素的处理是分离的，而大脑右半球很可能负责派生词素的处理。

Semenza 等（2002）则研究了失语症患者在前缀的派生过程中的障碍。他们认为，在那些需要屈折变化的语言中，我们有时很难把屈折变化错误与语音错误和句法错误区分开来，因为对前缀的研究可以做到这一点，而在许多语言中缺乏作为对照组的不带词缀的词汇。Semenza 等（2002）研究了两位讲斯洛文尼亚语的失语症患者对带前缀的动词、名词和形容词的产出情况，结果表明，患者在前缀使用方面的障碍相对较小，主要问题是前缀的替换和省略错误。更为重要的是，患者在语言产生的语音错误中，每一个都发生在前缀上面，他们因此认为，在派生类词的处理过程中很可能存在词汇解构的过程。

7.2.4 复合词

在不同的语言中，复合词的情况比较复杂。在英语中，"名词＋名词"的结构比较常见，而在其他语言中，其他类型的结构则更加常见。例如，在法语中，"名词＋介词＋名词"的结构（例如，moulin-a-vent，风车）要比英语常见。另外，在某些语言中（例如，意大利语和波兰语），复合词构成成分之间还要求相互的一致。由此而产生的问题是，与一般的词汇相比，具有大脑损伤的患者在处理复合词方面是否存在特殊的障碍？不同语言的患者在复合词处理方面的错误类型是什么，不同语言之间是否有差异？对于第一个问题的回答是肯定的，许多研究（例如，Delazer & Semenza，1998）表明，失语症患者在复合词方面的障碍与其他类型的词汇障碍是有区别的，而且失语症患者很容易省略或者替代复合词中的某一个成分（例如，horseshoe → horse 或者 horse-iron），这在不同的语言中都有发现，其中包括英语（Libben，1993，1998；Badecker，2001）、意大利语（Delazer & Semenza，1998）和汉语（Packard，1990；崔刚，2002）。

对于第二个问题的回答则比较复杂，目前神经语言学研究主要集中在替换和省略错误上，这些研究的成果对于我们认识复合词的处理过程以及患者的问题所在很有意义。Delazer & Semenza（1998）的研究发现，在图画命名中，目标复合词经常被其他复合词或者自造的复合词替代。另外，失语症患者也经常省略复合词中的某一个成分。这些研究都表明，失语症患者仍然保留复合词内部结构的知识，而在复合词的处理过程中，有复合过程的存在。Badecker（2001）的研究进一步证明了这一点，他发现在患者产出的复合词中，存在顺序的错误，例如，firewood 成了 woodfire。而且，在"名词+动词"的复合词中，患者更有可能省略动词（Mondini 等，2004）。

关于复合词，还有一个现象值得关注，那就是复合词构成成分的作用是不同的，有一部分往往承担着中心词的作用，例如，blackboard 中 board 要更加具有中心的地位，因为它决定着该复合词的类别，而且在语义上也更加重要。这样我们就有理由假设，失语症患者在中心词方面的障碍要小于其他部分。这一假设在英语中不容易得到验证，我们很难把复合词构成成分是否是中心词与它的位置区分开，因为在英语中，所有复合词的中心词都是位于右边的。不过，我们可以从其他语言的研究得出一些启发。例如，在意大利语中，复合词的中心词既可以居于左边，也可以居于右边。有些研究（例如，Delazer & Semenza，1998；Blanken，2000）证明了这一假设，Blanken（2000）认为，这反映了患者在处理句法结构之前的概念——语义层次上——进行复合处理的障碍。

最近几年，也有学者研究了复合词内部构成成分之间一致的问题。Mondini 等（2002）研究了讲意大利语的语法缺失失语症患者对于"名词+形容词"（例如，febbre gialla，黄热病）和"形容词+名词"（例如，alta moda，时髦式样）复合词及其相对应的名词短语（例如，febbre alta，高烧；strana moda，奇怪的式样）的处理能力，结果表明，这些患者可以顺利地对复合词内部的形容词进行相应的屈折变化，但是不能对名词短语中的形容词进行正确的屈折变化。这说明复合词内部构成成分之间的一致与句法一致的处理是有区分的，而且前者要比后者稳定得多。但是，后来的一项研究（Mondini 等，2004）表明，在处理含有介词的意大利语复合词时，复合词内部构成成分之间的一致与句法一致似乎难以区分，但是这并不足以否定前面的结论，因为人们对于介词复合词是否是真正的复合词还存在争论（Dressler，2006）。

7.3　词汇障碍的频率效应

除了词汇的类别和结构之外，还有其他很多因素有可能会对词汇障碍产生影响，其中词频是一个很重要的因素。所谓词频是指词汇的使用频率。频率效应是心理语言学长期关注的重点问题之一，研究表明，词汇的使用频率越高，处理该词所用的时间就越少。失语症患者的词汇障碍研究也发现，他们容易处理那些比较常用的词汇，而对于少见词来说则相对要困难些（Gardner，1975；Howard 等，2000）。但是，我们也不能就此认为这种现象的产生就是由于频率本身所引起的，因为频率本身是一个非常复杂的问题。首先是词频确定的问题，同一个词在口语和书面语中的使用频率往往会有很大的差异。其次，现在词频的确定都采用语料库的方式，这可以很好地反映在某个时期内一个社会群体对某个词汇的整体使用情况，但是每个人都有自己独特的语言风格，也会在词汇的使用频率上体现出个体的差异。除此之外，词频还与其他因素有密切的关系。首先是词汇的结构，一般而言，使用频率高的词往往结构简单；其次，是该词的习得年龄（age of acquisition，AOA）。所谓习得年龄是指在语言习得过程中儿童首次学会一个单词的时间。儿童语言习得的过程与失语症患者的语言障碍之间具有密切的关系。Jakobson（1968）指出，失语症患者语言功能丧失就是语言习得的蜕化过程，即儿童最后习得的语言功能将会被失语症患者首先丧失。也就是说，儿童语言习得的过程与失语症患者语言功能丧失的过程恰好是相反的。词汇的习得年龄与其使用频率之间的关系在于，习得年龄越早，该词的使用频率往往就越高。

还有一个与频率密切相关的因素是词汇使用的近期性（recency）。Scarborough 等（1977）提出，所谓的"频率效应"，其产生的原因根本不在于词汇的使用频率本身。他们向患者出示一系列印刷字母，并让他们快速判断出每个系列的字母是否是单词。他们测量了受试者作决定的时间。实验中使用的词汇有些是很常用的，而有些则出现的频率很低。他们发现，受试者做出反应的时间会随词频而有所变化，对高频词的反应要快些。当然，这只在第一次出示单词时有效。在后来的实验中再次出示词汇时，高低频词之间的差别消失了。频率低的单词（新近出现的）几乎和常用词（也是新近出现的）的反应速度是一样快的。Foss & Hakes（1978）认为频率效应的产生主要是由于另一个和频率有关的因素——听到或使用这个词的新旧程度。也就是说，人们对最近使用或听到的词比很久以前出现的词的反应速度快一些。由于经常听到的或使用到的词汇大体上都比较新，所以，尽管新旧程度是一个更重要的因素，我们还是可以通过词汇的出现频率来推测它们被获取的速度。这一由 Foss & Hakes（1978）提出的假设被称为近期效应（recency effect），他们的观点也得到了汉语失语症研究的证实，崔刚（2002）的研究发现，对于患者来说，普通词汇并不比罕见词汇容易寻找。例如，有的患者把"汽车"重复为"传奇"，还有的患者不会重复"门"这个词，但是他能重复"拖拉机"这个词。"汽车"比"传奇"更常用，因为"汽车"是现代世界中最常见的事物之一，而"传奇"在汉语中是很少用到的。不能重复"门"一词的患者在退休前曾经是一个经理，住在北京城区，拖拉机应该是很少见到的，因此"拖拉机"也不是一个常用的词。崔刚（2002）认为，词汇的使用的近期效应的假设在某种程度上却能够用来去解释一些患者的行为。例如，一个患者把"窗户"重复成"穿上"，又正确地重复出"汽车"，可随后又把"八十"重复成"骑上车"、把"新鲜"重复成"坐上车"、把"四十七"重复成"晕车"，把"拖拉机"重复成"下了车"。在"汽车"和"穿上"这两个词汇中，由于"车"和"上"这两个词本身也是词汇，而且也许由于它们最近曾被使用过，仍然处于被激活的状态，因此患者在找不到需要的词汇、却仍然想回答时，就会很容易找到这些词汇。

7.4 词汇障碍与词汇处理的心理过程

关于词汇处理心理过程的研究首先集中在由多个词素构成的词汇处理问题上。有的学者（例如，Taft，2004）认为，在词汇处理的过程中，人们会自动地把多词素的词分解为它们的构成成分，也有的学者（例如，Aitchison，1989；Butterworth，1983）认为人们首先会把所有的词汇作为一个整体来处理，而词汇分解的过程只是一种备用的操作，只有在整体处理出现问题时（例如，无法识别整个单词），人们才会把这些词分解为单个的词素。Butterworth（1983）认为，如果每次进行词汇的处理都需要进行分解与合成的操作，就要遵循一定的规则，而这些规则无疑会加重人们的记忆负担。而且，人们可以在不到半秒的时间内找到自己所需要的词，如此高的工作效率要求尽量减少"现场加工"所需的时间。在上述两个观点之间，还有一些折中的观点，例如，Schreuder & Baayen（1995）认为，词汇的整体处理和词素的分解作为两个独立的路径都是存在的，处理机制会根据所处理单词的特点选择合适的处理方式。整体处理适用于那些使用频率高的词汇，而词素的分解则适用于使用频率低的词，尤其是那些具有高频词素的低频词。失语症患者的语言障碍对于验证上述不同的观点具有特殊的意义，因为，如上文所述，失语症患者往往会表现出很多的选择性词汇障碍，这对于我们认识词汇处理的心理过程是非常重要的。

失语症患者词汇障碍的选择性首先体现在动词和名词的区分上，许多研究表明（例如，Shapiro & Caramazza，2003a；Shapiro 等，2000；Tsapkini 等，2002）动词要比名词难以处理，目前人们对于这一现象的解释主要集中在两类词汇在语义以及由此产生的认知过程的差异上，还很少有研究关注到与上述不同理论之间的关系。在英语中，动词的结构要比名词简单，因为在名词中有大量的词汇是由多个词素构成的，如果存在词素的分解过程，那么从整体上来讲，失语症患者在名词的处理上应该要比动词存在的困难多，这与目前的研究结论是不一致，这还需要我们在此方面做进一步的研究。

尽管人们目前对于屈折变化词和派生词在失语症患者言语中的表现差异还存在一定的争论（Bybee，1985），但是总体而言，研究者还是比较倾向于认为，屈折变化词素更有可能需要"现场"加工处理。Anderson（1982）指出，屈折词素属于词汇结构中与句法直接相关的部分，因此需要根据不同的句法环境要求，及时地安装到相应的词干上面。例如，book 是一个独立的单词，如果它出现在诸如 two 或者 three 等表示复数概念的词的后面时，就需要临时在它的后面加上 -s 这一屈折词素。而派生词是一种词汇结构本身变化的结果，当一个词被加上相应的派生词素，例如，nation 在加上后缀 -al 后，就成为一个新词 national，这个新词具有新的形式和新的意义，从而成为一个独立的单词。因此，词汇处理机制对于屈折词和派生词的处理方式是不同的。这一观点得到了失语症患者的词汇障碍研究的支持，相关研究表明，失语症患者在屈折词素和派生词素的使用方面还是有选择性的。例如，Miceli & Caramazza（1998）对一位讲意大利语的失语症患者的研究发现，该患者在自动言语和语言重复时都出现了屈折词素使用的错误，而派生词素的使用则比较正常。另外，他们还发现，该患者不仅表现出屈折词素使用的困难，他在词干和词缀的组合上也出现了很多错误，而这些错误只有在患者需要"现场装配"屈折词素时才有可能出现。Luzzatti & de Bleser（1996）对两位讲意大利语的失语症患者进行了研究，结果表明，其中一位患者在使用屈折词素和派生词方面均比较正常，但是在复合词的使用上表现出明显的困难。而另一位患者也表现出了复合词以及屈折词素的使用障碍，但是在派生词的使用方面表现正常。

尽管屈折词素要比派生词素更有可能受到失语症的影响，但是派生词也可能选择性地出现问题。例如，de Bleser 和 Bayer（1985）曾经报道过一个使用派生词有困难、但是在使用屈折词素方面没有困难的病例。另外，也有研究表明，派生词也有可能需要进行"现场加工"。Libben（1990）对一位失语症患者的研究发现，该患者在重复 irregularity 这一类的派生词时存在困难，而在重复 unhappiness 这一类的派生词时则比较正常。这两类派生词的主要差别在于，对于 irregularity 来说，词缀化的过程会改变原有词干的构词结构和重音，而 unhappiness 则不然，只需加上词缀即可。Libben（1990）认为，造成这种现象的原因在于，派生词也需要进行即时在线的组配，而前者的组配过程增加了处理的认知负担，因此更容易使患者在这类词的处理上出现障碍。

失语症患者在复合词使用方面的障碍也似乎表明词汇处理的心理机制需要对复合词的构成成分进行合成的处理过程。Semenza 等（1997）的研究发现，在讲意大利语的失语症患者进行复合词的命名时，他们使用其他的复合词，而不是屈折词或者派生词，来替代目标词汇。这说明虽然患者出现了语言障碍，但是他们仍然能够处理复合词的词汇结构。Badecker（2001）的研究还发现，失语症患者对复合词的命名错误中，经常出现构成成分次序颠倒的错误，例如，把 firewood 说成 woodfire，这说明词汇处理机制需要对复合词的构成成分进行现场的合成；否则，如果所有的复合词都是作为一个独立整体来处理，就不会有这样的错误发生。

从上述研究我们可以看出，在词汇处理的过程中，的确存在词汇结构的加工环节，但是它是一个必需的、自然进行的过程（Taft, 2004），还是一个备用的过程（Butterworth, 1983），目前尚无定论，还需要进一步的研究。

7.5 结语

词介于语音和句法之间。一方面，所有的词汇都有具体的发音和音位结构；另一方面，语法结构也是通过词和词素的变化来得以体现的，例如，第三人称单数形式的表达属于句法问题，但是它要通过在动词后面加 -s 构成，因此，我们很难把词汇障碍与句法障碍截然分开。因此，研究者在分析词汇障碍时自然会关注词汇障碍与语音和句法等其他层次之间的关系，在把词汇障碍产生的原因归结为词汇处理本身的原因之外，也有可能会把某些障碍归因于语音或者句法处理的问题。因此，对于同样的研究，我们很有可能在不同的章节都会涉及，这也有助于我们对同样问题从不同的语言层次进行分析，从而获得一个全面、立体的认识。

第8章

语义障碍

语言是人类交际的工具，它的交际价值首先依靠语言的意义性。语义学是研究语言意义的科学，从研究的对象来看，它可以分为词汇语义学（lexical semantics）和句子语义学（sentence semantics），顾名思义，前者研究词汇的意义，而后者则研究句子的意义。神经语言学关于语义障碍的研究主要集中在词汇层面上，因此所用最多的语言学理论是词汇语义学。在本章中我们将结合有关的理论来全面讨论失语症患者的语义障碍。另外，与语音和词的形式相比，语义的研究具有更多的跨学科特点，尤其与人的认知关系密切，因为语言中的许多词汇都可以被看作是表达某些"概念"。概念是客观事物的反应，而词则是通过其意义来表达概念的，神经语言学关于语义障碍的研究也往往与人的认知密切相关，因此在本章讨论的过程中我们也将涉及相关的内容。

8.1 意义的本质与种类

8.1.1 语义的本质

关于语言意义的本质，学者们从哲学和语言学的角度都提出了不同的观点，Lyons（1995：40）曾经提到六种关于意义本质的理论，分别是：指称说（the referential theory），认为意义是语言表达所指的事物；意念说（the ideational theory），认为意义是语言表达在头脑中产生的和该表达相关的想法或概念；行为反应说（the behaviorist theory），认为意义是某话语产生的刺激或者对话语的反应；用法说（the meaning-is-use theory），认为意义取决于它在语言中的使用；验证说（the verificationist theory），认为意义取决于含有该表达的句子或者命题的可验证性；真值条件说（the truth-conditional theory），认为意义是语言表达对整个句子真值的作用。

总体来说，这些观点可以分为三种类型。第一种是命名论（又称唯名论，nominalism），认为语言都是用来指称现实生活中的事物与现象的，两者之间的联系是直接的，不需要中间的表征。而且，这种联系是任意的，即词的形式和它所指的事物之间没有什么内在的联系，人们用词是习惯和惯例任意选择、约定俗成的结果。第二种是概念论（conceptualism），该理论认为在我们的心里存在着一个概念系统，以这些概念为中介，人们可以把语言形式和现实世界联系起来。第三种是概念现实主义理论（conceptual realism），该理论也承认概念的存在，但是认为他们是独立于人的心理而单独存在的。在目前的神经语言学研究中，学者们大都采用第二种理论，这一观点可以通过 Ogden & Richards（1923）提出的语义三角（semantic triangle）来表示，如图 8-1。

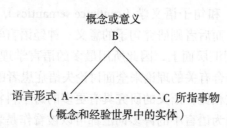

图 8-1　语义三角示意图（戴炜华，2007：749）

由图 8-1 我们可以看出，意义或者概念与所指是直接联系的（用实线表示），而概念是在客观事物的基础上概括而成的，是客观事物在头脑中的反映。概念或者意义和语言形式（即词汇、句子等）之间也有直接的联系。概念是抽象的，它要通过表意符号（即语言形式）才能表达出来，即语言形式是用来表达意义或者概念的。而语言形式与所指事物之间没有直接的联系（用虚线表示），必须通过概念的中介。在神经语言学的研究中，概念的实质、概念的构成以及概念系统是否会受到语言障碍或者大脑损伤的影响等都是研究的重点问题。

8.1.2　意义的种类

Leech（1981）把词的意义分为七种不同的类型：概念意义、内涵意义、社会意义、情感意义、反映意义、搭配意义和主题意义，进而他又将内涵、风格、情感、反映和搭配等五种意义统称为联想意义（associative meaning）。

1. 概念意义

概念意义（conceptual meaning），又称所指意义（denotative meaning）或者认知意义（cognitive meaning），指的是词语中将其与外部世界的现象联系起来的那部分意义。也就是说,一个词语的字面意义中所包含的最基本的、最本质的意义成分就是其概念意义。例如,英语中"bird"一词的概念意义是"有双翼、双足、一喙,并能产卵的热血动物"。概念意义是词语意义体系中的核心意义,是在语言交际中所表达出来的词语的最基本的意义。因此,在词典和语言学习课本中人们常使用概念意义来给词语作注释。

2. 内涵意义

内涵意义(connotative meaning)是指附加在概念意义上的意义,它是概念意义以外的意义。内涵意义对语言来说是附加部分,而不是语言的基本组成部分。这种附加意义是人们对该词语所指的人或事物怀有的情感或者所持的态度。换而言之,一个词语的内涵意义就是该词语在人们心目中暗示出的一种情感方面的联系。例如,pig 一词的概念意义为 a kind of domestic animal,而它的内涵意义通常是 dirty、lazy 或 greed for food。词语的内涵意义有可能会因人因时而不同,例如,在欧美国家中,Christmas 一词的内涵意义对于成人或小孩、穷人或富人来说是不一样的。此外,词语的内涵意义也会因语言社区和文化背景的不同而不同。英语中的 dog 和汉语中的"狗"的概念意义完全一样,但其内涵意义却相差甚远。

3. 社会意义

社会意义(social meaning)是指语言使用的社会环境。语言的实际运用可分为正式、口语、熟悉以及俚语等不同的使用场合,有的词可以应用于各种场合,有的词则只适合于某一特定场合中使用,因场合不同,词语在交际中往往会表达出不同的社会意义。例如,英语的 Daddy、father、male parent 这三个词语,它们的概念意义相同,指称的是同一个对象,但这三个词语的社会意义则大不相同。Daddy 是非正式的口语词,是儿童在家庭内部的用语;male parent 是较正式的书面用语,常作为专门术语用于正式的文本中(如法律文件、档案材料等);而 father 一词在文体上属于中性。

4. 情感意义

情感意义(affective meaning)用来表达说话者的感情及其对交际对象和所谈事物的态度。语言中的感叹词如 Oh、Ah、Dear me、Goodness 等,它们没有概念意义,直接表达情感意义。情感意义基本上是依附性的,也就是说,它不是一种独立的意义,而是要通过概念意义、内涵意义或风格意义等手段表现出来。

5. 反映意义

语言中有些词语具有这样的一种特征，即当人们听到和读到它们时，脑海里总会联想起别的东西或事情。词语的这种能引起听者或读者产生某种联想意义的特征就是词的反映意义（reflective meaning）。例如，语言使用中的"禁忌语"（即在某种情况下，为了怕使人难堪而避免使用的词语）和"委婉语"（用令人愉快的词语代替令人厌恶或禁忌的话题的词语）这两种现象正是与词语的反映意义有关。英语本族人不说 coffin 而说 casket，不说 die 而说 pass away（王宗炎，1988），就是因为前者具有不好的反映意义。

6. 搭配意义

搭配意义（collocative meaning）即词语在具体的语境中所产生的意义，是词与词的搭配习惯或词在固定的组合中所具有的意思。一方面，由于语言习惯的作用同一个词在与不同的词搭配时往往会产生不同的搭配意义，如 suspicious 一词，在 a suspicious woman 中表示"多疑的"，而在 a suspicious character 中则要理解为"可疑的"。另一方面，语言中有些词（主要是一些同义词）尽管有相同的概念意义，但搭配不同，因而意义也有所不同，如 pretty 和 handsome 是一对同义词，但它们的搭配意义却不一样。

7. 主题意义

主题意义（thematic meaning）一般是通过"语序"和各种"强调"方式表达出来的意义。也就是说，人们在用语言组织信息的过程中，可以通过调整语序、变换句子焦点或实施强调等方式，使句子的重心或强调点得到适当的突出，从而传达出交际者的意图和目的。因此，概念意义（或命题内容）相同的句子，可能会由于句中的词语先后排列不同，其所表达的主题意义也有所不同。例如：

(a) Mrs. Bessie Smith donated the first prize.
(b) The first prize was donated by Mrs. Bessie Smith.

上面两个句子的概念意义相同，但是，例句（a）是来回答 What did Mrs. Bessie Smith donate? 的，而例句（b）则是来回答 Who donated the first prize? 的。

从上述语义的类型中我们可以看出，人们对于意义的认知是因人而异的，不同的人对于同一个词可能会产生不同的直观感受。目前神经语言学关于语义障碍的研究主要集中在语义之中比较稳定的部分，即词的概念意义上，而对患者在其他意义的理解上是否存在的障碍还鲜有涉及。这或许也会是将来神经语言学研究的一个重要问题。我们不妨设想以下待研究的问题：第一，失语症患者除了在概念意义存在障碍之外，他们在理解与产出其他几种意义方面是否存在障碍；第二，严重程度不同的患者或者患者在语言能力恢复或恶化的不同阶段，他们对于不同意义的障碍程度是否也有差异，是否会呈现出一定的层次性。对于这些问题的回答将有助于我们认识词汇意义的本质以及人类对于不同意义的处理方式，因为不同类型的语义所处的地位应该是不一样，有的意义（如概念意义）可能会具有所有语义的核心，而其他的意义则可能居于外缘的地位。失语症患者很可能会首先失去对外缘意义的处理能力，而对核心意义的处理能力则有可能在其后丧失，而且这一问题如果能与儿童对于语义的习得顺序相比较研究，则可能会产生更有意义的成果。

8.2 语义理论与语言障碍

8.2.1 语义场

任何一种语言中的词汇数量都很巨大，浩如烟海，但是它们并不是杂乱无章，相反地，它们会因为词与词之间的语义关系而构成一个系统。主要的语义关系包括同义关系（synonymy）、反义关系（antonymy）、上下义关系（hyponymy）等五种。同义词是指反映同一概念或者几乎同一概念的一组词，同义词之间构成同义关系。例如：big—large—great、high—tall、work—job、autumn—fall 等。当然，同义只是相对而言的，真正的或者绝对的同义词是没有的，两个词的意义不可能完全相同。如果两个词的意义相反，那么它们就构成反义关系。例如，big—small、thick—thin、fat—thin、hot—cold、young—old、high—low、long—short、tall—short、take—bring、up—down（upward—downward）等。上下义关系也称包含关系，即意义包含在另一个词义中的系统意义关系。上下义关系往往是类概念（genus）和种概念（species）之间的关系。例如，animal 是表示一般概念的词，属于类概念，而 sheep、cat、wolf、rabbit、dog 等则表示个别的概念，属于种概念。animal 这种词叫做上义词（superordinate），sheep 等词叫做下义词（subordinate）。上义词和下义词都是相对而言的，animal 就 sheep 来说是上义词，但是对 living 而言则是下义词。

针对词义的包含关系，德国学者 Trier 提出了语义场（semantic field）

的理论，其核心就是探讨表达的类概念和种概念之间的关系。根据语义场理论，词可以在一个共同概念的支配下结合在一起构成语义场。这个共同概念可以由上义词来表示，语义场由下义词组成。例如，colour 表示一个共同的概念，在其支配之下，blue、red、black、yellow 等词形成语义场。除了上下义关系之外，有些词还可以因为同义关系、反义关系而同属于同一个语义场，另外，词与词之间的共现关系，例如，cat 和 dog、eat 和 food、red 和 light 等，也在语义场的形成中起着重要的作用。

语义错乱（semantic paraphasia）是指患者在语言产出的过程中错误地说出与目标词意义偏离的词。但是，目标词和错误词并非毫无联系，而是往往会具有语义的相似性。错误词和目标词往往处于同一语义场之中，这与正常人口误中的词汇替换错误类型基本相同（Buckingham, 1979）。例如，一位讲英语的沃尼克氏失语症患者被要求描述一幅图画，该画的内容是一个人正在读报纸，患者说，The man reads the radio。另一位患者在描述自己的病情时说他 became deaf in his eye。但是，他们在进行词汇与图片配对的测试时，失语症患者又能够很好地把 newspaper 和 radio 与正确的图片相匹配。这说明患者关于这些词汇的语义表征的认识仍然存在（Hagoort, 1998）。在总结前人研究的基础上，Ahlsén（2006）指出，语义错乱中的目标词与错误词之间的语义关系主要包括两种都属于同一范畴，例如，用 cat 代替 dog；上下义关系，例如，用 dog 代替 poodle 或者用 poodle 代替 dog；部分与整体的关系，例如，用 trunk 代替 elephant；特征关系，例如，用 yellow 代替 banana；空间关系，例如，用 head 代替 cap；功能性因果关系，例如，用 kick（踢）代替 ball 等。崔刚（2002）对汉语失语症的研究也进一步证实了这一点。他发现布洛卡氏和传导性失语症患者在不能为物体给出正确的名字时，经常会使用另外一个语义相关的词来代替目标词。但是与此略有不同的是，患者没有出现使用下义词代替上义词的情况，他们似乎更喜欢使用上义词代替下义词。

Goodglass & Baker（1976）的研究发现，对于失语症患者来说，语义场的损伤是有选择性的，而损伤区域的范围会直接影响患者的命名能力。在该研究中，他们要求受试者（包括正常人和失语症患者）首先说出物体的名称，然后判断该名词是否与其他物体的名称相关联。与此同时，研究者记录了受试者进行判断的反应时间。结果表明，对于那些他们能够命名的物体名称来说，受试者所用的反应时间要比其他的名词短。有些关联比较容易判断，而其他类型的关联判断起来则比较难。基于该项研究的成果，

Goodglass & Baker（1976）指出，围绕一个词的语义场的组织方式应该如图 8-2 所示：

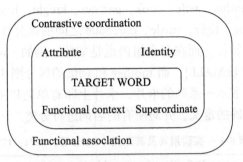

图 8-2　语义场组织方式示意图（Goodglass & Baker，1976：23）

我们以 drum 为例来解释图 8-2 的内容。由此我们可以看出，与一个目标词汇（drum）语义关系最密切的首先是表示该词的特征（attribute）和特性（identity）的词，例如，loud、round 等；表示功能性环境（functional context）的词，例如，band；和上义词，例如，instrument。其次是形成对比关系的并列词（即属于同一范畴的词），例如，guitar，和功能性关联词，例如，beat 等。这一结论也解释了崔刚（2002）所发现的失语症患者似乎更喜欢使用上义词代替下义词的现象。另外，Derouesné & Lecours（1972）通过让失语症患者进行分类的实验得到的结果与 Goodglass & Baker（1976）的研究结果类似。他们发现，与正常人相比，失语症患者的语义场都有某种程度的损伤，从而致使语义场变大或者变小。

8.2.2　语义成分分析

语义成分分析（semantic componential analysis）形成于 20 世纪 60 年代。语音学家从音位学研究中的音位特征这一概念获得启发，它把词的意义或义项分解成一些基本的语义成分，即语义特征，例如，[ANIMATE]、[HUMAN]、[MALE]、[ADULT] 等。通常通过对比的方法，用符号"+"和"−"来表示某个语义特征的有无，这样，一个词的意义就可以作为一系列语义特征的组合被描述出来。例如：

man　　　　[+ANIMATE +HUMAN +ADULT +MALE]
woman　　　[+ANIMATE +HUMAN +ADULT −MALE]
child　　　　[+ANIMATE +HUMAN −ADULT −MALE]

Zurif 等（1974）运用语义特征理论对 5 位正常人和 10 位失语症患者

（布洛卡氏和沃尼克氏各5位）进行了对比研究，该研究采用了一些常见的名词（见表8-1），它们之间都具有很强的语义相似性和对比性。总体来看，前6个词 mother、wife、cook、partner、knight、husband 和后6个词 shark、trout、dog、tiger、turtle、crocodile 之间的区分性特征在于前者具有 [HUMAN] 的特征。而在各个组内也是如此，例如，wife 和 husband 的区分性特征在于 [±MALE]，而 mother 和 wife 的区分则比较细微。研究人员依次向受试者展示一系列的卡片，卡片上印有单词和4个定义，要求受试者从中选出正确的定义，并对所有的名词进行分类。

表8-1　实验用词及其定义（Zurif 等，1974：172）

Noun	Definition given to subject
MOTHER	A woman who has given birth to a child.
WIFE	A woman who is married.
COOK	Someone who prepares food.
PARTNER	Someone who shares something.
KNIGHT	A man who has been honored for his bravery.
HUSBAND	A man who is married.
SHARK	A fish that is scary and vicious.
TROUT	A fish that is harmless and good to eat.
DOG	An animal that is usually kept as a pet.
TIGER	An animal that is ferocious.
TURTLE	An animal called a reptile that has a bony shell.
CROCODILE	An animal called a reptile that is long-tailed and vicious.

实验结果表明，三类受试者呈现出明显不同的特点。对于正常人来说，他们可以很好地利用语义特征，把12个词区分为人和动物两组；布洛卡氏失语症患者则会利用时间等一些明显的特征，词汇呈现的顺序会对他们的分类产生影响，另外，他们还会受到情感和情境因素的影响，很容易把12个词分为人+狗和动物两组。而沃尼克氏失语症患者则基本失去了对于语义特征的分析能力，5位受试者的分类都比较混乱。

8.2.3　原型理论

范畴化就是对不同的事物进行分类的心智过程，它是人类认识世界的一种高级认知活动，是人脑利用符号系统将混杂世界转换为有序信息的过程，也是构建范畴的基础。Lakoff（1987：5）指出，"对于我们的思维、感知、行动和言语来说，范畴的划分是最基本的。"没有范畴化的能力，人类就无法有效地地认识世界，因此总是倾向于把世界上的万事万物划分为不同的范畴或者类别，例如，"鸟是一种动物"、"椅子是一种家具"等。经典范畴理论认为，范畴是具有一系列相同特征的事物的集合，而这些共同特征是区分不同范畴的标准。因此，范畴之间的边缘是清晰的，一个事物要么符合这些特征、属于这个范畴，要么不符合这些特征而被排除在该范畴之外。在一个范畴内部，各个成员之间的地位是平等的，即不存在典型成员和边缘成员之间的差别。但是，随着认知科学的发展，现代范畴理论逐渐推翻了这种非此即彼的二元分类方法。原型理论（prototype theory）又称原型范畴理论或者类典型理论，其哲学根源源于 Wittgenstein 的"家族相似性"（family resemblance）研究。Wittgenstein 认为，范畴的边缘并不是界限分明的，而是模糊不清的，因为大千世界的井然有序并不排除其模糊的存在，相对于客观世界来说，人们感知的信息是无限的，而语言符号是有限的。外部世界是连续的，而语言符号是非连续的，以有限的、非连续的符号承载无限的、连续的外部世界，这是范畴边缘模糊不清的原因所在。范畴化是在感知的基础上进行的，由于原型（prototype）集中了感知并符号化了的信息，它们就成了范畴的代表，表现出语义范畴的向心性。因此某一认知对象可能完全成为一个范畴的成员，另一个认知对象可能部分地划在该范畴内。甲范畴成员与乙范畴成员之间可以有共性特征存在，它们之间存在着部分的重叠、交叉的相似性，就像同一家族的成员在体形、外貌、步态、气质等方面部分地重叠、交叉地相似一样（转引自肖秀莲，2010）。

在 Wittgenstein 理论的基础上，Rosch（1975）针对传统范畴理论在实际运用中存在的缺陷而提出了一种新的概念构建模式，对于语言各个层面，尤其是语义的研究，产生了深远的影响。该理论认为，范畴是凭借典型特征而建立起来的概念，一个范畴内各个成员之间的地位是不平等的，有些成员代表着该范畴的原型。所谓原型是指一个词或者一个范畴所具有的最典型或者最具代表性的模型或者原始形象，就是范畴中最好的、最典型的成员，其他成员具有不同程度的典型性。例如，sparrow 要比 hen 和 magpie 更接近"鸟"的原型，而后两者则要比 bat 更具有典型的鸟的特征（如图 8-3 所示）。另外，范畴之间的界限也是模糊的，"范畴围绕认知这个参考点建构，其边界依成员的典型程度向外扩展，形成边界难以确定的更大的范畴，就像石子在水面上激起波纹一样伸向远方，直到与相邻波纹相互渗透"（Rosch，1975：22）。

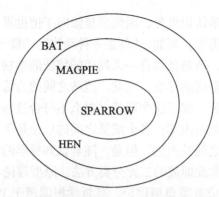

图 8-3 Bird 原型示意简图（Ahlsén，2006：81）

在神经语言学研究中，研究者所感兴趣的问题在于大脑损伤的患者能否像正常人那样对范畴之间模糊界限进行有效的感知，从而区分不同的范畴。许多研究的结果表明，不同类型的失语症患者在范畴的感知方面是有差异的，对于布洛卡氏失语症患者来说，他们的范畴感知能力受大脑损伤的影响不大，能够像正常人那样对不同的范畴进行分类，而对于命名性失语症和沃尼克氏失语症患者来说，他们的范畴感知能力则明显受损。例如，Whitehouse 等（1978）对正常人、布洛卡氏失语症患者和命名性失语症患者的范畴感知能力进行了对比研究。他们要求患者说出一些图片中所描述事物容器（例如，cups、plates、glasses，如图 8-4 所示）的名称，所呈现的图画会表现出这些容器的原型和非原型形状，而且非原型形状的典型性会有所不同。结果发现，布洛卡氏失语症患者可以像正常人那样对不同的物体进行分类，但是命名性失语症患者对于范畴之间的模糊界限不够敏感，无法区分不同的概念范畴。Kiran & Thompson（2003）对正常人、布洛卡氏失语症患者和沃尼克氏失语症患者的对比研究也进一步证实了 Whitehouse 等（1978）的研究结论，他们还发现，对于沃尼克氏失语症患者来说，范畴之间的界限变得更加模糊，从而使他们无法正确地区分不同的范畴，而且他们处理原型词的能力也要比正常人和布洛卡氏失语症患者差得多。

图 8-4 cups、plates、glasses 图片例图（Ahlsén，2006：82）

在神经语言学研究中，与原型理论相关的一个重要发现是典型性效应（typicality effect），即患者在处理原型词是要比非原型词容易得多，这一效应主要表现在以下几个方面：（1）受试者在对同一范畴内的不同词汇的典型性进行分级时，对原型词的反应时间要明显短于非原型词，而且随着该词与原型词距离的增加，反应时间逐渐增加（Rosch，1975；Uyeda & Mandler，1980）；（2）语言习得的相关研究表明，儿童对原型词的习得时间要早于非原型词（Rosch，1973；Rosch & Mervis，1975）；（3）与正常人一样，失语症患者使用原型词的频率要远远大于非原型词（Rosch，1975；Uyeda & Mandler，1980）。研究者也提出了不同的语言处理模型来解释典型性效应，主要包括语义特征比较模型（feature comparison model）（Smith 等，1974；Smith & Medin，1981）、原型相似性模型（prototype/family resemblance model）（Rosch & Mervis，1975；Hampton，1993，1995）和范例模型（exampler model）（Komatsu，1992；Storms 等，2000）。第一种理论认为，语义特征可以分为典型性特征和区分性特征两种类型，前者是指一个范畴当中的原型词所具有的最具典型意义和最明显的特征，而后者则是指那些能够把该范畴与其他范畴区分开来的语义特征，它们在内容上要比典型性特征丰富，是该范畴的所有成员都应具备的特征。范畴的确定以相关词汇的语义特征比较为基础，主要经过两个阶段，在第一个阶段，人们需要判断一个单词是否具有该范畴的典型性特征，如果能在此阶段得出结论，人们就不需要在进入到第二阶段，去判断该词是否具有该范畴的区分性特征。对原型词的判断来说，人们只需要第一阶段的工作，而对于非原型词来说，人们还需要继续进行第二阶段的工作，因此所需的时间就相应地增加了。原型相似性模型理论认为范畴的判断以一个词与原型词的相似程度为基础。一个范畴的表征表现为一系列的语义特征，该范畴的成员所拥有的这些特征的数量不同，一个单词所拥有的特征数量越多，它的典型性就越强。因此，原型词与所属范畴的其他成员所共享的特征要远远多于其他词。这就意味着，一个词的典型性越强，它与原型词的相似程度就越大，在判断范畴的归属时也就越容易，所需的时间也就越短。范例模型理论认为，一个范畴的表征表现为人们所接触到的该范畴的一些具体实例，而对于一个新的项目的判断则以它与在记忆中储存的原有实例的相似程度为基础，相似度越高，它的典型性就越强。

8.3 命名障碍

8.3.1 命名错误

　　命名障碍被认为是"最稳定的失语症特征"（Davis，2000：6），因为所有的失语症患者,不论他的失语症类型是什么,也不论他处在失语症的哪个阶段,都面临这一同样的问题。命名障碍首先集中反映在命名性失语症患者身上。命名性失语症是一种特殊的失语症类型,又称记忆缺失性失语症,患者的总体语言能力相对正常,但是在对物体的命名上存在困难,患者不能顺利说出事物、图片或者用语言描述所展示的物体或者动作的名称。其他类型的失语症患者也普遍存在命名的障碍。这主要表现在以下三个方面。

一、反应时间延长。这是命名障碍中最明显的表现。命名过程涉及非常复杂的心理过程,包括视觉信号的处理、提取词汇概念、词汇的选择、语音编码与加工和发音等不同的阶段(Levelt 等,1998),其中任何一个环节受损或者处理速度减慢都会影响到命名的反应时间。

二、命名错误。失语症患者的命名障碍往往会导致命名错误的发生。对失语症患者命名错误最早的一项研究是 Schuell & Jenkins(1961)观测到的单词替代错误。研究结果表明,29% 的错误中,患者给出的词汇与目标词之间存在语义关系,19% 的错误是由于声音相近,而在 52% 的错误中,患者给出的词汇与目标词之间没有相关性(在这些早期被认为没有关联性的错误中,很多也被归属到语义错误之中,例如,特征关系:红色与苹果;功能性关系:弹奏与吉他等)。当然该模式并不能代表每个个体。对于语言障碍严重的患者来说,72% 的错误是不相关和不回答,但是对缺失中等程度的患者来说,75% 的错误是语义联系错误。非流利型失语症患者比流利型失语症患者更准确些(Goodglass & Stuss,1979)。非流利型失语症患者的错误多数是语义相关的(Gardner,1973)。Kerr(1995)通过分析也得出类似的结果,他发现布洛卡氏失语症患者和传导性失语症患者大量的命名错误都是语义上的。

三、语言表达过程中的命名障碍。除了单纯的命名任务之外,命名障碍也表现在患者连贯的语言表达过程中。在更自然的条件下,例如,在对话中,需要患者说出一系列的语篇,其中会涉及大量的相关的词汇。最常见的情况是"描述图片",其中用图片将一个物体展示出来,以便能够刺激出句子中的词汇。结果表明,在"引发名词"的实验中,流利型和非流利型失语症患者的命名和描述都很成功(Basso 等,1990)。William & Canter(1987)对失语症患者的命名障碍和他们在语篇产生过程中的词汇障碍进行了比较,结果发现,"对物质命名活动中单个词汇的运用并不能预测其在连贯话语中的运用"(Williams & Canter,1987:132)。Goodglass 等(1969)

认为，命名活动能够激发"图像化"的词汇，例如"鸟"，而对话则能激发"非图像化"的词汇，例如"动物"、"时间"、"年"、"妻子"等。失语症患者在自然言语中会更多地使用非图像化名词，而不是图像化名词。

命名障碍的普遍性使其成为神经语言学研究的一个重点问题，其中研究的内容主要集中在影响命名障碍的因素及其内在的原因上面。

8.3.2 影响命名障碍的因素

影响命名障碍的因素很多，早期的许多研究都将重点放在了命名中所使用的刺激形式上。后期的研究则更多地关注词汇的语义特性对于命名障碍的影响，其中包括语义的丰富性、具体性与抽象性等。

1. 刺激形式

关于刺激形式对命名障碍影响的研究具有悠久的历史，早在 1885 年，Cattell 就发现命名图形所用的时间是命名图形所对应字词的两倍（转引自周晓琳等，2001）。在这一领域，研究者们想知道物体的视觉清晰度对失语症患者命名物体是否有影响。Bisiach & Luzzatti（1978）对命名写实图片、线条画和虚线画等实验进行了对比。结果是，对虚线物体的命名得分较少，虽然受试者并没有丧失感知模糊物体的能力。如果我们认为物体的真实性对命名物体的确有影响，并且在实验中增强物体的真实性，那么会出现什么情况呢？Benton 等在 1972 年的一项研究中发现，真实物体比线条画更容易命名。但是对于 Corlew & Nation 在 1975 年的研究来说，真实性对物体的命名并没有多大的作用。同样地，Hatfield 等（1977）对需要命名的物体、图片和线条画做了比较，最后得出结论，认为真实性对命名准确性的影响甚微。

不出示实物的命名实验也就是描述命名或定义命名。比如我们用这样一句话来刺激受试者："它能告诉你时间，并且还可以戴在手腕上。"刺激物应该是能够让受试者想起某物的东西。在这样的实验中，失语症患者犯的错误要更多，尤其在描述命名中，会比在命名图片物体时出现更多的"无反应"错误（Barton 等，1969；Goodglass & Stuss，1979）。Manning & Warrington 在 1996 年所进行的一项研究也表明，失语症患者在对物质命名活动中寻找名词的能力要比通过语音提示在名词库中寻找名词的能力强得多。语音提示也可以被认为是一种刺激变量。当患者不能产生正确的单词时，医生经常说出目标词汇的开始部分，这样的提示对患者是大有帮助的（Ellis，1985）。崔刚（2002）对汉语布洛卡氏和传导性失语症的研究表明,刺激形式对命名准确性有很大的影响。对于上述两种失语症患者来说,在以实物、图片和问题这三种刺激形式进行命名时,成功率依次降低。这与 Manning & Warrington(1996)的发现是一致的,他们认为,患者以视觉受到刺激的方式来寻找一个名词的能力要比用提示性的语言来寻找这个名词的能力强得多。这似乎表明,用实物命名所涉及的机制比较简单,而用图片或用提示性语言所涉及的机制则要复杂得多,提示性语言的命名机制是最复杂的。

2. 语义的丰富性

语义的丰富性(semantic richness)是指一个词的意义中所包含信息以及与它相关联的信息的多少。一个单词语义的丰富性可以通过以下的三个指标来反映。

一、语义相邻词的数量(number of semantic neighbours,NSN)。语义相邻词是指在具体的语言使用中经常与一个词同时出现的单词,它们经常出现在相似的词汇环境之中(例如,book 和 movie),因此语义相邻词数量多的单词会与很多的单词具有共同的词汇环境(Burgess & Lund, 2000)。Durda 等(2006)以一个英语语料库为基础,统计了英语常见单词的语义相邻词的数量,研究人员可以在 www.wordmine2.org 查阅相关的数据。从中我们可以看出不同单词之间的语义相邻词数量的差别是很大的,例如,bed 有 28 个,而 carrot 只有 2 个。

二、语义特征的数量(number of features,NF)。为了满足心理语言学和神经语言学等相关领域的需要,McRae 等(2005)以 700 人为研究对象,要求他们列出 500 多个有生命和无生命的基本概念的语义特征,并以此为基础制定了一套标准的语义特征规范,而且对这些特征划分了不同的类别。他们把有关的结果放在 www.psychonomic.org 这一网站上,供研究者下载。下面我们以 knife 一词为例来说明(见表 8-2),其中的产出频率是指参与者中提出该特征的人数,它反映了该特征凸显程度的高低。

表 8-2 Knife 的语义特征(McRae 等,2005:555-556)

概念名称	语义特征	产出频率	类型
knife	has a handle	14	visual–form and surface
	has a blade	11	visual–form and surface
	made of steel	8	visual–form and surface
	made of metal	7	visual–form and surface
	made of stainless steel	5	visual–form and surface

(续表)

概念名称	语义特征	产出频率	类型
knife	is shiny	5	visual-form and surface
	used for cutting	25	function
	used for killing	7	function
	used by butchers	5	function
	is sharp	29	tactile
	is serrated	8	tactile
	is dangerous	14	encyclopedic
	found in kitchens	8	encyclopedic
	used with forks	6	encyclopedic
	a weapon	11	taxonomic
	a utensil	9	taxonomic
	a cutlery	5	taxonomic

三、语境的分散性（contextual dispersion，CD）。Pexman 等（2008）把语境的分散性定义为一个单词在 9 种学术领域中（例如，语言文学、社会科学、自然科学、数学等）使用的可能性，其大小用 0~1 的数字来表示。如果一个单词可以出现在所有的领域之中，那么它的语境分散性值为 1，如果只能在一种语境中出现，它的语境分散值为 0。这样依据 Zeno 等（1995）建立的语料库的统计分析，不同的词汇就具有了不同的语境分散值。有些词的语境分散值较高，例如，belt 和 cherry 分别为 0.93 和 0.85，还有些词的语境分散值较低，例如，clamp 和 parsley 分别为 0.18 和 0.25。一个词的语境分散值越高，就说明它的语义丰富性越强。

按照一般的逻辑推理，人们可能会认为一个词的语义丰富性越高，它处理起来就越加复杂，对于有语言障碍的人来说，命名起来难度会更大，因为与语义丰富性低的词相比，它们需要占用更多的认知资源，从而增加语言处理的负担。但是，大量的研究（例如，Kouniosa 等，2009；Pexman 等，2007，2008）表明，对于正常人来说，他们在处理语义丰富程度高的词时所用的时间较短，而对于失语症和其他语言障碍的患者来说，他们对于语义丰富程度高的词的命名能力也明显好于语义丰富程度低的词。

3. 语义的具体性效应

词汇可以分为具体性词汇和抽象性词汇两种，具体性词汇的意义可以由我们的感觉器官直接感知到或者能够在心里想象出具体的图像，如桌子、椅子等，而抽象性词汇的意义则是抽象的，是我们无法直接感知或者想象的，例如，想法、属性等。因此，对于词的意义，我们可以从其具体性程度，也就是人们对词的所指（referent）形成心理表象的难易程度来衡量。在失语症患者的命名障碍中，存在着非常明显的具体性效应（concreteness effect），也就是说，患者对于具体性词汇的处理能力要好于抽象性词汇（Franklin 等，1995）。另外，具有阅读障碍的失读症患者也表现出同样的现象。但是患者对具体性词汇的处理能力并不总是好于抽象性名词，不同的患者会表现出不同类型的具体性效应。一些研究（例如，Villardita 等，1988；Eviatar 等，1990）表明，右半脑损伤的患者能回想的抽象词要比具体词的正确率高，而对左侧视觉损伤的患者进行的词汇判断任务却发现，具体名词可以被准确辨别，抽象名词却无法被辨别。其实，具体性效应对于正常人也是适用的。大量的心理语言学研究（例如，de Groot，1989；Kroll & Merves，1986；Paivio，1986；Fliessbach 等，2006）表明，各种实验中，包括词汇判断、命名、词汇辨认以及句子确认等，受试者在处理具体名词时的速度和准确率要明显高于抽象名词，只不过该现象在具有语言障碍的患者身上表现得更加明显而已。当然也有学者认为具体性效应并不是一个独立的现象，它往往与词的使用频率相关。James（1975）的研究发现，具体性效应只是存在于低频词中，在一些高频词中，具体名词和抽象名词的差别并不明显。张钦和张必隐（1997）采用重复启动效应对于汉语双字词的研究也有类似的发现，而陈宝国和彭聃龄（1998）的词汇判断和命名任务却发现了高频汉语字词中的具体性效应。另外,其他一些学者（例如，de Groot，1989；de Mornay Davies & Funnell，2000）的研究也获得了类似的结果。针对具体效应和频率效应之间的关系，来自首都师范大学的中国学者 Zhang 等（2006）采用 ERP 技术和词汇判断实验对汉语词汇的处理进行了研究，结果发现具体性效应是独立于频率效应存在的，因此，不论词汇的使用频率高低，具体名词都会产生类似于 N400 的电位成分。

具体性词汇与抽象性词汇的差异也得到了大脑成像技术研究的证实。采用 fMRI 及 ERP 技术所进行的词汇判断任务和语义加工任务的研究结果发现，抽象词激活了右颞上、中回和双颞上回，具体词则激活了双侧颞下回、双侧梭状回以及左顶叶下部（Kiehl 等，1999；Mellet 等，1998）。Jessen 等（2000）采用 fMRI 技术，发现德语具体名词在大脑右侧顶叶较低部位的激活明显增强，而 Fiebach & Friederici（2003）却发现抽象词激活了大脑左侧额叶的前下部区域，具体词则激活了左侧颞叶基部皮层。最近的一些对有语言障碍的患者进行的 fMRI 研究（例如，Fliessbach 等，2007）发现，具体性词汇和抽象性词汇激活的大脑区域也有所不同。这些研究虽然结果不同，但是都证明了两类词汇的差异。

Paivio（1986，1991）提出了双编码理论（dual-coding theory）来解释语义的具体性效应。他认为，人的记忆中有两个语义系统，一个以语言信息为基础，另一个以图像信息为基础。具体名词的优势在于人们可以感知到这些词所指代的物体的存在，能够在记忆中形成关于该物体的具体图像，因此，人们可以通过两个路径通达到具体名词，一个是语言本身的路径，另一个是非语言的图像路径。而对于抽象名词来说，它们所指代的事物难以在人的记忆中形成具体的图像，只能通过语言这一条路径，因此，具体名词的提取速度要快于抽象名词。Schwanenflugel（1991）并不赞成双编码理论，他提出了语境的丰富性模型（context-availability model），认为不论是具体名词还是抽象名词，它们都有共同的语义系统，而语言的理解要以词汇所处的语言环境以及人们记忆中的相关知识为基础。与抽象名词相比，具体名词与更多的情景性信息相关联，因此处理起来也就更容易。针对上述两种不同的观点，后来的研究者又做了进一步的研究，尤其是在最近几年，很多研究者采用 ERP 技术来研究具体性效应的内在原因。许多研究（例如，Holcomb 等，1999；Kounios & Holcomb，1994；West & Holcomb，2000）发现，具体名词更容易产生 N400 的电位成分，而 N400 被普遍认为是语义处理的标志，说明具体名词的语义信息更多地与上下文的语境信息相结合，从而在一定程度上证明了 Schwanenflugel（1991）的语境丰富性模型。在最近的一项研究中，Xiao 等（2012）采用 ERP 技术，通过记忆实验来检验语义的具体性效应。人们对于事物的辨认可以分为回忆（recollection）和熟识（familiarity）两种，所谓回忆是指从记忆中提取与先前经历的事件相关的细节，被认为与 P600 电位成分相关，而熟识则是一种认识到曾经经历过某个事件的知觉，被认为与 N400 电位成分相关。Xiao 等（2012）认为，在词汇辨认的任务中，如果具体性效应只是影响到 N400，这就说明词汇的辨认是单路径的，从而就否定了双编码理论；反之，如果具体性效应同时影响到 N400 和 P600 两个电位成分，这就可以证明双编码理论的正确性。他们的研究结果表明，与抽象名词相比，具体名词要激活更多的语境信息。

除了上述两种理论之外，Plaut & Shallice（1993）以对深层失读症患者的研究为基础提出的联结主义模型也可以解释具体性效应的内在原因。深层失读是一种获得性阅读障碍,其中语义错误是最明显的症状之一,例如,患者可能会把 river 读成 ocean。与此同时,患者也有可能出现视觉类错误(例如,把 scandal 读成 sandals)和构词错误(例如,把 sell 读成 sold),另外,此类患者在处理具体性词汇方面明显好于抽象性词汇。Plaut & Shallice (1993)认为自己所提出的模型可以解释上述各种症状共存的现象。该模型(如图 8-5 所示)包括拼写和语义两个层次,在词汇辨认的过程中,视觉信号首先激活拼写层次的相关单元,然后对拼写单元的激活被转换为对语义层次的相关单元的激活,如果该激活的信息恰好进入某一语义区域,就会与之相汇合,这一汇合区域被称为吸引域(basin of attraction)(如图 8-5 中椭圆形区域所示)。对于该网络的损伤,例如,某个节点或者联结的丧失,就有可能改变吸引域之间的界限,从而使得有关的激活信息落入错误的吸引域之中。而在这一模型中,具有相似意义或者拼写的词汇的吸引域是相互毗邻的,语义或者拼写越接近,相互之间的距离越小。因此,失读症患者很容易出现语义错误(例如,把 cat 读成 dog)、视觉错误(例如,把 cat 读成 can)或者两种错误的混合(例如,把 cat 读成 rat)。另外,根据这一模型,由于具体性词汇的语义特征比较丰富,因此,它们的吸引域要大于抽象性词汇,因此处理起来速度更快,准确率也更高。

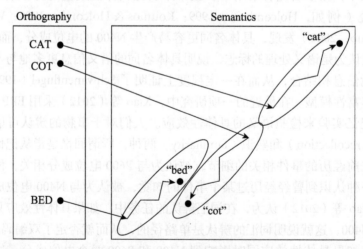

图 8-5 Plaut 和 Shallice 的联结主义模型示意图(Hagoort,1998:238)

上述三种解释的出发点各不相同,但是它们都认为具体名词的语义表征要比抽象名词丰富,因此使得具体名词的提取过程更加容易,而且不容易受到大脑损伤的影响。不过,这些观点都难以解释一种与具体性效应相反的现象，即个别患者对抽象性词汇的处理能力要好于具体性词汇，针对这一问题，Breedin 等（1994）认为，具体性词汇和抽象性词汇的差别在于它们的习得方式以及由此而引起的语义的感觉和知觉特征。在具体性词汇的习得过程中，感觉经验起着关键性的作用，而抽象性词汇缺乏具体的感觉输入，它们的习得只能靠语境。因此，具体性词汇的识别主要靠视觉或者知觉特征，一旦有关的特征受损，就会产生与具体性效应相反的情况。Breedin 等（1994）的观点不仅可以解释语义的具体性效应，也可以解释偶尔出现的与此相反的情况。这一理论得到了后来一些研究（例如，Macoir, 2008）的进一步证实。

4. 生物与非生物

从语义学的角度来看，大多数名词都指代不同的物体，而物体的范畴包括生物和非生物，前者主要指动物、果蔬、人体器官等天然的物体，后者则指家具、工具、乐器等人造物体。Warrington & Shallice（1984）首先发现了生物范畴语义知识的特异性损伤。他们发现，两位脑损伤患者在进行图形命名时，他们对有生命类物体命名的正确率较低，其中动物为 8%，植物为 0%，而对无生命类物体命名的正确率较高，其中家具为 79%，交通工具为 52%。这一发现引起了研究者的广泛关注，并相继报道了众多生物范畴特异性损伤的患者。大约有四分之三的患者表现为生物范畴受损而非生物范畴相对保持完好。另外还有大约四分之一的患者在生物范畴上的表现要好于非生物范畴（方燕红、张积家，2008）。Capitani 等（2003）对 79 个案例进行了综合性的研究，发现 61 位患者表现为生物范畴特异性损伤，18 位患者表现为人造物特异性损伤。当然，语义范畴的特异性损伤只是表示患者在某一范畴的表现要低于正常的水平，并非意味着某一生物范畴或者人造物范畴知识的完全丧失。即使在生物和人造物两个大的范畴之内，患者也表现出对其中某些特殊类型知识的处理困难。例如，在生物范畴内，有的患者对人体器官的知识保持得相对完整，而对动物和果蔬的语义知识处理困难较大；另一些患者的果蔬知识损伤程度要大于动物知识；更多的患者表现为动物范畴知识的选择性损伤，而对果蔬范畴的词汇的命名能力则相对正常（Blundo 等，2006）。在非生物范畴内，有的患者在较小的、"易于操控"的人造物体（如办公用品和厨具）的命名上困难较大，而对于较大的人造物体（如交通工具）的命名则困难较小；有的患者乐器语义知识的损伤程度较大，而家具和衣物语义知识的损伤程度则较小。在小范畴的损伤模式的研究中，因所采用检测实验任务不同就可以表现出较大的差异，患者在不同语义任务中的表现也不同（Humphreys 等，2003）。

针对大脑损伤患者在生物和人造物命名方面的差异，研究者提出了不同的理论来解释这一现象，其中影响较大的包括感知/功能理论、分布式语义观和领域知识专属模块假说。

Warrington & Shallice（1984）不仅首先发现了生物范畴语义知识的特异性损伤，还提出了感知/功能理论（the Sensory/Functional Theory，SFT）。此后，SFT又得到了进一步的修订与完善（Silveri & Gainotti，1998；Farah & McClelland，1991）。该理论认为，患者所表现出的语义范畴特异性损伤反映了生物体和非生物体赖以识别和命名的特殊信息差异。在人脑中，语义知识是以概念的形式存储的，而这些概念又是以特征来表征的，例如，马这一概念由有鬃毛、四条腿、能拉车、可以骑、食草动物等一系列特征来共同表征，但是这些特征又分属于不同的子系统，其中感知性子系统和功能性子系统是两个主要的子系统，前者储存着物体的感知性特征，如有鬃毛、四条腿等，后者储存着物体的功能性特征，如能拉车、可以骑等。各个子系统分布在大脑不同的区域。对于生物范畴的物体来说，人们更多地依赖感知性特征来表征，而对于非生物范畴的物体来说，人们更多地依赖功能性特征来表征。因此，在患者的脑损伤影响到感知性子系统，而功能性子系统相对完好的情况下，患者就表现出生物范畴语义知识的特异性损伤，反之，就表现出非生物范畴语义知识的特异性损伤。SFT很好地解释了生物类和非生物类范畴的语义特异性损伤现象，而且也已经被计算机模拟成功（Farah & McClelland，1991）。但是它不能解释如下现象（韩在柱等，2002）：（1）按照SFT，患者应该主要具有生物类和非生物类两大范畴的损伤，不应该有更小范畴的特异性损伤，这与实际的研究发现不符；（2）众多研究表明，对于生物类特异性损伤的患者来说，他们的语义范畴感知性知识与功能性知识受损程度相当，并未呈现出感知性子系统损伤相对严重的特点。针对感知/功能理论所存在的问题，Caramazza & Shelton（1998）认为，在正常人的语义系统中，无论生物范畴还是非生物范畴，表征概念的感知性与功能性特征间的分布倾向相差无几。为此，有关的研究者基于心理学中的语义独体建构假说（the organized unitary content hypothesis）和联结主义思想，提出了分布式的语义观（distributed semantics）（Moss等，2002）。

分布式语义观也被称为相关结构理论（correlational structure theory）（韩

在柱等，2002）。该理论也认为，在语义系统中，概念是由特征表征的，但是，所有的特征都分布在一个统一的整体系统之中，并不存在不同的子系统。而且，在表征不同范畴的概念时，感知性特征和功能性特征间的差异并不明显。但是，这些特征具有关联特征和区别特征的差异。生物体通常都有相互关联的知觉特征，例如有眼睛的物体一般都会有嘴巴，但是，在语义系统中，两个不同特征间的相关联程度会有所不同，如果两个特征同时被激活的频率越高，它们之间关联程度就越高，而且承载它们的脑组织分布距离也就越近，反之亦然。例如，对于有眼睛和有嘴巴两个特征来说，两者之间同时出现和被激活的频率很高，所以它们的关联程度也就很强。但是，在自然界，有眼睛和有抽屉两个特征同时出现的频率很低，因此它们在语义系统中的关联程度也很小。除了关联特征之外，生物范畴成员还有其自身的区别性特征，例如老虎的花纹和狗的吠叫等。这些区别性特征与范畴成员的生物功能没有关联。例如，老虎的花纹与呼吸功能毫无联系。与此类似，非生物体也具有关联特征和区别性特征，但是生物体的关联特征要多于非生物体，而非生物体的区别性特征要多于生物体，而且，非生物体的区别性感知特征与其日常功能特征有关联。Moss 等（2002）认为，物体的这种感知特性和功能特性关系的差异会导致各种形式的范畴特异性损伤。脑损伤对于区别性特征的影响要大于关联特征，因为部分表征的损伤能够从关联特征中恢复。生物体中的关联特征能够使共享的生物功能方面的特征恢复。但是，由于在语义系统中，具有区别作用的感觉特征与功能特征没有关系，因此要识别特定物体的困难较大，致使患者不能成功地对生物体进行命名。相反，非生物体仍然可以得到识别，因为有区别作用的感觉特征得到功能特征的支撑。而随着脑损伤程度的增加，生物体中残留的关联特征更多，形成残留中心，残留的相关联的感觉特征与功能特征有利于残留中心点的识别，这时，患者对生物体的命名能力就会好于非生物体。

领域知识专属模块假说（domain-specific knowledge hypothesis）首先是由 Caramazza & Shelton（1998）提出来的。该理论把人脑中的每一个语义范畴都看作是一个功能模块，当特定的模块受到损伤时，相应的语义范畴就会受到损害。它认为人类在长期的进化过程中，人脑中的语义知识根据它们对于人类生存和繁衍的意义，分化出一些重要的知识领域（范畴），而且这些领域拥有相对独立的神经组织结构，表现为对特征知识的范畴性适应。韩在柱等（2002）认为该理论的特点在于它从生物进化的角度，对语义范畴特异性损伤进行了解释，其突出的优点在于它能够解释其他理论难以解释的两个现象：第一，患者呈现出的受损范畴多为动物、植物、人工制品，领域知识专属模块假说认为这些范畴是进化过程中对人类较重要的领域，因此，它们具有独立的神经组织，所以易于受到大脑损伤的影响；第二，绝大多数的损伤发生在动物、生物的范畴之内，这是因为这些范畴与人类的生活密切相关，用于表征和加工这些概念的脑组织高度区域化，从而使它们更容易受到大脑损伤的影响。但是，该理论难以解释范畴内项目之间结构相似性影响患者的命名表现，导致动物知识和果蔬知识损伤分离的现象（Humphreys等，2003）。

8.4 结语

　　语言之所以重要是因为它是有意义的，因此，语义障碍研究在神经语言学中具有重要的理论和实践意义。从理论上讲，它可以为语义学理论提供验证的基础，也可以为语义的表征理论建构提供动力和证据。从实践上讲，它可以为脑损伤患者语言障碍的诊断、治疗和康复提供指导。但是，它又是目前研究困难最大、争论最多的研究领域。造成这种现状的原因主要是语义本身的复杂性。语义不是孤立存在的，它与语言形式（包括语音、词汇等）和人类的认知系统（包括语义表征、语义的组织、记忆等）都有着密切的关系。一个简单的语义障碍现象，往往反映非常复杂的内在原因。这就使得语义障碍的研究主要依赖多学科领域的支撑，而相关领域研究的局限性也限制了语义障碍研究的发展，增加了该领域研究的复杂性。

第 9 章

句法障碍

失语症患者的句法障碍在很长的时间内主要集中在布洛卡氏失语症以及此类患者所表现出的语法缺失症状上面。但是，语法缺失的问题并不仅仅局限于布洛卡氏失语症患者，许多流利型的失语症（包括沃尼克氏失语症和传导性失语症）也表现出句法处理的障碍。句法学主要研究词和其他单位在句子中的语法关系，即研究词语如何组成短语和句子，以及支配短语和句子构成的规则。在历史上曾经出现了各种不同的句法理论流派，其中，在神经语言学中应用最多的是结构主义句法理论和以 Chomsky 为代表的转换生成语法理论，前者主要用于失语症患者句法障碍的描述与分析，而后者则和心理语言学关于句法处理的理论一起主要用于解释造成这些障碍的内在原因。由于失语症患者的句法障碍表现和神经语言学在该领域的研究比较集中，在本章的结构上，我们将不再按照语言学理论的框架进行安排，而是首先简要介绍语法缺失和语法错乱的区分，然后从语言理解和语言产出两个方面分析大脑损伤患者的句法障碍，其中将根据需要穿插介绍相关的句法理论。

9.1 语法缺失与语法错乱

从传统的观点来看，失语症患者的句法障碍主要表现为两种主要的症状：语法缺失和语法错乱（paragrammatism）。因此，我们首先介绍这两种现象及它们之间的差别。Kussmaul（1877）首先把语法缺失这一概念引入到失语症的研究领域，用来指布洛卡氏失语症患者语言中省略语法标志词的现象。Nespoulous 等（1992）指出，语法缺失主要表现为以下几个方面：（1）语速放慢；（2）在大多数，甚至是全部的语句中，语法标志词丢失；（3）动词的屈折变化丢失，偏爱使用不定式或者动名词形式，而不是定式动词形式；（4）句法结构的数量和复杂程度下降；（5）患者产出电报式的语句；他们更喜欢使用并列手段来连接句子，很少使用嵌入成分。这些症状也经常伴随着理解的缺陷，在语言产出受到影响的那些语法构成成分和结构，在语言理解中对它们的处理也同样受到影响（Zurif 等，1972）。

语法错乱一词是由 Kleist（1916）首先创造出来的术语，用来指语法缺失所不能包括的一种句法和构词上的反常现象，主要与沃尼克氏失语症有关。语法错乱有以下两种主要的定义：（1）指流利型失语症患者或者正常人所产出的言语中的构词或者句法上的特定类别的错误（Butterworth & Howard，1987）；（2）指流利型失语症患者所产出言语的总体特征，在他们的语句中包含相当多的语法错乱性的偏离现象（Lecours 等，1983）。

在传统上，语法缺失和语法错乱的区分是非常明确的，前者是指语法标志词的丢失，而后者则是指对相关词项的替换或者误用。但是，从20世纪80年代末起，两者之间的区分日益模糊，因为在同一患者身上两种症状可以同时表现出来，而且由于语言特有的结构限制（例如，希伯来语），有时患者更倾向于替换语法词素，而不是丢失。目前的神经语言学研究更倾向于使用语法缺失这一术语来指代失语症患者的所有句法障碍，使得这一术语所涵盖的意义更加广泛和复杂，我们从对症状类型划分的分歧上可以略窥端倪。研究者通过对失语症患者自动言语材料的分析发现患者的语法缺失主要表现在以下三个方面（Goodglass & Kaplan，1983a）。（1）句式结构简单，患者言语中很少出现结构复杂的句子。由于这一症状与句子的形式有关，因此被称为句法症状。（2）省略功能词，其中包括代词、冠词、系词、介词以及动词的屈折变化等。由于这一症状与词的形式有关，因此被称为形态症状。（3）语速变慢，语言不流利，被称为语速症状。我们区分句法症状和形态症状只是为了描述的便利，并不意味着两者之间存在性质上的差别，这也是失语症患者语法缺失障碍复杂性的表现之一。目前人们对于上述两种障碍是否是两种独立的语言障碍还是同一障碍的不同表现形式还存在一定的争论。Miceli 等（1983）描述了一位讲意大利语的失语症患者的语法缺失症状，认为该患者的句子结构几乎没有任何问题，他的障碍纯粹是形态性的，因此句法症状和形态症状是可以分离的，两者是两个独立的语言障碍。但是，该患者言语中含有大量的非定式子句，其中或者缺少动词，或者有动词，但只是使用其不定式形式或者过去分词形式，我们很难说患者的句子结构是正常的，因为在像德语、英语和荷兰语这样的语言中，正常的句子都包含经过屈折变化的动词。Rochon 等（2000）所进行的一项大规模的因素分析研究结果表明，句法症状和形态症状并不是两种独立的语言障碍。语法缺失障碍的复杂性还表现在这些症状的出现并不是非有即无的。与正常人的口误相比,有的患者出现语法错误比例只是比正常人略微高一点,但是有的患者出现错误的比例就非常高。了解语法缺失障碍的复杂性,对于我们理解神经语言学关于句法障碍的研究以及相关的争论是很有必要的。

下面我们从语言的理解和产出两个方面来探讨失语症患者的句法障碍及其相关的理论解释。

9.2 语言理解中的句法障碍

与语言的产出相比,关于失语症患者语言理解中的句法障碍的系统研究要晚得多,从19世纪Broca的失语症研究开始,研究者就一直不断地关注失语症患者,尤其是布洛卡氏失语症患者的语言产出中的语法缺失现象,而对于他们在语言理解中的句法障碍的系统研究则只是开始于20世纪70年代。在这一转变的过程中,Caramazza & Zurif(1976)所做的研究起到了关键性的作用。这主要是出于两个方面的原因,第一,他们首先指出了布洛卡氏失语症患者的理解障碍,而在此之前人们大都认为该类患者的语言障碍主要表现在语言的表达方面;第二,该研究引起了许多研究者的兴趣,并由此开始了相关领域的研究。Caramazza & Zurif(1976)发现具有语法缺失障碍的布洛卡氏失语症患者在理解可逆序组织的句子(semantically reversible sentence)时存在明显的障碍。所谓可逆序组织的句子就是指把句子中的主要名词短语颠倒位置之后仍然能够讲得通的句子。例如,The dog was chasing the cat. 就是一个可逆序组织的句子,因为如果我们把句子中的两个名词短语 the dog 和 the cat 颠倒位置,变成 The cat was chasing the dog. 后,句子仍然有意义。而 The dog is chewing the bone. 则是一个不可逆序组织的句子(semantically irreversible sentence),因为在我们把两个名词短语 the dog 和 the bone 颠倒顺序后所得出的句子 The bone was chewing the dog. 在意义上是讲不通的。与此类似,在下面的两个例句中,例句(a)是不可逆序组织的句子,例句(b)是可逆序组织的句子。

(a) The ball that the boy is kicking is red.
(b) The cat that the dog was chasing was black.

他们发现,患者在理解例句(a)时没有问题,而在理解理解例句(b)时则存在困难。Caramazza & Zurif(1976)认为,患者在理解例句(a)时可以借助语义信息,而理解例句(b)则只能依靠对于句子结构的理解,因此,患者的表现反映了布洛卡氏失语症患者在语言理解过程中的句法障碍。

Caramazza & Zurif（1976）还认为，布洛卡氏失语症患者失去了所有关于句法规则的知识。这一观点受到了后来许多研究者的反对，这些反对的观点大致可以分为三种类型（Kolk, 2010）。其中一种观点认为这种说法太绝对了，虽然很多失语症患者被归为布洛卡氏失语症这一种类型，但是他们之间还存在着许多的差异，对于一些患者来说，他们仍然保留着许多句法规则方面的知识（Badecker & Caramazza, 1985）。例如，Miceli 等（1983）的研究表明，布洛卡氏失语症患者的理解和产出障碍是可以分离的，也就是说，患者可以产出一些自己理解困难的句子。第二种反对的观点来自失语症的语言学研究。一些学者利用语言学理论，尤其是句法理论对失语症患者的语言理解障碍进行了研究，结果发现，只有部分语法规则受到了失语症的影响（Kolk, 2010）。例如，Grodzinsky（1989）的研究结果表明，Caramazza & Zurif（1976）所使用的语言材料大多属于非典范型的（non-canonical）句子结构。所谓典范型就是指那些规范或者标准的语言形式，例如，在英语中 SVO（主语+动词+宾语）结构就是典范型的句子结构。而患者在理解此类句子结构时的困难就小得多。第三种反对的观点则来自失语症的心理学或者心理语言学的研究。此类的观点都认为，失语症患者的句法规则知识并没有丧失，而是对于这些知识的处理出现了问题。在上述三种类型的反对观点之中，后两种类型的研究者不仅批评了 Caramazza & Zurif（1976）的句法只是全部丧失的观点，而且进一步提出了不同的理论来解释失语症患者语言理解中的句法障碍问题。下面我们分别加以介绍和讨论。

9.2.1 以句法学为基础的理论

Chomsky 的转换生成语法理论把语言视为一个认知系统，该系统存在于人的心理或者大脑之中，并用一定的方式进行表征，其中语法为其核心要素。这一理论从提出到现在历经数次修订与发展（Chomsky, 1957, 1965, 1981, 1995, 2000a），已经成为目前最具影响的句法学理论。自 20 世纪 80 年代末起，神经语言学的研究者开始把该句法理论运用于失语症患者句法障碍的描述与分析之中。

1. 语迹删除假说

语迹删除假说（trace deletion hypothesis）首先是由 Grodzinsky（1995）基于 Chomsky 的转换生成语法中的语迹理论（trace theory）提出来的。语迹理论（Chomsky, 1975）认为，当一个名词短语从一个位置移到另一个位置之后，会在原来的位置上留下一个痕迹，这个痕迹被称为语迹。该语迹与被移走的名词短语具有相同的指称（即同标，coindexed）。语迹通常用英语 trace 的第一个字母 t 表示，它没有语音形式，但是有语法作用。例如，在被动句 John was cheated. 中，名词短语 John 被认为是从 cheat 之后的位置移走的，因此留下了语迹，被表示为：John$_i$ was cheated t$_i$. 其中的 John 和 t 都标有 i，表示两者同标，即具有相同的指称。在 Chomsky（1981）的管辖约束理论中，他又对语迹理论进行了扩展，把语迹分为 NP（名词短语）和 WH（why、where、when 之类的疑问词）两种类型。前者是指被移动的 NP 在移动后留下的共指空语类（coindexed empty category），例如：Jill seems [t to be pleased]. 句中的 t 就是由名词短语 Jill 移位后留下的语迹。WH 语迹是指 WH 移位后留下的语迹，例如，Who can you see t? 句中的 t 就是 who 移位后留下的语迹。

Grodzinsky（1995）的语迹删除假说基于失语症患者在理解主动句及其对应的被动句时所表现出来的差异。例如，在下面两个句子中，患者对主动句例句（d）的理解没有问题，而对其相应的被动句例句（c）的理解存在障碍，有时会理解为"玛丽吻了约翰"。

（c）Mary was kissed by John.
（d）John kissed Mary.

Grodzinsky（1995）认为，这与患者在句子理解过程中不能顺利地给名词分配题元角色（thematic role）有关。所谓题元角色就是指和一个动词相关的各个名词短语在该动词所表达的事件中所扮演的角色。一般认为谓语动词是一个句子的核心，它除了表达事件的意义之外，还包括一些必要的成分，即事件的参与者（由相关的名词短语来承担），在事件中扮演一定的角色。主要的题元角色包括（邓思颖，2010）：（1）施事（agent），指动作或者行为的实施者，动作是自愿、自发、积极发起的，例如，Tom opened the door. 和 The door was opened by Tom. 中的 Tom 都承担着施事的题元角色。（2）受事（patient），指动作或者行为所涉及的对象，例如，上述两个句子中的 the door 都承担受事的题元角色；另外，受事不一定是句子的宾语，例如，The roof collapsed. 中的 the roof 也是受事。（3）感事（experiencer），指经历动作或者状态的人或者生命体，例如，Mary has a headache. 和 Mary is happy. 中，Mary 都承担感事的题元角色。与施事相比，受事往往是非自愿、非自发、消极的参与者，在与知觉、感觉、心态等有关的事件中受到影响。（4）致事（causer），指促使一个事件或者状态发生的人或物，是造成结果的原因。例如，The wind blew the door shut. 中 the wind 就承担着致事的题元角色。题元角色用来描述事件参与者的身份，反映了事件参与者与事件之间的关系，因此，确认名词短语的题元角色在句子的理解中起着重要的作用。

语迹删除假说包括两个主要的部分：（1）对于语法缺失的失语症患者来说，语迹被删除了，由此而导致被移位的 NP 或者 WH 词失去了关于题元角色的信息，因为这一信息是由语迹承载的；（2）由于按照正常的语言处理过程无法给 NP 分配题元角色，患者就会按照句子中词汇的先后顺序进行题元角色的分配，总是给句子中的第一个 NP 分配施事的角色。例如：[The cat]$_i$ was chased t_i by the dog. 在这个句子中，名词短语 the cat 是由 chased 之后的宾语位置移位而来，因此留下了语迹，因此，它要从这一语迹那里获得主题（theme）的题元角色。但是，对于语法缺失的失语症患者来说，由于语迹被删除，他们只好按照该短语在句子中的位置错误地认为它具有施事的题元角色，从而产生理解的错误。

语迹删除假说得到了后来一些研究的支持。Grodzinsky（2000）在总结了许多的研究后指出，布洛卡氏失语症患者对下列例（e）组句子中的理解能力要远远高于例（f）组的句子。

（e）
- The girl pushed the boy above chance.
- The girl who pushed the boy was tall.
- Show me the girl who pushed the boy.
- It is the girl who pushed the boy.
- The boy was interested in the girl.
- The woman was uninspired by the man.

（f）
- The boy was pushed by the girl.
- The boy who the girl pushed was tall.
- Show me the boy who the girl pushed.
- It is the boy who the girl pushed.
- The woman was unmasked by the man.

上面两组句子的差别在于，例（e）组的句子不存在 NP 或者 WH 移位的问题，也就不会产生语迹的问题，而例（f）组则与此相反，因此造成了患者理解的困难。

语迹删除理论也受到了多方面的批评，其中一个关键的问题在于它并没有明确指出在什么情况下语迹会被删除，因为患者仍然能够理解或者产出很多含有语迹的句子，这说明语迹并不总是被删除掉的。例如，Hartsuiker & Kolk（1998）的研究发现，虽然布洛卡氏失语症患者在自动言语中不能说出含有被动语态的句子，但是，他们在重复了诸如 The speaker is interrupted by the noise. 之类的句子之后，就能产出一些被动句。这一研究采用的是言语产出的实验，而语迹删除假说则基于语言的理解，但是，它也向语迹删除理论提出了挑战，因为如果失语症患者的语迹在句法表征中已经被删除的话，那么患者应当不会说出涉及语迹的句子。

2. 双重依赖假说

双重依赖假说（double-dependency hypothesis）首先是由 Mauner 等（1993）提出来的，与语迹删除理论类似的是，它也以语迹和被移位短语的关系为核心，但是它并不认为语迹被删除了，而是认为语迹和它的先行词（即被移位的短语）之间的相互依赖关系被破坏了，从而导致共指关系建立的困难，也就无法保证给每一个名词短语分配一个而且只有一个适当的题元角色。在一个句子中，如果存在两个这样的依赖关系，患者就无法分清一个名词短语应该和哪一个同标，这样就导致患者理解的困难。但是，如果只有一个这样的依赖的关系，就不会产生歧义，患者的理解也就不会出现问题。例如，[The dog]$_i$ was bitt[en]$_k$ t_i by [the cat]$_k$. 这一被动句包含两个依赖关系：[The dog]$_i$ 和 t_i 以及 [en]$_k$ 和 [the cat]$_k$。对于语法缺失的失语症患者而言，由于两个依赖关系的破坏，他们很可能会错误地形成下列的同指关系：[The dog]$_i$ 和 [en]$_k$ 以及 t_i 和 [the cat]$_k$，这样理解错误就产生了。

与语迹删除理论相比，双重依赖假说要更具说服力，它可以成功地解释患者在主动句、被动句、主语关系从句和宾语关系从句上的理解困难，而且还可以解决许多语迹删除理论所不能解释的问题（Beretta，2001）。

9.2.2 与语言处理相关的理论

在一些学者力图使用句法学理论对失语症患者理解句子时所表现出的句法障碍进行解释的同时，也有许多学者认为，这些障碍并不是由句子结构本身所造成，而是由于患者的语言处理能力受到限制的缘故。对于正常人而言，句子的理解看似非常简单高效，人们可以很容易地听懂别人所说的句子，受过教育的人还可以迅速地理解书面的句子，这种简单高效很容易掩盖句子理解所经历的复杂过程及其对认知资源的要求。例如，在听到 The boy was kissing the girl. 这个句子时，当我们把所听到的声音识别为具体的单词之后，还需要给词标注上相应的语法类别（例如，the 是限定词，boy 是名词等），然后把这些词组合成各种成分（例如，把 the 和 boy 构成一个名词短语），形成整个句子的句法表征，再给有关的名词短语分配相应的题元角色（例如，the boy 是施事，the girl 是受事），最后才得出句子的意义。而在处理包含代词的句子时，可能问题会更加复杂。例如，在理解 I gave him a book. 这一句子时，我们还需要根据语境确定代词 him 所指称的人。在理解 Who did Tom gave the book to at school? 这一句子时，我们需要把 who 保持在工作记忆之中，然后把它和动词 gave 以及介词 to 联系起来。由此我们可以看出，句子的理解是一个非常复杂的过程，要顺利理解一个句子，我们需要综合词汇、语义、句法、语篇等各个方面的信息，在工作记忆中进行信息的存储与提取，还要建立句子的语法结构等。所有这些都会对人的认知资源提出很高的要求，而失语症患者很可能会在句子处理的某个环节出现问题，导致语言理解的障碍。基于这一原因，研究者从语言处理的角度，提出了各种理论来解释失语症患者在语言理解过程中所表现出的句法障碍。

1. 映射假说

映射假说（mapping hypothesis）首先是由 Linebarger 等（1983）提出的。他们发现患者虽然不能理解一些句子，但是他们仍可以对句子是否合乎语法做出正确的判断，即使是对一些比较复杂的可逆序组织的句子也是如此。对于这种现象，他们提出了两种可能的解释。第一种解释为，失语症患者的理解障碍与句法本身并无直接的关系，而是因为表层结构中的句法表征层面与深层结构中的语义层面的映射出了问题，致使患者不能顺利地进行题元角色的分配。由于语法判断不需要映射运算的参与，因此患者在这一方面没有问题，而句子的理解则需要这一过程，因此出现了理解的障碍。另一种解释与人的认知资源有关。双重任务效应（dual-task effect）认为同时处理两个任务要比处理一个任务占用更多的认知资源，因此也就增加了难度。语言的理解需要同时处理句法和语义两个任务，而语法判断则只需要处理句法一个任务，因此，患者在判断方面相对正常，而在理解方面却存在困难。后来，Schwarz 等（1987）的一项跟进性研究否定了第二种解释，该研究要求受试者对简单主动句、复杂主动句和包含非典范词序的句子（例如，被动句）的可行性作出判断。结果表明，患者在前两种句子上的表现并无明显差异，而与患者在第三种句子上的表现差异很大，受试者在判断包含非典范词序的句子时错误明显增加。这说明占用认知资源的多少并不是造成患者语法判断与理解差异的原因,因为复杂主动句要比简单主动句的可行性判断难度更大。而受试者在前两种句子和第三种句子上的表现差异则恰好可以通过映射的假说得到解释。Saffran 等(1998)同样进行了句子的可行性实验,结果发现即使是简单的主动句也有可能导致患者的理解困难,尤其是在处理像 The painting disliked the artist. 这一类的句子时,患者很难作出判断。这个句子是由 The artist disliked the painting. 这一不可逆序组织的句子转换而来。Saffran 等(1998)认为,患者具有很强的利用单个词的意义去理解整个句子的倾向。对于正常人来说,他们可以很容易的消除这一倾向,因为他们可以通过句法分析排除那些与句子结构不吻合的意义理解,而失语症患者却不能很好地做到这一点,因为"失语症会导致从句法结构到表征句法角色单元激活的降低"(Saffran 等,1998:290)。因此,他们认为患者障碍的核心仍然是映射的问题。

2. 资源受限假说

从上文的叙述我们可以看出,资源受限假说(resource limitation hypothesis)也起源于 Linebarger 等(1983)的研究。其中,他们所提出的认知资源解释方案也被一些学者接受,并进行了许多的后续研究。针对 Schwarz 等(1987)的肯定映射假说而否定资源受限假说的研究,Kolk & Weijts(1996)提出了质疑,认为他们实验中所采用的简单主动句和复杂主动句之间的难度差异太小。为了增加两者之间的难度差异,Kolk & Weijts(1996)采用在简单主动句中施事名词短语和主动词之间嵌入关系从句的办法来获得复杂主动句。结果发现,患者对于复杂主动句可行性判断的准确率要远远低于简单主动句。他们由此得出两个结论,第一,Linebarger 等(1983)所提出的第二种关于认知资源的解释不能排除;第二,除了句子中的词序之外,嵌入句也是影响患者语言理解的重要因素。后来的很多研究(例如,Hartsuiker & Kolk,1998;Kolk 等,2003)也都证明了认知资源对患者句子理解的影响。

资源受限假说的支持性证据还来自失语症患者对代词理解的研究。代词的使用是语篇衔接的重要手段,而要正确地理解代词的所指,需要准确理解它所处的语境,因此,需要把句法信息和语篇信息进行整合才能实现。这就意味着代词的理解会占用更多的认知资源,从而会增加患者理解的难度。Avrutin(2000)的研究发现,失语症患者在理解 Who did the tiger chase? 时要比 Which lion did the tiger chase? 容易得多。这一现象可以通过资源受限假说进行解释,因为在第二句子中 which lion 的理解需要根据上下文才能确定。该研究还表明，患者在代词理解方面的困难还表现在患者在理解一般代词（例如，Is Mama bear touching her?）要比反身代词（例如，Is Mama bear touching herself?）困难得多，因为反身代词的理解只是依赖于句子自身，而要理解一般代词则需要句法信息与语篇信息的融合。

3. 时间匹配假说

时间匹配假说（timing hypothesis）是由 Kolk 等人（Kolk & van Grunsven，1985；Kolk 等，1985）提出来的，它与资源受限假说的基本道理是一致的，只不过它把资源受限的后果聚焦在时间这一要素上面。该假说主要包括三个要点：（1）句子表征的建立所需的每一个要素都需要被激活，否则该要素就不会起作用；（2）要使激活达到一个关键的水平需要一定的时间，而且在激活达到峰值之后就会开始衰退；（3）不同要素之间的激活是相互依存的，也就是说，一种要素的激活要依赖于其他要素的激活。例如，句子中动词信息的激活依赖于句子中主语的信息激活。那么在这两种信息之间必须要有时间的同步性。如果决定各种要素激活水平的参数发生改变，这种同步就会出现问题，导致句子处理的混乱。这种改变可以体现在两种情况下，第一是激活速度降低，这就使得某一要素的激活需要花费更多的时间才能达到关键的水平；第二是激活的快速衰退，即使某一要素能够达到关键的水平，但是由于其衰退的速度太快，也无法实现与其他要素的整合。这样就导致句法信息在记忆中保持的时间过短，来不及进行正常的运算过程，包括题元角色的分配以及代词所指的确定等。从严格的意义上讲，时间延迟假说并不是某一个人的观点，而代表了失语症研究中的一种流派，因为关于失语症患者语言处理速度变慢、时间不够用的观点在失语症研究的历史上由来已久。早在 1885 年，Grashey 就提出失语症患者的词汇产出障碍是由于他们在语义和词形的表征之间缺乏同步性所造成的。他描述了一例具有严重图片命名障碍的患者，认为由于图画信息在记忆中保留的时间太短，患者没有时间去激活相应的词汇形式，从而导致命名障碍的产生。Wernicke（1885）非常赞成 Grashey 的观点，认为时间是考虑口语词汇形成的重要因素，并且可以应用于阅读和写作障碍的研究之中。

时间匹配假说也得到了许多研究（例如，Kolk，1995；Swinney 等，1996）的支持。更为重要的是，Haarmann & Kolk（1991）还依据此理论建立了一个名为 SYNCHRON 的计算模型来模拟短语结构表征层级结构建立的时间进程。在这一模型中，构建句法树所需的各种节点都需要花费一定的时间才能达到与其他节点结合所需的"记忆时间阶段",而这一时间是有时间限制的,一旦超过这一限制,有关要素就会从记忆中消失。另外,某个句法范畴,例如VP,必须要在直接子范畴(例如,V、NP、PP)在记忆中存在的情况下才能被提取。该模型成功模拟了不同严重程度的失语症患者在可逆序组织的主动句和被动句的表现。

9.3 语言产出中的句法障碍

如上文所述,神经语言学关于句法障碍的研究首先起源于对失语症患者语言产出障碍的关注。而这些研究则主要以失语症患者的自动言语分析为基础。语法缺失的典型症状就在于患者的言语中经常省略功能类的词或者词素,如:

> My uh mother died...uh...me...uh fi'teen. Uh, oh, I guess six month...my mother pass away. An'uh...an'en...uh...ah...seventeen...seventeen...go...uh high school. An uh...Christmas...well, uh, I uh...Pitt'burgh.(Goodglass,1976:239)

但是,值得注意的是,患者对于功能词或者词素使用的障碍并不是随机的,而是有选择性的,它们会根据所讲语言的不同而呈现出一定的规律。Grodzinsky(1990,2000)认为,失语症患者在功能词使用方面的障碍可以被概括为替换和省略两种类型。在像英语和日语这一类的语言中,在不加语法标志词素(如名词的复数形式,动词的各种时态标志等)时,一个词仍然可以独立使用,患者倾向于省略黏着词素。而在像希伯来语、俄语和意大利语这一类的语言中,一个词必须要和各种语法标志词一起使用,患者则倾向于用错误的语法标志词来替代目标词。这些症状都表明,语言的基本句法规则仍然对失语症患者的语言产出过程具有很强的制约作用。在语言产出的过程中,失语症患者语法标志或者句子成分的省略有以下两个方面尤其值得关注(Avrutin,2001)。

一、非限定形式(non-finite forms)的使用。语法缺失患者的一个典型症状在于他们经常在动词需要时态标志时,经常使用非限定形式,除了英语之外,这在各种具有屈折性变化的语言中都有体现,例如:

（g）televisie   kopen
　　 TV   buy　　　　　　　　　　　（荷兰语，De Roo，1999）
（h）ich   morgen   aufstehen
　　 I   morning   get-up-INF　　　　（德语，Penke，1996）
（i）sen   jag   ringa   till Maud syster
　　 then   I   call-INF   to Maud sister　（瑞典语，Platzack，2001）

　　但是，语法缺失患者并不是放弃所有的时态标志词，非限定形式的使用要受到各种句法和语义因素的限制。例如，Bastiaanse & van Zonneveld（1998）对讲荷兰语的失语症患者的研究发现，非限定形式的使用只是局限于主句之中。他们因此认为这反映了患者在动词移位方面的障碍，因为在荷兰语中，动词的移位只是出现在主句之中。Kolk（1999）的研究发现，对于荷兰语语法缺失的患者来说，非限定形式主要发生在行为动词（指表示动作的一类动词，例如，敲、打等），而静态动词（指表示状态而非事件和行为的动词，例如，理解、喜欢等）的时态使用则基本正常。Avrutin & Manzoni（2000）在对讲意大利语的失语症患者的研究中也有类似的发现。上述研究表明，语法缺失的失语症患者仍然保留着一些基本的语法或者语义的规则知识。

　　二、省略主语和限定词。对于布洛卡氏失语症患者来说，省略句子的主语和限定词是两个常见的现象（例如，Tesak & Dittmann，1991；Caplan，1996；de Roo，1999 等）。从表面来看，主语的省略似乎反映了患者提取词汇的困难，然而许多研究的结果表明主语省略更多地属于句法障碍的范畴。例如，de Roo（1999）对两位讲荷兰语的失语症患者的研究表明，患者省略主语的数量要明显多于省略宾语的数量，这说明患者在主语位置的产出方面存在更大的障碍。他还发现，主语的省略和非限定形式的使用之间也存在一定的关系，两种错误的出现往往是同时的。Avrutin & Manzoni（2000）对意大利语失语症的研究也得出了类似的结果，另外，他们还发现限定词的省略也经常与非限制形式同时出现。这些都说明主语和限定词的省略并非单纯的词汇提取障碍，而是由句子构建的困难引起的。针对语法缺失的各种表现，研究者也从语言学和语言处理两个角度提出了不同的理论解释。

9.3.1　以句法学为基础的理论

　　研究在解释语言产出中的语法缺失现象也主要采用了以 Chomsky（1957，1965，1981，1995，2000a）为代表的转换生成语法理论。

1. 特征删除假说

Grodzinsky（1990）不仅利用 Chomsky（1981）的管辖约束理论来解释失语症患者语言理解中的句法障碍，他还采用同样的思路对患者语言产出中的句法障碍进行了解释，提出了特征删除假说（feature deletion hypothesis）。管辖约束理论认为，语言中的各种功能性范畴需要通过一系列的抽象语法特征进行表征，例如，功能范畴 INFL（Inflection 的缩写）可以被表征为 Tense（时态，包括 [PresTns] 和 [PastTns]），从而确定句子的时间特征。另一个功能性范畴 D（determiner 的缩写）的后面需要跟名词性的补语，因此需要与数（number）、性（gender）、确定性（definiteness）等特征相关联。Grodzinsky（1990）认为，对于患有语法缺失的失语症患者来说，虽然这些功能性范畴仍然存在，但是他们的内在特征赋值被删除了。例如，对于正常人来说，句子 The boy kissed the girl. 的表征如图 9-1 所示（Clahsen，2008：168）。

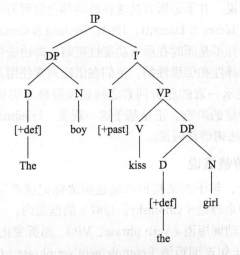

图 9-1 正常人的句法表征结构图

而失语症患者对该句的句法表征很可能如图 9-2 所示（Clahsen，2008：168）。

Grodzinsky（1990）指出，失语症患者句法表征的关键问题在于两个功能性范畴 D 和 INFL 没有在确定性和时态方面进行内部特征赋值，因此，在患者产出话语时，就会空出有关的位置，从而导致电报式句子（例如，boy kiss girl）的产生。

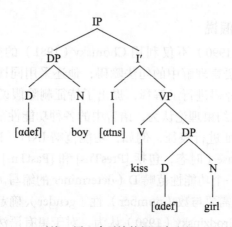

（注：用 α 表示该特征不存在）
图 9-2 患者的句法表征结构图

与语迹删除假说类似，特征删除假说的主要问题在于，对于患有语法缺失的患者来说，并不是所有功能性范畴都会受到失语症的影响。许多研究（例如，de Bleser & Luzzatti，1994；Nadeau & Gonzalez-Rothi，1992）表明失语症患者并不是同时在所有功能性范畴，即语法词素的使用上存在障碍，而是有选择性和层级性的。他们在语法词素使用方面障碍的层级性在表示时态和表示一致的屈折词素之间表现得最为明显，前者要比后者更容易受到失语症的影响。正是基于这一现象，Friedmann（2002，2005，2006）提出了句法树剪裁假说。

2. 句法树剪裁假说

生成语法中，句子的结构可以通过短语标记或者句法树的形式进行描述。在管辖约束理论（Chomsky，1981）的框架内，一个句子可以由三个结构层次，即动词短语（verb phrase，VP）、屈折变化短语（inflectional phrase，IP）和子句连词短语（complementizer phrase，CP），按照自下而上的顺序依次构成（如图 9-3 所示）。在每一个短语中，中心词（lexical head，X^0）和它的补语（complement）一起构成中间投射（X'），该中间投射又与限定成分（specifier）一起构成最大投射（XP）。在上述三个层次的短语中，动词短语处于结构的最底层，其中包括动词和它的主目语（argument）。动词短语之上是 IP 和 CP 两个功能性短语，IP 以名词短语（NP）作为限定成分，在其中心语 I 中同时包含了时态和一致特征，动词的词缀化（即附上它的屈折变化形式）通过动词移位到这一位置或者使屈折变化移位于动词而得以实现。CP 的中心语一般为一个自由词素，其中包括内嵌句子结构的连接词 if、that 等，其限定语为 WH 疑问词。

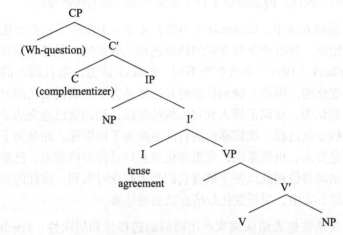

图 9-3　管理约束理论框架下的句法树结构

上述结构可以解释英语中的屈折变化过程，但是在解释其他屈折变化丰富的语言时就暴露出了不足。Pollock（1989）因此提出要把原来的 I 节点分离为时态（Tense，T）和一致（Agreement，Agr）（包括人称、性和数）两个单独的投射（如图 9-4 所示）。在一个句法树中，时态、一致和否定都被作为单独的节点，这样在管辖约束理论之下，功能性短语和实义词短语（例如，NP、VP 等）一样，都包含一个限定成分（specifier）和补语，时态以一致性短语（AgrP）或者否定短语（NegP）作为其补语，而一致性短语又

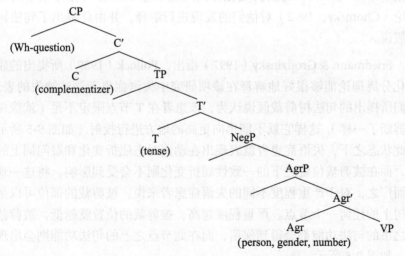

图 9-4　Pollock 的屈折变化分离理论（Friedmann & Grodzinsky，1997：412）

以动词短语（VP）作为其补语。一致性短语负责确保动词和主语之间在人称、性和数上的一致性。时态短语（TP）负责动词时态的屈折变化。

在其最简方案中，Chomsky（1992）又进一步发展了屈折变化分离的理论。他指出，屈折变化和动词的移位是相互联系的，但是动词移位的原因却与 Pollock（1989）观点有所不同。Pollock 认为，来自词库的动词是没有屈折变化的，因此，动词移位的目的就是为了完成词缀化的过程。而 Chomsky 则认为，在词汇插入到句法树的阶段，动词就已经完成了时态和一致的屈折变化过程。动词移位的目的不是为了词缀化，而是为了核查它们是否满足要求。也就是说，屈折变化节点只是作为核查点，已经具有屈折变化的动词移位到此以便于核查它们是否符合时态和一致性的要求，因此，在最简方案中，屈折变化是核查机制的结果。

针对失语症患者语法词素产出障碍的选择性和层次性，Friedmann & Grodzinsky（1997）研究了讲希伯来语的失语症患者语法缺失中屈折词素的使用情况。他们选择希伯来语作为研究对象的一个主要原因在于它所包含的屈折变化形式比较丰富，因此能够有效地验证时态与一致的屈折词素之间的差异。通过一系列的重复、完成句子、语法判断等实验以及对患者语言材料的分析，他们发现：（1）动词时态受损严重，而人称、性和数的一致方面则未受影响；（2）系词受损明显，从而导致了时态的替换或者屈折变化的省略错误；（3）WH 疑问词和子句连词（complementizer）常被省略，患者不能处理嵌入结构和WH 疑问词。Friedmann & Grodzinsky（1997）采用 Pollock（1989）的屈折变化分离理论和生成语法简化方案中的核查理论（Chomsky，1992）对他们的发现进行解释，并由此提出了句法树剪裁假说。

Friedmann & Grodzinsky（1997）指出，Pollock（1989）所提出的屈折变化分离理论能够很好地解释在该项研究中失语症患者语法缺失的表现。他们所提出的句法树剪裁假说认为，该患者在 T 节点限定不足（就像树枝被剪断了一样），这样它就不能再向更高的地方进行投射（如图 9-5 所示）。在此状态之下，失语症患者就表现出在动词时态屈折变化和疑问词上的障碍，而在被剪裁位置之下的一致性屈折变化则不会受到影响。将这一观点推而广之，对于严重程度不同的失语症患者来说，被剪裁的部位可以是句法树上的任何一个节点。严重程度越高，被剪裁的位置就越低，被剪裁节点之下的句法功能都会得到保留，而在此节点之上的句法功能则会出现障碍，如图 9-5 所示。

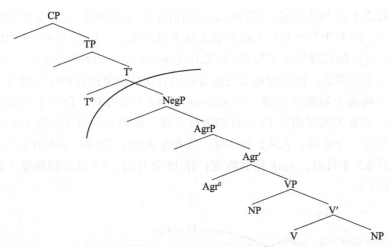

图 9-5 语法缺失的句法树（弧线表示损伤的位置）
（Friedmann & Grodzinsky，1997：415）

句法树剪裁假说的最早提出主要是为了解释失语症患者语法缺失中时态和一致性屈折变化的选择性受损以及它们的层次性问题，而对位于句法树最顶端的 WH 疑问词问题研究得并不充分。鉴于此，Friedmann（2002）又专门针对失语症患者疑问句的产出进行了研究，结果表明：（1）在希伯来语、阿拉伯语和英语中，WH 疑问词都需要移位到 CP 限定成分的位置（spec-CP）。对于具有语法缺失症状的失语症患者来说，由于句法树已被剪裁，spec-CP 已不存在，因此他们在 WH 疑问句的产出方面存在严重的障碍。（2）在希伯来语和阿拉伯语中，WH 疑问句和 Yes/No 疑问句具有不同的结构，其中，WH 疑问词需要移位到 spec-CP 的位置，而 Yes/No 疑问句的形成不需要 CP 的参与，因此，两种语言的失语症患者在 Yes/No 疑问句的产出能力上比较正常。（3）英语 Yes/No 疑问句和 WH 疑问句的形成都需要 CP 的参与，因此，该语言的失语症患者在两种问句的产出上均存在严重的障碍。这些结果都证实了句法树剪裁假说。

其后，Friedmann（2005，2006）、Friedmann 等（2010）以及 Grodzinsky（2000）的研究又从不同的角度对这一假说进行了进一步研究和证实。其中，值得一提的是 Friedmann（2005）的研究。该项研究的重要意义在于两个方面，首先，它发现具有不同严重程度的失语症患者在语法缺失方面的表现可以很好地通过句法剪裁假设进行解释。对于严重程度较高的语法缺失患者来说，句法树被剪裁的位置为 TP，这样他们就失去了在此位置及其之上的句法功能，包括时态的屈折变化形式和与 CP 相关的句法形成能力；而对于严重程度稍低的语法缺失患者来说，句法树被剪裁的位置为 CP，这样他们就失去了与 CP 相关的疑问句和嵌入句的生成能力。其次，也更为重要的是，该研究还发现患者在语言功能恢复的过程中呈现出了沿着句法树向上攀爬的过程。Friedmann（2005）通过对一位讲希伯来语的失语症患者大脑损伤后 15 个月的观察发现，该患者语言功能恢复的过程可以分为三个阶段：在 4.5 个月时，患者在 AgrP，TP 和 CP 都存在障碍；在其后 6.5 个月时，AgrP 得到恢复；在 15 个月时，TP 又得到恢复（如图 9-6 所示）。

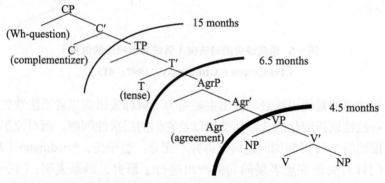

图 9-6　语法缺失患者的恢复过程（Friedmann，2006：79）

在 Friedman 不断修订、完善和证实句法树剪裁假说的同时，其他学者也为该理论提供了更多的支持性证据。来自更多语言的研究结果表明，失语症患者对于动词一致性的产出能力要远远高于时态的屈折变化，这就进一步证实了两者之间的层次性，例如，西班牙语（Benedet 等，1998）、加泰罗尼亚语（Ferreiro，2010）、德语（Wenzlaff & Clahsen，2004）等。更为重要的是，该理论还得到了 Tissen 等（2007）关于一位双语失语症（德语和卢森堡语）患者研究结果的证实，其结果表明，该患者同时在两种语言中表现出动词一致性的产出能力高于时态的现象。另外，也有来自更多语言的研究结果表明，失语症患者在涉及 CP 的疑问句和嵌入句的生成能力方面要远远低于不涉及 CP 的疑问句，例如，英语（Thompson 等，2002）、希腊语（Fyndanis 等，2010）等。这些研究都进一步增强了句法树剪裁假说的解释能力和可靠性，并使之成为目前神经语言学领域解释失语症患者语言产出过程的语法缺失现象最具影响的理论之一，Friedman（2008）甚至认为该理论也可以用来解释失语症患者的理解障碍。

不同失语症患者的语言障碍不是完全一样的，它们会因为严重程度的差异而呈现出一定的阶梯形和层次性，句法树剪裁假说很好地抓住了这一点并利用生成语言学理论做出了合理的解释，这为我们认识失语症患者语法缺失产生的原因提供了一种重要的思路。

3. 可解释性特征损伤假设和时态表征不足假设

尽管 Friedman & Grodzinsky（1997）在提出句法树剪裁假说时也提到了生成语言学的最简方案（Chomsky，1992），但是该理论的主要内容还是基于管辖约束理论（Chomsky，1981）和 Pollock（1989）的屈折变化分离理论。Friedman（2001，2002，2005，2006）也一直在不断地验证与完善该理论，但是所依据的句法理论基本未变。而在此期间，生成语法理论又有了许多新的发展，例如，在最简方案的最新发展中（Chomsky，2000a），时态和一致性已经不被视为两个独立的功能范畴，一致性是一种核查时态的不可解释特征的运算操作。基于转换生成语法理论的新发展，研究者又提出了两种理论来解释失语症患者的语法缺失障碍。其中一种理论被称为可解释性特征损伤假设（impaired interpretable feature hypothesis）（Nanousi 等，2006；Varlokosta 等，2006）。Chomsky（1995）认为，动词的特征可以分为可解释性和不可解释性两种类型，诸如像人称和数等特征因为与语义的解释无关，因此被称为不可解释性特征，而像时态和语气等特征会对句子的语义解释产生作用，因此被称为可解释性特征。可解释性特征假设认为"可解释性的功能范畴可能会对非流利型失语症患者造成更大的困难"（Varlokosta 等，2006：742），因为对于该类患者来说，"可解释性特征的形态—音位体现机制已经不能正常地工作"（Nanousi 等，2006：235）。而那些参与不可解释性特征核查的运算，例如，一致性却未受影响。因此，语法缺失的失语症患者在一致性的产出能力方面要好于时态。另一种理论是时态表征不足假设（underspecification hypothesis, Wenzlaff & Clahsen 2004），该理论认为失语症患者的时态产出困难是由于 TP 这一功能范畴失去了它的表征 [+past] 或者 [–past] 所致。但是，上述两种理论都只能解释一种现象，即失语症患者对于一致性的产出能力要好于时态，而句法树剪裁假设除了能解释这一现象之外，还能解释失语症患者在 WH 疑问句和嵌入句产出方面的障碍。因此，句法树剪裁假说在解释能力方面仍然是目前最具优势的理论。

9.3.2 与语言处理相关的理论

心理语言学研究表明，语言产出主要包括三个层次（Harley，2001）。最高的层次是概念化（conceptualization），在此过程中，人们要把意图转化为要表达的概念。中间的过程是言语组织（formulation），即把要表达的概念转换为语言形式。言语组织包括以下环节。第一个环节是词汇生成（lexicalization），即选择说话者想要使用的词汇；第二个环节是句法计划（syntactic planning），根据词汇的意义和语法性质选择恰当的词汇，并产生一句话的句法框架；第三个环节是制订具体的语音和发音计划；第四个环节是语音编码，把所选择的词汇转化为声音。最后一个过程是发声（articulation），涉及更为具体的语音和发音的计划，即把语音编码转换成发声的肌肉运动程序，并执行这一程序。在我们把思想组织为言语计划后，就要执行这一计划，有关的信息就会从大脑传递到言语系统里的肌肉，以执行必需的动作，产生所要说的声音。由此我们可以看出，语言的产生是一个非常复杂的过程，任何一个环节的损伤都有可能造成语法缺失障碍的产生。

1. 时间匹配假说

时间匹配假说（Kolk & van Grunsven，1985；Kolk 等，1985）不仅用来解释失语症患者在语言理解过程中所表现出的语法缺失现象，也被用来解释语言产出中的语法缺失。根据这一理论，句法计划的整个过程需要在有限的时间内完成。而所有失语症患者的大脑损伤会导致他们的认知资源受到很大的限制，而这一限制表现在语言处理的时间方面时，患者会出现语法信息提取速度变慢以及在提取出来之后会过快消退的现象。这不仅会影响句法计划过程中语言处理过程的同步性，甚至也会影响概念化阶段各种处理过程的同步性。

Hartsuiker & Kolk（1998）采用句法启动实验验证了时间匹配假说的有效性。在该实验中，首先要求受试者重复句子，然后向他们展示一幅图画，并要求他们用一句话进行描述。没有语言障碍的受试者一般会使用刚刚重复过的句子形式来描述该图画，尽管他们并不知道实验的真正目的（事先只是告诉受试者，他们要参与一项测验图画记忆力的研究）。研究还发现，参加该实验的 12 位讲荷兰语的语法缺失患者也表现出了与正常人同样水平的启动效应，甚至有一位比正常人还要明显。更加令研究者关注的是关于被动句的产出结果。在这些患者的自动言语中，没有出现一个被动句结构，而在图片描述的预测中，只有一位患者说出了一个被动句。但是在经过启动之后，其中的 7 位患者能够说出一个甚至多个被动句。这一结果与时间匹配假说中关于失语症患者的大脑损伤会导致语法信息提取速度变慢以及在提取出来之后会过快消退的现象这一观点是一致的。在让患者重复句子时，有关的句子结构已经得到激活，这样可以提高患者对句子成分的处理速度，使得有关的句子的激活程度更快达到激活阈值，从而弥补了由于大脑损伤而导致患者句法信息处理速度过慢的问题，使他们能够像正常人那样产出有关的句子结构。

Hartsuiker 等（1999）又对讲荷兰语的语法缺失患者进行了实验以便于研究表示一致的屈折变化的产出情况。他们首先向受试者呈现句子的一个部分，并要求他们重复并完成句子。其中，控制的变量之一是核心名词的概念数量。为了便于理解，我们使用英语的例子来说明这一点，例如，the baby on the blankets 和 the label on the bottles，这两个句子成分看似一样，但是对于第一个来说，baby 在语法和概念上都是单数，而 label 尽管在语法上是单数，但是在概念上是复数，因为 bottle 为复数，而每个瓶子上面都应该有一个标签。对于没有语言障碍的受试者来说，概念数量对于他们的语言处理具有明显的影响。当他们遇到语法上为单数，而概念上为复数的名词时会更容易犯主谓一致的错误。这说明正常人在处理主谓一致时，会把主语中核心名词的概念信息考虑在内。而对于语法缺失的患者来说，在同样的情况下，他们出现主谓一致错误的数量要远远小于正常人。这说明患者并没有像正常人那样把主语中核心名词的概念信息考虑在内。Hartsuiker 等（1999）认为，产生这种情况的原因在于语法缺失患者没有能够很好地实现概念与句法信息的同步性，这也在一定程度证实了时间匹配假说。

2. 省略假说

省略是一种正常的语言现象，对于正常的讲英语的人来说，Everybody out. 根本就不是什么语误，而是通过省略而形成的一个简洁有力的表达方法。使用动词的非限定形式也可以被看作是一种对时态、一致性等屈折变化的省略。Indefrey 等（2001）采用 PET 技术的研究发现，与产出完整的句子相比，说出省略动词的时态、一致性等限定成分的句子对于大脑的激活程度要小。省略假说与时间匹配假说具有相同的思路和理论基础，它们都认为大脑损伤会导致患者语言处理的认知资源受到限制，而患者会采取各种策略来适应这一变化。省略假说认为，患者为了适应自己语言处理资源的不足，减轻大脑的工作负担而过分使用了这些省略结构，从而导致了语法缺失现象的出现，而他们这样做的原因在于大脑损伤致使他们失去了产出完整句子所需的足够的大脑激活的能力。也有许多的证据可证明这一假说。失语症患者的语法缺失现象，诸如，词序的问题、主语省略、屈折形式省略等，在正常人的言语中也时有出现。Kolk（2001）对儿童、正常人和语法缺失患者的言语材料中的省略现象进行了比较，结果发现他们在省略的类型以及分布等诸多方面均呈现出很大的相似性。

省略假说与上述时间匹配假说并不矛盾，省略只不过是患者应对认知资源受限的策略之一。其实，早在20世纪早期，就有"经济原则"的存在（Ahlsén，2006）。该观点认为，语法缺失患者经常省略语法标志词，这是因为他们要适应自己讲话的困难，从而使得自己的语言更简单，速度更慢。现代版的经济原则是由Kolk等人（例如，Kolk，1987；Kolk & Heeschen，1992）提出的。他们认为，患者为了适应自己时间匹配的困难，除了上述的省略或者简化策略之外，还可以采取减缓语速或者多次自我打断、重新开始讲话的策略。

9.4 句法理论与语法缺失研究

由上文的论述我们不难看出，以Chomsky为代表的转换生成语法理论已经被广泛地用于失语症患者语言理解和语言产出的句法障碍的研究之中，各种理论的提出与发展过程很好地体现了神经语言学研究的学科特点，因此具有重要的学科意义。作为介于语言学和神经科学之间的研究领域，神经语言学一方面要借助于包括PET、fMRI等现代化大脑成像技术和神经科学理论来研究语言的神经基础，该方面的研究集中体现了这一学科的神经科学特性。另一方面，它还要利用语言学理论对于失语症患者的语言障碍进行系统的研究，从而体现它的语言学特性。

失语症患者语言障碍的研究主要有两个目的。第一个是描述，就是要发现他们的哪些语言能力被保留下来，哪些语言能力丧失了，从而为帮助患者恢复语言功能提供理论的支持。而任何的描述必须要依据一定的理论基础，这些理论的来源主要包括语言学和心理语言学两个领域。第二个目的是解释，就是要解释人类语言能力的构成结构。Chomsky（1957）认为语言学研究的目标就是要发现人的语言能力，即关于语言的内在知识。而这些知识都是抽象的，只能通过我们使用这些知识的语言行为得以研究。但是，语言行为，即我们产出、理解和习得语言的过程，不仅仅依靠我们的语言能力（或者语法能力），还要受到认知、社会、语用和语篇等多种因素的影响。在通过观察语言行为研究人的语言能力时，还要注意把语法能力和认知能力、语用能力等区分开来。因此，对于生成语言学家来说，找到能够真正反映语言能力的外在语言材料一直是他们所关注的重点之一。失语症患者的语言行为对于研究人的语言能力具有独特的价值。神经语言学中关于失语症患者语言障碍的研究表明，患者的语言错误不是随机的，而是具有其内在的规律，与正常人的语言具有同样的类型范畴和表征层次，同样反映人类的语言能力，我们可以通过失语症患者语言障碍的描述与分析来研究人的语言能力（Fromkin，1971，1997）。另外，在实现上述两个目标的同时，失语症患者语言障碍的研究也为语言学理论提供了一种有效的验证基础。评价一种理论的重要标准之一就是它对语言现象的解释能力，其中就包括失语症患者的语言障碍。因此，Grodzinsky（1990）提出了障碍的兼容性（breakdown compatibility）这一概念，指出能否解释失语症患者的语言障碍应该成为衡量语言学理论的科学性的重要标准。这对于生成语言学的发展显得尤为重要，因为该流派的研究更多地依靠理论的推导，而在语料的使用方面则显得不足。

各种理论在提出之后，在神经语言学领域都产生了不同程度的影响，它们既获得了大量支持性结论，也有许多研究对这些理论提出了质疑，从而暴露出来这些理论目前存在的问题，对于这些问题的解决也就构成了该领域今后的主要研究问题。

第一，与生成语言学理论最新发展的结合以及其他句法理论的应用。一般而言，神经语言学中句法理论的应用往往会滞后于句法理论本身的发展，目前大多数用来解释语法缺失的假说或者理论都是以 Chomsky 的管辖约束理论为基础，而此后转换生成语法又得到了很大的发展，因此，如何根据这些新的进展调整神经语言学有关理论的内容，并通过对失语症患者语法缺失障碍的研究进行证实，将成为今后的一个研究重点。已经有学者开始了此项工作，例如，Burchert 等（2005）的研究认为，把时态和一致不再视为两个独立的功能节点，而是通过语义的可解释性和不可解释性特征对时态和一致进行区分，能更好地解释失语症患者语法缺失中时态和一致分离的现象。上文所提到的受损伤的可解释性特征假设（Nanousi 等，2006；Varlokosta 等，2006）和时态表征不足假设（Wenzlaff & Clahsen，2004）都是利用生成语法理论最新发展的尝试，但是它们在内容方面尚显单薄，解释力和影响力也不能与句法树剪裁假说相比。另外，在现有的句法理论中，除了生成语法这一重要的流派之外，还有关系语法（Perlmutter，

1983；Perlmutter & Rosen，1984）、角色参照语法（van Valin，1993，2005）、词汇功能语法（Bresnan，2001）等理论，那么这些理论对失语症患者句法障碍的解释能力如何？这也是我们值得考虑并可以着手进行研究的问题。

第二，语法缺失障碍的评测。我们不妨以句法树剪裁假说为例来说明语法缺失障碍评测的重要性。如上文所述，句法树剪裁假说很好地抓住了失语症患者因为严重程度的差异而导致的语言障碍的等级性和层次性。但是，该理论存在的一个重要缺陷是，如果句法树在某个节点被剪裁，这就意味着该节点之上的所有句法功能都应完全丧失。而现在的实际情况是，其中许多功能仍然保留，只不过出现障碍的可能性更大而已。其中，一个关键问题在于目前还缺乏一个独立的标准来衡量患者语言障碍的严重程度，以准确地判断语法缺失中哪些语法词素还可以正常使用，哪些是部分地保留，哪些是完全丧失。没有这样一个标准，我们很容易陷入循环论证的圈套之中。正如Penke & Gent（2011：12）指出的那样，"语言结构X（例如，V2的移位）的产出困难被认为是患者语言障碍的表现，这一障碍会导致句法树高处某一功能节点（例如，CP）被裁剪，而表明某一功能层面（例如，CP）真的被裁剪的证据又是来自某一语言结构（例如，V2的移位）产出困难的事实。"由于缺乏这样的一个标准，句法树剪裁假说对某些患者的表现很难做出合理的解释。例如，根据该假说，CP位于整个句法树的最高层，应该是最容易受到损伤的部分，因为下面任何节点的损伤都会导致失语症患者在CP层次的障碍。但是，有许多研究却否定了这一点。例如，Wenzlaff & Clahsen（2005）的研究表明一些讲德语的失语症患者在时态使用方面的正确性极低，但他们在与CP密切相关的动词词序方面却具有很高的准确度。与此类似，Thompson等（2002）和Lee等（2005）的研究都发现，一些讲英语的失语症患者的时态使用存在严重的问题，但是在复杂句的结构方面却没有任何问题，而它们都与CP有直接的关系。目前对于上述研究结果所能采取的支持句法树剪裁假说的做法，只能是认为这些患者的语言障碍的严重程度不足以呈现出句法树剪裁假说所预测的结果（Penke & Gent，2011）。因此，下一步的研究应该着重于这一标准的设计，这不仅有利于句法树剪裁假说本身的发展，对更加准确地描述失语症患者的语言障碍也非常有用。

第三，语法词素的具体化。现有的各种理论只是笼统地区分了时态和一致两种语法词素，但是每个类别又包含有多种类型。比如在英语时态中，我们还可以进一步区分一般过去时、现在进行式、现在完成时等各种不同的类型，而英语的一致又可分为人称、性、数等方面的一致。因此，失语症患者在不同的时态和一致屈折变化使用方面的表现是否完全一致，也是值得我们进一步研究的问题。例如，Druks & Carroll（2005）在总结了针对具有语法缺失障碍的讲英语的失语症患者的研究之后发现，动词现在进行时 -ing 被省略的比例要远远小于过去时 -ed 或者一般现在时的第三人称单数形式 -s。Garraffa（2009）的研究也发现同一失语症患者在不同的一致类型的产出能力上表现出很大的差异。另外，语法缺失现象还涉及动词的语气（mood）问题，这也是目前的大多数理论所未涉及的部分。Clahsen & Ali（2009）的研究表明，当不考虑动词的语气时，句法树剪裁假说具有很好的解释力。但是，如果把语气考虑在内，该假说就有不足之处。Schütze（2004）认为，动词的时态和语气是不同的功能范畴，分别形成单独的最大投射（TP 和 MoodP），而且在句法树中，MoodP 应该位于 TP 之上。那么，根据句法树剪裁假说，失语症患者动词语气的使用能力要低于动词时态。但是，Clahsen & Ali（2009）的研究结果恰恰与之相反。这些结果都使得我们需要进一步做更为细致的研究。

9.5 结语

失语症患者的句法障碍是一个非常复杂的现象。其复杂性一方面表现在，语法缺失的出现并不是非有即无的现象，而是往往根据患者的不同而表现出程度的差异。复杂性的另一方面是，我们对大脑的内在工作机制以及语言处理的心理过程还存在许多认识的盲点，句法障碍往往又和词汇障碍混淆在一起，有时非常难以区分。为了解释语法缺失产生的内在原因，研究者分别从句法学理论和语言处理两个角度提出不同的假说，而且都有相应的支持性证据，也都有其解释的局限性。要找到语法缺失的真正原因，并为失语症患者的语言康复提供理论支持，我们尚有大量的工作要做。这些工作可以从两个方面进行。一是理论的内在整合与发展。不论是从句法学理论的角度，还是从语言处理的角度，都各自有许多不同的假说，它们往往从不同的着眼点来解释某些特定的问题，如果能够对它们进行有效的整合，充分吸收现有假说的合理成分，将会发展出更加全面、更具说服力的理论。二是两个角度理论的相互整合。以语言处理为基础的模式具有解释的灵活性的特点，可是说明语法缺失现象的多样性和复杂性，但是有关的假说往往显得比较模糊，不够具体。而以句法学理论为基础的假说具有确定性的特点，从中可以明确地预测患者可能出现的语言障碍，但是存在着灵活性不足的问题，如何在这两类假说之间进行相互的借鉴和整合也是一个富有挑战性的问题。

第10章

语用障碍

现代意义上的 Pragmatics（语用学）一词最初是由美国哲学家 Morris（1938）提出来的。他将符号学（semiotics）分成三个组成部分：第一是句法学，研究符号与符号之间的关系；第二是语义学，研究符号与所指对象之间的关系；第三是语用学，研究符号和符号使用者之间的关系。目前，人们对语用学的定义及其研究领域还有不同的看法，Levinson（1983）列出了近十个语用学可能的定义，并且认为其中没有一个是令人满意的。总体而言，这些定义涵盖了目前两种对于语用学的理解，一种是广义的，即将语境因素引入到传统的句法和语义领域的一种语言研究方法。但是，从目前语用学研究的现状来看，人们还是更加倾向于另外一种理解——狭义的理解，即研究从哲学讨论衍化而来的一些语言使用的问题，研究在一定的上下文里语言的使用，包括所产生的字面意义和蕴含意义，以及可能产生的效果。

从时间上来看，语用学的诞生要早于神经语言学。但是，与语音学、音位学、形态学、语义学和句法学等语言学的其他分支学科相比，语用学理论在神经语言学中的应用要晚得多。虽然，对于语用障碍的研究也关注失语症患者，但是它更多地关注大脑右半球损伤的患者，因为对于许多大脑右半球受到损伤的患者来说，他们在词和句子的理解和产出方面没有表现出明显的障碍，但是往往会表现出交际的困难。神经语言学研究者更加关注此类患者的语用障碍，并把语用学理论应用于神经语言学的研究之中。随后，这些研究又逐步扩展到其他类型的具有语言障碍的患者，例如，自闭症、精神分裂症、痴呆、虚构症等。在这些研究中，研究者们力图对各种患者的语用障碍进行详细的描述，并在此基础上对产生这些障碍的原因以及相应的大脑机制进行研究。目前，有关的研究已经发展成为一门相对独立的分支学科，被称为神经语用学（neuropragmatics）（Stemmer，2008a）。在本章中，我们将以一些主要的语用学理论为框架，讨论语言障碍患者的语用障碍。

10.1 指示语的使用障碍

10.1.1 指示语的定义与类型

指示语（deixis）是语用学的一个重要内容。话语和语境之间的关系是通过指示语而得以在语言结构上反映出来的（何自然，1988）。指示语所表达的指示信息是理解和表达意思的关键。指示信息不清的话语往往难以理解，甚至会导致误会。例如，假如我们在办公室的桌子上看到这样的一张纸条，上面写着 I'll be back in an hour.，由于字条上面没有具体的时间指称信息，我们不知道它是什么时间写的，也就无法准确知道写字条的人到底什么时候回来。Levinson（1983）把指示语分为以下四种类型。

1. 人称指示语

人称指示语表示言语活动中参加者的角色，它们理解起来相对比较简单。人称指示语的使用体现了参与言语行为各方之间的关系，"我"常指说话者，是各种人称指示语的心理原点，"你"或"您"指听者或受话者，而"他"则是对第三人称单数的指示。由于说话者在会话过程中，角色在不断地变化，对于同样的指示物，他们将使用不同称呼，例如，在下面的对话中，指示代词"我"、"你"和"他"都是用来指称"李明"的。

李明：今天老师批评我了。
妈妈：你不要老做错事。
爸爸：他不是个捣乱的孩子。

2. 时间指示语

时间指示语表示以说话（或者书写）的时间为基准的时间。最常用的时间指示语是各种时间副词以及能做时间副词用的名词或名词短语。时间指示和日历上的时间明显不同，它是从说话者的角度去表达的。例如，"去年八月"和"2013年8月"具有明显的不同。前者只能从说话时间上去理解，而后者是某个特定时间的精确说法。同样，"我们在<u>昨天 / 上一周 / 一分钟前 / 两点钟</u>开了个会"中有下划线的部分需要根据说话时间来理解。另外，时态也可以被认为是一种时间指示语，通过动词各种时态的使用，我们也可以判断事件发生的时间。

3. 地点指示语

地点指示语也称空间指示语，用来表示话语中人、物或事件的相对位置（以话语发生的位置为基准）。地点指示比人称指示和时间指示更难描述一些，因为地点指示与空间概念密切相关，而对于空间概念的认知以及语言对这些概念的表达都很复杂（Lyons，1977）。很多语言都有近指和远指之分，近指表示在说话者近旁，远指表示不在说话者近旁，有时可能指在听者近旁。这种区分一般通过"这（个）/那（个），这里/那里"来表达，例如，"这个地方很漂亮"、"那个地方很漂亮"、"这里是我出生的地方"和"那里是我出生的地方"。在上面4个实例中，指示限定词"这个"、"那个"使名词词组出现了一种对比，它使指示物对说话者产生了具体的近和远的距离，其中说话者是对比或指示的中心。同样，状语代词"这里"和"那里"也存在同样的区别。

一些表达运动或空间方向的词也具有指示功能，例如"带来"、"拿走"、"来"、"去"等都是通过说话者的方向变化特征而产生区别的。"在……的前面"和"在……的后面"也具有指示意义，例如表示与"树"、"凳子"或"桌子"的位置关系时，这些物体本身并没有所谓的前后区别。例如，在"我刚才看到你的狗在树的后面"中，"在……的后面"也被用来做指示，因为它强调了从说话者出发的方位。而"我刚才看到你的狗在车的后面"则属于指示模糊或无指示，因为"狗"可能是在"车"内部的后面，或当车在人和狗之间时，狗可能在车的附近。

4. 话语指示语

话语指示语是在说话或者行文过程中选择恰当的词汇或者语法手段来传达话语中某部分（如话语的前述部分或者后述部分）或某方面的指示信息（何自然，1988）。话语指示语与地点指示语和时间指示语的关系密切，因为说话总是在一定的时间和地点展开的，而且有些话语指示语本身就是时间或者地点的指示语。例如，earlier 和 latter；the preceding 和 the following、the next 和 the last、the former 和 the later、above 和 below、this 和 that 等。这些话语指示语可以分别传达前述或者后述的话语信息，可以成对使用，也可以单独使用，在话语中起着承上启下的作用，从而使话语和语篇连贯。

10.1.2 指示语障碍

虽然人们对于指示语的使用研究开始得较晚，但是对于代词使用的研究则很早就开始了。例如，Wepman & Jones（1966）研究发现，非流利型失语症患者很少使用代词，由于指示语的功能很大一部分是由代词完成的，因此，失语症患者在指示语的使用方面存在障碍。Gleason 等（1980）让

10位失语症（包括布洛卡氏和传导性失语症）患者和5位没有语言障碍的正常人根据3幅图画讲述故事。他们发现布洛卡氏和传导性失语症患者所使用的指示语少于正常人。这一结果在后来的一些研究中（例如，Bates等，1983；Perkins，1989；Parsons，1993；崔刚，2002）得到了进一步的证实。但是，这些研究都是以失语症患者为对象，对于指示语的使用障碍往往是其他语言障碍的一种衍生品，因此尚属于对表面现象的研究。

对于语言表达中指示语障碍的深入研究往往要探究这一障碍所反映的内在认知机制，因为指示语的使用不仅是一个语用学的问题，还与人的认知模式具有密切的关系。人们在使用和理解指示语时必须有一个明确的出发点或参照点，也就是首先要确定一个"指示中心"（deictic center）。一般情况下，指示中心的确定遵循"自我中心"的准则。也就是说，一个言语事件一般以说话者为中心角色，以说话者说话时的时空参照为原点，并以此为观点来观察周围的其他人或事物。但有的时候说话者为了达到某种特殊的效果，会有意选择违背以说话者自我为中心这条准则，把指示中心转移到听者或其他听众身上。在探究指示语障碍所反映的认知机制的研究中，研究的对象也不再局限于失语症患者，而是扩展到虚构症（confabulation）、精神分裂症（schizophrenia）和阿尔茨海默症等。

虚构症是指患者在回忆中将过去事实上从未发生的事或体验说成是确有其事。该症状一般与痴呆、中风等疾病相关联，被认为是一种记忆性障碍，患者在被要求回忆往事时，为摆脱窘境，往往会以随意想出的内容来填补记忆的空白。因此，虚构症的研究大多从心理学的角度出发，探讨患者在记忆方面所存在的问题（例如，Cunningham等，1997；Nathaniel & Frith，1996）。但是，我们也可以从语用学的角度来分析虚构症患者的语言，它有助于解释虚构症产生的内在认知过程，帮助我们认识患者言语的内在构建过程，因为这些患者在语音、句法、词汇和语义等方面都不存在什么障碍。在分析患者的言语时，我们有必要把言语发生的具体语境考虑在内，仔细分析问题和回答之间的关系，因为只有在与具体语境相关的情况下，我们才能对话语内容的真实性做出判断，而语境就包括解释者的出发点（这与指示中心的确定密切相关）以及对于相关问题的认识。重复型错构症（reduplicative paramnesia）是虚构症的一种类型，它是由大脑右半球后部损伤造成的，该类患者往往会失去方位感，在回答与所处位置有关的问题时，他们会临时做出各种错误的回答，但仍然坚信自己的回答是正确的。这一症状很可能是由患者的自我中心与时间和空间的关联障碍造成的。

基于上述认识，Tallberg（2001）结合 Fauconnier（1994，1996，1997）的心理空间（mental space）理论对一位重复型错构症患者的指示语障碍进行了个案研究。心理空间是一个与现实空间相对独立的指称结构，是语言使用者分派和处理指称关系的概念框架（conceptual structure），通过对于心理空间的探讨可以解释语言形式背后的错综复杂的认知过程。心理空间由空间构造语词（space-builder）构建，其中包括介词短语，例如，in Len's picture、in 2004、from his point of view 等；副词，例如，probably、really、theoretically 等；连词，例如，if...then...、either...or... 等；助动词，例如，will、could 等；否定词，例如，not、never 等；以及含有 believe、want 或者 hope 等的主谓结构，例如，Max believes... 等，这些都是一些"能够构建新的空间或者能够回指到话语中已经引入的空间的表达方法"（Fauconnier，1997：187），而且与各类指示语具有密切的关系。

在现实生活中，人们对于事物的想象或假设、对未来的展望、对过去的回忆等，都是建立在与当前的现实相对比的基础之上的。例如，过去式描述说话之前所发生的事情，而将来式则描述说话之后所发生的事情，两者之间的共同之处在于都以说话时的时间为参照点。与此类似，心理空间理论也有一个以现实世界为基础的参照点，它首先以现实世界为基础建立一个真实空间（reality space），然后根据心理空间构造语词建立一个与真实空间相对的心理空间。例如，In the painting the girl with blue eyes has green eyes. 这个句子中，介词短语 in the painting 是一个心理空间构造语词，它建立了一个与真实空间相对的影像空间，如图10-1所示：

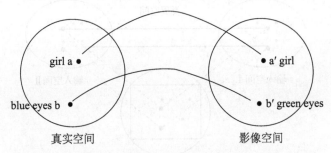

图10-1 心理空间示意图（张荣兴、黄惠华，2005：683）

在图10-1中，真实空间中的 a 与 b 被称为空间语义项，分别与影像空间中的 a' 和 b' 相对应。空间语义项 a 和 b（即 girl 和 blue eyes）和影像空间中的 a' 和 b'（即 girl 和 green eyes）之间是触发语（trigger）和目标语

（target）的关系。空间语义项一般由名词性成分担任，它们可以是现实世界中的实体，也可以是想象中的实体（例如，鬼、神、龙等）。Fauconnier（1994）把这种不同心理空间中的语义项相互联系对应的关系称为空间识别原则。根据这一原则，我们可以把真实空间中的"蓝眼睛的女孩"（即触发语）和影像空间中的"绿眼睛的女孩"（即目标语）相互对应，联结起来，从而解释了为什么同一个女孩子可以有蓝眼睛和绿眼睛。

心理空间理论是关于意义构建的理论，而意义的构建主要通过空间的融合来实现。从结构来看，最小的空间融合运作首先要包括两个输入空间（input space，如图10-1所示就是两个输入空间），它们之间必须有部分成分可以相互映射（cross mapping），即存在相同的空间语义项（如图10-1所示，真实空间和影像空间中都有girl这一名词）。另外还需包括一个类属空间（generic space）和一个融合空间（blend space）。类属空间通常被用来与输入空间相对照，其主要功能在于提取两个输入空间中彼此共有的特征，因此属于比较抽象的纲要式（schematic）的组织结构。融合空间是指不同的心理空间在语义互动之后所产出的新的语义结构，它是在融合输入空间部分语义的基础上所产生的全新的语义。心理空间相互融合的基本结构可以用图10-2来表示：

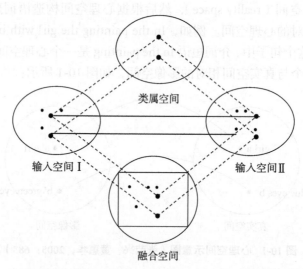

图10-2 心理空间融合结构示意图（基于Fauconnier & Turner，2002：273）

Tallberg（2001）研究对象的大脑右半球枕叶因梗塞而受到损伤。该患者机体运动机能正常，也没有表现出失语症的症状，其主要问题在于方位感的混淆。该研究对患者和言语病理师之间的会话进行了分析，发现其中包含大量的关于时间、地点和人物的重复性虚构内容。Tallberg（2001）重点研究了两者之间会话的构建过程，主要包括：（1）自我形象（self-image）：指一个人对于自己相对于他人的形象的心理构图；（2）语境：主要包括言语行为本身、被描述的情景和资源语境（指用于描述言语中情景的话语结构模板或者原型模式），根据心理空间理论，来自资源语境中的一个新的指称词被引入到其他两个语境之中就会产生投射意义，并且有助于话语行为的进展；（3）心理空间的构建，主要通过心理空间构造语词的分析，来考察认知结构被投射到语言结构的过程；（4）心理空间投射，指将输入空间的部分知识投射到融合空间，主要包括两个独立的运作，一是把一种情景之中语言结构的词汇语义运用于另一种情景，例如，从资源语境到描述的情景；另一种是心理空间的映射，其中包含了言语行为过程中认知结构的投射；（5）指示语，可以有效地把被描述的情景与言语行为联系起来。该研究分析的过程如下，首先分析言语病理师向患者提出的问题，重点在于其中包含的空间构造语词，然后分析患者对这些空间构造语词的反应，以及它们对患者话语结构的影响，接着单独分析时间指示语和地点指示语在空间映射过程中的运用，最后讨论这些运用对患者自我形象建立的影响。

Tallberg（2001）的研究结果表明，重复型错构症呈现出一定的语言特征，而患者的具有虚构性内容的言语可以被理解为一种由于指示语使用困难而导致的一种语用障碍。通过对患者和言语病理师之间的话语和互动的分析可以看出，虚构是一种会话参与方互动、共同建构的结果，例如，在该项研究中，患者谈到她要去乘坐渡船，尽管这是虚构的内容，但是她本人认为这是真实的，而言语病理师也没有立即提出质疑，因此也配合了患者的言语内容，因此共同参与了这一虚构的过程。而且，患者关于自我以及位置变化的心理空间都是在言语病理师所提问题中指示语的基础上发展起来的。

患者在指示语的使用方面呈现出了与正常人不同的模式。通过选择使用各种时间、地点和人称的指示语，患者能够构建起一个心理空间网络，并以此为基础对言语病理师的问题做出回答。这些指示语显示了患者如何控制她所处的时间和地点，以及如何在她所创造的各种心理空间内来回移动。患者的时间指称主要是通过时态的变化来实现的。在所分析的话语中，患者首先使用完成时态，把一个过去的、未知的事件（well where have I ended up now somewhere）投射到她自己的现实的、但是同样未知的情景之中，而且"离开"（away from home）的概念也都通过完成时态来表达（例如，I've been away、I've been wandering、I've been travelling 等）。但是，当要表达"回到原点"的概念时，患者就开始转而使用将来时态（例如，I'm about to go home、I will return to… 等）。患者对于不同时态的使用表明，她并没有建立起一个稳定的时间参照点。患者对于所处的位置以及在不同位置之间的移动也依赖于时间的概念，不同的时态选择都会激活相应的与地点有关的语义结构。在所分析的话语中，一个核心的语义范畴就是"家"，包括"在家"和"离开家"两个主要的方面。另外，患者也使用了 here 和 there 两个地点指示语，但是 here 往往表示"在家"的意思，而 there 则表示"离开家"。虽然患者和言语病理师的谈话发生在医院里，但是在谈到医院时，她一般要使用 there 这一指示语，例如，I'm going there, so they want to keep me there sometimes too. 等。

Tallberg（2001）的研究还发现了虚构症患者和精神分裂症患者在指示语使用障碍方面的差异。精神分裂症是一种常见的精神类疾病，最突出的症状表现为妄想、幻觉及胡言乱语等，该疾病的患者无法区分自己和他人，从而造成自我形象分裂。Rosenbaum（2000）对精神分裂症患者的语言分析发现，他们的言语中缺乏指示的中心，从而导致患者在自我形象建立过程中失去了参照的原点。而 Tallberg（2001）的研究则表明，对于虚构症患者来说，他们并不缺乏指示中心，只是不能及时地从过去的自我转移到现实的场景中。

阿尔茨海默症是最为常见的痴呆症之一，往往与一些大脑的病变有关，而这些病变也会直接或者间接地影响到患者的语言功能。对于阿尔茨海默症患者来说，语言障碍的出现往往与颞叶新皮质的病变有关（Zakzanis 等，2003）。神经语言学研究者已经对阿尔茨海默症的语言障碍进行了一定的研究，并得出了一些初步的结论。有些研究（Blanken 等，1987；Chapman 等，1998）表明失语症患者往往表现为语言构建方面的障碍，因此他们在语言的具体层面（包括语音、词汇、句法等）上都表现出了明显的障碍，而阿尔茨海默症患者则主要表现为语用的障碍，他们在表达交际的意图、保持语言和信息的平衡以及进行推论方面都存在障碍。他们在指示语的使用方面也存在明显的困难，由于该类患者在名词的产出方面比较困难，他们要比正常人使用更多的代词，但是经常会出现指称错误，说出许多不能明确指称对象的指示语（Almor 等，1999）。但是，总体而言，上述研究主要属于总体的描述性研究，阿尔茨海默症患者的指示语使用情况尚有待更为细致的分析。

针对这种情况，March 等（2006）对阿尔茨海默症患者话语产出过程中名词和指示语的使用进行了深入的研究。该研究以 26 位患者和同样数量、同样年龄段的正常人为对象，以 Fillmore（1982，1997）和 Lyons（1977，1995）的语言学理论为基础，重点对这两组受试者言语中的名词、空间指示语（包括地点指称和语境的空间要素）和人称指示语的使用进行了对比分析。由于指示语的使用要依赖于交际的具体语境，交际语境的特性与需求决定了指示语使用的程度和方式，因此，March 等（2006）还特别关注了不同的语境对指示语使用的影响。另外，尤其值得一提的是，该研究还注意到了指示语和前指照应（anaphora）的区分。代词的使用具有前指照应和指示语两种功能，其中前指照应表明文本之内的指称，可以从前面话语的文本信息中获得意义。而指示语意义的确定则需要依赖文本之外的语境信息。例如：

（a）John is sick. **He** is taking the day off today.

（b）Has **he** slept well?

在例句（a）中，he 是一个前指照应词，因为我们可以根据它前面的句子确定它的先行词（antecedent），而在例句（b）中，he 是一个人称指示语词，我们必须要根据话语的语境才能确定它所指称的对象。

March 等（2006）的研究采用让受试者描述图画的方式来获得他们的话语材料。描述图画是语用学研究交际中指称用法普遍采用的做法（Yule，1997）。该研究采用了三种图画形式。

一、单幅图画。该研究采用了由 Goodglass & Kaplan（1983）设计的、已经被神经语言学研究普遍采用的一幅图片，图中描述了两个小孩（一男一女）在趁他们的妈妈洗东西的时候偷吃饼干的情景，被称为 CTP（cookie-theft picture）。该任务的目的在于激发受试者对人称指示语的使用。

二、系列图画。包括十幅单独的卡通图画，讲述了一个完整的故事，其中涉及不同人物在不同场景之间的转换。因此，受试者要想描述这些图画，就需要把前后的图画相互联系起来。该任务的目的也在于激发受试者对人称指示语的使用，但是与单幅图画相比，它更有利于把指示语和前指照应区分开来。

三、路径描述。图画中展示了一幅简易的地图，要求受试者描述如何从一个地方到达另一个地方，以期激发他们对空间指示语的使用。

该项研究的结果表明，阿尔茨海默症患者在名词、人称指示语和空间指示语的使用方面并不能笼统地被描述为多与少，而是要依赖具体的任务和环境。首先在名词的使用方面，在描述单幅图画时，患者所使用的名词的比例要低于正常人，但是在描述系列图画和路径时，并未出现此现象。另外，在指示语的使用上，两类指示语的使用比例并非都比正常人高。该研究发现，阿尔茨海默症患者使用空间指示语的比例要高于正常人，而使用人称指示语的比例要低于正常人。March 等（2006）认为，这一现象说明患者在交际中更多地依赖语境中的空间特征，而较少地依赖人称的特征。基于 Lyons（1977）提出的指示代词要比第三人称代词更为基础的观点，他们还认为阿尔茨海默症患者需要更多地依赖基本的语言形式来保障交际的顺利进行。另外，这一现象也进一步证实语用学中关于空间指示语和人称指示语的区分，说明两者是相互独立的指示语类型。

10.2 言语行为障碍

10.2.1 言语行为理论

言语行为理论首先由 Austin（1962）提出，其核心的思想就是"以言行事"，即说出某种语言就是要用这种语言来实施某种行为。他认为，语言本身包含着行动的力量，即言语行为力量（illocutionary force），简称为"语力"。根据不同的语力，Austin 从一个完整的行为中抽象出三种行为。(1) 说话行为（locutionary act），它的语力在于命题本身，说话者能够说出有意义和所指的句子，其主要作用在于陈述。(2) 施事行为（illocutionary act），在特定的语境中赋予有意义的话语一种行为力量，在表达语义的同时完成某一意图和目的。施事行为表明说话者为什么要这么说。(3) 取效行为（perlocutionary act），指说话行为或者施事行为在听者身上产生的某种效果。例如，

A：我饿了。
B：那我给你找点吃的。
A：谢谢。

在上面的话语中，A 首先通过把语音组成词，把词组成句子，并通过正确的语调说出来，这属于说话行为。他说这句话的目的在于解决自己饥饿的问题，即希望得到一些吃的东西，这属于施事行为。在听到这句话之

后，B答应去给他找些吃的，这属于取效行为。

Searle（1969）又进一步发展了Austin的言语行为理论，指出言语行为是语言交际的基本单位。他还把言语行为分为五种类型：（1）断言类（assertives）或者阐述类（representatives），说话者告诉人们发生的事情或者描述状况，需要对某事做出一定程度的表态，对话语所表达的命题内容做出是与否的判断，用于此类行为的动词包括宣称、声称、断言、陈述、通告、提醒、否认等。（2）指令类（directives），表达说话者想使听者做某事，它使客观现实发生变化，以适应说话者的希望或者需要，用于此类行为的动词包括请求、建议、要求、邀请、敦促、提议、命令、指使、教唆等。（3）表达类（expressives），说话者表达自己对事物的情感和态度，用于此类行为的动词包括道歉、感谢、欢迎、祝贺、夸耀、慰问、惋惜、悔恨等。（4）宣告类（declaratives），说话者可以通过此类行为改变事物的状态或条件，用于此类行为的动词包括宣布、宣告、提拔、任命、命名等。（5）承诺类（commissives），表示说话者对未来的行为做出不同程度的承诺，用于此类行为的动词包括许诺、承诺、许愿、发誓、保证、担保、决绝、威胁等。

Searle（1975）对言语行为理论的贡献还在于他提出了间接言语行为理论。间接言语行为是相对于直接言语行为而言的，两者作为语言现象共同存在于自然语言的环境之中。我们可以通过使用祈使句向别人做出指令，这属于直接言语行为。但是，在现实生活中，人们往往不直接说出自己要说的话，而是凭借另外一种言语行为来间接地表达用意。例如，有人说"屋里真热！"，表面看来这是一个陈述句，但是说话者很有可能是想通过这一陈述句来实现祈使句的功能，进行一个指令类的言语行为（例如，打开窗子或者开空调等）。间接言语行为又可以被进一步分为规约性间接言语行为和非规约性言语行为两种（何自然、冉永平，2009）。规约性间接言语行为就是根据话语的句法形式，按照字面意义和常规即可推断出的间接言语行为。通常情况下此类间接言语行为的应用主要出于对听者的礼貌，例如："声音小点好吗？""能不能把声音调低一点？"等等，从字面上看都是询问，但是我们可以很容易地根据它们的形式，立即推断出他们是间接的请求行为。非规约性间接言语行为比较复杂，需要更多地依靠交际双方所共知的语言信息和所处的语境来判断，例如，

A：我们一起去吃晚饭吧？
B：我作业还没有做完。

10.2.2 言语行为障碍

早在 20 世纪 70 年代，言语行为理论就开始被应用于失语症患者语言障碍的分析中，这些研究发现，失语症患者在语用方面表现出较强的能力。Green & Boller（1974）发现，即使在存在语义表达困难的情况下，失语症患者仍然能够对命令、提问和请求等言语行为做出适当的反应。Holland（1975）对失语症患者言语行为理解和使用的研究表明，患者的整体交际能力要比单独的语音、词汇和句法的能力强得多，虽然失语症患者在表达命题内容方面的能力严重受限，但是他们在相对自然的环境下仍然可以理解和表达不同的意图，包括警告、赞成、许诺和抱怨等。这些结果都得到了后续研究（例如，Prinz，1980；Foldi，1987）的支持。当然，失语症患者在言语行为的使用和理解方面也存在障碍。Wilcox & Davis（1977）对三位失语症患者（其中布洛卡氏、沃尼克氏和命名性失语症各一位）的研究发现，尽管患者还具有相对较强的言语行为能力，但是与正常人相比，他们在进行各种言语行为方面还是受到很大的局限。例如，患者在回应医生的要求和提问的言语行为时，基本上都采用断言类的言语行为。

神经语言学关于言语行为障碍的研究重点很快就从失语症（多为大脑左半球损伤所致）患者转移到大脑右半球损伤患者的身上。早期的一些研究（例如，Hirst 等，1984；Foldi，1987；Weylman 等，1989）表明，大脑右半球损伤患者在理解间接请求时存在困难，他们一般只能理解字面的意思，无法理解说话者的真正意图。Weylman 等（1989）的研究还把此类患者与失语症患者（大脑左半球损伤所致）进行了对比，结果发现失语症患者在理解间接请求时的表现要远远好于大脑右半球损伤患者。在某些情况下，失语症患者虽然不能完全理解语言的字面意思，但是能够理解这些话语所要表达的言语行为。但是，这些研究存在着一些问题。首先，这些研究的基本假设完全来自语用学理论。按照 Grice（1975）的观点，要想理解间接言语行为，首先理解话语的字面意思，然后再根据具体的语境确定其真正的意图。因此，与直接言语行为相比，间接言语行为要更加抽象，它们的处理过程也更加复杂。但是，大量的心理语言学研究表明，人们真正的语言处理过程并非如此（Gibbs，1999），在很多情况下，人们在理解间接言语行为时表现得比理解直接言语行为还要容易。另外，这些研究不论在方法还是在结果的分析上都显得有些简单化，因为它们都忽视了间接请求行为中的诸多复杂要素。一些因素来自外部环境（Blum-Kulka & House，1989），其中之一是请求者所期望的行为给被请求者带来的负担的程度（degree of imposition）。例如，要求他人把自己的一个大包搬到楼上，需要被请求者付出较多的时间和力气，而要求他人在离开时不要把门关上就比较容易。负担的程度也是一个比较模糊的概念，它又进一步受到多种因素的影响，其中之一是请求的目的。不同的目的给被请求者带来的负担是不一样，请求获得某个信息（例如，时间）要比请求交换物品要容易得多。另外，请求者与被请求者的责任的大小也是一个重要的因素。例如，我们可以假设两种情景：一是顾客在订购一件衬衫时因自己的疏忽定错了尺码，需要换货；二是商店给顾客发错了货，顾客要求更换。虽然上述两种情形中都会有请求的行为发生，但是难易程度却因为双方在事件中的责任不同而不同。影响负担程度的另外一个因素是被请求者对于社会规约的违反程度。例如，在电影里观看电影时，要求在邻座的正在大声讲话的人停止说话。还有一些因素来自请求者和被请求者自身，其中包括两者之间的社会角色以及相对的权力。例如，在商店中，店主要求雇员把货物从货架上拿下来和要求一个顾客这样做就不一样。与此类似，年龄的差异也可能导致间接请求行为的不同，因为人们一般认为年龄大的人要比年轻的享有更多的社会权利。请求是一种带有使役性质的言语行为，因此该行为的实施可能因为威胁到对方的面子，所以，在实施请求行为时往往会采用一定的策略。一种策略是加上一些支持性或者解释性的话语，试探着向对方发出请求的可能性或可行性，例如采用询问的方式进行试探，如"现在有空吗？"等，也可以加上一些解释性的语言，以说明做出某个请求的原因。例如，"不好意思，我昨天不小心伤了脚腕，现在走路还比较困难，你能帮我拿一下包吗？"另外一种常见的请求策略是在间接请求中加上"please"之类的礼貌标记语，这样既有助于被请求者理解自己的间接请求，也使得取效行为更容易实现。

后期的相关研究考虑到了上述间接性请求的复杂性，在间接请求行为类型的区分上更加精细，考虑的因素也更加全面。例如，Stemmer 等（1994）研究了讲德语的大脑右半球损伤患者在不同条件之下请求行为的完成情况。他们设计了各种不同的情境，在每个情境之下，患者需要完成不同的直接或者间接请求行为。例如，需要产出间接请求行为的情境区分了请求者要比被请求者具有更少的社会权力、两者之间相互不够熟悉、被请求者答应请求义务程度较低等各种不同的情况。这些研究的结果（例如，Stemmer 等，1994；Brownell & Stringfellow, 1999）只是部分地证明了早期的研究结论。它们表明，大脑右半球损伤患者仍然能够理解和产出许多种直接和间接的请求行为，但是与正常人相比，患者所使用的请求行为本身之外的解释性语言材料要少得多，还有一些患者表现出过度使用 please 这一词汇的现象。这似乎表明，患者的语用知识本身并没有减少，他们只是缺乏正确使用语用策略的能力。Kaplan 等（1990）的研究还发现大脑右半球损伤患者不能理解间接请求行为的原因在于他们不能利用具体的语境。

  在很长的一段时间内，神经语言学关于间接言语行为的研究都集中到大脑右半球损伤患者以及请求行为上面，很少关注包括失语症在内的大脑左半球损伤患者以及其他类型的言语行为的理解和产出情况。但是，这并不意味着失语症患者就不存在言语行为方面的障碍。Soroker 等（2005）对失语症和大脑右半球损伤患者与正常人言语行为的比较研究表明，在断言类、提问、请求和命令四种基本的言语行为的理解和产出方面，失语症和大脑右半球损伤患者都表现出明显的障碍，而且前者要比后者的障碍还要严重。这一结果与前面的研究结果截然不同，这说明我们在今后的研究中还需要进一步关注大脑左半球损伤对言语行为的理解和产出所造成的影响。另外，在此类研究中，我们还应注意言语行为本身的局限性。因为言语行为理论更多地关注一个孤立的话语，而不考虑它的话语环境（Perkins, 2007）。例如，下面是由一个大脑损伤患者所讲的一段话。

  I have got faults. My biggest fault is. I do enjoy sport. It's something that I've always done. I've done it all my life. I've nothing but respect for my mother and father and my sister and basically sir. I've only come this conclusion this last two months, and as far as I'm concerned, my sister doesn't exist.（Perskins, 2007: 16）

  在上面的话语中，每句话都合乎语法，而且都完成一定的施事行为，但是患者经常突然转换话题，从语篇的角度来看它缺乏必要的连贯性。因此，在运用言语行为理论时，还要考虑其他的相关因素，这样才能对患者的语用能力做出正确的判断。

10.3 会话含意

10.3.1 会话含意理论

  在日常谈话中，人们往往不会直抒其意，而是往往出于各种各样的原因，利用语言表面意义之下的言外之意来委婉地表达自己内心的意愿。在这种情况下，听者需要根据相关的语境因素进行推理，由此获得字面意义之外的交际信息。尽管如此，这样的交流仍然能够顺利地进行下去。为了解释这种现象，Grice（1975）提出了合作原则（cooperative principle），他认为，为了保证会话等言语交际活动的顺利进行，说话者和听者双方都要遵守这一原则，"根据会话目的或交流的方向，提供交际所需的话语或信息"（Grice，1975：307-308）。合作原则包括四个准则，每个准则之下又有一些次准则。

（1）数量准则（Quantity Maxim）：所提供的信息应是交际所需的，不多也不少。
① 所提供的话语应该包含交际目的所需的信息；
② 所提供的话语不应超出所需要的信息。

（2）质量准则（Quality Maxim）：所提供的信息是真实的。
① 不要说自知是虚假的话；
② 不要说缺乏足够证据的话。

（3）关联准则（Relevance Maxim）：所提供的信息要关联或者相关。

（4）方式准则（Manner Maxim）：提供信息时要清楚明白。
① 避免晦涩；
② 避免歧义；
③ 要简练；
④ 要有条理。

Grice 提出了合作原则这一有关人类交际的总原则，但是这并不意味着人们总是要遵循这些原则，相反，人们在现实交际中经常会违反这些原则。当听者意识到对方违反了交际原则时，就会越过语言的表面意义，去体会说话者希望表达的言外之意，即会话含意。例如，关于数量准则，Grice 给出了这样一个经典的例子，某哲学专业的学生想要得到一份工作，需要他的教授写一封推荐信，证明该学生的专业水平。这位教授是这样写的：Dear Sir: Mr. X's command of English is excellent and his attendance at tutorials has been regular. 在上述推荐信中，教授显然是违反了数量准则，因为他只字不提该学生的专业水平，没有提供足够的信息。但是，收信人不会把它当作不着边际的虚言，而会理解成教授认为该学生的专业水平很差。

会话含意可以分为一般会话含意（generalized implicature）和特殊会话含意（particularized implicature）两种类型。一般会话含意是指说话者遵守合作原则中的某个准则的情况，话语所具有的某种含意。例如，"王先生有一个儿子和一个女儿",这一话语的一般会话含意是:王先生只有一个儿子和一个女儿,不多也不少。这是说话者在遵守数量原则之下,该话语所具有的一般会话含意。如果王先生有两个儿子和一个女儿,说话者自然不会使用以上的话语(何自然、冉永平,2009:79)。一般会话含义的识别一般不需要依赖特殊的语境。而特殊会话含意的判断则需要依赖特殊的语境。特殊会话含意是指在言语交际过程中,说话者明显或者有意违反合作原则的某项准则,从而使听者不得不依赖特定的语境去推论话语所隐含的信息,这样依靠特殊的语境推导出来的会话含意就是特殊会话含意。

10.3.2 会话含意障碍

会话含意理论对于语言障碍的研究具有重要的意义。Ahlsén(1995,2008)认为该理论不仅可以为神经语言学中语用障碍的描述与解释提供不可替代的理论框架,她还在全面分析会话含意理论的基础上,提出了各种可能的语言障碍以及造成这些障碍的原因,主要包括四种类型:背景知识缺乏、认知障碍、语言理解方面的障碍,以及语言产出方面的障碍。背景知识包括"百科知识"和"语境知识"两大部分,是正确使用会话含意的必备先决条件。痴呆、健忘症,或者其他有可能会影响到人的记忆系统以及注意力的疾病都有可能会导致患者在交流时缺乏必要的背景知识。结合Grice的合作原则,Ahlsén(2008:37)指出,背景知识的缺乏有可能会导致以下问题。

数量准则:患者无法正确地判断交际所需的信息的数量或类型,这可能会使他们所说话语中的信息量不足或者过多,也有可能会使他们无法正确理解他人的话语。

质量准则:背景知识的不足有时会影响话语的质量。

方式准则:可能会导致患者话语结构混乱,也有可能导致理解的障碍。

关联准则:患者可能会无法判断信息是否是相关的。

认知包括记忆、注意和中枢执行机能(central executive function,指人的大脑对于记忆的总体协调功能)等,记忆障碍会影响我们对知识的获取和利用,同时也会影响包括会话含意在内的语言的理解和产出。对于成年人来说,认知障碍可以导致以下问题(Ahlsén,2008:39)。

数量准则:认知障碍可以产生与背景知识缺乏所导致的同样问题,因为即使患者仍然具备有关的背景知识，但是认知障碍会使得他们不能及时地将其提取出来，这与背景知识不足的效果是一样的。影响到注意和短期记忆的认知障碍可以导致患者无法把谈话的内容及其顺序保持在自己注意的焦点之中，这也会直接影响他们利用数量准则的能力，因为他们不清楚已经谈论了什么。

质量准则：认知障碍对于质量准则的影响不是直接的。

方式准则：上述影响数量准则的一些因素也会影响到方式准则。如果患者无法保持足够的注意力，他们就无法很好地组织自己的话语，也无法理解说话者话语的组织。而中枢执行机能对此也会受很大的影响。

关联准则：认知障碍可以影响患者对说话者话语关联性的判断以及对自己话语的计划。

语言理解方面的障碍可能会限制患者对于前述话语内容的提取，因此会影响到合作原则中四项准则的使用（Ahlsén，2008：41）。

数量准则：由于患者难以理解他人的话语，他们也就难以清楚地意识到说话者和自己所提供信息的量是否适当。而对于说话者来说，他们也难以清楚在向有语言障碍的人讲话时提供多少信息量才算合适以及如何理解患者的语言。

质量准则：语言理解的问题也有可能会影响到语言产出的质量。

方式准则：对于正常人来说，他们不清楚如何组织自己的话语才能有利于患者理解。

关联准则：患者难以判断话语是否相关，在理解会话含意方面也就存在困难。

对于同一个患者来说，语言产出障碍和理解障碍一般是同时存在，因此，上述理解障碍导致的困难都与语言产出相关（Ahlsén，2008：44）。

数量准则：语言产出障碍一般都会影响到患者所提供话语的信息量，有时会太多，有时又太少。

质量准则：质量准则受语言产出障碍影响的程度较小。

方式准则：语言产出障碍所表现出的找词困难、语速过快、新语等问题都会影响到方式准则的使用。另外，具有语言产出障碍的患者往往会采用各种策略来弥补自身表达能力的不足，但是他们又往往不能有效地使用这些策略，从而影响到话语产出的方式。

关联准则：患者的语言产出障碍以及他们所使用的各种弥补策略使人们难以直接判断他们的话语是否相关。

Ahlsén（2008）所描述的分析框架也得到了神经语言学相关领域研究的证实。Saldert（2006）研究了大脑右半球损伤患者和大脑左半球损伤患者对会话含意的推论和注意力维持记忆与语言工作记忆容量之间的关系。下面是该研究获取的一段医生和一位大脑右半球损伤患者之间的对话（其中，/ 表示停顿的时间在3秒之内，// 表示停顿的时间达到3秒或者3秒以上，P代表患者，D代表医生）。

P: and the / oh yes then I met // a warder /
D: uhum
P: from "name of prison" / he had a lot of pa- / that one I met later because he worked at "name of amusement park" as a guard / because I met … had a gang with him then see / from "name of prison"
D: at "name of amusement park"
P: / n- / no [no at there]
D: Where did you meet him
P: at / at this social house.

由此我们可以看出，患者的认知障碍使得他不能很好地控制自己话语的主题，从而影响到关联准则的应用。另外，认知障碍也影响患者对会话含意的推理能力，而且两类患者还表现出一定的差异。Saldert（2006）发现，两类患者的主要问题在于对推论的修正能力上，但是对于大脑左半球损伤患者来说，这一障碍主要与工作记忆的容量有关，而对于大脑右半球损伤的患者来讲，这一障碍则主要与注意力的维持有关。

Ahlsén（1995）的研究证实具有语言理解障碍的失语症患者在合作原则的利用方面存在困难。下面是取自于该研究中一位女性失语症患者和医生之间的对话。医生正在向患者了解她的两个孩子的年龄（P代表患者，D代表医生）。

D: both are older than ten (shows ten fingers)

P: what did you say

D: are they OLDER than ten years they are bigger than ten
(shows ten fingers, then shows height of ten-year-old with hand)

P: so hard what's it called
(looks at her fingers, shows three fingers)

D: three (shows three fingers)

P: yes

D: is one of them so small

P: yes

D: ok

P: what did you say

D: three

P: no that must be wrong mustn't it.

由此我们可以看出，语言理解障碍使得谈话的双方都无法遵循合作原则。其中，患者首先不能理解医生的话语，当她要求重复时，医生也不知道患者到底不理解什么内容，于是医生只好改变了自己的话语：（1）强调形容词 older；（2）增加了名词 years；（3）把陈述句变成了疑问句；（4）在重复自己的话语时把 older 变成了 bigger；（5）增加了手势。

Ahlsén（1995）还分析了由语言产出障碍导致的在会话含意方面的困难。她指出，对于非流利型失语症患者来说，他们能够很好地遵循方式准则，但是往往违反数量准则。而对于流利型失语症患者而言，他们在数量准则、方式准则和关联准则的运用上都存在问题，因为他们说的话往往过多，而且内容之间缺乏相关性和连贯性。

与间接言语行为和会话含意密切相关的一个问题是语言障碍患者对于比喻性语言的理解。比喻性语言可以被归于特殊性会话含意范畴，人们需要综合多方面的信息才能把字面之外的意义提取出来。神经语言学的相关研究表明，大脑右半球损伤患者在理解隐喻（例如，Winner & Gardner, 1977；Myers & Linebaugh, 1981）、讽刺（例如，Kaplan 等, 1990；Tomkins & Mateer, 1985）、反语（例如，Winner 等, 1998）等比喻性语言方面有明显的障碍，另外，精神分裂症患者（Champagne 等, 2006）和患有专门性语言障碍（Bishop, 1997）的儿童也有类似的情况。下面我们来看一些具体的研究实例。

Winner & Gardner（1977）发现与左脑损伤的失语症患者相比，大脑右半球损伤患者在理解隐喻方面表现出更大的困难，他们在完成口头隐喻和图片匹配任务时表现更差，更多地选择与隐喻字面意义相关的图片。与此类似，Myers & Linebaugh（1981）的研究也证实大脑右半球损伤患者对隐喻理解的困难。他们发现此类患者只能对语言的字面意义做出反应，而无法理解比喻性的意义。对语言信息之外的线索，他们表现出加工的困难。另外，在语言理解方面，大脑右半球损伤患者表现出对指示性语言的偏好和对隐含性语言信息的不敏感，而这种不敏感导致了他们对比喻性语言理解的困难。

Brownell 等（1988）的研究发现大脑右半球损伤患者在理解笑话时存在困难。下面是该研究中所使用的一则笑话。

> The quack was selling a potion which he claimed would make men live to a great age. He claimed he himself was hale and hearty and over 300 years old.
> "Is he really as old as that?" asked a listener of the youthful assistant.
> "I can't say," said the assistant, "…"

上述笑话中的结束语是空缺的，研究者要求患者从下面三个选项中选择最好的结束语：

（1）正确的结束语：I've only worked with him for 100 years.
（2）与上文照应但是不够幽默的结束语：I don't know how old he is.
（3）不正确的结束语：There are over 300 days in a year.

结束语往往是一个笑话的点睛之笔，能否选择正确的结束语反映了患者对该笑话的理解程度。Brownell 等（1988）发现，患者不能很好地理解上述笑话，他们往往选择不正确的、与上文无关的结束语。

Kaplan 等（1990）研究了大脑右半球损伤患者对讽刺性语言的理解能力。在该项研究中，患者需要听一些介绍演员表演的片段，在每个片段结尾处都由讲述人做出具有讽刺意义的评论。在 50% 的片段中讲述人评论的字面意思是正确的，而另 50% 的片段中讲述人评论的字面意义不正确，要求患者做出非字面意义的推论性理解。结果表明这些患者在理解字面意义方面表现正常，而在理解推论性意义方面存在困难。与正常人相比，大脑右半球损伤患者的最大问题在于他们不能利用讲述人和演员之间关系的信息。除了对隐喻的理解之外，Van Lancker-Sidtis（2004）还关注了语言障碍患者在自然言语中产出的比喻性语言的数量和性质。在综述了大量研究基础上，他认为大脑左半球损伤患者能够产出更多的完整的比喻性语言，而大脑右半球损伤患者所能产出的比喻性语言则很少。

  针对语言障碍患者所表现出来的对间接言语行为、会话含意以及比喻性语言理解的困难，许多研究者提出许多不同的理论进行解释。这些解释可以概括为三种类型：推论假说、心理理论（theory of mind, ToM）假说，以及心理模型假说（Stemmer, 2008a）。

  推论假说的解释最为直接，主张这一理论的研究者（例如，Beeman, 1993; Tompkins 等, 1999）都认为患者的理解障碍是由他们不能顺利进行意义的推论所致。但是这一理论在很多方面存在争议，其中包括推论的定义、不同推论类型的划分以及推论产生的模式等（Stemmer & Joanette, 1998; Lehman & Tompkins, 2000）。

  心理理论是一个重要的心理学概念，它是指凭借一定的知识系统对他人的心理状态（如信念、愿望、知觉、思想、情绪和意图等）进行推测，并据此对他人的行为做出因果性预测和解释的能力。心理理论作为一种重要的社会认知能力，对于个体终生的社会适应能力有着重要的影响。拥有心理理论能够使个体预测认知和情感状态、操作与控制日常的社会环境，有助于与他人合作、竞争、开展良好的人际交往，是人的生活与发展所必需的能力。心理理论更多地应用于儿童发展的研究，但是随着研究的进展，该理论也不断地被应用于成年人。Freeman（2000）指出，无论是在人生的哪个阶段，人们都会在推断他人心理方面出错，心理理论的发展是一个终生的任务。

  心理理论与语言具有密切的关系，语言的习得、理解和产出都依赖于心理理论，与此同时，语言能力的变化也可能会影响到心理理论的改变。许多研究者发现对阿尔茨海默症、大脑右半球损伤和精神分裂症等类型的患者进行的心理理论研究表明，他们在非字面意义以及比喻性语言的理解和产出方面的障碍都伴随有心理理论的问题（Stemmer, 2008b）。心理理论假说认为，语言障碍患者对言外之意理解的障碍正是由患者心理理论的损伤所致。其实，心理理论假说与推论假说也有共同之处，其区别在于后者是直接对言外之意的推论，而前者则是对说话者心理状态的推论。Gavilan & Garcia-Albea（2011）对精神分裂症患者的研究发现，心理理论的缺陷可以在不影响整体智力水平的情况下，降低患者语言理解过程中在语用层次的处理能力，从而影响到对比喻性语言的理解。

心理模型假说（Frederiksen & Stemmer, 1993; Stemmer & Joanette, 1998）以 Johnson-Laird（1983, 1989）提出的心理模型概念为基础。心理模型是指人们对世界感知和表征方式的动态符号性表征，它是认知主体运用概念对自身体验进行判断与分类的一种惯性化的心理机制或既定的认知框架，它使认知主体在认知活动中能够利用这种惯性化的心理机制或既定的认知框架来对认知对象进行描述、解释和预测，并做出相应的反应，从而提高认知活动的效率。心理模型理论关注的一个主要问题就是推论、理解交际的意图和行为等高级的认知活动。心理模型假说认为，导致语言障碍患者对非字面意义理解障碍的原因在于他们的心理模型受到损伤。有关的研究（Frederiksen & Stemmer, 1993; Stemmer & Joanette, 1998）表明大脑右半球损伤患者在进行推论本身方面不存在困难，而且在只涉及一种心理模型的情况下，患者也可以控制心理的表征。但是，患者不能顺利地处理多个心理模型以达成新的概念模型。

10.4 结语

现有的研究更多是采用语用学理论对不同类型的语言障碍患者的语用障碍进行描述，这使得目前该领域的研究存在着两个方面的问题：一是由于语用学理论本身的局限性，现有的描述还不够准确；二是对语用障碍的描述只是局限于问题的表面，而对造成这些问题内在的认知原因我们还知道得不够清楚。在上述三种关于非字面意义理解的理论中，推论假说与Grice（1975）的会话含义理论具有直接的关系。根据这一理论，对言外之意的理解就是一个推论的过程。但是，听者在理解这些话时是否真的需要进行这一系列的推理过程人们还存在疑问（Weed, 2011）。Grice（1975）的理论对于语用障碍的描述很有价值，但是从具体的运用角度来讲，理论本身的描述还是不够具体和明确。例如，合作原则中数量准则指出，"（1）所提供的话语应包含交际目的所需要的信息；（2）所提供的话语不应超出所需要的信息" Grice（1975：45），但是，它并没有明确提出正常人的话语的量到底达到一个什么程度才算是多或少（当然，也不可能完全做到这一点）。在此情况之下，神经语言学在确定语用障碍时只能依据一个大致的范围，这也导致了语用障碍研究的困难。另外，Grice（1975）的理论在解释这些障碍方面也存在很大的局限性。例如，医生问患者：Can you tell me what you did this weekend? 患者回答：Yes.。很明显，患者的简单回答违反了数量准则,因为医生的问话实际上是一个间接请求行为,相当于 Please tell me what you did this weekend.。造成这种现象的原因有很多,可能是患者故意违反这一准则来表达他的不满,他不想按照医生的要求去做,也可能是因为患者存在认知方面的缺陷而无法理解医生的要求,或者听懂但是无法做出正确的反应。

Sperber & Wilson (1995) 的关联理论与上面所述的心理理论有许多共同之处。根据关联理论,合作原则中的四项准则可以归结为一条,即关系准则。这是一个具有浓厚认知特点的理论,他们认为交际需要说话者不断地控制与调整听者的"认知环境",而这一认知环境就是"一个人的固定假设"(Sperber & Wilson, 1995: 46)。在语言理解的过程中,听者只会挑选那些最为相关的信息。在他们看来,话语中都具有一种隐含的对于自身相关性的保障,因此,任何话语都在不断地调整听者的认知环境并改变他们对于相关性的认识。认知环境可以被理解为一种心理状态,而心理理论则是指人们对自身和他人心理状态的推测能力,因此,关联理论可以和心理理论很好地结合起来。一方面,关联理论特别重视心理状态的性质,为语用推论提供解释的理论框架;另一方面,心理理论为心理状态性质的确定提供很好的心理机制(Weed, 2011)。但是,关联理论的问题在于它"把所有的鸡蛋都装到一个篮子里"(Weed, 2011: 875),认为语用推论的核心认知功能就是对他人心理状态的表征,因此,人们对于它能否足以解释语用障碍还存在很大的怀疑。而对于心理理论来说,虽然目前研究者发现它与语用障碍之间的存在一定的相关性(Stemmer, 2008a),但是它们之间的因果关系尚难以确定,是由于心理理论的困难导致了语用障碍,还是因为患者语用障碍的出现而导致了心理理论能力的降低,目前还存在不同的看法。更为重要的是,关联理论与 Grice (1975) 的会话理论一样,它们都把着眼点集中在听者是如何理解言外之意的,但是,任何的交际都是双向,意义的传递不是单向地从说话者传递到听者,而是需要会话的参与方共同构建的(Goodwin & Heritage, 1990)。

基于上述情况,Perkins (2007) 认为不应把语用看作是一个单纯的一个人的能力或者行为,而应该按照交际的双向性或者多向性的特点看作是由两人甚至多人参与的一种涌现现象(emergent phenomenon)。语用是两个人利用各种资源共同完成一个交际行为的过程,是双方或者一方不断调整、相互适应的过程。例如,当我们和一个正在开车的朋友谈话时,我们需要意识到对方的注意力是分散的,他要应付驾驶的操作,与此同时他还要关注我们的谈话。在此情况下，说话者需要调整自己的话语。医生与患者的谈话也同样如此，双方都有可能会因为这种谈话的特殊性而调整自己的策略。Goodwin（1995）曾经描述一个只能说出 yes、no 和 and 三个英文单词的失语症患者的有效交际过程，其中的关键在于医生会根据不同的情况，说出患者能够给出肯定或者否定回答的话语。Perkins（2007）认为谈话时各种要素之间在互动，这些要素包括诸如心理理论的高层次能力，也包括诸如感知和运动机能在内的低层次功能。再以上文提到的医生与患者的对话为例，患者在回答医生的问题 Can you tell me what you did in this weekend? 时，只是回答了 Yes.，按照 Perkins（2007）的观点，我们可以解释为由于失语症患者的语言能力受损，他只能说出这一个词，但是他仍然是合作的，他很可能是在鼓励医生继续问一些他能够回答的问题，或者是引起医生对他语言表达困难的注意。Weed（2011）认为 Perkins（2007）提出的语用观点实际上是在交际愿望伴随下的寻求平衡观念。该理论把个人的内在平衡与参与交际各方之间的平衡有机地结合起来。在上面的例子中，失语症患者希望能够回答医生的问题，但是因为大脑的损伤而不能很好地用语言表达自己。这就产生表达愿望与语言能力之间的不平衡。为了解决这一问题，患者有可能会采取一些补偿性的行为，例如，微笑、手势等，以达到新的平衡。在医生期望得到的信息和患者实际提供的信息之间也存在着不平衡的问题，为了恢复会话的平衡，除了患者本人采取补偿性的行为之外，医生也会做出调整，提出一些患者能够回答的问题。

Perskins（2007）的观点更好地揭示了交际的本质及其内在的运作过程，因此，它可以为今后神经语言学对于语用障碍的描述以及内在原因的研究提供很好的基础（Weed，2011），从这一观点出发，今后语用障碍研究的重点领域将包括以下三个方面。

一、语言障碍患者话语中适应机制的研究。这不仅包括患者本人，还包括与患者交流的其他人（例如，医生，家人、朋友等），重点研究他们采用什么样的补偿手段以适应语言障碍给他们的交流带来的变化。而要做到这一点，研究者要更多地关注自然的语料。目前研究多采用医生或者研究者和患者之间的对话为语料，而这些对话往往带有很浓的实验色彩，这不仅局限了会话的内容，更为重要的是，医生或者研究者往往不能调整自己的角色，难以像真正的交流那样平等、自然。因此，今后的研究应该更多地收集患者日常生活中与家人、朋友之间的自然的话语。

二、听觉与视觉障碍对于语用障碍的影响。如上文所述，语用障碍的研究大多以大脑右半球损伤患者为对象，而大脑右半球在许多感知功能方面也起着重要的作用，例如，面部表情、语言的韵律等，这些都是补偿语言能力不足的手段，因此，视觉和听觉的感知功能对语用障碍的影响在我们更加深入地认识患者的语用障碍方面具有重要的意义。

　　三、大脑左半球损伤患者的语用障碍。从目前的研究结果来看，并没有哪一个大脑区域来专门负责语言的语用功能，语用行为的实现是大脑多个部位协同作业的结果。因此，单纯地研究大脑右半球损伤患者的语用障碍并不能够使我们真正地理解语用障碍的实质及其内在原因。目前虽然已经有一些关于大脑左半球与大脑右半球损伤患者语用障碍的比较性研究（例如，Kasher等，1999），但是同类的研究数量还远远不足，还不能得出令人信服的结论。

第11章

语篇障碍

语言是人类特有的交流能力,其中不仅包括语音的产出、词汇的选择以及句子的构建,更为重要的是,人们需要认真组织自己要表达的思想,把各种不同的信息组合成连续的语篇。语篇是指比句子更大、可以表达完整语义、构成可识别的言语事件的语言单位,例如,段落、会话、采访等。语篇包括书面的和口头的两种,对于这两种语篇的研究都被称为语篇分析(discourse analysis),但是也有人把语篇分析专指对口头语篇的研究,而用篇章语言学(text linguistics)指对书面语篇的研究。

相对于语音、词汇、句法和语义方面的研究,神经语言学关于语言障碍患者语篇障碍的研究历史要短得多,从20世纪80年代到现在也只有30年左右的时间。尽管历史较短,研究者已经把语篇分析这一学科的主要理论都应用到了神经语言学的研究之中,内容涵盖了语篇的衔接与连贯、各种类型语篇的产出与理解等各个方面,更为重要的是,随着近年来计算机技术以及随之而来的语料库语言学的发展,失语症患者的语篇语料库也已经出现,这为神经语言学的发展带来了极大的便利。在本章中,我们将结合语篇分析的主要理论,讨论各种语言障碍患者,尤其是失语症患者的语篇障碍。

11.1 语篇的衔接与连贯障碍

11.1.1 语篇的衔接与连贯

一个完整的语篇必须具有很好的衔接(cohesion)与连贯(coherence)。衔接是指语篇不同部分之间的语法和词汇关系,这种联系可以存在于句子之间,也可以存在于一个句子的不同部分之间。衔接是语篇特征的重要内容,它体现在语篇的表层结构上(黄国文,1988)。语篇的衔接手段主要有语法手段和词汇手段两种。语法手段包括照应(reference)、替代

（substitution）、省略（ellipsis）等。照应是指用代词等语法手段来表示语义关系，例如：王先生是个厨师，他做的菜很好吃。代词"他"和"王先生"之间就构成一组照应关系。替代就是用替代形式来代替已知信息词或短语，例如，Does Mary dance? No, but John does. 中的 does 替代 dance。替代不仅可以避免重复，也可以有效地把上下文连接起来。省略可以被看作一种特殊的替代（零替代），省略的使用可以避免重复，突出主要信息，连接上下文。词汇手段包括词汇复现（reiteration）和同现（collocation）两种。词汇复现是指某一词的原词、同义词、近义词、上义词、下义词、概括词等形式重复出现在语篇之中，词汇同现是指某一词以原词的形式反复出现的倾向性。在一个语篇之中，围绕某个主题，某些词往往会同时出现。这些词也会把不同的句子连接起来。

连贯是指语篇中语义的关联，它存在于语篇的底层，通过逻辑推理达到语义的连接，是语篇的无形网络（黄国文，1988）。这种关联可能建立在说话者之间共有的知识之上，例如，

A：下班后可以搭你的车回家吗？
B：对不起，下班后我要去我父母家。

在上面的简短会话中，A 的提问和 B 的回答之间没有多少语法或者词汇的关联（即没有衔接性），但是 A 和 B 都知道 B 的父母家的位置与 A 的家的方向正好相反，因此对话具有连贯性。在书面语篇中，连贯是指文章通过内容的组织、概念和观点的关联向读者传达意义的方式。一般来说，如果一段话的各个句子都围绕中心大意展开，这段话就有连贯性（Richards 等，2002）。

11.1.2 衔接与连贯障碍

从 20 世纪 80 年代开始，语篇分析理论开始应用于失语症患者语言障碍的研究之中。早期的语篇障碍研究更多地关注语言的表面形式，分析患者话语中的词汇和句子结构的分布情况，其中包括动词/名词或者形容词/名词的比例、话语的平均长度、从句的平均长度或者句子的复杂程度等。例如，Berko-Gleason 等（1980）的研究发现沃尼克氏失语症患者言语中动词/名词的比例要高于布洛卡氏失语症患者。Ulatowska 等（1981）的研究则发现，失语症患者产出的句子长度和复杂程度明显降低。对语言形式的关注也反映在当时研究者对于语篇衔接的研究上，因为如上文所述，语篇衔接的实现主要通过语法和词汇手段。失语症患者衔接障碍的研究一般采

用计量分析的方式，统计受试者的衔接数量和缺损的衔接数量，所得数值和每个受试者的总语量的比值就是衡量患者衔接使用能力的指标。例如，Lemme 等（1984）采用这一方法对失语症患者的记叙性语篇的分析表明，患者在衔接手段的使用方面存在明显的障碍。Cardebat（1987）专门研究了失语症患者语篇中回指的应用，结果发现回指性代词经常缺少明确的指代对象，从而造成句子之间衔接的缺失。与此类似，Armstrong（1988）发现患者定冠词的使用也有问题，前面经常缺少特指的对象。Armstrong（1987）还研究了失语症患者语篇中的衔接和谐（cohesive harmony）的问题。衔接和谐是 Halliday & Hasan（1976）在分析语篇的衔接与连贯的基础上提出的概念。语篇由一个个纵横交错的衔接纽带（cohesive ties）组成，其中体现衔接纽带语义关系的词项组成衔接链（cohesive chain），例如：Once upon a time there was a little girl and she went out for walk and she saw a lovely little teddy bear and she took it home.。其中，girl 和它后面的两个 she 构成一个链条，teddy bear 又和它后面的代词 it 构成一个链条，went、walk、saw、took 也构成一个链条。进入衔接链的词项被称为相关词项，而未进入衔接链的词项被称为边缘词项。边缘词项和相关词项之间的比率反映了语篇的衔接性的高低，从而也就影响到语篇的整体连贯性。另外，语篇的连贯性除了大量的相关词项外，还离不开衔接链之间的互动，也就是某个衔接链中两个或者两个以上的词项与另一个衔接链中两个或者两个以上的词项之间存在着语法关系。例如，上面的 girl 以及相关的代词是行为者，而 went、walk、saw、took 则是 girl 所发出的行为。进入衔接链且参与衔接链互动的词项被称为中心词项，进入衔接链但是未参与互动的词项被称为非中心词项。语篇中的衔接链也会因为它与其他链条互动的情况而具有不同的地位和作用。有些衔接链与其他许多链条都有互动关系，因此从互动参与程度上讲是最活跃的，这种衔接链被称为中心衔接链。有些衔接链不与其他链条发生互动，这样就出现了互动中断。边缘词项、相关词项、中心词项、非中心词项、衔接链中断等指标综合起来就能看出衔接和谐程度，边缘词项与相关词项之间的比例越低、中心词项与非中心词项的比例越高、衔接链中断数越少，语篇的衔接性就越高。由于这些指标都可以做数量上的统计，为分析失语症患者语篇的衔接与连贯提供了很大的便利。Armstrong（1987）运用衔接和谐理论对失语症患者的语篇进行了研究。在上述三项指标中，中心词项的比例是一个核心的指标，而且，Hasan（1985）指出，一个语篇的衔接和连贯要求绝大多数词项应该是中心词项。基于上述观点，Armstrong（1987）重点分析了语篇中心词项在所有词项中所占的比例，并以此作为衔接和谐指数（cohesive harmony index），并且把不低于 50% 作为该指数的基本要求，也就是说，和谐指数在 50% 以上的语篇就可以视为具有足够的衔接性。该研究以三位流利型失语症患者为对象，获取了他们在六种情况之下所产出的语篇：（1）描述自己的日常活动；（2）向医生描述如何从一个地点到另一地点；（3）叙述一系列图画中描述的故事；（4）描述自己的病情；（5）讲述录像中演示的事件；（6）讲述一个电话信息。对有关语篇的分析表明，流利性失语症患者在衔接和谐方面存在严重的障碍。在所得到的 18 个语篇中，只有一个语篇的衔接和谐指数超过 50%，而且也仅有 54%，其他所有的语篇均达不到 50%，三个患者的平均指数介于 11%~29% 之间。另外，为了确保研究结果的可靠性，除了进行准确的数据统计和分析之外，Armstrong（1987）还采用了人工判断的方式。邀请了六个人分别对所有语篇的连贯性进行评价，其结果也进一步确认了数据统计的结果。

　　对失语症患者衔接手段的研究很难与词汇及语法障碍的研究区分开，而且很多人把衔接使用的问题归因于词汇提取的问题（Stemmer, 2008b），又加之语篇分析的研究更多地关注语篇的整体连贯问题，从 20 世纪 90 年代开始，神经语言学关于语篇障碍的研究的重点就从衔接障碍的研究转移到连贯上面来。但是，仍然有一些关于语篇衔接障碍的研究，而且这些研究的对象更为广泛，从原来的单纯研究失语症患者扩展到其他语言障碍的患者，其中包括自闭症（例如，Baltaxe & D'Angiola, 1992）、特殊语言障碍儿童（例如，Bishop & Adams, 1989）、阿尔茨海默症（例如，Lock & Armstrong, 1997）。而且，这些研究大都在不同类型的语言障碍患者之间进行比较，以求发现他们的语篇衔接方面的异同。例如，Lock & Armstrong（1997）对正常人、流利型失语症患者和阿尔茨海默症患者所产出的说明性语篇进行了衔接分析，结果表明各类语言障碍患者在语篇的衔接方面都存在障碍，更为重要的是，他们发现命名性失语症和阿尔茨海默症患者的衔接障碍类型呈现出明显的差异，而这些差异可以作为患者诊断的参考依据。

　　语篇的连贯性研究是从 20 世纪 90 年代以来语篇障碍研究的重点问题之一。初期的研究（例如，Glosser & Deser, 1990; Huber, 1990 等）都发现相对于衔接来说，失语症患者在语篇总体连贯方面的表现相对较好，而且他们在语篇的处理上要更多地依赖宏观结构。但是，这并不意味着他们在连贯方面就没有问题。Christiansen（1995）对 15 位传导性、命名性和沃尼克氏失语症患者产出的记叙性语篇中的命题之间的连贯性进行了研究。她把语篇划分为一系列的命题，然后从信息的完整性（要具备一个故事需要包含的基本要素）、发展（语篇中包含的命题之间要具有逻辑性，而且没有不必要的重复）以及相关性（命题要与故事的主题相关）三个方面对所有的命题进行分析。结果表明三类失语症患者在语篇的连贯性上与正常人都有差异。令人感兴趣的是，三类患者问题的表现却各不相同。对于命名性失语症患者来说，他们的问题主要表现在信息的完整性方面，往往缺乏一些基本的命题内容，但是他们在命题的相关性和发展方面的问题则比较少。传导性失语症患者的问题则正好与之相反，他们在信息的完整性方面问题较少，而在命题的相关性和发展方面则问题较大。沃尼克氏失语症患者在上述三个方面都存在严重的问题。Christiansen（1995）还解释了造成这种差异的原因。她认为沃尼克氏失语症患者真正存在语篇连贯的障碍，他们的语篇中含有大量的与主题无关的命题，而且在记叙的组织和细节的呈现方面存在困难。而传导性和命名性失语症患者仍然具有语篇连贯的意识，他们在语篇连贯方面表现出的问题是由于他们为应对自己找词困难而采取的补偿策略。

Ulatowska 等（2004）又对中等程度的失语症患者和正常人的语篇连贯情况进行了研究，这样做的原因在于中等程度的失语症患者能够产出相对完整的语篇，从而可以对患者的语篇与正常人的进行有效的比较。在该项研究中，所有的受试者都被要求讲述一段自己认为可怕的经历，其分析过程重点关注了两个方面的问题。（1）主题连贯，主要通过话语中对自己害怕与恐惧的直接表达（例如，I was so scared.）和对这一事件的反应（例如，To this day, I don't how I survived it.）两个方面来考察。（2）时间与因果关系的连贯，主要通过能够体现时间先后顺序和因果关系的动词来考察。结果表明，尽管中等程度的失语症患者可以产出相对完整的语篇，但是与正常人相比，他们所使用的连贯手段要明显少于正常人，从而降低了整个语篇的连贯程度。在主题连贯方面，失语症患者主要依靠直接表达的方式，而正常人则同时使用直接表达和事件反应两种方式。而在时间和因果关系的连贯方面，失语症患者所使用的相关动词要明显少于正常人。

11.2 语篇的类型与语篇障碍

11.2.1 语篇的类型与会话分析

我们可以把语篇分为以下几种类型。（1）描述性语篇，例如，对于一幅图画或者一个物体的描述，该类语篇需要列出被描述对象的特征以及有关的概念。（2）记叙性语篇，例如，讲述个人的经历、故事等，该类语篇需要把事件发生的过程按照时间顺序呈现出来。（3）程序性语篇，例如关于如何制作咖啡、如何更换汽车轮胎等的说明，该类语篇需要按照一定的次序给出具体的指令或者说明。（4）劝说性语篇，例如广告（力图说服读者或者听众购买某种产品或服务）等，该类语篇需要表达一定的观点或者陈述支持某一观点的理由。（5）说明性语篇，例如一篇论述某种方法有缺点的文章等，该类语篇往往通过对比、比较、因果关系、概括等手段提供关于某一主题的事实与解释型信息。（6）会话性语篇，例如朋友之间的聊天、访谈等，该类语篇具有很强的互动性，说话者和听者之间需要随时转换角色。对于会话性语篇的研究是语篇分析中一个相对独立的研究内容，被称为会话分析（conversational analysis）。

会话是由发话人和听者共同参与和合作所产生的社会交往，或者是谈话各方相互协调谈话内容的交往过程。会话分析的主要关注点有两个，一是会话的组织结构；二是在会话过程中参与者如何相互协调，使得会话能够顺利进行。关于会话的结构，我们可以从局部和整体两个角度来分析（王宏军，2006）。从局部的角度来看，一次会话活动是由参与者接连交替的局部发言构成，说话者和听者的角色不断地相互转换，因此，会话的一个重要特点就是话轮交替（turn-taking）。在日常会话中，参与者都遵守一个基本规则：每次只有一方在说话。为了确保这一点，正在说话的人往往需要控制下一个说话者的选择。Sacks 等（1974）认为，正在讲话的人对会话的发展有三种控制程度：（1）通过点名来确定下一位说话者，例如，What do you think, John? John may have better ideas. 等；（2）通过提问题、提请求等方式让参与者自己选择说话者，例如，Can anyone tell me what you think about it? 等；（3）完全留待其他参加者自行选择。在此情况下，正在讲话的人往往会以某种手段表示自己要结束讲话，例如，Well, that's what I think of it. 等。在话轮转换的过程中，两个说话者各说一次话就构成相邻对（adjacency pair）。相邻对是会话的基本构成单位，包括引发语和应答语两个部分。一般来说，在两个说话者之间相互关联的语篇中，受话者的话语往往是对说话者话语的反应。一旦说话者发出第一个话轮，受话者发出的第二个话轮应该与说话者的第一个话轮相关或符合说话者的期待，这就构成了提问—回答、问候—问候、抱怨—道歉等邻接话对。在相邻对中，有的引发语可能会有多种应答语，例如，对于请求或者邀请可能会有接受和拒绝两种可能，但是这些应答语不一定具有同样的合适性，它们之间具有不同的选择等级（黄国文，1988）。在各种可能的应答中，至少有一个应该是合适的（preferred），有一个是不合适的。合适的应答语一般比较简单，不用说过多的话，而不合适的应答语则往往比较复杂，应答人需要采用一些策略以免伤了对方的面子。Levinson（1983）指出，在说出不合适的应答之前，往往会出现以下情况：（1）长时间的延迟；（2）有表示不合适的标记，例如，well 等词的使用等；（3）对不能说出合适的应答语做出解释。

在话轮转换的过程中一个值得关注的现象是，当一个人发出话语之后，听者没有听懂，或不愿直接地表示态度，或只不过为了拖延时间而插入其他的话语，这被称为嵌入序列（inserted sequence）。例如，

A: I don't know where this address is?
B: Well, which part of the town do you live?
A: I live four ten East Lowden.
B: Well, you don't live very far from it.
（黄国文，1988：167）

另外，在表达请求、邀请或者宣告等言语行为时，说话者为了避免出现不合适的应答，往往采用一些预示序列，以便试探对方，看自己的请求或者邀请是否能够实现。下面是一则邀请前序列的例子。

A: Say what are you doing?
B: Well, we are going out. Why?
A: Oh. I was just going to ask you to have coffee with us.
（黄国文，1988：167）

在话轮转换中另一个值得注意的现象是修正，即会话中交谈双方力图纠正在谈话中出现的问题，以消除误会或者更改错误。在会话中，由说话者自己纠正的是"自我修正"，例如：I bought a, uhm…what do you call it…, a floor lamp.。由其他人修正的是"他人修正"，例如，

A: He bushed aside our suggestion.
B: Hmm?
A: He ignored our suggestion.（B 的反应表明 A 的原话需要做必要的修正）

从整体的角度来看，会话也有一定的结构。一个完整的会话一般由开场白、主体和结束语三个部分组成。相对而言，结束语更能体现会话结构的特征。妥善地结束一次会话需要一定的技巧，不能强迫参与会话的任何

一方在还有话要说的时候结束会话。Schegloff & Sacks（1973）将会话的结束语分为三个部分：话题限制序列、预示结束序列和结束序列。话题限制序列暗示对方我不想再继续谈下去了，预示结束序列是指会话在正式结束之前双方都会发出一些信号（例如，降调和拖长声音说出的 alright、okay 等），说明双方一致同意结束会话，而结束序列是一个会话的正式结束，其表现形式是双方交换道别语。

11.2.2 记叙性语篇障碍

在各种语篇中，记叙性语篇是人们日常交际中最为常用的一种类型，也是神经语言学研究中除了会话语篇之外最受关注的语篇类型。

在记叙性语篇的研究中，人们关注的一个重点就是患者是如何通过突出故事中的重要信息并表达自己对所记叙事件的个人观点的，这被称为观点表述（point-making）或者重要性传递（transmission of significance），通过记叙向听者表达某种观点是记叙性语篇的核心功能之一（Labov, 1972a, 1972b; Polanyi, 1989）。Polanyi（1989）指出，记叙性语篇的讲述人有两个主要的任务，一是为一个事件提供足够的细节并把该事件清楚地讲述出来；二是在讲述过程中突出重要的信息，增加这些信息的凸显度。她认为讲述人的第二个任务是最为关键的，否则讲述本身也就失去了意义。与此类似，Labov（1972a, 1972b）提出，在记叙性语篇中包含两种表达方式，一是对于事件线索的表达，包括 who、what、when 和 where 等；二是讲述人立场的表达，说明为什么要讲述这个故事。他把表达个人立场或者观点的过程称为评价（evaluation），而把讲述人进行评价所采用的语言手段称为评价策略（evaluative devices）。Olness 等（2010）总结了四种评价策略。

一、减慢或者暂停事件的描述。具体的手段包括：加上一些事件之外的评价性话语（例如，This is for real!）、使用直接引语（在直接引语中，故事中人物可以做出评论，而且可以增加故事的生动性）、直接告诉听者（例如，You know? That let you know…）、采用倒叙或者提前叙述（例如，在讲述一个事件之前先描述一下结果）和重复（包括完全重复，例如，Uh woman uh um rude Rude；带有扩展的重复，例如，It was in church…My stroke hit right here in church；释义，例如，He just talked, talked…He was always running his mouth；排比结构，例如，And this car was sitting there. And this guy was sitting there.）。

二、信息强化。具体手段包括：重复、提高声调、拟声以及非语言声音（例如，I hear, Pow!）、评价性词汇（例如，idiot、careened）、形容词（例如，You're in a strange theatre…and here sit…10, 12 boys…）和副词（例如，so calm、all along the street）等。

三、非现实性的使用。具体的手段包括：否定（例如，I couldn't use none of it.）、将来时态（例如，It's gonna be hard. It's gonna be some sick days.）、情态动词（例如，They could've killed her. And they had to come get me.）、祈使句、条件句（例如，If he hit me, I was goin (g) be run o (ver) by the traffic.）、疑问句（例如，And then, why?）、转折（例如，I was trying to wake up. But I couldn't get up.）等。

四、比较的使用。具体的手段包括：使用 like 和 as（例如，I knew that my son had not been as active as he had been before.）、最高级（例如，the most scariest time of my life.）、明喻（例如，My son look like the elephant man.）、暗喻（例如，It's a crapshoot. 指生活）、习语等。

Olness 等（2010）对 17 位失语症患者和 16 位正常人的评价策略的使用情况进行了对比性研究，结果发现两组受试者在突出重要信息方面所使用的方式非常相似，例如，在两组受试者的故事讲述中，各种评价策略都得到了广泛应用，其中使用频率最高的是重复、提高声调、使用外部评价话语、形容词和情态动词。另外，与正常人相同，失语症患者也使用这几种评价策略来突出重要的信息，例如，直接引语、否定和提高声调三种手段经常同时出现。Olness 等（2010）认为，这可能与失语症患者的大脑右半球功能正常有很大的关系。Olness & Englebretson（2011）又采用同样的理论框架和同样的语料对各种评价策略所强调的信息的连贯性进行了研究，研究结果表明失语症患者在信息连贯性方面的控制较好，这又进一步证实了 Olness 等（2010）的研究成果。

在记叙性语篇的研究中，与上述两个概念密切相关的是指称（reference）和信息的传递（transmission of information）。Nespoulous 等（1998）区分了指称性行为（referential behavior）和情态性行为（modalising behavior）。所谓指称性行为是指对人、物以及思想的指称，而情态性行为则表达说话者的个人态度或者言外之力（illocutionary force）（Austin，1962）。他们利用上述区分对失语症患者的记叙性语篇的产出能力进行了研究，结果表明失语症患者的指称性行为能力与情态性行为能力是相互区分的，对于许多患者来说，尽管他们的指称性行为能力严重受损，他们的情态性行为能力则相对正常。这一结论得到了后来两项研究（Ulatowska 等，2000；Ulatowska & Olness，2003）的进一步证实。而这些成果和 Olness 等（2010）以及 Olness & Englebretson（2011）的研究结论是一致的。

Ulatowska 等（2011）还研究了失语症患者记叙性语篇中引语（reported speech）的使用。引语是指对自己或者他人话语的引用或者阐释，包括直接引语和间接引语两种类型。直接引语是直接地引述别人的话语，例如，The doctor said "he had a stroke".；间接引语是转述他人的话语，例如，The doctor said that he had a stroke.。Labov（1972a：396）指出，直接引语是一种复杂的评价手段，因为"它把个人的叙述转化成一种喜剧的形式"。它往往包含一些伴语言的行为以表明被引用人的语气。有时，说话者甚至要模仿被引用人的声音、手势以及风格（Hengst 等，2005）。直接引语可以增强叙述的生动性，更能吸引听者的注意力。而间接引语则比较简单，只是单纯的引述他人话语所表达的信息。两种引语都具有两个首要的功能：记叙功能和评价功能。在充当记叙功能时，引语可以促进所记叙事件的时间进程，例如，He said, "we have to go to the hospital."（Ulatowska & Olness，2003），而在充当评价功能时，引语可以用来表达建议、观点、情感或者对情景的评价（Armstrong & Ulatowska，2007）。因此，引语的使用是语篇组织和语用能力的重要标志。Ulatowska 等（2011）以 18 位高加索裔和 15 位非洲裔美国失语症患者为对象，研究了他们在记叙性语篇产出过程中引语在结构和主题维持方面的作用。结果表明，两组患者在引语的使用方面并无明显差别。引语主要被用于一些复杂时间或者行为的叙述，而且主要承担记叙的功能。研究中发现，失语症患者使用直接引语的次数要多于间接引语。

11.2.3 会话障碍

在 20 世纪 90 年代，会话分析理论首先被应用于失语症的语言障碍研究中。如前面几章所述，失语症患者经常出现语音、词汇、语义和句法等方面的错误，那么，研究首先关注的问题是，患者是否会自己意识到这些错误，在他们意识到这些错误之后是否会主动修正，或者他们没有意识到这些错误，但是导致了会话的其他参与方理解的困难，他人是否会帮助他们修正这些错误。在此背景下，会话过程中失语症患者话语的修正机制自然也就成了研究的重点问题之一（例如，Laakso & Klippi，1999；Lock

等，2001；Oelschlager & Damico, 2003）。这些研究发现，失语症患者在会话过程中经常出现修正的现象，第一种修正方式是患者的自我修正，即患者在发现自己的话语出现语言错误时会自己主动地修正错误。第二种方式是在他人的要求或者启发之下的自我修正，即患者之外的会话参与方在不能理解或者听不清患者的话语时可能会要求患者进行修正（例如，使用Pardon?等表达方法）。第三种方式是他人修正，即患者之外的会话参与方在不能理解患者的话语时对患者的错误做出修正。前面两种修正方式应该与正常人的修正机制基本相同，但是第三种修正方式在失语症患者所参与的会话中出现的频率要远远高于正常人的会话（Wilkinson, 1999）。另外，患者修正方式的取向与会话参与者的身份具有很大的关系，在与关系密切的人（例如家庭成员）进行会话时，失语症患者对于各种修正方式的接受程度较高，而在其他情况下，他们会因"面子"的问题而更容易接受自我修正的方式（Conway, 1990）。但是修正的完成需要使用其他的语言手段，例如词汇、句子结构等，这对失语症患者来说不是一件容易的事情，因此，与正常人的会话相比，失语症患者会话中的修正过程所用的时间往往比较长，而且成功的概率会大大降低，这在很大程度上影响了会话的正常进行，也使得失语症患者的语言障碍表现得更为突出，在此情况下患者更容易出现焦虑、难堪，甚至愤怒的情感（Lock等，2001）。

会话是一个参与各方相互配合共同完成的过程，在这一过程中，人们需要根据具体的语境，尤其是参与各方之间的关系来调整会话的方式。因此，许多研究者（例如，Lubinski等，1980；Lesser & Algar, 1995；Perkins, 1995）还关注了患者与医生以及患者与家人之间所使用的修正策略的差异，尤其是非患者的身份以及与患者之间的关系对患者修正行为的影响。Lubinski等（1980）分析了一位失语症患者在与配偶以及与其医生会话时的修正行为。他们发现，在该患者与其配偶会话的过程中，修正的完成主要采用"暗示加猜测"（hint and guess），配偶会在患者修正时提供具体的词汇以帮助她完成这一过程。而在患者与医生的会话中，则很少发现这种相互协作式的修正行为。Lubinski等（1980）指出，患者会话过程中的困难在两种谈话中都是显而易见的，但是医生往往会忽视这些障碍，而不会主动去启发患者进行语言错误的修正。这一结果也得到了后续研究（Lesser & Algar, 1995；Perkins, 1995；Lindsay & Wilkinson, 1999）的支持。造成这种差异的原因主要有两点，一是双方共享知识的多少，由于患者和其配偶之间相互了解，具有更多的共享知识，这对于双方协作完成修正行为更加有利；二是社会身份，夫妻之间属于亲密的关系，配偶可以更为直接地参与修正行为，而不用过多地考虑面子的问题。

话轮的转换以及会话序列也是失语症患者会话障碍的一个研究重点。Lesser & Milroy（1993）的研究表明，失语症患者在话轮转换过程中所表现出的控制能力比他们在语言使用的其他方面的能力相对较好。但是这并不意味着失语症患者在话轮替换方面没有障碍。Edwards & Garmans（1989）对失语症患者在话轮转换中的表现进行了研究，他们发现，一些失语症患者在需要话轮转换的情况下有时候长时间沉默，反应迟钝，不能及时地接过说话者的角色。有时讲起话来不知停顿，不能像正常人那样及时地转换为听者的角色。崔刚（2002）对讲汉语的失语症患者的研究也表明，失语症患者在话轮转换方面表现基本正常。但是对于一些比较严重的失语症患者来说，他们在话轮转换方面也存在一些障碍。而且，在失语症患者与医生的谈话中，出现重叠（overlap）、打断（interruption）、停顿或沉默现象的可能性也远远大于正常人。但是，患者会采用各种非语言的方式来弥补自身语言的缺陷。在观察失语症患者与医生进行对话时，崔刚（2002）发现失语症患者可以利用手势、低头等策略使得话轮替换的过程顺利完成。与此类似，Goodwin（1995，2003）对一位只能说出 yes、no 和 and 等少量词汇的非流利型失语症患者的研究发现，虽然该患者不能在医院等公共场所与他人进行正常的会话，但是在家里与家庭成员之间的会话却顺利得多，而造成这种现象的原因一方面是患者能够很好地利用手势、眼神、语言的节奏等手段来表达自己的思想，更为重要的是，家庭成员在与患者谈话时特别注意调整自己的讲话方式，有利于患者能够采用上述手段。会话具有很强的互动性，需要各个参与者根据具体的环境以及参与者的具体情况来调整自己的会话策略，这不仅仅指正常人，失语症患者的许多表现也可以被视为一种互动性行为。Heeschen & Schegloff（1999）发现语法缺失患者的电报式语言会在不同的会话环境中呈现出不同的特点，因此，他们认为电报式语言是失语症患者为了适应自身的语言障碍而采取的一种调动其他会话参与者积极参与会话的方法。Wilkinson 等（2003）描述了两位流利型失语症患者在话轮构建过程中所使用的一些词汇和语法特征。他们认为，这些特征有利于患者在会话过程中更好地参与会话的互动和话轮的构建，而且也有助于患者减少可能会造成听者误解的错误。

研究者也对大脑右半球损伤患者会话能力进行了大量的研究。研究结果显示，总体而言患者在会话过程中的表现与正常人的差异非常细微。例如，Kennedy等（1994）研究了大脑右半球损伤患者在与人初次相识会话过程中对话轮和话题的管理能力，结果表明，总体上患者在话题的管理方面与正常人差别不大，但是他们的话轮更多，从而导致每个话轮中的内容较少，而且较少主动要求对方提供必要的信息。Kennedy（2000）还研究患者在初次相识之后需要进一步了解他人的（get-to-know-you）会话中对话题类材料的使用情况。他发现，在引入话题方面，大脑右半球损伤患者的表现基本正常，但是在谈话的维持阶段，他们所能提出的话题要少于正常人，而在结束阶段又多于正常人。与此类似，Brady等（2003）又对大脑右半球损伤患者的话题连贯和话题的维持能力进行了研究，结果发现他们与正常人的表现差别不大。这表明大脑右半球损伤患者的会话能力保留比较完好。

11.3 语篇处理理论与语篇障碍

在20世纪七八十年代，研究者提出了各种理论来解释语篇的处理，其中对神经语言学影响较大的包括故事语法（Mandler & Johnson，1977；Stein & Glenn，1979）和宏观与微观结构理论（Kintsch & van Dijk，1978；Mross，1990）。

20世纪70年代中期，Mandler & Johnson（1977）借鉴了转换生成语法的方法，力图发现一些适用于所有记叙性话语的普遍特征，并提出了故事语法理论。按照该理论，所有的故事，不论它们的具体内容是什么，都包括一定数量的情节（episodes），每个情节都由情景、目的、尝试与努力、结果、结局等要素构成，而不同的情节之间又通过诸如因果、时间先后等一定数量的关系相互关联起来。与此相对应，Stein & Glenn（1979）提出了故事图示的概念，用以解释记叙性话语的理解、记忆和产出。他们认为，故事是由场景范畴加一个情节系统构成的，而故事图示中包含有一系列的按照一定次序排列的生成规则，这些规则确定了范畴结构和范畴之间的关系。一个简单情节的内部结构包括：（1）起始事件；（2）故事主角对于起始事件的内在反应；（3）主角要达成一个目标的内在计划；（4）执行计划并达成目标的尝试；（5）尝试的结果；（6）主角对于结果的反应。一个故事的情节系统包括由连接词联系起来的几个情节，常见的连接词包括：AND（表示同时和时间关系）、THEN（表示时间和间接的因果关系）和CAUSE（表示因果关系）。也有学者并不赞成他们的看法，认为话语的心理表征首先要依赖于它的内容，而故事语法理论所提出的各种结构单位只不过是故事内容的副产品而已。Schank & Abelson（1977）指出，关于一些常见情景的知识（例如，去餐馆就餐、点餐等）并不需要什么超级的结构，只要一系列的具体的场景，其中一些典型的角色扮演着一些具体的行为。在记叙性话语中，事件之间的因果关系和按照时间先后的进展非常重要。他们提出了因果网络（causal network）的概念，在这一网络中，最重要的事件是那些在故事中密切关联的事件。但是，故事语法理论仍然对规范的故事结构具有一定的解释力，因此，故事语法理论还是被广泛地应用于神经语言学的研究之中。

Roth & Spekman（1986）利用故事语法理论分析了具有学习障碍的儿童的口头记叙性语篇，结果发现他们的故事中所包含的命题、完整的情节和场景陈述的数量都少于正常人。Jordan 等（1991）又重复了上述研究的程序，对患有闭锁性头部外伤（closed head injury）儿童所产出的记叙性语篇进行了分析，与其他的研究不同的是，该项研究的结果表明，这些儿童与正常的同龄人之间没有多少差异。其后，Ska & Guénard（1993）利用故事语法理论对阿尔茨海默症患者所产出的记叙性语篇进行研究，结果发现患者语篇中的故事要素要少于正常人，另外，他们还经常出现顺序错误，产出许多与话题不相关的命题。

不论是故事语法，还是因果网络，它们的解释力都比较有限。鉴于此，Kintsch & van Dijk（1978）又提出了宏观结构和微观结构的概念。他们认为，话语理解的过程是一个即时的处理过程，在这一过程中，短时记忆以一种循环的方式依次推进，因此，处理话语中的各种语言线索并把它们与概念知识联系起来要受到短时记忆容量的限制。他们认为，对于一个口头或者书面话语的理解首先开始于微观结构的处理。这一微观结构中局部的信息，"与话语中的单个词汇以及它们之间的相互关系相对应"（Mross，1990：55）。在微观结构的处理过程中，人们要把话语分析为不同的微命题（micropropositions），每个微命题都由一个谓词和一个或者一个以上的主目语（argument，例如，施事格、目标格等）组成。如果这些微命题具有相同的主目语或者同时出现在短时记忆之中，他们就会相互联系起来。与主题相关的重要的命题可以在短时记忆中停留几个循环，并按照一定层级结构组成网络，其中主题性的命题会成为上位的节点。如果缺乏主目语的重合，读者或者听者就会从长期记忆中寻找丢失的命题或者做出推论以便于完成原有网络的构建。否则，他就需要建立一个新的网络。在网络构建完成之后，读者或者听者就需要进行自上而下的处理过程，建立话语的宏观结构。所谓宏观结构就是指话语的整体信息，它代表着话语的主旨、主题和主要思想。宏观结构的处理遵循一些宏观规则（包括删除、概括和构建等），这些规则"把处于局部层面上的命题序列（即微命题）和更高层面上的命题序列联系起来，从而产生话语的整体意义"（Mross，1990：59）。也就是说，在宏观结构处理的过程中，最为相关的微命题被保留下来，并经过概括形成宏命题（macropropositions），由此产生的话语的宏观结构构成了话语的语义表征，其中包含着一系列按照次序排列的宏命题。另外，Kintsch & van Dijk（1978）还提出了超级结构（superstructure）的概念，用来指某一语篇类型的抽象认知结构。正如 Mross（1990：50）指出的那样，超级结构"更多地是一种语篇可能具有的总体形式的描述，而不是某个特定语篇的具体的语义内容的表征"。Kintsch & van Dijk（1978）的理论忽视了背景知识在话语理解中的作用，微观结构和宏观结构的表征都过多地依赖话语本身。后来，van Dijk & Kintsch（1983）又提出了独立于宏观结构的"情景模型"，但是它并没有完全解决过分依赖话语本身的问题。鉴于此，Kintsch（1988）提出了以联结主义为基础的话语理解的"建构整合"模型，其中，在整合阶段，人们会通过激活的扩展把话语的语境整合到原来构建的网络之中，网络中那些与语境相关联的节点由此会得到强化。

　　Kintsch（1988）的联结主义模型还很少被应用于神经语言学关于记叙性话语障碍的研究之中，而由 Frederiksen 等（1990）提出的关于话语理解的多层次模型似乎更适合神经语言学的相关研究。该理论把话语处理看作一个同时在语言、命题、语义和概念四个层次进行的复杂的认知过程。在这四个层次之中，概念层次与 van Dijk & Kintsch（1983）所提出的情景模型具有诸多的共同之处，它是与话语内容相关联的现实世界的心理表征或者模型，这一表征与话语本身的表征只有部分吻合。以其他三个层次的处理为起点，在概念层次，人们需要利用长期记忆中的有关信息（即利用读者或者听者的背景知识做出推论）和话语的语境。

　　宏观与微观结构理论（Kintsch & van Dijk，1978；Mross，1990）已经被大量地应用于失语症患者语篇障碍的研究之中。在 20 世纪 80 年代，Ulatowska 和他的同事对失语症患者所产出的记叙性和程序性语篇开展了一系列的研究（例如，Ulatowska 等，1981；Ulatowska 等，1983），证明了宏观与微观理论对于患者语篇障碍研究的有效性。在研究中，他们特别关注了语篇中的基本命题（即一种语篇类型中的必备内容）的情况，结果发现失语症患者都有遗漏某些基本命题的情况，致使语篇的内容不够完整，但是他们遗漏更多的还是那些细节的、不属于基本命题的内容。Huber

（1990）的研究对超级结构、宏观结构和微观结构又做了进一步的阐述，还把这一理论与故事语法结合起来，认为超级结构就是"故事语法中的范畴"，或者是"一系列的工具性脚本"（Huber，1990：171）。该研究发现即使是在患者存在严重句法和词汇层次障碍的情况下，失语症患者对于语篇基本要素的知识仍然保留着。Huber（1990）还把宏观处理与微观处理相比较，认为前者要更多地依赖人的百科知识，属于探索式的，而后者则要依赖语言知识，属于演算式的。在对大量相关研究进行考察的基础上，他发现许多失语症患者在宏观处理方面存在困难，而这一困难在语篇的理解和产出中都有所表现。Armstrong（2000）又进一步考察了利用宏观和微观结构理论对失语症患者所进行的相关研究，认为失语症患者在两者之间的障碍表现上存在着分离的现象，即一些患者只是表现出了微观处理方面的障碍，还有一些患者则只在宏观处理方面存在问题，这也在一定程度上证明了宏观结构与微观结构存在的真实性。但是，也有研究对此有不同的看法（例如，Christiansen，1995）。

微观与宏观结构理论也被应用到了失语症之外的其他语言障碍患者的研究之中。Coelho 等（2005）对创伤性脑损伤（traumatic brain injury）患者在微观处理方面障碍的相关研究进行了综述，发现患者的记叙性语篇中的命题密度（即一个句子中所包含的命题数量）要远远低于正常人。Myers（1993）对大脑右半球损伤患者的记叙性语篇的研究发现，他们在宏观结构方面障碍表现得比较明显。

11.4 AphasiaBank 简介

随着当今信息技术的发展，计算机技术也被广泛地应用于语言学的研究之中。语料库语言学在 20 世纪 80 年代应运而生，它研究自然语言文本的采集、存储、加工和统计分析，目的是凭借大规模语料库提供的客观翔实的语言证据来从事语言学研究和指导自然语言信息处理系统的开发，并且已经取得了许多成绩。在此背景之下，计算机技术也开始被应用于语言障碍的研究之中，其中最具代表性的当属 AphasiaBank，它代表了神经语言学研究的一个重要方向。

AphasiaBank 是一个失语症患者与医生之间交谈的话语语料库，由美国以卡耐基梅隆大学教授 MacWhinney 为首的团队建立。该项目始于 2007 年，到 2011 年，语料库中已经收集了来自于美国 12 个地点的 145 位失语症患者的话语语料以及 126 位没有语言障碍的参与者的对照语料（MacWhinney 等，2011）。尽管目前只有英语一种语言，但其他的语种，包括汉语、德语和瑞典语的语料也会很快加入其中。语料包括话语的文字以及相应的录像，世界各地的研究者都可以访问 http://talkbank.org/AphasiaBank/，在进行注册并获取密码后，就可以利用这些语料进行相应的研究。

该语料库的主要目的是为研究失语症患者的交际障碍建立一个共享的多媒体互动数据库。由于失语症的类型多种多样，而且患者的语言障碍表现得非常复杂，又加之语料的收集者来自于不同的地方，为了确保语料具有最大程度的可比性，研究团队制定了严格的操作规范，其中包括语料的收集、录像的文字转录与编码、核查、标注等，另外还有专门的语料分析软件。

在进行语篇产出的任务之前，所有患者都要进行一系列的失语症检查，而没有语言障碍的参与者则要先进行心理检查，以便于排除那些具有认知障碍和情绪沮丧的人。所有检查过程都进行录像，并放在网站上，供研究者参考。AphasiaBank 中包括四个任务所产出的语篇，其中前三个属于记叙性语篇。（1）个人讲述。由患者讲述自己语言状况、病情、恢复情况以及生活中的一个重要事件。与此相比较的是没有语言障碍的参与者讲述自己的病情、恢复情况、与有语言障碍的人打交道的经历，以及生活中的一个重要事件。（2）图画描述。所有的参与者都被要求看三套黑白图画和一套彩色图画（每套图画中都包括多个分图）并讲述图画所描述的故事。（3）讲故事。让参加者首先浏览灰姑娘的故事连环画（其中的文字已经被覆盖），并告诉他们要记住其中的故事。然后把书拿走，让他们讲述灰姑娘的故事。（4）程序性语篇。要求患者描述一种简单食物的制作过程。录像的文字转录均按照 MacWhinney（2000）所设计的 CHAT 模式进行，其中包含了标记各种语言行为（例如，重复、修正、手势、不能识别的语言等）的方式。转录完成后，要对所有的语言材料进行详细的错误类型编码。

AphasiaBank 所拥有的丰富而又标准的语料以及所提供的语料分析功能，不仅为失语症者语篇障碍的研究提供了极大的便利，还可以用于包括语音、词汇、语义、句法等各个层次的分析，也可以用来分析患者的伴语言行为。更为重要的是，由于语料的收集与整理都是严格按照一定的标准进行的，不同的患者之间以及患者与没有语言障碍的参与者之间的语料具有很好的可比性，这为综合研究失语症患者的语言障碍，有效解决以往研究中存在的结论分散和可比性差的问题提供了可能。目前已经有多篇利用该数据库对失语症患者语言障碍进行研究的论文发表,例如,MacWhinney 等(2010)对失语症患者讲述灰姑娘故事的语篇中的词汇进行了分析,Fergadiotis & Wright(2011)的研究中也使用了该数据库。这些研究都证明了 AphasiaBank 的有效性。

11.5　结语

　　语篇是大于句子的语言单位,"它由一系列的话语构成,其目的是在参与者之间传递信息……它可能是最为细致的语言活动"(Ska 等,2004:300)。语篇的产出不仅是单纯地说出一系列的语音、词汇和句子,更重要的是,它需要把各种信息单位用连贯的方式组织起来,才能传递有意义的信息。在过去 30 年左右的时间内,语篇障碍一直是神经语言学研究的核心问题之一,主要原因在于语篇障碍是各种语言障碍患者的普遍现象,而且相对于其他层次的语言障碍而言,对患者语篇能力的分析更可以客观地反映他们的交际能力。Wright(2011)指出,研究者对语篇障碍特别感兴趣有三个主要原因,第一,包括失语症患者在内的所有语言障碍患者都具有语篇层次的理解和表达困难;第二,对语篇障碍的分析可以客观地反映患者的总体语言交际能力;第三,评估患者在语篇障碍上的变化可以对语言康复的效果做出更好的评价。因此,语篇障碍的研究具有重要的意义。

　　基于目前的研究现状,我们认为今后的相关研究应该在以下三个方面多下工夫:

　　一、语篇障碍的多学科多视角研究。语篇的产生和理解是一个非常复杂的过程,相关的研究涉及语言学、心理语言学、心理学、社会学、社会语言学、传播学等众多的学科,目前的研究大多是属于单学科、单视角的研究,还需要从更广的视角、更多学科,以及多角度、多视角相结合的方式对患者的语篇障碍进行研究,才能更加深入地理解这些障碍的本质。

　　二、患者会话的互动机制研究。会话是人们最为常用的语言交际活动,也是需要各个参与方相互配合、共同完成的一个过程。在这一过程中,会话参与者需要根据具体的语境(例如,谈话的主题、时间、地点、各方之间的关系、共享的知识背景等)而不断地调整自己的会话策略。虽然现在也已经进行了一定的研究工作,但是在深度和广度上都还比较欠缺。例如,在会话过程中,语言障碍患者是如何保持自己的面子的?面子是指人们在社会交往场合中力图以自身的谈吐和举止表现出来的、可以反映本身价值及信念的形象。每个人都有面子的需求,并力求在会话过程中维持自己和他人的面子。对于语言障碍患者来说,他们更有可能面临着面子遭到威胁的情景,因此有可能需要采取特殊的策略来维持自己的面子。对这一现象的研究不仅可以使我们了解患者的语篇及语用障碍,更为重要的是,它可以使我们更加深入地认识人类的会话机制。

三、不同语篇类型的研究。如上文所述,语篇可以分为描述性、记叙性、程序性、劝说性、会话性等多种语篇类型,目前的研究大多集中在记叙性和会话性两种语篇类型上,而对于描述性、程序性、劝说性语篇的研究还比较少见,针对更多的语篇类型进行研究可以使我们更加全面地认识患者的语篇障碍。

第12章

大脑的语言功能

目前神经语言学研究的核心内容包括两个方面，一是从语言的各个层次对各种类型的语言障碍进行研究，并力图从语言学、心理语言学和认知理论的角度对这些障碍做出解释；二是对语言处理神经机制进行研究。随着大脑成像技术在该领域研究中的广泛应用，相关的研究数量越来越多，取得了大量研究数据和结果。纵观这些研究，我们可以把它们分为两种类型：一种类型的研究从大脑的结构出发，探求大脑的某一具体部位的语言功能；另一种是从语言处理的角度出发，探求某一处理过程的神经基础。在本书的第2章我们已经对大脑的结构以及所涉及的语言功能进行了简要的介绍，在本章中我们将围绕第一种类型的研究，结合有关研究的一些热点问题更加详细地讨论大脑的语言功能。

12.1 大脑右半球的语言功能

1865年，Broca发现大脑左半球前部额叶的第三前回为言语产出的中枢，称为前语言区；1875年，Wernicke发现大脑左半球颞上回的后部为言语理解中枢，称为后语言区。两者均位于大脑的左半球，因此，在过去很长的时间内，主流的观点一直认为人的语言功能主要由大脑的左半球负责，而右半球与语言功能的关系不大，主要负责处理与空间、音乐、情感等有关的信息。但是，研究者对于大脑右半球语言功能的探索却从未停止过。Jackson（1874）首先指出大脑右半球有可能在言语中情感因素的处理中起作用。到了20世纪，人们对右半球的语言功能又有了进一步的认识。尤其是在90年代之后，大脑右半球在语言处理中的作用已经成为神经语言学研究的核心问题之一。

12.1.1 大脑右半球在语言加工中的作用

1. 超音段特征的加工

对脑损伤患者采用神经电生理技术和神经影像技术进行的研究均表明，超音段特征的处理主要依靠大脑右半球来完成。Obler & Gjerlow（1999）指出，大脑右半球受损患者加工声调、语调、语韵、重音等超音段特征时存在困难，不能理解其他人说话时通过音韵变化所传递的情感信息，自己讲话时也缺少语句的抑扬顿挫。高素荣（2006）也指出，大脑右半球病变可导致语韵的缺失，这类患者在语韵的产出和理解方面均存在障碍。Mitchell 等（2003）运用功能性核磁共振成像技术研究发现，大脑右半球在情感性语韵的加工过程中起着主导性的作用，尤其是大脑右半球的颞叶活跃程度最强。Wildgruber 等（2005）采用同样的技术系统研究了情感性语韵理解的大脑机制，发现与一般的语音理解相比，受试者在理解情感性语韵时明显导致大脑右半球大面积激活，包括 Brodmann 分区的 22、44、45、47 区。

但是，大脑对声调的处理具有语言类型学上的差异（刘宇红，2007：116）。对非声调语言而言，声调不是功能单位，主要由右半球进行处理，但是对汉语、泰语等声调语言而言，声调的理解和产出则由左半球完成（Eng Huie，1994）。李传玲等（1998）对比了母语为汉语的大脑右半球梗死患者和正常人对声调和情感性语韵的加工，结果发现，69% 的患者具有情感性语韵的加工障碍，而患者对声调的加工则与正常人无显著差异。所以他们得出结论，认为汉语中声调的加工主要由大脑左半球负责，而情感性语韵的加工主要由大脑右半球负责。

2. 词汇语义的加工

很多研究（例如，Shapiro & Caramazza，2003b；Tyler 等，2004）都发现在词汇加工的过程中，虽然大脑左半球占据优势地位，但是大脑右半球也在一定程度上参与其中。Coslett & Monsul（1994）引用了这样一个病例，患者因患癫痫而接受了大脑左半球切除手术，但是仍然能够识别一些单词，这说明大脑右半球支持词汇加工。Weekes 等（1999）通过词汇判断实验发现大脑左半球和右半球在辨认词汇时均存在双路径，一条是词汇路径（lexical route）：视觉编码 → 语义存储 → 语音编码 → 读出单词；另外一条是非词汇路径（nonlexical route）：形音转换 → 语音编码 → 读出单词。因此大脑右半球尽管识别字词的能力有限，但是通达字词的路径与左半球类似。而 Marangolo 等（2003）则发现 2 名大脑右半球损伤的患者完成从动词派生出名词（例如，observe→observation）的任务时有困难，但是可以正确产出动词的屈折形式（例如，observe→observed）。这说明大脑右半球参与了派生词的加工。在此研究的基础上，Marangolo & Piras（2008）采用功能性核磁共振成像技术对 9 名大脑右半球损伤的患者产出派生词的过程进行了进一步的研究，证明大脑右半球皮质下结构中的基底节在加工派生词素的过程中起了关键作用。

Faust & Lavidor（2003）指出，很多实验研究都表明，尽管大脑左半球在加工词汇语义时占优势，但是在处理相对陌生、不常用的词义，或者词的隐喻意义时则右半球占优势。例如，Chiarello 等（1990）采用半视野速示实验方法，运用语义启动任务对大脑两侧半球语义的激活扩散进行了研究。该实验表明，当目标词和启动词之间语义上的联系不是特别强时，如 goat—dog（语义联系的强度不如 goat—sheep 大），右半球比左半球的启动效应更加明显。据此，他们得出结论认为，大脑右半球中语义的激活扩散更加分散，所以大脑右半球主要负责加工相对陌生的不常用词义。Beeman（1998）据此提出了粗略编码模型（coarse coding model），认为大脑右半球主要负责加工那些粗略的语义关系，即较大的语义场中的关系，而左半球主要负责加工相对较小的语义场中的关系。但是，Coney（2002）的研究并不支持这一模型。他们采用的仍然是半视野速示的实验方法和语义启动任务，控制了目标词与启动词之间语义联系的强度，结果发现，大脑左半球和右半球的启动效应并无显著差异，都是随着目标词和启动词之间语义联系强度的增强而增强，这就对上述粗略编码模型提出了质疑。所以大脑左右半球在词汇语义加工方面的异同还需要进一步的研究。

3. 句子的加工

传统的观点认为，大脑左半球在句子的理解方面占优势（Hoeks 等，2003）。但是，Grossman & Haberman（1987）通过研究发现，大脑左半球和右半球损伤的两类患者在完成探查句子逻辑错误的任务时都存在障碍，而且两组患者所犯的错误类型不同，这说明大脑右半球具有加工句子的功能。Caplan 等（1996）重点研究了 46 位大脑左半球损伤和 14 位大脑右半球损伤的患者对复杂句的理解，发现两组受试者理解这类句子时均存在障碍，大脑右半球损伤的患者对复杂句的理解好于左半球损伤的患者，这说明大脑左右半球都参与了复杂句的理解，但是左半球在理解中所起的作用更大。Just 等（1996）采用功能性核磁共振成像技术考察了正常人在理解复杂句时大脑的激活区域，发现大脑左半球中传统的语言区域（指布洛卡氏区和沃尼克氏区）都有显著的激活，大脑右半球中与之对应的区域也有激活，但是激活的程度显著降低（仅为左半球激活程度的22%~26%）。在这些研究的基础上，Hoeks等（2003）提出了这样一种假设，即句子的理解是大脑左右半球相互协调的结果。大脑左半球主要利用各种信息（尤其是功能词）来分析句子结构，产出句子结构的表征，而右半球主要负责加工语义，产出语义表征。但是，目前这一假设还没有得到确切的实验数据支持。

4. 语篇的加工

Bates（1976）认为大脑右半球在交际中的作用主要体现在语用和语篇方面。大脑右半球损伤的患者由于整合信息的能力受损，在理解和产出语篇时存在明显的困难。在语篇的理解方面，大脑右半球损伤的患者虽然可以理解语篇的主旨大意，但是不能根据主旨大意来把握语篇的宏观结构。另外，大脑右半球损伤患者在根据上下文推断某些词的含义方面也存在障碍。Ferstl等（2005）采用听觉呈现两段较长的故事，每段故事都由大约650词组成，听完后要求受试者根据理解回答问题，结果发现大脑右半球损伤的患者在回答需要根据上下文来进行推断的问题时出现的错误最多，而在回答与故事中明确表述的内容有关的问题时则与正常人无显著差异。在语篇的产出方面，大脑右半球损伤的患者产出的语篇前后不连贯，过于关注某些无关紧要的细节。Bartels-Tobin & Hinckley（2005）采用记叙性语篇和程序性语篇，对比了大脑右半球损伤患者和正常人产出语篇的能力，发现大脑右半球损伤患者产出的记叙性语篇信息量较少，只能产出某些次要的细节，不能把握语篇的宏观结构和主题，遗漏了很多关键成分，而在程序性语篇的产出方面则与正常人并无显著差异。McDonald（2000）的研究也发现了同样的结果，他认为这可能是由于程序性语篇一般相对简短、容易产出。

Bloom（1994）认为产出和理解语篇的能力与认知能力密不可分。这主要是因为要产出和理解一个完整的语篇，除了语言能力之外，还需要运用到多方面的能力，包括整合各种信息的能力、运用语言之外的百科知识的能力、记忆能力、注意能力，以及根据上下文进行推断的能力等。而大脑右半球损伤的患者一般记忆能力和注意能力等认知能力都会受到损害（Bartels-Tobin & Hinckley，2005）。据此，Bloom（1994）认为大脑右半球损伤患者处理语篇方面的障碍可能是由认知能力受损造成的。

5. 语用能力

Tompkins（1995）提出，相对于大脑左半球而言，大脑右半球在处理与语用相关的信息方面更具优势，主要包括如下几个方面：处理情感和非言语交际行为，理解间接言语行为，理解隐喻和习语等比喻性语言，理解会话含义、幽默、讽刺、双关语和笑话等。Joanette & Anslado（1999）将大脑右半球损伤患者在语言方面的障碍描述为语用性失语。Gardner（1975：296）对大脑右半球损伤患者的交际障碍作了如下描述："患者对语境或者自己所处的环境不敏感，患者就像一台语言机器或者一台会说话的电脑。他对信息只能从字面意义的角度进行解码，并且按照字面意义给出回答，而不能够理解言语中的隐含意义或者是交际对象的意图。"Mackenzie & Brady（2004）对大脑右半球损伤的患者进行了系统的交际能力测试，发现不论利手的情况如何，大脑右半球损伤患者的交际能力都显著低于正常人，他们很难根据语境信息进行推断，根据上下文推测会话含义的能力也严重受损。Cutica等（2006）以认知语用理论（cognitive pragmatic theory）为基础，对比了10位大脑左半球损伤和9位大脑右半球损伤患者使用身体语言完成交际的能力，发现大脑左半球损伤的患者比大脑右半球损伤患者的语用能力更强，所以得出结论，大脑右半球在处理与语用相关的信息方面起关键作用。

如前所述，大脑右半球主要参与非字面意义的加工。很多研究都表明，大脑右半球在加工隐喻时占优势地位（Mashal & Faust，2008）。例如，Winner & Gardner（1977）发现大脑右半球损伤的患者在完成将图画与相应的词汇隐喻匹配任务时有困难，他们经常选择描述短语字面意义的图画，这说明由于大脑右半球受伤，他们只能够获取词汇的字面意义，而不能获取其隐喻意义。Bottini等（1994）利用正电子发射X射线层析照相术，发现正常人在理解包含隐喻的句子时，虽然大脑左半球也有某些区域激活，但是不像右半球那样，很多区域有显著激活，包括前额叶皮层（prefrontal cortex）、颞中回、楔前叶（precuneus）和后扣带回（posterior cingulated）。但是，也有研究得出了不同的结论，认为加工隐喻时为大脑左半球占优势，或者两半球均势而非大脑右半球占优势。例如，Lee & Dapretto（2006）采用功能性核磁共振成像技术对比了字面意义与隐喻意义加工的大脑机制，并未发现大脑右半球在加工隐喻意义时具有任何优势。有学者提出这可能是由实验材料中所使用的隐喻的熟悉程度不同造成的，那些规约隐喻（conventional metaphor）主要由大脑左半球负责加工，而非规约隐喻或者新奇隐喻（novel metaphor）则主要由大脑右半球负责加工。Mashal 等（2007）的研究支持这一结论。他们运用大脑成像技术，采用词汇决定任务对比了规约隐喻和新奇隐喻的加工，发现只有在加工新奇隐喻时大脑右半球相应于左半球韦尼克氏区的区域有显著激活，加工规约隐喻时这一区域并无激活。

12.1.2　大脑右半球在语言功能恢复中的作用

Wernicke（1886）推测说，如果大脑左半球大面积损伤或被切除，与大脑左半球语言区域相对应的右半球区域会在语言功能的恢复中起到关键作用，右半球可以代偿左半球的语言功能。目前的研究表明，右半球的代偿功能对儿童和成人脑损伤患者而言是不同的。对儿童来说，如果左半球在幼儿时期被切除，右半球基本上可以代偿左半球的语言功能。Van Lancker-Sidtis（2004）报告了这样一个病例，患者在 5 岁时接受了大脑左半球切除手术，只能靠大脑右半球来完成语言功能。6 岁时他成功习得了母语，与正常儿童的语言能力无显著差异，在日常生活中能够正常使用语言进行交际。到 49 岁时总体语言能力仍然正常，与同年龄的正常人也无显著差异，只是在拼写复杂的单词和理解复杂的句子方面表现出一些细微的缺陷。而对成人而言，大脑右半球只能在语言功能的恢复中起到有限的作用。例如，Ansaldo 等（2002）对一位 50 岁时因患脑中风而失语的患者进行了跟踪观察，采用失语成套测验和词汇决定实验任务，以 4 个月为间隔，在失语发生后 2 个月、6 个月和 10 个月分别进行测验。结果发现，在前两次测试时（即 2 个月和 6 个月后）大脑右半球在语言加工中起到主导作用，而在最后一次测试，即 10 个月后，由于大脑左半球的语言功能得到部分恢复，大脑右半球的主导作用消失。他的研究还表明，大脑右半球主要负责的是语言理解能力和产出形象性高的词的能力，语言表达能力的恢复还是要依靠左半球损伤区域之外的大脑区域来完成。Bates 等（2001）系统对比了大脑受损的儿童和成人语言功能恢复的情况，结果发现大脑受损的儿童能够像同年龄的正常人那样用语言来进行交际，语言功能仍然属于正常的范围，只是构词错误较多。而大脑受损的成人的语言能力与同年龄正常人的相比有显著差异，语言障碍非常明显。

上述差异可以用 Lenneberg（1967）提出的潜力均等假说来解释。该假说认为刚生下来的儿童大脑左右半球具有相同的语言潜能，只是在语言习得过程完成以后，大脑左半球才逐渐成为语言功能的优势半球。所以儿童的大脑可塑性很强,大脑右半球可以代偿左半球的语言功能。但是对成人而言,大脑左半球的语言优势地位已经确定,很难由右半球完全代偿左半球的语言功能。

12.1.3　大脑右半球在第二语言习得中的作用

根据 Obler(1981)提出的"阶段假说"(stage hypothesis),处于第二语言习得初始阶段的学习者或第二语言水平较低的学习者在加工第二语言时更多地依靠大脑右半球,而随着学习的深入和第二语言水平的提高,大脑左半球在加工第二语言时逐渐占据优势地位。Paradis(1994)认为这主要是由于开始习得第二语言时,学习者需要更多地结合语境信息即从语用的角度来加工第二语言,而语用的加工主要是由大脑右半球来完成的。Reiterer 等(2009)采用脑电图检测技术探讨了母语为德语的高水平英语学习者和低水平英语学习者用于加工英语的大脑机制。两组受试者开始习得英语的年龄相同,均为 9 岁。研究人员记录并对比了两组受试者在收听英语新闻报道时的脑电图,结果表明,高水平的英语学习者大脑左半球的激活程度更高,而低水平英语学习者的大脑右半球被大面积激活。这说明低水平的英语学习者更多地使用了大脑右半球来加工英语。其他的一些研究(如 Chee 等,2001)也支持这一假说。

第二语言习得的起始年龄、环境以及学习者的性别等因素都会影响到第二语言加工的大脑机制。Evans 等(2002)运用半视野速示实验考察了英语—威尔士语双语者加工威尔士语时大脑左右半球各自的功能,研究结果表明对习得威尔士语较晚的学习者和在日常生活中不使用威尔士语的学习者而言,大脑右半球加工威尔士语的优势效应最明显。但是 Vaid & Hull(2001)的研究结果却与此相反,他们发现,对第二语言习得起始年龄较早的双语者来说,大脑右半球加工第二语言的优势最为明显。Persinger 等(2002)则发现仅男性第二语言学习者表现出大脑右半球加工第二语言时的优势,女性并没有上述优势。Paradis(2003)认为目前关于第二语言习得者加工第二语言的大脑机制方面的研究之所以会出现很多不一致,甚至相互抵触的结论,大多是由于研究人员使用的研究方法、实验任务及受试者遴选的不同而造成的。

在上文中,我们从神经语言学的角度,基于现有文献探讨了大脑右半球的语言功能。从这些文献我们可以看出,尽管对绝大多数人而言,语言的优势半球为左半球,但是言语的理解和产出是大脑左右半球相互协调共同作用的结果,大脑右半球在语言的产出和理解中也独立发挥了重要作用。这一领域目前还有很多尚待解决的问题,结合中国神经语言学研究的具体情况,这些问题可以概括为以下四个方面。

一、右半球所具有的语言能力与其他认知能力的关系。例如,很多研究都表明大脑右半球损伤的患者一般会产生语用和语篇障碍,有学者据此提出这种语用和语篇障碍是由大脑右半球的认知能力受到损害造成的(Bloom,1994),这一问题还需要进一步研究证实。

二、大脑左右半球是否具有相同的语言潜能。如前所述,Lenneberg(1967)提出的同等潜能论认为,大脑左右半球在儿童出生时具有相同的语言潜能,只是在大脑功能侧化完成后,左半球才成为语言的优势半球。虽然目前的一些研究成果在一定程度上支持了这一观点,但是也有学者对这一理论提出了质疑,例如,Corballis(1992)提出大脑左半球从儿童出生开始就具有习得语言的优势,这主要是因为实验证明新生儿大脑左半球比右半球发育的更快,且对快速变化的声音刺激更加敏感。

三、隐喻的加工机制。如前所述,对隐喻的加工究竟是大脑两半球均势还是右半球优势,还需要进一步的研究。另外,目前对汉语隐喻加工的大脑机制研究也相对较少。

四、大脑右半球与第二语言加工的关系。双语者加工第二语言的大脑机制是一个亟待研究的问题(Paradis,2003)。随着我国英语教学的不断普及和教学水平的迅速提高,以汉语为母语的中英双语者的数量也在急剧增加。因此,探讨大脑右半球在第二语言习得和学习中的作用,以及双语加工的大脑机制不仅对推动神经语言学的发展具有重要的理论意义,同时对促进英语教学水平的提高也具有重要的实践意义。

12.2 镜像神经元系统的语言功能

镜像神经元(mirror neurons)是近十年来神经科学领域最重要的发现之一,这一发现以及镜像神经元系统的功能研究在认知科学中具有重要的意义。Iacoboni等(2005:529)认为它"完全改变了我们思考大脑如何工作的方式"。下面我们将就镜像神经元系统(mirror neurons system,MNS)及其语言功能进行介绍与讨论。

12.2.1 镜像神经元系统

在20世纪90年代后期,Rizzolatti等(1996)在利用单细胞记录技术研究恒河猴大脑运动前区（premotor cortex）皮层 F5 区在猴子抓握食物活动时的单个神经元放电活动时，偶尔发现工作人员将食物抓起的动作在恒河猴的视野中呈现也可以引发猴子的大脑 F5 区神经元的强烈放电活动，而且这一放电活动的模式和强度都和恒河猴自己进行该行为时 F5 区神经元的放电活动相似。他们把这种神经元定名为镜像神经元，因为它们可以像镜子一样映射其他人的动作，也就是说，它们不仅在自己进行抓握某物体的行为时放电，而且在观察其他个体（无论是人还是自己的同类）进行同样活动时也发生放电反应。Ferrari 等（2003）还进一步在恒河猴大脑的 F5 区发现了一些对口部动作做出反应的镜像神经元，以及它们的具体定位。对手部动作做出反应的镜像神经元大多在 F5 区的上部，而对口部动作产生反应的镜像神经元则多位于 F5 区的侧部。镜像神经元并不仅仅局限于恒河猴大脑的 F5 区，Rizzolatti & Craidhero（2004）又发现颞上沟与顶下叶（inferior parietal lobe）的神经元也都具有镜像的性质。前者对应着一些行走、转头、弯腰和手臂运动的动作，但是 STS 区域的神经元并不是运动神经元，而且可以对应远比 F5 区多的动作。从解剖学的角度来看，这可能是由于 STS 的神经元投射范围达到了运动前区整个腹侧的原因。而顶上叶的神经元也可以接受 STS 区的投射并外传到运动前区腹侧。顶上叶区域的神经元除了对运动行为产生反应之外，90% 的神经元还可以在感觉刺激下产生放电。Rizzolatti 等（1996）对镜像神经元的功能进行了总结，主要包括以下几个方面：（1）由镜像神经元产生的直接内在体验可以使生物体理解社会化同类的行为、意图或者情感；（2）镜像神经元也许是模仿同类动作以及学习能力的基础，从而使得镜像机制成为同种类群生物之间进行多层面交流与联系的桥梁；（3）镜像神经元系统确保当灵长类动物在执行某个动作或观看其他个体执行同样动作时，具有动作理解的快速通道，被进化选择所保留并且得到增强。

自从 Rizzolatti 等（1996）在恒河猴大脑 F5 区发现镜像神经元之后，由于该区与人类大脑的布洛卡氏区基本相当，具有很强的同质性，因此研究者开始推断人类大脑中也有可能同样存在镜像神经元系统来帮助人们理解他人的行为。由于恒河猴的镜像神经元研究开始于利用植入电极对单神经元的记录，而这一技术几乎不可能直接应用人的身上。因此，至今还缺乏人类大脑中同样存在镜像神经元的直接证据，但是研究者（例如，Hari 等，1998；Iacoboni 等，1999）还是采用其他非损伤性的研究技术和手段，从电生理、比较解剖学和大脑成像等方面进行研究，结果都表明人类大脑中同样存在能够匹配观察到的行为和自己执行行为的镜像神经元系统（丁峻等，2009）。这一系统主要由顶下叶、额下回（inferior frontal gyrus，IPG）和颞上沟组成。这一系统可能是人类进行模仿学习的基础，进而也是心理理论的获得、共情能力、社会交往等的神经基础（Meltzoff & Decety，2003）。

12.2.2 镜像神经元与语言功能

镜像神经元系统与语言之间的关系首先表现在语言的进化方面。在第1章中我们就指出，大脑的进化与发展过程以及由此带来的语言能力发展是神经语言学研究的重要问题。但是对这一问题研究的最大困难在于研究难以获得直接的证据，而镜像神经元的发现为语言的进化研究提供了一个新的视角和契机。在恒河猴的F5区发现镜像神经元并认为其涉及了对其他同类行为的理解之后，由于F5区对观察手部和嘴巴部位的运动特别敏感，以及F5区和布洛卡氏区的同质性，研究者便假设人类的语言系统可能就是从这些神经元进化而来（Gallese等，1996；Rizzolatti等，1996）。Rizzolatti & Arbib（1998）还提出了镜像系统假说（mirror system hypothesis）。该假说认为，布洛卡氏区的进化建立在镜像神经元系统的基础之上，而言语是在人类手势的基础上进化而来。与其他的灵长类动物一样，位于布洛卡氏区的镜像神经元负责包括手势在内的运动行为的产生与识别。也就是说，在人类的进化过程中，镜像神经元为人类语言的出现奠定了基础。Arbib（2005）指出，镜像系统以及相应的语言的发展经历了以下六个阶段。（1）抓握和其他的手部动作，为人类、猩猩与猴子所共有。（2）模仿抓握和其他的手部动作，对一些简单动作的模仿能力，为人类与猩猩所共有，而对一些复杂动作的模仿能力则是人类所独有的。猩猩在模仿一个动作时往往需要尝试很多次，在这一过程中，它们更多地关注所操控物体的移动方向，而不是移动的路径。与此相比，人类的模仿要迅速高效得多。在猴子、猩猩和人类三者之间，猴子不能模仿，猩猩只能模仿简单的行为，而人类则既可以模仿简单的行为，也可以模仿复杂的行为。（3）用手势来表示抓握和其他的手部动作。（4）用手势来表示本人动作之外的动作，例如，通过拍动双臂来模仿鸟的飞翔等。当这些手势具有一些通用性的特征时，它们就逐渐具备了交际的性质。（5）形成原型手势，使用一些约定俗成的手势把原来的模仿性手势形式化，并做出进一步的区分以防止歧义，例如，把鸟和鸟的飞翔区分开来。（6）原型符号和原型话语的出现，一些约定俗成的手部动作、面部动作和声音逐渐形成原始语言。

由此我们可以看出，由镜像神经元决定的模仿在语言的进化过程中起着关键性的作用，一方面它把单纯的模仿转化为具有普遍意义的手势，从而为语言符号的形成奠定了基础，另一方面它把镜像系统从单纯的抓握动作提升到对约定俗成化的手势的模仿。与此类似，Corballis（2010）也认为，镜像神经元系统为语言的进化提供了平台。对于人类之外的灵长类动物而言，该系统使得它们能够理解生物性的行为和简单的模仿，而这两种能力都是语言进化所必需的。语言的进化最早开始于手的动作，而后又通过不断规范化而成为一种符号系统。

镜像神经元系统也为人类提供了模仿学习的神经基础，其中自然包括语言的学习。模仿行为是人类与生俱来的能力，刚出生几个小时的婴儿就可以出现模仿的行为。研究表明，12~21天大的婴儿已经可以准确地模仿如伸舌头、手指动作以及面部表情（胡晓晴等，2009）。模仿是发展基本社会技能的关键，模仿功能的缺失会导致各种孤独症等以社会交往缺陷为核心症状的多种疾病。镜像神经元系统作为人类模仿能力的基础是不难理解的，因为其核心特征就是观察他人行为以激活自己大脑中负责编码及执行这些行为的大脑皮层，从而进行具身模仿（embodied simulation），并完成动作的输出。Iacoboni等（1999）在实验中要求受试者对手指运动进行模仿，对照组为同样的手指运动，只是按照空间提示进行的运动，而非模仿观察到的手指运动。这样在控制了手势运动因素之后，fMRI结果表明，左侧额下回布洛卡氏区和顶上叶在模仿时被激活。其中顶上叶负责编码被观察的手指动作，而额区负责理解行为的目的，并对其动作进行编码。这一研究结果表明，模仿是基于观察行为形成内在行为表征并执行该行为的直接匹配机制。在另一项研究中，Stefan等（2005）的研究结果表明，具有镜像活动性质的初级运动皮层（primary motor cortex）在人通过模仿、观察进行动作学习中起着重要的作用。基于同类的研究结果，Iacoboni & Dapretto（2006）提出了人类大脑中模仿的神经回路。如图12-1所示，该回路包括三个主要的区域，颞上沟后部（负责向镜像神经元系统提供视觉输入）、顶下小叶喙部（相当于恒河猴的PF和PFG部分）、额下回后部和毗邻的运动前区腹侧部。其基本的工作原理是，颞上沟负责将输入的直觉信息编码并传递到负责动作信息描述的MNS顶叶处，然后再传递到主要负责领会动作目的的MNS额叶部分，这时临近的运动前区皮层开始进行动作编码并将模仿的可能结果回传到颞上沟，将要输出的动作编码在这里和观察的动作信息进行匹配并完成动作输出。

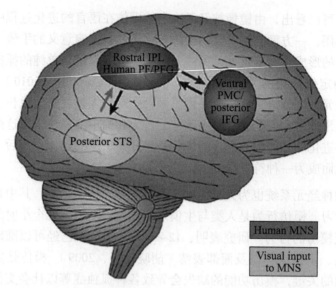

图 12-1 模仿的神经回路（Iacoboni & Dapretto，2006：943）

Iacoboni 在同年的另一篇文章（Iacoboni & Wilson，2006）中又对模仿的神经回路进行了阐释，文中所附的流程图（如图 12-2 所示），可以帮助读者理解上文所述的模仿过程。

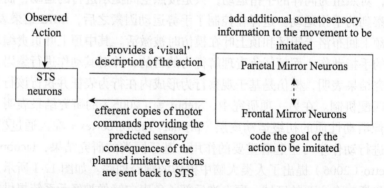

图 12-2 模仿的神经回路及其信息处理流程图（Iacoboni & Wilson，2006：504）

镜像神经元系统还与语言的理解有关。镜像神经元对听到的和动作有关的声音表现出和观察与执行相关动作类似的激活（Kohler 等，2002），这似乎表明镜像神经元系统在语言的理解中也应该起着重要的作用，后来的一系列研究也支持这一观点。例如，Tettamanti 等（2005）将表述动作内容的句子播放给受试者，观察其大脑功能区域的变化，结果发现和从句法上匹配的控制组的句子相比，表示动作内容的句子显著激活了左半球的包括额下回布洛卡氏区的额叶—顶叶—颞叶神经回路，而该回路正是一个镜像神经元系统。他们认为，听到表述动作内容的句子激活了匹配观察及执行行为的镜像神经回路，说明受试者是在理解句子表述的动作的前提下对该句子进行加工的。与此类似，Buccino（2005）的研究结果也表明，当受试者在听到表示某动作变化的句子时，实施该动作的动作诱发电位就会产生相应的变化。例如在听到和手部动作相关的语句时，在受试者的手部肌肉记录的电位会发生变化，而当听到和脚动作相关的句子时，在受试者的脚部所记录的电位也会相应地发生改变。

当我们谈到镜像神经元系统在语言理解中的作用时，自然会想到心理语言学中关于言语感知的肌动理论（motor theory）（Liberman 等，1967；Liberman & Mattingly，1985，1989），因为两者之间具有很高的契合度。言语感知是语言理解的第一个环节，它是指听者把连续的语流识别为音素，进而辨认出词汇的过程。肌动理论认为，人们不是通过声音本身，而是发音的动作模式来识别语音。言语的感知和产出都是利用同样的神经过程和表征，而它们都存在于经过生物进化而形成的专门用于交际的语言模块中。这一理论曾经在 20 世纪七八十年代产生很大的影响，但是因为没有找到相应的神经机制而不再引起人们的注意。在沉寂了将近 20 年之后，因为镜像神经元的发现，它又重新回到人们的视野中。镜像神经元系统为语音知觉提供了一个神经机制，当说话者的嘴形在动，听者的运动神经元也动起来了，听者并不需要动用到自己的喉咙，只要大脑运转起来就能学习，也听得懂对方的发音。关于言语感知和产出具有同样神经元基础的观点与镜像神经元系统的功能是一致的。Rizzolatti & Arbib（1998：432）就明确指出，"镜像神经元代表着 Liberman 所提出的在语音发出者和接受者之间的联系"，Rizzolatti & Craighero（2004）还认为作为镜像神经元的一种的回声神经元（echo neurons）负责调节言语的感知。当然，并不是所有的人都完全接受这样的观点，例如 Lotto 等（2009）指出，肌动理论和镜像神经元系统的契合性只是表面上的，作为解释言语感知过程的一种理论模型，其中的许多现象，例如协同发音等，都是无法用镜像神经元系统来解释的。这一现象也反映了目前镜像神经元系统的语言功能研究的现状，还有许多问题需要我们做进一步深入的研究。

12.3 布洛卡氏区的语言功能

在 19 世纪 60 年代，Broca 发现大脑左半球第三额回（BA44 区和

BA45区）与语言的产出有很大的关系，这一发现在语言和大脑功能的研究史上具有里程碑的意义。自此之后，许多的研究者开始了布洛卡氏区及其语言功能的研究。下面我们先围绕布洛卡氏区的具体定位和该区的语言功能展开讨论。

12.3.1 布洛卡氏区的定位

Broca（1861，1865）在一开始就明确指出了布洛卡氏区的具体位置，但是大脑的结构是极其复杂的，其表面并无明确的分界线使我们能够把大脑的不同部位明确地区分开来。目前大脑皮层区域的划分主要基于神经元的结构，大脑中不同部位的神经元具有不同的层级结构和组织密度模式，大脑中这些模式发生急剧改变的地方就被看作是不同部位的分界线。Brodmann（1909）认为，每一个神经元结构区域都对应着一定的功能，这种模块主义的观点至今仍然被广泛地采用。Talairach & Tournoux（1988）在其设计的3D大脑区域图中采纳了Brodmann的划分方式，包括47个区域，布洛卡氏区被定位于44区和45区。但是这一划分方式的准确性值得怀疑。首先，Brodmann的区域划分主要基于对大脑神经元结构的主观视觉观察，而不是客观的测量。其次，Brodmann只是分析了一个大脑半球，但是包括语言功能在内的各种认知活动大都需要两个半球的共同参与。因此，这种定位方式只能给出一个大体的轮廓，还需要对其内部结构以及更加细致的区域范围做进一步的研究。

如图12-3所示，从宏观的结构来看，44区和45区位于额下回的后部，分别对应着岛盖和三角部分，但是我们还无法确定位于最腹侧的6区（即额叶的中前下回，inferior precentral gyrus）、隐藏在外侧裂深处的部分和额下回的边缘部分（例如，47区）是否也属于布洛卡氏区，因为在额下回及其周边包括许多不同的神经细胞结构群。另外，额下回区域的沟回

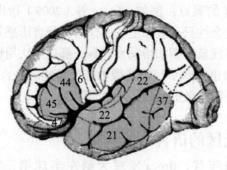

图 12-3　大脑左半球的 Brodmann 的主要分区图

分布也非常复杂，而且也会随着个体不同而表现出很大的差异。Amunts 等（1999，2004）的研究结果表明，在额下回上有一条斜形的脑沟，把它分成前后两个部分，但是这条沟只在所检查的一半人的大脑上发现，而它曾经在 von Economo & Koskinas（1925）的大脑分区图作为 44 区前后部的分界线。上面我们只是从宏观的结构上说明了布洛卡氏区及其周边结构的复杂性，如果再考虑神经元的结构群、大脑左半球对应区域的差异等因素，问题会变得更加复杂（Amunts & Zilles，2006）。而现代大脑成像技术也无法从正常人的大脑中获取大脑结构的信息，只能对大脑皮层表面进行详细的描述，相关的研究也难以解决布洛卡氏区在大脑皮层定位的问题（Petrides，2006）。鉴于上述原因，人们对布洛卡氏区的具体定位很难达成统一的认识。有的研究者（例如，Hayes & Lewis，1992）使用布洛卡氏区专指 45 区，有的（例如，Galaburda，1980）则专指 44 区，还有的研究者（例如，Harasty 等，1996）把 47 区也纳入布洛卡氏区的范围。Lindenberg 等（2007）调查了 1994—2004 年 10 年间被 SCI（Science Citation Index）收录的 542 篇与布洛卡氏区有关的研究文章，他们发现 79% 的文章作者都对自己所理解的布洛卡氏区给出了自己定义，而且这些定义差别很大。

12.3.2　布洛卡氏区的语言功能

众多的研究结果都表明，布洛卡氏区参与语言的处理过程，但是它具体参与到哪一个具体的环节之中，还存在诸多争议。目前，对于布洛卡氏区的语言功能的研究可以被分为三类。第一类是从镜像神经元系统与布洛卡氏区的对应性的角度出发，研究该区域与复杂的人类行为感知。在前一部分我们已经对有关的研究进行了介绍与讨论，在此不再赘述。第二类是从认知理论的角度出发，认为布洛卡氏区负责语言处理的工作记忆。第三类则从语言学理论出发，认为该区域在句法处理中具有重要的作用。

记忆是指人类神经系统存储信息的功能。从心理学的角度来看，记忆包括信息输入和加工存储、信息保持、信息辨识和信息提取等各种基本过程，因此记忆既可以指信息处理的过程，也可以指信息处理的场所。如图 12-4 所示，来自外部环境的信息要在人类的总体认知控制过程的作用下经过三个阶段：感知记忆（sensory store）、工作记忆（working memory）和长期记忆（permanent memory）。感知记忆直接接受外来的信息，包括视觉、听觉、触觉、味觉等，并保存很短的时间。工作记忆对来自于感知记忆的信息进行加工，然后再输送到长期记忆进行保存。

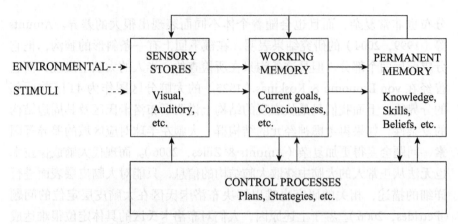

图 12-4 记忆与信息处理（Carrol，2008：47）

工作记忆是包括语言处理在内的各种认知活动的关键环节，对长期记忆的形成、知识的获取和信息利用等具有重要的意义。它就像一个加工车间，负责为完成某一任务或目标而在线（online）保持信息，并对所保持的信息进行处理。许多研究（例如，Caplan & Waters，1999；Smith & Jonides，1999；Ranganath & D'Esposito，2005）都表明布洛卡氏区在语言处理的工作记忆中起着重要的作用。他们都通过大脑成像技术发现，在受试者从事需要增强工作记忆负担的任务（例如，看到一种新的视觉信号）时，该区域就会被激活。那么具体到语言的处理过程时，是什么因素增加了工作记忆的负担呢？研究者又从语言学理论的角度出发对这一问题进行研究，结果出现了两种观点，一种观点认为是句法复杂程度的增加导致了工作记忆的负担，还有一种观点认为工作记忆负担的增加是由句法移位造成的（例如，Grodzinsky，1986，2000，2006）。

持有第一种观点的人（例如，Goodglass，1993；Friederici，2002；Röder 等，2002）认为布洛卡氏区与复杂句子结构的处理具有密切的关系。他们发现当受试者在处理复杂的句子结构时，该区域的激活程度要比处理相对应的简单的句子结构时高。例如：

（a）The juice that the child spilled stained the rug.
（b）The child spilled the juice that stained the rug.

比较而言，例句（b）的句子结构要比例句（a）复杂，因为其中的名词 juice 没有处在标准的"主语+动词+宾语"的结构之内。但是句子结构复杂程度的增加并不总会引起布洛卡氏区激活的增强（例如，Fiebach

等，2001），Grodzinsky（1986，2000，2006）又在转换生成语法的基础上进一步分析了句子的结构与生成，认为布洛卡氏区与句法移位的处理关系密切。

根据转换生成语法理论，句子的结构取决于其中词汇的特性以及把这些词组合成短语和句子的规则。利用短语结构规则，我们可以用树形图的形式，把词汇层面（例如，动词V、名词N、形容词A等）和短语层面（例如，名词短语NP、动词短语VP、形容词短语AP等）的各种范畴以及句子的层级结构清楚地表示出来。在句子的生成过程中，合并（merge）操作可以把像run、sleep之类的动词与名词结合，从而形成合乎语法的句子，例如，Mary ran.和John slept.等。心理词库中的词都被赋予了语音和句法特征，给run和sleep之类的词标注了不及物的特征，从而避免了导致诸如Mary ran John和John slept a bed之类句子的错误合并操作。这一机制保证了我们能够生成一些基本的典范的句子结构，例如，主语+动词+宾语。但是，自然语言所包含的句子结构非常复杂。句子中的许多要素并不一定出现在标准的位置，就如同上面的例句（b）中juice一词所发生的情况那样。这种现象的出现被认为是由于动词的移位所致。例如：

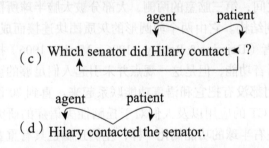

在例句（c）和（d）中，如箭头所示，动词contact分别分配给Hilary和the senator不同的题元角色，例句（d）属于标准结构，senator一词位于动词的后面，在例句（c）中，它被移动到了动词的前面。

Grodzinsky（1986，2000，2006）认为，布洛卡氏区在句子中移位的处理以及由此导致的题元角色的理解中起着重要的作用。其基本原因有两条，一是布洛卡氏失语症患者能够理解不存在移位现象的句子，但是不能理解因句法移位而产生的句子；二是对于正常人来说，对句法移位的处理会导致布洛卡氏区的激活，但是没有移位的句子则不会。

上面我们简要地介绍了布洛卡氏区的语言功能，其实相关研究的真实状况没有这么简单。作为一个多功能的大脑区域,它的语言功能恐怕远不止这些,还有许多研究表明布洛卡氏区还参与语义的处理过程。例如,Rodd 等(2005)的研究发现布洛卡氏区对于句子中的词是否具有多种意义是很敏感的。诸如 There were dates and pears in the kitchen bowl. 这样的句子会引起 BA44 区和 BA45 区更大程度的激活,因为其中的 dates 一词属于多义词。D'Ausilio 等(2012)还认为布洛卡氏区还参与语言的理解和感知。Grodzinsky & Santi(2008)在 Trends in Cognitive Science 上面发表了一篇文章,该文在评述各种相关研究基础上,指出他们所提出的关于布洛卡氏区负责句法移位处理的观点最具合理性。然而就在两个月之后,Willems & Hagoort(2009)在同一杂志发表文章对 Grodzinsky & Santi(2008)的观点进行了反驳,认为他们忽视了许多相关的研究成果。这从一个侧面反映出布洛卡氏区的语言功能的复杂性以及相关观点的多样性。Grodzinsky & Santi(2008)把对于布洛卡氏区语言功能的研究称为一场"战争",这是有他们的道理的。我们相信这场战争还将持续下去。

12.4 丘脑的语言功能

丘脑位于中脑和端脑之间,第三脑室的两侧,大部分被大脑半球所覆盖,是间脑的一个主要解剖结构。它由两个卵圆形的灰质团块连接而成。早在 20 世纪初,就有研究者(Dejerine & Roussy, 1906; Marie, 1906)指出丘脑可能会具有专门的语言功能,但是这一观点并未引起人们足够的重视,在很长的时间内,人们都没有把它和语言功能联系起来。直到 20 世纪 60 年代,大脑成像技术 CT 的应用以及人们对于丘脑性失语症的研究使得研究者发现,与大脑左右半球的功能侧化一样,左侧丘脑也具有重要的语言功能(Hebb & Ojemann, 2013)。更重要的是,采用电刺激的立体化定位技术使研究者能更加细致地研究丘脑与语言之间的关系。

12.4.1 丘脑性失语症患者的语言障碍

丘脑性失语症是皮质下失语症的一种,Crosson(1984)指出,该类失语症患者的典型症状包括:(1)语言表达流利,但是经常出现语义性语言错乱,在严重的情况下,会导致语言难以理解;(2)对口语的理解相对正常;(3)语言复述能力相对正常,仅对复杂的长句复述能力差。此后众多的对丘脑性失语症患者,尤其是由丘脑出血所导致的失语症患者的检查都进一步确认了 Crosson(1984)的观点(Crosson, 2013)。这表明丘脑性失语症患者的语言障碍主要表现在语义的处理方面,而在句法和语音的处理方面则相对正常。Raymer 等（1997）专门研究了该类患者言语中的语义错误。他们对两位左侧丘脑受到损伤的患者进行了各种与词汇处理有关的测试，以便发现患者在词汇、语义和词汇—语义三个层次上的表现。该研究以 Ellis & Young（1988）关于词汇处理的认知神经心理学模型为基础（如图 12-5）所示。根据这一模型，对于词汇形式的处理是词汇层次的（其中在输入方面包括语音输入、物体识别和拼写输入，在输出方面包括拼写输出和语音输出）。当需要判断词汇和物体的意义时，语义系统就会参与处理的过程。

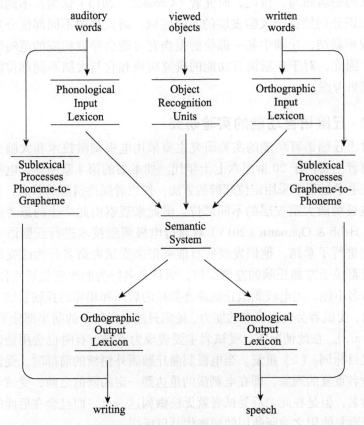

图 12-5　词汇处理的认知神经心理模型（Raymer 等，1997：222）

Raymer 等人（1997）的研究发现，两位患者在口语词汇阅读和听写方面表现正常，这说明他们在纯粹词汇层面的处理上没有问题。他们在图画与实物、口语词、书写词的匹配上表现也比较正常，这说明他们在纯粹的语义层面的处理上也没有问题。但是，他们在各种形式的命名（包括采用口头或者书面的方式对图画和定义进行命名）方面存在明显的困难，而且这些命名错误大部分都是语义性质的。由于两位患者在单纯的词汇和语义层面都没有问题，Raymer 等（1997）认为丘脑性失语症患者的主要语言障碍表现在语义和词汇互动的层面上。还有研究表明，此类患者还存在着范畴特异性损伤的情况。例如，Lucchelli & De Renzi（1992）以及 Moreaud 等（1995）的研究都发现，由丘脑及动脉区域损伤所导致的失语症患者对专有名词的命名具有特殊的困难，而 Crosson 等（1997）则发现由丘脑另一位置损伤所导致的失语症患者对和医疗有关的词汇具有特殊的命名障碍。由此，研究者（Crosson，2013）认为，不同的概念范畴知识分别储存于大脑皮层的不同区域，而丘脑的不同部位分别与这些区域相联结，丘脑中某一部位的损伤有可能会导致相应的范畴特异性损伤。因此，对于丘脑语言功能的研究应该和它与大脑不同部位的联结综合起来考虑。

12.4.2 丘脑语言功能的实验研究

对于丘脑语言功能的实验研究主要采用电极刺激技术和大脑成像技术，前者主要用于 20 世纪六七十年代。如本书的第 4 章所述，电极刺激是指在手术过程中采用定位麻醉的方法，使患者保持清醒的状态，使用细微的电极刺激大脑皮层的不同部位，借此来观察由此产生的患者行为的变化。Hebb & Ojemann（2013）对通过电极刺激技术进行丘脑语言功能的研究进行了总结，他们发现所有能够带来受试者命名行为改变的电刺激位置都位于左侧丘脑的左侧部位，而且命名行为的改变包括两种类型。（1）命名不能。当电极刺激丘脑腹外侧核的后部和相邻的丘脑后结节的前上部时，受试者会失去命名的能力，他们只能说出句子的前半部分（例如，This is a…）。在此情况下，受试者主要表现为省略，有时也会用错误的词来取代目标词。（2）重复。当电极刺激丘脑腹外侧核的前部时，受试者会出现命名重复的现象。即在电刺激的量达到一定的阈值之前，受试者可以正确命名，但是在此之后受试者就无法做到这一点，而且会在后面的命名中反复重复使用之前所使用的词来代替目标词。

从 20 世纪 90 年代开始，大脑成像技术被大量地应用于丘脑语言功能的研究之中，其中的一些重要研究主要围绕受试者的命名能力展开。如上文所述，Raymer 等（1997）认为丘脑性失语症患者的主要语言障碍表现在语义和词汇互动的层面上，而这一障碍导致了他们不能把一些语义特征结合起来从而找出适当的单词。受此研究的启发，Kraut 等人设计了一系列的实验，并采用大脑成像技术研究丘脑与语义处理之间的关系。在这些研究中，他们采用两个特征搭配方式，看受试者能否根据这些特征搭配确定相应的单词。例如，给出 desert 和 humps，看受试者能否命名出 camel。与此同时，采用 fMRI 技术检测大脑的活动，结果表明，不论是用词汇来表示特征（Kraut 等，2002b），还是用词图配对的形式来表示特征（Kraut 等，2002a），受试者在命名时都会引起丘脑的激活。但是，对于前者来说，激活的范围只是局限于左侧丘脑，而对于后者来讲，激活的范围还扩展至右侧丘脑。他们还发现词汇关联任务和语义分类任务不会引起丘脑的激活。在后来的一项研究中，Assaf 等（2006）又进一步发现在所给出的特征能够构成一个单词和不能构成一个单词两种情况下，受试者的命名都会引起丘脑的激活，但是前者激活的程度要远远大于后者。Kraut 等（2003）还研究了受试者在命名过程中丘脑的血液动力学的时间特征，结果表明在把特征结合成单词的命名过程中，丘脑有两个部位受到激活的程度最大，一个是背侧中央结节，另一个是后结节，而且前者的激活要先于后者。他们因此认为背侧中央结节参与语义的寻找，而后结节则参与特征的结合。

  由上述介绍我们可以看出，关于丘脑语言功能的研究大多是围绕它在语义处理中的作用，但是我们也不能简单地认为丘脑就一定完全负责语义的处理。作为神经纤维的集中地，丘脑包含许多的灰质核或者结节，它们和大脑皮层的很多部位相互联系，如果联系中断势必会影响到相应大脑皮层部位的语言功能。因此，这再次证明了对于丘脑的语言功能的研究还是需要把它与大脑皮层其他部位的联结综合起来考虑。Barbas 等（2013）以前人的研究为基础，提出了一个额叶与丘脑语言处理的神经网络模型（如图 12-6 所示）。根据这一模型，丘脑在语言处理中功能就相当于一个集线器，其中与语言处理相关的结节包括背侧中央结节（mediodorsal，MD）、腹侧前结节（ventral anterior，VA）、腹外侧结节（ventral lateral，VL）和板内结节（intralaminar nuclei）。该集线器把大脑额叶皮层——包括运动区（motor）、前运动区（premotor）和额叶前区（prefrontal）、基底节（basal ganglia）和小脑连接起来。丘脑的有关结节负责接收小脑和基底节的信息，并且与大脑额叶具有双向的联结。整个系统需要在丘脑网状结节（thalamic reticular nucleus，TRN）和多巴胺中心（dopaminergic center）的调控之下工作。当然，这一模型并不能算作是一个完整的语言处理模型，但是从中我们可以对丘脑的语言功能有一个总体的认识。

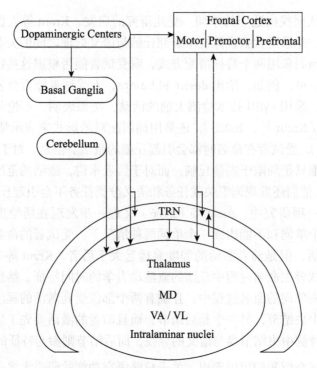

图 12-6　额叶与丘脑语言处理的神经网络模型（Barbas 等，2013：50）

12.5　神经纤维与语言处理

　　如本书第 2 章所述，大脑在构成材料上可以分为灰质和白质。灰质是信息处理的中心，而白质则负责信息的传递。通过大量的神经语言学研究，人们已经确定了一些与语言功能相关的大脑皮层的区域，例如布洛卡氏区、沃尼克氏区等。但是，人类的语言功能不仅依赖于由灰质构成的大脑皮层，还需要由白质构成的神经纤维把这些不同的区域联系起来。因此，理解与认识神经纤维在语言处理中的作用是研究语言神经基础的一个关键性的工作。早期的神经语言学研究主要集中在大脑皮层的语言功能的研究上，因为语言功能与神经纤维相比更容易观察。而对于白质神经纤维的研究则主要依靠尸体大脑的解剖以及理论的推测。但是从 20 世纪末开始，扩散张量成像技术（diffusion tensor imaging，DTI）的应用使得研究者可以直接测量神经纤维的活动，为关于神经纤维在语言处理中作用的研究提供了很大的便利。

12.5.1 神经纤维的研究技术

DTI 是近年来发展起来的基于大脑内水分子扩散运动的磁共振成像技术。扩散及扩散成像概念的提出开始于 20 世纪 80 年代。所谓扩散（diffusion）是指分子的随机位移，即布朗运动。这一运动是非常小的，例如在 50 毫秒之内，大脑内水分子的平均位移只有 10 微米，而常规的成像技术很难显示这么小幅度的位移。随着双极梯度脉冲技术的开发和计算机技术的进步，20 世纪 90 年代初，扩散成像才成为可能。DTI 的基本原理是基于水分子的扩散属性。在神经纤维内，受细胞膜和大分子物质的影响，水分子沿着神经纤维方向的扩散速度远高于垂直方向的扩散速度，这就形成了水分子扩散的异向性。而在非纤维物质内，水分子的扩散在各个方向上扩散速度相等，即水分子的扩散都是同向性的。所以水分子在神经纤维和非神经纤维组织中呈现不同的扩散属性，这种差异可以由磁共振设备捕捉，形成影像。这样就可以通过探知体素（voxel）内扩散张量的主方向来获取局部结构的空间走向。脑白质纤维束示踪图（white matter tractography）可以根据从 DTI 中得出的数据直观地描述神经纤维空间分布，是目前唯一能在活体上显示神经纤维走向的成像技术。它不仅能够清晰地刻画神经纤维的形态结构以及走行方向，而且能够灵活显示穿过指定区域的所有神经纤维。

但是 DTI 技术也存在一定的问题，尤其是在神经纤维合并、交叉以及分叉的情况下，其测量的准确性存在问题（Fitch & Hauser, 2004）。因此，在 DTI 技术使用越来越广泛的同时，人们已经开始研究新的方法，扩散谱成像技术（diffusion spectrum imaging, DSI）就是其中之一。DSI 也是通过探测水分子的扩散特征来获取神经纤维的物理特征和微观结构的技术，它利用概率密度函数描述扩散运动的完整空间分布，以优异的角分辨率精确辨别出局部复杂交错的纤维走向，得到了真正意义上的六维扩散影像。因此，与 DTI 相比，DSI 具有更加精确的空间分辨能力，为神经纤维的研究展示了广阔的空间。Hagmann 等（2008）运用 DSI 技术扫描了五位受试者的大脑，通过白质纤维跟踪，得到了其中数百万神经纤维的网络地图（如图 12-7 所示）。对这一地图的进一步分析表明，人类大脑中存在着对神经连接起着枢纽作用的脑区，大脑后内侧的皮层在解剖的空间位置和网络拓扑关系中是大脑的中心，研究者形象地将其称为大脑的"集线器"。为了探究结构连接和大脑功能的关系，该研究还扫描了同批受试者的静息态（resting state）的功能性磁共振影像。静息态是指大脑不受外部刺激时的状态。结果显示，所有受试者的大脑都拥有单一的高度密集连接的结构核心（structure core），大脑的结构连接和功能连接之间存在着稳定的相关性，在 DSI 上连接强度高的结构连接相应地在磁共振成像的功能连接上也表现出高强度。遗憾的是，该研究没有把丘脑包括在内，Hagmann 等（2008）指出今后的研究应该弥补这一缺憾。

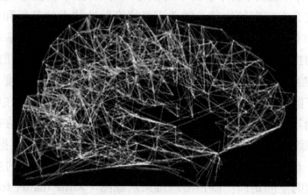

图 12-7　大脑神经纤维连接图（Hagmann 等，2008：1481）

12.5.2　连接语言功能区的神经纤维

关于神经纤维连接的研究可以追溯到 19 世纪末，Dejerine（1895）根据对尸体大脑解剖的结果提出，弓状束是连接布洛卡氏区和沃尼克氏区的主要神经纤维束。现代 DTI 和 DSI 的技术使得研究者可以在正常人身上直接地研究神经纤维与语言功能之间的关系。Friederici（2009）指出，在神经纤维与语言功能的研究领域，有两个问题至关重要。一是关于大脑左右半球功能侧化，左半球为语言优势半球的情况下，两个半球之间的神经纤维的差异，这方面的研究可以发现大脑功能侧化的神经基础。二是关于与其他灵长类动物相比，人类大脑中独有的神经纤维，因为只有人类具有使用语言的能力。

大脑语言功能的侧化首先表现在左半球语言区与右半球相对应区域体积的差异上，研究表明布洛卡氏区（Foundas 等，1995）和颞平面（planum temporale）（Falzi 等，1982）的灰质的量要大于右半球相应的区域，而且左半球的外侧裂要比右半球长（Dorsaint-Pierre 等，2006）。Hopkins 等（1998）对大猩猩和人的大脑进行的比较研究发现，大猩猩的颞平面部位也表现出与人相似的左右半球的不对称性。但是，Buxhoeveden 等（2001）的进一步研究表明，与大猩猩不同的是，只有人类在颞上回前部的构成上表现出明显的不对称性，目前对这一差异与语言功能之间的关系尚需进一步的研究。语言功能侧化的研究也涉及连接布洛卡氏区和沃尼克氏区的弓状束，这些研究大都采用功能磁共振成像和 DTI 技术相结合的方式，尽管研究的结果存在一些细微的差别（例如，和左右利手之间的关系），但是都认为，大脑左半球弓状束要比右半球相对应的部分更长，而且密度更大（例如，Hagmann 等，2006；Nucifora 等，2005；Parker，2005；Propper 等，2010）。Glasser & Rilling（2008）还利用 DTI 技术对弓状束在左右半球的差别进行了细致的比较研究。他们把左右半球的弓状束为两个部分，一部分是颞上回纤维束，纤维束连接颞上回的后部（即沃尼克氏区，BA22 区）和额叶的 BA44 区和 BA6 区。结果表明纤维束的体积呈现明显的不对称现象，左半球的颞上回纤维束（平均为 2746 立方毫米）要明显大于右半球（平均为 516 立方毫米）。另一部分是颞中回纤维束，该纤维束在左半球连接颞叶的 BA21 区和 BA37 区，以及额叶的 BA44 区和 BA6、BA9、BA45 区的一部分。而在右半球，颞中回纤维束要小得多。从覆盖的范围上看，它只是连接颞叶的 BA37 区和额叶的 BA6 区和 BA44 区的后部。从体积上来讲，左半球平均为 9863 立方毫米，而右半球则只有 3720 立方毫米。基于对相关研究的统计分析，Glasser & Rilling（2008）认为颞上回纤维束负责语音的处理，而颞中回纤维束则与词汇—语义的处理有关。

目前关于连接语言中枢神经纤维的研究主要集中在大脑左半球，尤其是两个经典的语言区域（即布洛卡氏区和沃尼克氏区）之间的神经纤维连接。利用 DTI 技术所进行的研究（Parker 等，2005；Frey 等，2008）表明除了弓状束连接布洛卡氏区和沃尼克氏区之外，两者之间在背侧和腹侧还有另外两条神经纤维束。其中一条背侧纤维束从布洛卡氏区（尤其是 BA44 区）出发，经过上纵束（superior longitudinal fasciculus，SLF），连接到 BA40 区、颞上回侧部和颞中回，另外在腹侧还有两条纤维束从布洛卡氏区（尤其是 BA45 区）出发，经由端囊（extreme capsule）和钩形束（uncinate fasciculus，UF）的腹侧，连接至颞上回的前部。Hickok & Poeppel（2000）指出，在言语感知的过程中，背侧神经束与词汇层面之下的音位与音节的识别相关，而腹侧神经束则与词汇与语义的提取有密切的关系。与上述研究相类似，Anwander 等（2007）发现了三条连接大脑额叶和颞叶的神经纤维束（如图 12-8 所示）。一条背侧纤维束经由上纵束连接 BA44 区和颞叶后部（图 12-8 中 c 所示）。在另外的两条腹侧神经纤维束中，一条沿着弓状束连接额叶岛盖和颞叶前部（图 12-8 中 a 所示），另一条则经由端囊神经纤维系统（extreme capsule fiber system，ECFS）连接BA45区和颞横回（Heschl's gyrus）前部的颞叶区域（图12-8中b所示）。

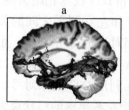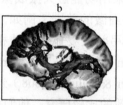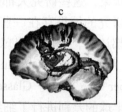

图12-8　连接额叶和颞叶的神经纤维束（Anwander等，2007：821）

Friederici等（2006）综合了许多利用磁共振成像和DTI技术进行的研究，认为上述三个神经纤维束中有两个和句法的处理相关。他们区分了句法处理的两个层次，一个是局部短语的处理（例如，一个冠词和一个名词所构成的名词短语the boy），另一个是句子的复杂的层级结构（例如，嵌入句This is the girl who kissed the boy.），并且认为沿着弓状束连接额叶岛盖和颞叶前部的神经纤维束参与局部短语的构成，而由上纵束连接BA44区和颞叶后部的神经纤维束与复杂的句子结构的处理密切相关。至于经由端囊神经纤维系统连接BA45区和颞横回前部的颞叶区域的神经纤维的语言功能，Friederici（2009）认为它应该与语义的处理相关，但是Bahlmann等（2008）的一项研究却发现该纤维束与语言的理解关系更加密切。

由于DTI技术的分辨率的限制，目前人们还难以把所有的神经纤维束完全区分开，例如，弓状束和上纵束以及端囊神经纤维系统和钩形束之间的关系就非常复杂，而且还有研究发现了更多的神经纤维。目前人们对于这些纤维束是否存在以及它们的功能还未达成一致的意见（Catani等，2005；Croxson等，2005；Friederici，2009；Makris & Pandya，2009；Parker等，2005；Powell等，2006；Saur等，2008），即使是同一研究者也会因为所采用的研究方法以及受试者的不同而得出不同的结论，因此有关神经纤维束在语言处理中作用的研究还有很长的路要走。Friederici（2009）指出，以下五个研究问题非常值得我们考虑：（1）连接不同语言区域的白质神经纤维的具体功能特性有哪些？（2）这些神经纤维束的信息流动方向是什么？（3）不同的神经纤维束之间的关系是什么？（4）在语言发展的过程中连接不同语言区域的神经纤维的结构与功能的关系是什么？（5）怎样才能改进目前的研究手段和方法以便获得更大的成像分辨率以及更好地区分不同的神经纤维及其相互的交叉？除了上述问题，我们认为丘脑与整个神经纤维系统以及大脑的语言功能区域之间的关系也是一个重要的研究课题。

12.6 结语

在本章中我们就大脑结构及其语言功能研究的一些热点问题进行了介绍与讨论，从中我们不难发现以下三个问题。

一、这些内容并没有覆盖所有与语言功能相关的大脑结构，其中最明显的就是没有专门讨论沃尼克氏区的语言功能，原因在于目前的研究一般把该区域与其他大脑结构的语言功能综合起来考虑，目前专门针对这一区域的语言功能的研究还为数不多。

二、语言本身是一个非常复杂的系统，又加之它和认知、记忆以及其他众多神经活动具有密切的关系，因此，某项语言技能的实现绝非某一个单独的大脑结构能完成的，简单地讲，整个的语言处理神经机制应该是包括大脑的左右半球在内的、由神经纤维系统连接不同的语言功能区域而构成的一个复杂的网络系统。

三、目前相关的研究只是刚刚起步，对其中的很多问题还没有形成相对稳定的结论，也正是因为这样，该领域为我们展示了广阔的研究前景。

第13章

语言处理的神经基础

在上一章中我们指出，语言处理神经机制的研究可以被分为两种类型：一种类型的研究从大脑的结构出发，探求大脑的某一具体部位的语言功能；另一种类型的研究从语言处理的角度出发，探求某一处理过程的神经基础。在前文已对第一种类型研究进行讨论的基础上，在本章中我们将就第二种类型的研究进行介绍和讨论。

从19世纪60年代以来，人们就一直致力于语言处理的神经基础的研究。在很长的时间内，有关的研究主要采取解剖关联的方法，就是通过对语言障碍患者的具体语言障碍的观察以及相应的大脑损伤的部位来确定语言处理的神经基础。从20世纪90年代开始，大脑成像技术的广泛应用使得我们能够直接地观察正常人语言处理的过程，从而使得语言处理的神经基础的研究迅速地发展起来，并且取得了丰硕的研究成果。语言处理是一个非常复杂的过程。从语言的形式上区分，它可以被分为口头语言处理和书面语言处理两种类型。而从语言处理本身来看，它可以被分为语言理解和语言产出两个方面。在本章中，我们将从语言理解和语言产出两个方面，重点讨论口语理解和产出的神经基础。心理语言学的研究表明，语言理解包括言语感知、句法处理和语义处理等多个阶段，因此，我们的讨论首先从语言理解的言语感知阶段开始。

13.1 言语感知

言语感知是语言理解的起始阶段，是指听者把连续的语音辨认为单词的过程。这一过程起始于人的双耳接收外部声音，并将物理声波转化为大脑能够处理的脑电信号，这一传输过程的神经通道是比较明确的。来自于外部世界的各种声音在进入耳朵之后，经由内耳转化为神经信号，其中所涉及的机制非常复杂，基本过程为：声波使得耳鼓振动，在内耳液中产生了小波，从而刺激了排布于耳蜗基底膜表面上的细小毛细胞（初级听觉感受器）产生动作电位，通过这种方式，一个机械信号——也就是液体的震荡——被转化为神经信号，这些神经信号被投射到两个位于中脑的结构——耳蜗核和下丘（inferior colliculus，IC），从那里信号被输送到位于丘脑的内侧膝状体核（medial geniculate nucleus，MGN），再将信号传递到位于颞叶上部的初级听觉皮层（沈政等，2010）。但是，在此之后的过程就更加复杂了，其中涉及诸多重要的理论问题。

13.1.1 语音处理系统的专属性

言语感知需要解决的一个重要问题是语音的多样性，也就是说，对于同一个单词的发音，说话者、说话速度、说话环境等因素的不同会导致其具体的声音属性产生很大的差异。对于各种不同的声音，我们首先主要考虑的问题是，面对各种各样的声音信号，是否有一个专门的语言信号处理系统？换言之，语言和非语言声音的处理是否共用同一个处理系统，还是相互独立的？实验表明，有些动物，例如，南美栗鼠（Kuhl & Miller，1975）、鹌鹑（Kluender 等，1987），也可以像人类那样对声音具有范畴感知（categorical perception）的能力。所谓范畴感知是指人类感觉声音的区别性特征并忽视其他不相关特征（例如，两个说话者之间的音质区别等）的能力。言语感知的范畴性指言语感知可以将语音刺激识别为一定数量的范畴，表现出非此即彼的特点，而对同一范畴中语音刺激的变化则不容易察觉。以元音为例，元音按舌位的高低，例如从 /ɪ/ 到 /ɑː/，连续渐变。尽管语音学家可以把它分为 4 个标准元音 /ɪ/、/e/、/ɛ/、/ɑː/，或做更细的分级，但各等级之间仍有无数的过渡。从前到后各音的舌位也是如此。所以从音质来讲，元音的变化是无限的，但是人们在言语感知时总是把它们识别成一个个独立的音素。Prather 等（2009）还以麻雀为对象，研究了它们对声音范畴感知的神经基础。它们发现位于鸟类大脑前部的高级发声中枢（high vocal center，HVC）中的被称为 HVC_x 的神经细胞群与范畴感知具有密切关系。因此，有的研究者（例如，Kluender & Greenberg，1989；Stevens & Blumstein，1981）认为人类对语言和非语言声音的感知有共同的神经基础。

但是，也有学者并不赞成这一观点，他们的理由主要包括三个方面。第一，语言是人类特有的交际工具，在长期生物进化的过程中，经过自然的选择，人类大脑中应该能够形成一套专门用于处理语音的神经系统（Liberman，1996；Pinker，1994）。第二，人类言语识别的高效率。在听的过程中，人们可以在每秒钟内对多达 25~30 个音段进行编码（Liberman，1970），这个速度远远超过其他的听觉感知形式，例如，如果我们要听辨一些可识别的非语言声音（如，乐音、嗡嗡声、咔嚓声等），当这些声音是以接近日常说话的速度发出时，我们听到的只是一些难以识别的模糊音。第三，人类感知中的一些能力是动物不具备的。Liberman 及其同事（Liberman & Mattingly，1989；Liberman 等，1967）的研究表明，动物不能像人类那样有对声音的双重感知能力（duplex perception）。所谓双重感知，是指在言语感知实验研究中发现的一种声音信号可以同时被识别为语言和非语言的现象。如图 13-1 所示，一个音节的简化声音频谱图包括两个部分：共振峰迁移（图中虚框所示）和稳定状态。在言语感知实验研究中，研究者一般采用声音切分技术把声音切分为不同的部分，进而发现人类言语感知的内在过程。

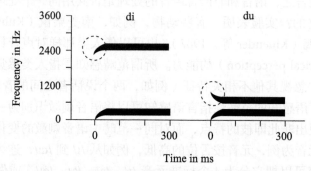

图 13-1　简化的声音频谱图（Carroll，2008：77）

Rand（1974）在实验中向受试者的一只耳朵呈现共振峰迁移的音，另一只耳朵呈现这个音的稳定状态的部分，结果表明，尽管这两种刺激都不属于语言的声音，但是受试者仍然能够把它们整合成一个有意义的语音信号。在此研究的基础上，Mann 等（1981）又进行了更为细致的双耳感知研究。如图 13-2 所示，一般的实验都是同时向两耳呈现基音（稳定状态加上第一个和第二个共振峰迁移）和第三个共振峰迁移。而在该项研究中，他们向一只耳朵呈现基音，向另一只耳朵呈现第三个共振峰迁移。结果发现，指导语的使用直接影响受试者识别的结果。如果要求受试者将注意指向语言的声音，受试者就会识别出语音，而如果要求受试者注意非语言的声音，受试者就会对同样的声音信号识别出非语言的声音。这些结果都表明，语言和非语言声音的感知是明显区分的。

从 20 世纪 90 年代末开始，关于语音处理神经系统专属性问题的研究

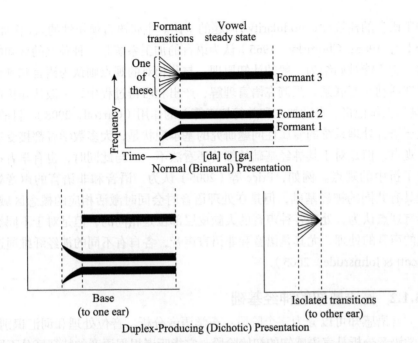

图 13-2 Mann 等（1981）所用的实验材料（转引自 Carroll，2008：82）

开始采用大脑成像技术，其中一个基本的思路是，如果人的大脑具有专门的处理语音的神经系统，那么我们就可以通过大脑成像技术发现非语言声音处理和语音处理的相对独立的神经基础。Binder 等（2000）采用 fMRI 技术对言语感知中的大脑成像进行了研究。他们认为，大脑对语音的感知处理遵循等级加工的原则，首先听觉信号自颞横回（Heschl's gyrus）的听觉皮层传到颞上回，这个区域不能区分言语和非言语声音。这种区别首先表现在颞上沟附近，但是这个区域不能处理语义信息。从颞上沟开始，激活扩至颞中回、颞下回和角回，然后是额叶前区，它们可能处理词的语音和意义成分，只有后四个脑区表现出对听觉词加工的大脑左半球功能优势，这说明颞中回、颞下回、角回以及额叶前区是专门从事语音感知的。Dehaene-Lambertz 等（2005）也进行了一项类似的研究。该研究同时采用了 fMRI 和 ERP 技术，结果表明，语音的处理要快于非语言声音的处理，而且前者要比后者更加偏向依赖大脑的左侧半球。另外在处理语音时，大脑左半球上部沟与回的后部激活程度增加，在语音和非言语声音切换时，缘上回受激活的程度明显增强。Dehaene-Lambertz 等（2005）认为，在大脑左半球有专门的神经网络负责语音的识别。

关于语音处理系统专属性问题的研究与争论反映了目前认知科学领域

关于语言的模块性（modularity）问题的争论。主张语言模块性的人（例如，Fodor，1983；Chomsky，1965）认为语言的加工系统是一种独立的认知能力，它不能被归结为一般的认知原理。与此相对的观点则认为语言和其他认知活动交互联系，强调在语言理解、产出和习得过程中，一般认知机制（例如工作记忆、自动加工和并行加工等）的作用（Carroll，2008）。目前，关于语音处理系统的专属性问题研究的基本现状是，大多数学者都接受这一观点，但是对于其神经基础的细节还看法不一。与此同时，也有学者提出了折中的观点。例如，Price等（2005）认为，语音和非语言的声音处理具有共同的神经基础，但是在处理语音时会同时激活相应的概念区域。还有观点认为，处理各种声音的大脑皮层部位是相同的，但是对于不同类型的声音的处理，尤其是语音和非语言声音，各自有不同的神经纤维通道（Scott & Johnsrude，2003）。

13.1.2 言语感知的神经基础

言语感知可以分为三个阶段：声学语音分析、音位处理和词汇识别。声学语音分析是言语感知的初始阶段，它指听者根据语音的特征区分不同语音的能力。例如，人们对爆破辅音（如，/p/—/b/；/p/—/t/）的区分主要依据是否为浊音（即声带是否震动）以及发音部位（辅音是指在发音过程中气流受到阻碍而发出的音，发音部位就是指气流受到阻碍的部位）两个特征。音位处理是指基于前一阶段的语音特征分析识别出音位的过程。声学语音分析和音位处理属于词汇前（pre-lexical）处理阶段。词汇识别是指把识别出的音位结合起来与词汇语义系统互动而识别出词汇的过程。正常人在300毫秒左右即可完成整个过程（Pylkkänen & Marantz，2003），对于如此快的速度和细微的区分，研究各个神经基础最为直接和有效的方法应该是电极刺激（Boatman，2004），另外大脑成像技术也在有关的研究中得到了广泛的应用，但是，此类研究一般把言语识别的过程作为一个整体来研究，而不会做进一步的区分，即使是少量的关于词汇前处理的研究所得出的结论也非常分散（Obleser & Eisner，2008）。因此，在下面的部分我们将围绕采用电极刺激技术进行的研究展开讨论，并在此基础上，与一些相关的采用大脑成像技术进行的研究进行比较。

1. 采用电极刺激技术的研究

心理语言学关于声学语音分析的研究多采取行为实验的方式，一般要求受试者判断一些成对的音是相同还是不同，这些成对的音之间一般只有一种语音特征的差别,例如,起始辅音是否是浊音的差别(/b/—/p/)、起始辅音发音部位的差别(/b/—/d/)或者元音的差别(/bɑ:/—/bɪ/)。在神经语言学研究中,研究者也采用同样的语言材料,通过电极刺激的方式,观察刺激哪些部位会导致受试者语音区分的障碍,而那些部位应该就是语音区分的神经基础。Boatman及其同事(Boatman等,1995,1997,2000)的研究表明,对于所有的受试者来说,当电极刺激到大脑左半球颞上回的中后部区域时,他们就会表现出语音识别的困难。如图13-3所示,中间的深色黑线表示额叶和颞叶之间的外侧裂,两个黑点表示音节识别的大脑皮层部位,其他浅色灰线表示试验中电极刺激的其他部位,对这些部位的电刺激都不会引起语音识别的困难。这说明负责声学语音分析的神经基础是位于大脑左半球颞上回中后部的大脑皮层及其之下的神经连接。

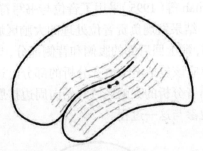

图13-3 语音识别的大脑皮层部位示意图(Boatman,2004:51)

Boatman及其同事(Boatman等,1995,1997,2000)的研究结论也得到了其他同类研究的进一步证实,许多研究(例如,Howard等,2000;Kaas等,1999;Rauschecker等,1995)发现人类和其他灵长类动物大脑中的这一区域对于复杂的专属于自己物种的声音都比较敏感。另外,许多采用大脑成像技术的相关研究(例如,Binder等,2000;Scott等,2000;Vouloumanos等,2001)也都支持这一结论。但是,也有一些此类研究(例如,Belin等,2000;Celsis等,1999)的结果表明大脑左半球颞上回中后部也可能参与其他的人类声音(例如,咳嗽),甚至不是由人类发出的声音的识别。对于这些不同的结论,我们认为采用电极刺激技术的研究结果应该更加可靠,因为采用该技术的研究最为直接,而且与大脑成像技术相比,它在大脑皮层上面的定位也更加准确。

音位处理是指基于前一阶段的语音特征分析而识别出音位的过程。心理语言学研究一般采用把语音信号进行切分让受试者识别或者辨认的方式，主要的实验任务包括音位监控（就是在一连串的语流中识别出目标音位）和音位辨认（要求受试者把辨认出的音位用重复或者与印刷符号配对的方式表达出来）。有时实验也采取要求受试者区分的形式，例如，/pæt/和 /pɪd/ 两个音节的起始音是相同还是不同的。在这样的任务中，受试者除了需要进行第一阶段的声学语音分析之外，还要辨认出具体的音位，才能做出正确的判断（Burton 等，2000）。有关音位处理神经基础的研究也都采用同样的任务形式。一项早期的研究（Ojemann & Mateer，1979）采用电极刺激技术研究了音位处理的神经基础，结果表明与音位处理相关的大脑区域包括颞上回的前部与后部，以及顶叶与额叶的下部。但是这一定位可能并不准确，因为该研究采用的是要求受试者在辨认出音位后说出该音位的任务形式，这一过程不仅包括音位的辨认，还有音位的产出过程。针对这一缺陷，Boatman 等（1995）采用了音位与书写符号匹配的任务形式，同样采用电极技术，结果发现负责音位处理的大脑区域包括颞上回的中后部、颞上回的中前部、颞上回后部的腹侧和背侧部分，以及额叶的下部（如图 13-4 所示），其中应该包括声学语音分析的部分。这说明音位处理的神经基础从负责声学语音分析的大脑区域开始向周边扩展，而且在颞叶之外，额叶和顶叶的下部也参与这一过程。

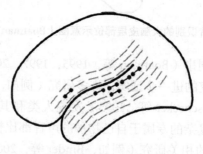

图 13-4 音位处理的大脑皮层部位示意图（Boatman，2004：53）

采用大脑成像技术对有关大脑区域的研究与上述发现还存在着诸多的矛盾，这些矛盾首先表现在颞上回前部的语言功能上。有的研究进一步证实了上述研究的结论，例如，Liebenthal 等（2005）采用 fMRI 技术的研究表明，颞上回的中前部参与了音位处理的过程。还有的研究（例如，Mazoyer 等，1993；Scott 等，2000）发现该区域还参与语义处理的过程，而 Humphries 等（2001）的研究则发现它与句法的处理关系密切。对于大脑额叶下部的语言功能研究也是如此。有的研究（例如，Giraud & Price，2001；Fiez 等，1995）发现在音位处理过程中，额叶下部的激活程度显著增强，这被认为是发音系统（传统上大脑额叶被认为是语言产出的区域）调节言语感知过程中声学语音分析的过程。但是这种解释似乎也存在一定的问题，其原因在于，如上文所述，采用电极刺激技术的研究发现，声学语音分析的过程并不涉及该区域。许多研究（例如，Belin 等，2000；Burton 等，2000）发现，在音位处理过程中并未发现额叶下部的激活。造成这种现象的一个主要原因在于研究本身所采用的任务类型，它们是否能真正代表音位处理的过程是一个关键的考虑因素。Boatman（2004）发现许多认为大脑额叶不参与音位处理过程的研究所采用的任务类型只是涉及声学语音分析，而没有音位处理的过程。

词汇识别是言语感知的最后阶段，在这一过程中听者需要综合音位处理的结果，通过词汇语义系统获得词汇和意义的信息。采用电极刺激技术所做的关于词汇识别神经基础的研究（例如，Bhatnagar，2000；Lurito 等，2000；Ojemann，1983）表明，大脑左半球外侧裂区域的前部和后部都参与了词汇识别的过程（如图 13-5 所示），其中包括颞中回和颞上回、顶叶下部，以及额叶的一部分。

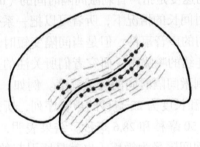

图 13-5　词汇识别的大脑皮层部位示意图（Boatman，2004：54）

比较图 13-3、图 13-4 和图 13-5 我们不难看出，它们之间呈现出由负责声学语音分析的颞上回中后部逐渐扩展的趋势，其中图 13-5 所显示的大脑区域包含了其他两幅图的所有区域。这是一种正常的现象，因为词汇的识别包含了声学语音分析和音位处理两个过程，这也从一个方面佐证了有关结论的可靠性。由 Boatman 及其同事（Boatman 等，1995，2000；Miglioretti & Boatman，2003）进行的研究也进一步证明了这一点。

采用电极刺激技术具有直观、直接的特点，但是该类研究也有局限性。首先，它研究的内容主要局限于大脑皮层的部位，而无法深入研究皮层之下神经纤维的联结情况，因此，对于言语感知的总体神经基础还需要进行一定的推论和假设。其次，采用该技术进行的研究一般要在受试者进行手术的过程中进行，而这些受试者都患有大脑损伤类的疾病，而这些疾病是否会导致言语感知系统的改变则不得而知，换言之，对这类患者的研究能否真正反映正常人的语言处理机制也值得考虑。

2. 采用大脑成像技术的研究

采用大脑成像技术对言语感知神经基础的研究主要是观察言语感知任务所引起的大脑激活的部位，这些研究得出的结论与采用电极刺激技术的相关研究的结果具有很强的相关性。在众多的研究中，言语感知所激活的部位包括大脑左侧颞上面（supra temporal plane）和颞上回，并由此向腹侧延伸至颞上沟（Scott & Wise, 2003）。采用大脑成像技术所进行的研究可以被分为两种类型。

第一种类型是通过调节语音的声学特征，借此观察所引起的大脑激活部位的变化来研究言语感知的神经基础。在这种类型的研究中，研究者所关注的声学特征包括声音刺激的速度、振幅、频率等。

所谓声音刺激的速度是指声音刺激间隔时间的（inter-stimulus interval，ISI）长短。在间隔时间长的情况下，听者可以把一系列的咔嗒声识别为一些清楚的、时间均匀的声音事件，但是当间隔变短时，听者就会把这一系列的咔嗒声识别为连续的嗡嗡声。研究者们所关注的是，大脑的哪些区域表现出对不同声音刺激间隔时间的敏感程度。例如，Harms 等（1998）的研究采用 fMRI 技术和长度为 25 毫秒的声音序列，所采用的时间间隔分别为 1000、500、100、50 毫秒和 28.6 毫秒。结果表明，大脑的下丘对 50 毫秒和 28.6 毫秒的时间间隔最为敏感（也就是所引起的激活最强），内侧膝状体（medial geniculate body，MGB）对 50 毫秒的时间间隔最为敏感，但是在 28.6 毫秒时，敏感程度降低。与此相比，初级听觉区对 500 毫秒和 100 毫秒的时间间隔最为敏感，而颞上回则对 500 毫秒的时间间隔最为敏感。Harms 等（1998）得出结论认为，随着听觉神经通道的不断上升，引起最大激活的声音刺激时间间隔也在不断增加。这一结果也得到了 Tanaka 等（2000）的进一步研究的证实。

振幅也是声音的一个重要的声学特征，缓慢的振幅调整（在 100 赫兹以内）对于语音的感知非常重要。Shannon 等（1995）的研究表明，语音在其他频谱信息严重衰减的情况下仍然可以识别，但是振幅的变化却会引起严重的识别困难。Giraud 等（2000）向受试者的右耳输入具有不同振幅的白噪音刺激材料，并采用 fMRI 技术记录在不同的振幅时大脑区域血流的变化。结果发现，振幅变化所激活的大脑部位包括右半球上橄榄体（superior olive）、右半球下丘、左半球内侧膝状体、左右半球的颞上沟、颞上回、初级听觉区，以及顶下小叶（inferior parietal lobule），这说明大脑皮层以及皮层之下的连接都参与了声音振幅的处理过程。

与振幅一样，频率是声音的另一个重要声学特征，Hall 等（2002）的研究发现，频率的调整可以引起初级听觉区及其周边的大脑部位的激活，并经过大脑左右侧颞上面，向下延伸至颞上沟。此类研究表明，各类声学特征的处理需要包括初级听觉区、颞上回和颞上沟在内的大面积大脑区域的参与。

第二种类型把言语感知作为一个整体来对待，而且它们的基本思路往往与采用电极刺激技术这种直接的方式有所不同，许多研究以针对灵长类动物听觉系统的研究为基础，从动物进化的角度来研究人类言语感知的神经基础。另外，与采用电极刺激技术的研究不同的是，这类研究除了关注大脑皮层之外，更加关注把这些不同区域联结起来的神经通道，从而建立一个整体的言语感知的神经机制模型。在目前众多的研究中，有两个理论观点颇具影响，也最值得关注，一是关于言语感知的双路径观点，二是关于语音处理的层级性观点。Mishkin（1979）提出，人们对于包括视觉和听觉在内的各种信号的感知，包括两个基本的任务，一是判断其方位，二是感知其内容。大脑中有两个基本的通道来完成这两个任务，一条位于大脑的腹侧通道，负责感知信号的具体内容，被称为 what 通道；而另一条位于大脑背侧的通道，负责确定信号的空间位置，被称为 where 通道。如图 13-6 所示，what 通道从视觉和听觉的首要感知区域投射到顶叶后部区域，where 通道则投射到颞叶的前部区域。后来一些关于猴子的研究，都证实了这一观点（Kaas 等，1999）。按照这一观点，来自于两个耳蜗的听觉信号被传递到由这两个通道所构成的复杂网络系统以及丘脑和脑干的细胞核团，由它们负责提取时间和声谱的信息，从而辨认声音来源的方位以及具体的内容。关于语音处理的层级性观点也同样起始对灵长类动物的研究。Kaas 等（1999）把猴子的初级听觉区分为核心区（core）、环带区（belt）和保护带区（parabelt）。Rauschecker（1998）的研究还发现，如果把核心区切除，声音对环带区的激活就会减弱，这表明对该区域的皮质下神经纤维的投射主要来自核心区。Rauschecker & Scott（2009）认为核心区负责在简单频率基础上对音调进行分析，环带区包绕在核心区域的外围，负责将紧邻的几种音调（例如，嗡嗡声）进行整合，而保护带区则负责对诸如元音这样的言语声音做出反应。

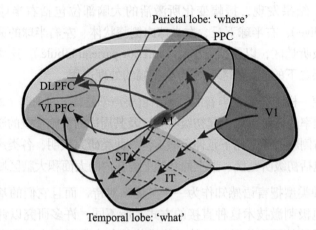

（V1: primary visual cortex，初级视觉区；A1: primary auditory cortex，初级听觉区；IT: inferior temporal region，颞叶下部区域；ST: superior temporal region，颞叶上部区域；PPC: posterior parietal cortex，顶叶后部区域；VLPFC: ventrolateral prefrontal cortex，额叶腹外前区；DLPFC: dorsolateral prefrontal cortex，额叶背侧前区）

图 13-6　视觉与听觉的双重路径（Rauschecker & Scott，2009：719）

关于听觉系统的双路径模式以及语音处理的层级性观点为我们理解与研究言语感知的神经机制提供了很好的基础。许多利用大脑成像技术进行的研究都是围绕这一模型及其产生的相关问题进行的。例如，Wessinger等（2001）采用 fMRI 技术对人的初级听觉区的研究进一步证实了人类语音处理的层级性，他们发现纯音（pure tone，指由单一频率构成的正弦波，而一般的声音是由几种频率的波组成）主要激活核心区，而复杂一些的声音，例如，窄带噪音（narrow-band noise burst），则主要引起环带区的激活。在综合众多相关研究（其中包括语言障碍患者在言语感知方面的障碍）的基础上，Hickok & Poeppel（2000）提出了一个相对完整的言语感知的神经基础模型（如图 13-7 所示）。根据这一模型，大脑左右半球的颞叶上部的后半部分负责处理言语的声音表征，从这一点开始，至少有两个明确的神经通道分别处理完成不同的言语感知任务。第一条为腹侧通道，通往颞叶—顶叶—枕叶联合区，该通道负责把言语的声音表征与广泛分布于该大脑区域的概念表征相结合，也就是从大脑词库中提取词形与词义。另一条为背侧通道，通往顶叶下部和额叶下部两个区域。该通道负责词汇前语音单位的处理。

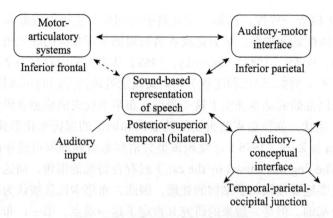

(注：图中虚线箭头表示可能的连接)

图 13-7 言语感知的神经基础（Hickok & Poeppel，2000：132）

13.2 句子的理解

句子理解的整个过程自然包括言语感知，在言语感知完成之后，听者需要对句法和语义信息进行处理。关于这一过程，心理语言学有两种不同的观点。一种观点认为句法与语义信息的处理是有先后次序的，听者首先处理句法信息，然后再处理语义信息（Frazier, 1987; Frazier & Fodor, 1978）。另一种观点认为，在语言理解的每一个阶段，各种不同的信息都是互动的（Marslen-Wilson & Tyler, 1981）。不论是哪一种观点，都不否认句法与语义处理过程的存在。而采用大脑成像技术的研究也进一步证实了句法处理与语义处理之间的相互独立性。例如，Freedman & Forster（1985）的研究发现不同的句法信息（例如，性、数、词类等）具有不同的神经处理机制。在此基础上，Neville 等（1991）又采用 ERP 技术进一步证实句法处理是独立于其他的语言处理系统的。

13.2.1 句法处理

在句子理解的过程中，我们需要弄清楚"谁对谁做了什么"这一基本问题，而这一问题的回答则必须要依靠句子结构的分析，尤其对于一些结构比较复杂的句子。句法信息可以帮助听者按照一定的方式把不同的词组合起来，从而得出这些结构的意义。句法处理在句子理解中的作用表现在以下几个方面（Kaan & Swaab, 2002）：（1）构建结构，听者根据词汇类别的信息（例如，the 是限定词，car 是名词）和语法规则（例如，限定词要放置于名词的前面）把单词组合成更大的语言单位（例如，短语、从句）；（2）核查一致性，例如，在英语中动词要与主语保持数和人称的一致；（3）匹配题元角色，给名词或者名词短语分配相应的题元角色。许多人（例如，Fodor，1983；Chomsky，1965）认为大脑中存在一个独立于一般认知过程（例如，记忆和注意）和语义概念处理的专门的句法处理系统。早期的失语症研究基本证实了这一观点。布洛卡氏失语症患者经常出现语法缺失的症状，往往会省略重要的功能词和词汇的屈折变化形式。另外，Caramazza & Zurif（1976）还发现该类失语症患者在理解可逆序的被动句（例如，The dog was chased by the cat.）时存在特殊的困难，而这一类句子的理解更多地要依赖句子结构的处理。因此，布洛卡氏区被认为是句法处理的神经基础。但是，后来的研究又否定了这一观点。第一，布洛卡氏区的损伤并不一定导致句法障碍。Dronkers等（1994）的研究发现，许多句法障碍患者的大脑损伤部位并不在布洛卡氏区，而是位于大脑左半球颞叶前部（BA22区）。第二，布洛卡氏失语症患者并不是完全丧失了句法知识。Linebarger等（1983）的研究表明，患者仍然能够对某些句子的语法性做出正确的判断，但是他们对一些包含非典范性词序（例如，Which dog did the cat chase?）的句子是否合乎语法进行判断时比较困难。这说明布洛卡氏区只是负责一些复杂的句法结构的处理。第三，布洛卡氏失语症患者的语言障碍并不单纯是句法性的，他们也表现出语义方面的障碍，这说明布洛卡氏区并不是专门负责句法的处理。这些对于布洛卡氏区语言功能的传统观点的质疑也得到了近年来采用大脑成像技术研究的证实。

从目前的研究现状来看，采用大脑成像技术对语言理解过程中句法处理的研究大都基于一种"纯粹插入"（pure insertion）的假设。该假设认为，我们可以在一系列的认知过程中插入一个单一的认知过程，而且不会对原有的认知过程产生影响。具体到研究的设计，就是要设计两种或者更多相互对比的条件，而它们之间唯一的差别就在于我们要研究的对象。在句法处理的研究中，研究者多采用以下四种方式来形成对比关系。（1）句法结构简单和复杂的句子之间的对比。该类型的复杂句使用最多的是宾语关系从句（例如，The reporter who the senator attacked admitted the error.），而对应的简单句是主语关系从句（例如，The reporter who attacked the senator admitted the error.）。选择这样的相互对比的成对句子的基本考虑在于复杂句的处理需要额外的句法操作（即需要重新构建成规范的词序），因此，与简单句相比，复杂句引起更大程度激活的大脑部位就被认为是句法处理的神经基础。（2）句子和不相关的词汇罗列之间的对比。第一种材料的优点在于它在很多方面易于控制，但是单纯地看复杂句所引起的大脑激活的部位不够全面，因为不论是简单句还是复杂句都包含了句法处理的过程，此类研究方法很容易忽视那些处理简单句法结构的大脑部位。从这个角度来看，第二种实验材料，即句子和不相关的词汇罗列之间的对比就好得多，因为不相关的词汇罗列不会涉及任何的句法操作。（3）在包含伪词的句子或者没有意义的句子与正常句子之间的对比。第二种实验材料的问题是，虽然在句子和不相关的词汇罗列之间突出了句法操作的成分，但是其中仍然隐含了语义操作的过程，因此，第三种实验材料针对这一问题，尽量减少语义操作的成分。含有伪词或者没有意义的句子一般语法正确，但是其中的名词、动词和形容词都由语音和拼写都合乎该语言规范的伪词来替代，例如，The mumphy folofel fonged the apole trecon.。（4）含有句法违例和正常句子之间的对比。采用这一类实验材料的基本思路为句法违例可以在更大程度上突出句法处理对大脑相关区域的激活程度。

　　关于句法处理神经基础的研究重点首先集中在布洛卡氏区上。在传统的定义上，该区域包括大脑左半球额下回的岛盖和三角部分。众多采用大脑成像技术的研究（例如，Ben-Shachar 等，2003，2004；Grewe 等，2005；Santi & Grodzinsky，2007）表明，在处理复杂的句子结构时，布洛卡氏区及其周边区域的确得到很强的激活，但是这并不能说明该区域就专门负责句法的处理。还有一些研究发现，这些区域还参与词汇—语义的处理（例如，Hagoort 等，2004，2009；Rodd 等，2005；Schnur 等，2009）以及音位的处理（例如，Blumstein 等，2005；Myers 等，2009）。目前，人们对于该区域的语言功能的观点尚未达成一致，有许多研究（例如，Bokde 等，2001；Burton，2001，2009；Heim 等，2009）更为细致地研究了该区域的不同部位的语言功能，结果发现大脑左半球额下回的不同部位与不同的语言处理过程，甚至是句法处理的不同方面，都具有密切的关系。

　　颞叶后部（包括颞上回和颞上沟的后部）也被发现参与到了句法处理的过程之中（例如，Constable 等，2004；Cooke 等，2002；Hasson 等，2006）。Grodzinsky & Friederici（2006）认为，这些区域可能在整合不同的语言要素和构成不同的语言结构方面起着重要的作用。但是，也有研究（例如，Graves 等，2008；Hickok 等，2009；Noppeney 等，2004）发现该区域也参与一些句法处理之外的过程。另一个被发现与句法处理相关的区域位于大脑左半球颞叶的前部。例如，Noppeney & Price（2004）的研究发现，受试者在阅读相似的句子结构时，该部位大脑的激活程度会显著增强。从目前的研究情状来看，我们很难确定某个或者某几个大脑区域专门负责语言理解过程中句法的处理，而句法处理的神经基础更有可能是一个由布洛卡氏区、颞叶前部和后部构成的网络系统。

13.2.2 语义处理

关于语义处理的神经基础的研究首先涉及语义信息的存储，即语义记忆，其中一个重要的问题是关于概念表征的性质。目前有两种主要的观点，第一种观点可以被称为符号主义，以人工智能领域的研究为代表，人们以抽象符号的形式来进行知识的表征，并且以此为基础设计出了功能强大的技术用以进行信息的表征与操控（例如，语义网络、特征目录、图式等）（Pylyshyn，1984；Ferrucci等，2010）。另一种观点以神经科学领域的研究者为代表，他们认为大脑是以感知和运动经验的形式对概念进行表征的。早在19世纪，Wernicke（1874）和Freud（1891）就提出了概念场（concept field）的概念，认为在语言理解的过程中，与一个概念相关联的视觉、听觉、触觉以及运动意象都会同时被激活。与符号主义的观点相比，该观点的一个最大优势在于它为概念的学习提供了一种可操作的生物学机制（Binder & Desai，2011）。在这一机制内，人们会自动把一些具有相似经验的概念联系起来，进而形成不同的范畴或者类型，在大量的独立经验的基础上，人们可以运用概括的方式总结出一种范畴的典型性的特征，进而形成各种不同类型（modality specific）的语义或者概念的表征。这一观点得到了大量的大脑成像技术研究的证实，Binder & Desai（2011）对近年来38项语言理解过程中语义激活的研究成果进行了总结，结果发现不同类型的语义知识会激活不同的大脑区域。如图13-8所示，动作知识所激活的部位（图13-8中红色区域）集中在大脑额叶后部和顶叶前部的初级和次级感知运动区，运动知识所激活的部位（图13-8中绿色区域）集中在靠近视觉运动处理通道的大脑颞叶下外侧后部区域，听觉知识所激活的部位（图3-8中黄色区域）主要集中在与听觉联合区相邻的颞叶上部和颞顶叶结合区域，颜色知识（图13-8中蓝色区域）主要激活纹外视区的颜色选择区前部的梭状回，嗅觉知识（图13-8中粉色区域）主要激活嗅觉区，味觉知识（图13-8中橙色区域）所激活的区域位于眶额叶皮层的前部，而情感知识所激活的部位（图13-8中紫色区域）则包括颞叶前部、眶额叶前部和中部，以及扣带区后部。由此我们可以看出，语义知识的存储广泛地分布于大脑的各个区域，另外，大脑中还有一些信息的整合区域（convergence zones）（Damasio，1989），这些区域包括顶叶下部（角回和缘上回）、颞中回和颞下回大部，以及梭状回前部（Mesulam，1985）。

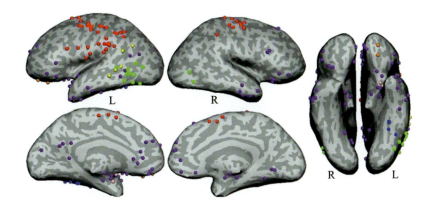

图 13-8 不同的语义知识所激活的大脑部位示意图（Binder & Desai，2011：529）

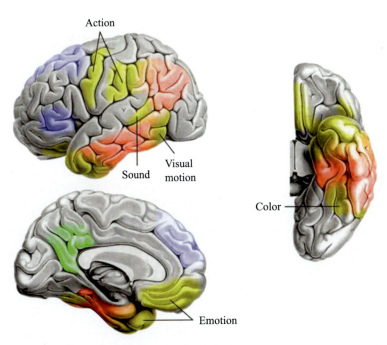

图 13-9 语义处理的神经基础模型示意图（Binder & Desai，2011：531）

在众多研究的基础上，Binder & Desai（2011）还提出了一个综合性的语义处理的神经基础模型。如图13-9所示，一些具体的诸如与感知、行为和情感等有关的语义系统（图13-9中黄色部位）为整合区域（图13-9中红色部位）提供输入，蓝色所示的额叶背内侧和下部区域负责控制信息的选择，从而确定激活的大脑区域，而图中绿色所示的扣带回及其相邻的楔前叶很可能负责提供语义网络和记忆系统整合的平台，帮助把有意义的事件编码为情景记忆。

与Binder & Desai（2011）的观点类似，Hagoort等人（Hagoort，2005；Hagoort等，2009；Hagoort & Van Berkum，2007）认为，语义的处理包括三个核心的成分：记忆、整合和控制。其中，左侧颞叶负责记忆的表征，在语义处理中从颞叶提取语义信息；左侧额下回（主要是BA45区和BA47区）将提取的小块语义信息整合成更大单位的语义表征，而扣带前回及背外侧前额叶负责语言处理的计划和注意资源的准备。Hagoort等（2009）在对众多相关的研究结果进行元分析的基础上，还认为语义的功能网络除了额下回和颞叶之外，还包括顶下小叶，但是它们的具体功能还不太清楚。Lau等（2008）综合了词汇语义启动和句子语义违例的ERP、MEG和fMRI的研究结果，认为句子的语义加工和处理主要涉及颞中回后部、额叶前部、角回，以及左侧额下回前部（BA47区）和后部（BA44区和BA45区）。其中颞中回后部负责词汇信息的存储与提取，额叶前部和角回负责将词汇信息进行整合，额下回前部负责词汇信息的选择性提取，而额下回后部则负责在各种可能的语义信息表征中选择最合适的语义表征。

13.2.3 时间进程

句子理解过程时间进程的研究主要依赖于ERP技术得到的事件相关电位成分。与语义处理相关的电位成分是N400，它是在因语义违例而导致词汇无法与前面的语境相结合的情况下（例如，The thunderstorm was ironed.），在该词出现后的400毫秒左右出现的一个负相波峰。句法处理与两个电位成分相关，一个出现在早期时间窗口（100~500毫秒之间）的左前负波（left-anterior negativity，LAN），另一个出现在后期（600到1000毫秒之间）的P600。在早期的时间窗口中，早期左前负波（early left-anterior negativity，ELAN）在检测到词汇范畴错误时出现，而在此之后左前负波则与词汇句法错误的出现相关。P600在句法违例、处理"花园小径"句子和句法结构复杂的句子时出现。基于上述情况，Friederici和他的同事

（Friederici，2002；Friederici & Weissenborn，2007）提出了句子理解的三阶段模型（如图 13-10 所示）。

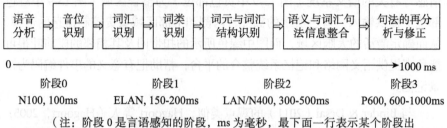

（注：阶段 0 是言语感知的阶段，ms 为毫秒，最下面一行表示某个阶段出现的相关电位以及时间）

图 13-10　句子理解的时间进程（基于 Friederici，2002：79）

他们认为句子理解的过程分为三个阶段：首先是建立局部的句法结构；然后进行词汇语义信息和词汇句法（morphosyntactic）信息的加工，并在此基础上进行两种信息的整合；最后是在某些特殊的情况下对句法进行重新分析与修正。

13.3　语篇处理

与言语感知和句子加工相比，关于语篇处理神经基础的研究要晚得多，有关的研究开始于 20 世纪 90 年代，并且相关研究的数量也比较有限。从 21 世纪初开始，关于语篇处理神经基础的研究才逐渐多了起来（Ferstl, 2007）。语篇处理与单独的句子处理的一个重要差别在于，语篇的处理需要把不同句子之间的信息进行整合以保持语篇的连贯性。在讨论句法处理的神经基础时我们谈到，句法处理研究所用的实验材料多采用对比性的实验材料，关于语篇处理的研究也是如此。Mazoyer 等（1993）采用 PET 技术对连续的语篇和不相关的句子的对比研究发现，句子之间通过共指（coreference）（即主目语的重叠）建立连贯的神经基础是前额叶的背内侧上部区域（BA8 区和 BA9 区）。这一区域似乎在句子之间远距离信息的整合时也起到一定的作用。例如，Ferstl & von Cramon（2001）要求受试者阅读类似下面的成对的句子。

（a）*The lights* have been on since last night. *The car* doesn't start.

（b）Sometimes *a truck* drives by the house. *The car* doesn't start.

在例句（a）中，lights 一词可以通过后指的方式，把前后两个句子联系起来，而例句（b）则不行。他们发现，与例句（b）相比，例句（a）会引起前额叶的背内侧上部区域和扣带回脑区的更大程度的激活，但是在例句（b）第二部分之前加入衔接成分（例如，that's why…）后，例句（b）就会引起大脑左侧前额叶区域的激活程度的增加。Schmalhofer & Perfetti（2007）采用 fMRI 技术所进行的研究也进一步证明了上述结论。该研究使用了 Yang 等（2007）的实验材料，包括以下四种类型：

(1) After being dropped from the plane, the bomb hit the ground and *exploded.*

The *explosion* was quickly reported to the commander.（Explicit）

(2) After being dropped from the plane, the bomb hit the ground and *blew up.*

The *explosion* was quickly reported to the commander.（Paraphrased）

(3) After being dropped from the plane, the bomb hit the ground.

The *explosion* was quickly reported to the commander.（Inference）

(4) Once the bomb was stored safely on the ground, the plane dropped off its passengers and left.

The *explosion* was quickly reported to the commander.（Unrelated）

在上面四种类型的段落中，目标词 explosion 与前面信息整合的难度依次增加。研究结果表明，当受试者可以依据前面的句子推论出目标词的所指时，前额叶的背内侧上部区域的激活程度就会增加。Schmalhofer & Perfetti（2007）还进一步研究了推论的过程。在阅读之后，他们还要求受试者完成确认判断的任务，即判断前面的两个句子中是否暗示了某一事件（例如，红酒洒了）的发生。例如，在飞机上服务人员提供饮料（当然包括红酒在内）时遇到颠簸，这时就要求受试者做出肯定的判断。结果表明，确认判断除了引起前额叶的背内侧上部区域的激活之外，还会引起大脑左半球额下回的激活。这说明确认判断需要额外的处理过程，受试者在阅读句子时并不会自动做出相应的推论，这也同时表明大脑左半球额叶前区背侧和腹侧中部在语篇理解中的重要作用。在总结了众多研究成果的基础上，Ferstl（2007）认为语篇的理解需要一个覆盖广泛的神经网络的支持，其中包括（1）前额叶皮层腹侧（额下回）、（2）前额叶皮层背外侧、（3）颞叶前部皮层（包括颞极）、（4）前额叶皮层背内侧（包括扣带回前部）和（5）内侧皮层后部（包括扣带回皮层后部和楔前叶）（如图 13-11 所示）。

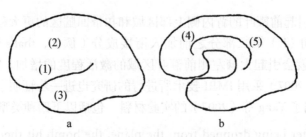

图 13-11 语篇理解的神经基础示意图（Perfetti & Frishkoff，2008：172）

在前额叶皮层腹侧内，额下回负责音位和句法的处理，而额下回之内的三角结构则支持语义与语境的整合。前额叶皮层的其他区域，尤其是它的外侧后部，负责根据听者任务的要求调用相应的注意资源。颞叶前部负责基本的句子处理，包括从句子中装配命题以及把不同句子之间的命题联系起来。其他两个区域都在语篇理解中起着一定的作用，但是人们目前对于它们的具体功能还不能做出准确的描述。

语言理解神经基础的研究除了关注左半球之外，还有很大一部分研究关注大脑右半球在语篇理解中的作用，在上一章中我们已经就此问题进行了介绍与讨论，在此不再赘述。

13.4 语言的产出

在上文中，我们已经就语言理解的各个环节的神经基础进行了比较详细的介绍与讨论，下面我们在这一节讨论语言产出的神经基础。与语言的理解相比，关于语言产出神经基础的研究具有两个特点。一是开始得晚。从 Broca（1861，1863）发现布洛卡氏区负责言语的产出以来，研究者一直就关注语言产出的神经基础，有关的研究主要基于对失语症患者语言障碍的观察以及在此基础上进行的理论假设，而真正严格意义上的实验研究只是开始于 20 世纪 90 年代。二是研究的数量少，而且也没有那么深入与具体。与大量地采用大脑成像技术对语言理解和其他认知行为的研究文献相比，"采用 PET 和 fMRI 技术专门研究语言产出的数量非常有限"（Fiez，2001：445）。造成这一现状的原因主要有三个方面。(1) 语言产出能力是人类所独有的，它不像语言理解那样，可以从进化的角度对灵长类动物进行一些前期的研究。(2) 我们很难控制受试者要说什么及其内在的认知过程，因此实验材料的选择就是一个很大的问题。(3) 大脑成像技术在言语产出研究中的局限性。由于 PET 技术涉及放射性的问题，有关语言处理的研究大多采用 fMRI 的技术，但是在研究言语产出时，身体部位移动（包括吞咽、口面部的运动等）所带来的干扰是一个很大的问题。为了解决这一问题，研究者多采用两种方式，一是不让受试者发出声音，从而减少身体部位的移动。这种方法的基本假设是不出声的言语产出过程与正常的出声的言语产出过程是基本一样的，但是这种假设很可能存在问题，因为许多研究表明（例如，Barch 等，1999；Bookheimer 等，1995）两种言语产出活动所激活的神经网络是不同的。另一种方法是在实验中采用特殊的设计和数据处理方式，在结果分析中扣除发音过程中身体部位移动所带来的干扰（Dogil 等，2002）。

语言的产出是一个极其复杂的认知与心理过程，其中包括三个主要的阶段：概念化、言语形成和执行（Levelt，1989）。在概念化阶段，说话者要形成一定的意图，并从记忆和语境中选择相关的信息，为要产出话语的形成做好准备，这一阶段的结果被称为言语前信息。在言语形成阶段，说话者需要将概念表征转化为语言形式，其中包括两个主要的成分：词汇化（即选择合适的词汇）和句法计划（把所选择的词组合成合适的句子）。另外，在这一阶段，说话者还要形成详细的发音计划，以便在执行阶段实施。目前，关于言语产出的神经基础研究还没有完全覆盖上述言语产出的过程，因此，在本节我们只是围绕相关研究的一些热点问题展开讨论。

13.4.1 语言理解与产出的共享机制

语言的理解与产出类似于一枚钱币的两面，两者是密不可分的。从交际活动来看，听者和说话者的角色是不断转换的，一个人只有在听懂别人讲话的前提下才能做出正确的回答。那么两者之间的神经基础又是什么关系呢？人的大脑中是有两个独立的系统分别负责语言的理解和产出吗？语言产出和理解的起始点是不同的。对于说话者而言，其语言产出的过程开始于交际的意图或者他想向听者表达的信息表征，经过几个不同的处理阶段，这一意图被转化为由他说出的一系列的声音。而对于听者来说，他首先接收到这些声音信号，然后再把它们转化为意义，获取说话者的意图。两个看似相反的过程，其中一个核心的操作就是句法的处理。对于语言理解和产出来说，句法处理的起点和语境也是不一样的。在语言产出的过程中，说话者首先要把需要表达的信息转化为具有一定题元角色结构（即谁在什么时间、地点、用什么方式对什么人做了什么事情）的表征。在句法编码的过程中，这些题元角色结构会被编码成一些特殊的句法结构，例如，The boy was kissed by the girl yesterday at the cinema.。句法的编码是通过句法的整合操作来实现的（Vosse & Kempen, 2000），其中所使用的构件材料包括句法范畴（例如，某词是动词）以及限定了可能的结构特征的框架结构（例如，需要有一个主语和一个宾语）。而在语言理解的过程中，听者需要从被输入的材料中获取有关的信息，并对句子的结构进行分析或者解码。例如，从上面的句子中，听者需要知道 the girl 是施事者，the boy 是受事者。因此，语言理解和产出中的句法处理过程具有许多不同之处。在言语产出的过程中，说话者可以有许多不同的方式来表达同样的思想，也就是说，同一个题元角色结构可以由不同的句法结构来实现。而在语言理解的过程中，听者却没有这样的自由。鉴于上述差异，有的学者认为语言的理解和产出要依赖不同的处理机制和神经基础。例如，Clark & Malt（1984）指出，与语言的产出相比，语言的理解需要提取更多的信息，因为人们可以理解自己不能说的语言变体（例如，某种方言、文学文体等）。失语症的研究也表明语言的理解和产出障碍是可以分离的。

但是，也有学者认为语言理解和产出中句法处理的神经基础不是完全独立的，句法的编码和解码在一定程度上还是要依赖共同的神经基础。Kempen（2000）分析了语言理解和产出中句法处理的许多共同之处，其中包括对概念因素的敏感性（这就意味着两者之间具有共同的概念系统）、句法关系与题元关系的直接匹配、最终的处理结果等，并在此分析的基础上得出结论，认为句法的编码与解码都要依靠同一个处理机制，这一机制会根据处理任务的不同而实施不同的操作过程。在最近的一项研究中，Kempen 等（2012）通过实验进一步确认句法结构的编码和解码以及处理结果的短时记忆都具有共同的处理机制。

要检验语言理解与产出的共享机制，心理语言学研究中常采用句法启动（syntactic priming）的研究方法，其基本的思路是，如果语言理解和产出的句法处理具有共同的机制，那么两者之间就应该存在相互的启动效应，也就是说，如果受试者在理解过程中听到了某个句法结构，那么他在后续的语言产出过程就更有可能使用这一结构，反过来，如果他在语言产出中使用了某一句法结构，那么他在后续语言理解过程中处理这一句法结构的速度就会加快。有关的研究已经证实了理解对于产出（例如，Branigan 等，2000，Bock 等，2007）以及产出对于理解（例如，Branigan 等，2005）的启动效应。近年来，Segaert 等（2011）又采用 fMRI 技术对两者之间的启动效应进行了研究。在该项研究中，受试者被要求听图画的描述和对图画做出口头的描述，然后观察启动效应发生时被激活的大脑区域。结果表明，不论是理解对产出，还是产出对理解的句法启动发生时，大脑左侧额下回（BA45 区）、左侧颞中回（BA21 区）和左右两侧的辅助运动区（BA6 区）都得到很强的激活。

除句法的处理外，也有一些研究还涉及语篇理解和产出的共享神经基础。例如，Awad 等（2007）指出，语篇的理解和产出需要共用同一个陈述性记忆系统，因此也就共享该系统的神经基础。从目前的研究来看，我们对于语言理解和产出的共享机制还有许多问题没有搞清楚，因此也就无法解决两者之间的神经机制是相互独立还是资源共享的争论。但是，笔者认为，从语言处理的高效性和普遍的经济性原则来看，两者之间具有一定的共享机制，但是我们也不能因此否定各自的独立性，正如 Indefrey & Levelt（2004：131）指出的那样，"口语的使用者总是在不停地使用一个双重的系统来感知和产出话语。这个系统不仅相互切换，在很多情况下他们会部分或者完全地协同工作。"今后有关研究的重点应该更多地放到哪些是相互独立的，又有哪些是双方共享的，这就需要我们进一步对语言产生和理解的心理过程进行更加细致的分析和研究，并在此基础上做出合理的推断，然后再采用大脑成像技术进行实证性研究。

13.4.2 词汇的产出

言语产出的研究以研究自然的言语最为理想，但是，如上文所述，对于长的句子或话语，我们很难控制其中涉及的认知过程，因此，在关于言语产出的神经基础的研究中，许多都把实验材料限定在单词的产出上。在这类研究中，受试者一般被要求根据所给的提示出声或者不出声地产出目标词汇，其中最常用的一种方式是词汇流畅性任务（verbal fluency task）。在这一任务中，受试者被要求说出以某个字母开始的单词，采用这一方法的研究很多（例如，Cuenod 等，1995；Phelps 等，1997；Schlosser 等，1998），但是研究的结论却比较分散。例如，Cuenod 等（1995）的研究表明，与静止状态相比，词汇流畅性任务会引起大脑左侧额叶下部、沃尼克氏区及其周边以及颞上回的激活，而 Phelps 等（1997）和 Schlosser 等（1998）的研究则发现，与词汇重复的状态相比，该任务还会引起额叶上部区域和右侧小脑的激活。还有的词汇产出研究（例如，de Zubicaray 等，1998；Wildgruber 等，1999）要求受试者完成序列言语的任务（例如，说出一星期中的 7 天）或者词根填充（例如，给出 pl-，让受试者说出他想到的第一个词)。Wildgruber等(1999)要求受试者不出声地、以从1月到12月和从12月到1月的顺序背诵一年中的12个月份的名称,他们发现受到激活的大脑部位包括大脑左右侧额叶中部和下部区域、顶叶以及大脑左侧的扣带回前部,而且与正常的背诵相比,逆序背诵所激活的大脑区域范围更广。许多关于词根填充的研究(例如,Ojemann等,1998,Desmond等,1998)都发现,此类任务会引起额叶下部、辅助运动区和右侧小脑的激活。

从上述的介绍我们可以看出,词汇的产出似乎与大面积的大脑区域相关,这也是可以理解的,因为词汇的产生势必会引起语义的激活,正如上文所言,词汇的语义网络是广泛分布于大脑的各个区域的。另外,我们在分析这些不同的研究结果时还应考虑不同研究中所采取的任务类型的差异。词汇产出的过程也远非人们想象的那么简单。Levelt等(1999)认为这一过程包括概念准备(conceptual preparation)、词项选择(lexical selection)、形式编码(form encoding)和发音等阶段。在概念准备阶段,说话者需要激活相应的词汇概念。例如,如果要命名一幅图画,人们首先要辨认出图画中所描述的内容并选择适当的概念。研究表明(Levelt,1999)同一幅图画往往会激活多个词汇概念。一幅描述sheep的图画不仅激活"绵羊"这一概念本身,还会激活"动物"、"山羊"等与之相关的词汇概念,因此,这一过程还包括概念选择的问题。单词产出的第二阶段是词项选择,从而确定具体的词元(lemma),这一阶段还包括对词汇句法信息的提取。形式编码又依次包括三个阶段,一是提取单词的形态音位表征,二是形成音位编码,三是语音编码。最后是发音阶段。不发声的词汇产出不需进入到这个阶段(如图13-12所示)。

目前关于单词产出神经基础的研究中所采用的任务,包括图片命名(picture naming)、动词或者名词产出(verb/noun generation)、词汇阅读(word reading)、伪词阅读(pseudoword reading)等,也都对应着不同的处理过程与阶段(如图13-12所示)。图片命名涵盖了整个的词汇产出过程。在此任务中受试者首先通过视觉的途径识别物体,并以此激活相关的概念准备过程。尽管图画的命名相对比较简单,但是在研究中也要考虑一些因素的控制,例如,图画的复杂程度、物体绘制的视角、图画是否彩色以及被命名物体的种类等。在动词产出任务中,受试者被要求根据所给出的名词说出一个或者几个与之搭配的适当的动词(例如,apple→eat)。与图画命名相类似,这一任务也涵盖了词汇产出的整个过程,但是人们对于它的起始过程还不是特别清楚（Indefrey，1997）。如果受试者看到或者听到一个名词，这首先会启动视觉或者听觉词汇识别的过程。如果这个名词是具体名词，受试者可能会在内心生成一个视觉的图像，而如果这个名词是个抽象名词，这有可能会激活长期记忆中的有关内容。这些都有可能对词汇产出的起始过程，及概念的准备产生重要的影响。名词产出任务一般给出一定的类别，例如，工作、工具或者动物等，然后要求受试者产出尽

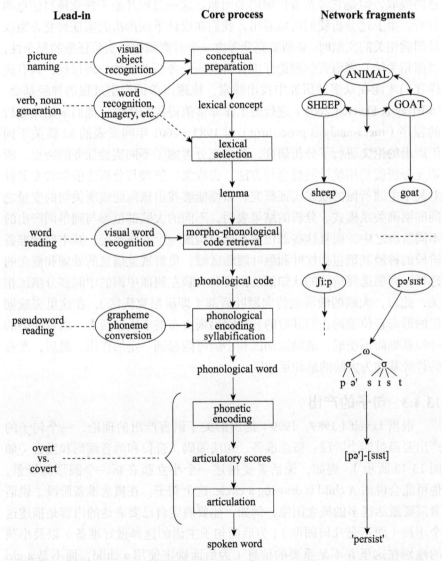

图 13-12　词汇产出的过程及其对应的词汇产出任务（Indefrey & Levelt，2004：104）

量多的属于这一类别的词汇。这是前文所述的词汇流畅性任务的一种形式。在进行此任务时，人们很可能一开始就会在内心生成一系列的视觉图像，也有可能进行词汇联想的认知活动，另外，对于不同类别的词汇受试者采用的策略也会有所不同。词汇阅读首先要求受试者对视觉词汇进行识别，其中包含了复杂的与语言理解有关的心理过程，另外，我们还需要考虑到不同语言的书写形式对于词汇阅读的影响。伪词阅读不会涉及词汇句法信息的提取，但是它涉及音位编码的问题。这一过程开始于视觉拼写信息的分析。由上述分析我们可以看出，我们在设计单词产出的实证研究方案以及阅读相关的文献时，必须要充分考虑一个看似简单的实验任务的复杂性，根据相关的心理语言学理论仔细分析某一任务所涉及的心理过程，只有这样我们才能在众多的研究中找出线索，梳理出单词产出过程的神经基础。Indefrey & Levelt（2004）进行的工作非常值得我们借鉴。他们采用元分析的程序（meta-analysis procedure）对1983—2001年间发表的82篇关于词汇产出的论文进行了分析研究，其中充分考虑了不同实验任务的特点。所谓元分析就是用统计的概念与方法，去收集、整理与分析之前学者专家针对某个主题所做的众多实证研究，以便能够找出该问题或所关切的变量之间的明确关系模式。分析的结果表明，不同的大脑部位参与到单词产出的不同阶段之中，而且这些部位相互结合构成一个网络系统，其中概念准备阶段的神经基础包括枕叶和颞叶腹侧区域，负责视觉信息的处理和概念的选择；词项选择阶段的认知活动主要和大脑左侧颞中回的中间部分脑区相关，此后，大脑的激活就传向颞叶后部（即沃尼克氏区），在这里完成词汇的形态音位编码，而其后的音位编码则由布洛卡氏区负责。语音编码的神经基础尚不明确，辅助运动区和小脑可能起到一定的作用，最后，发音的神经基础为大脑的感知运动区。

13.4.3 句子的产出

根据Levelt（1989，1999）提出的关于语言产出的理论，一个句子的产出要经过四个阶段：概念准备、句法编码、音位和语音编码和发音（如图13-13所示）。例如，说话者要描述一个小女孩在画一个圆形的场景，他可能会说出 A child is drawing a circle. 这个句子。在概念准备阶段，说话者需要激活很多的概念图像，例如，他要确定自己要表达的内容是描述这个小孩（而不是几何图形）（为后面句子主语的选择做好准备）以及小孩的性别在这里并不是重要的信息（为后面确定使用 a child，而不是 a girl 做好准备）等。另外，他还要把圆形的视觉概念与 circle 的词汇概念相匹配。在句法编码阶段,由概念准备阶段所产生的言语前信息被转化为语言编码,要做到这一点,说话者需要从大脑词库中提取相应的词汇(即词元,lemmas),并调用有关词汇的句法信息(例如,词类、语法性别等),形成能够确定句子中不同单词之间关系的适当的句法结构。另外,说话者还要确定词汇的顺序以及所需的屈折变化形式。句法编码所产出的句子的表层结构经过音位和语音的编码,最后由发音器官完成句子产出的过程。

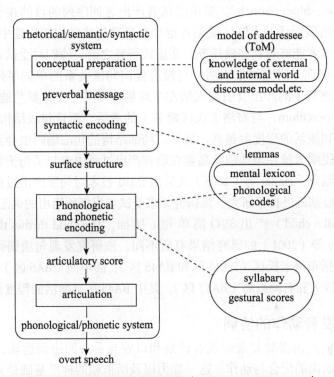

图 13-13 句子产出的主要阶段(Indefrey,2001:5934)

　　如上文所述,由于我们难以控制长的话语产出过程中的认知过程,许多关于语言产出神经基础的研究都局限在词汇的产出方面。但是,这并不能很好地解释正常的言语产出的神经基础,由图 13-12 和图 13-13 的比较我们可以看出,与句子的产出相比,单词产出的过程除了在概念准备阶段相对简单之外,它最大的问题在于缺少了句法编码的过程。因此,从 21 世纪初开始,一些研究者(例如 Indefrey 等,2001;Haller 等,2005)开始研究句子产出的神经基础,而且研究的关注点也大都放在句法编码这一环节上。

Indefrey 等（2001）进行的研究应该是最早的关于语言产出过程中句法编码神经基础的研究之一。该研究采用 PET 技术和限制性场景描述的方法，要求受试者对一些动画所展示的简单场景做出三种方式的描述：（1）完整的句子（例如，The red square launches the blue ellipse.）；（2）具有一定局部结构、但是没有完整句子结构的名词序列（例如，red square、blue ellipse、launch）；（3）没有任何句法关系的单词序列（例如，square、red、ellipse、blue、launch）。要求受试者产出名词序列的目的在于发现完整句子产出所激活的大脑区域是否也会在局部句法结构的构建中被激活。为了使受试者能够顺利完成任务，在正式研究之前，他们对受试者都进行了相应的培训。研究结果表明，与没有任何句法关系的单词序列的产出相比，完整句子的产出会引起大脑左半球额叶岛盖（又称罗兰迪克岛盖，Rolandic operculum，与布洛卡氏区毗邻）的激活，而且句法结构越复杂，该部位受到激活的程度就越高。另外，局部结构的句法编码也会激活这一部位。这说明大脑左半球额叶岛盖在语言产出过程中参与了句子和局部层次的句法编码。Haller 等（2005）又采用 fMRI 技术对句子产出过程中句法编码的神经基础进行了研究。该研究要求受试者根据所给出的词汇（例如，throw、ball、child）产出 SVO 简单句（例如，The child throws the ball.）。与 Indefrey 等（2001）的研究结果有所不同，该研究发现句法编码所激活的部位包括布洛卡氏区（BA44 区和 BA45 区）、额中回（BA6 区）、顶上小叶（BA7 区）和右侧脑岛（BA13 区），其中 BA45 区被激活的程度最高。

13.4.4 发音动作的协调

语言的产出需要复杂的发音计划和口腔与舌头的协调运动，其中涉及了大量肌肉的配合与动作。这一能力以及所依赖的神经基础是人类所特有的，自然也就引起了众多研究者的兴趣。其中一种重要研究方法就是对言语失用症（apraxia of speech）患者的研究。言语失用症是一种在言语运动协调层次的发音障碍，在整个语言产出过程中，该层次是介于语言形成和言语执行之间的一个中间阶段。言语运动协调机制负责实施抽象的话语音位表征，制订协调的发音器官的运动计划，并把这一计划传递给运动执行中心。另外，该机制还负责监控运动计划的执行，并做出及时的调整（Duffy，1995）。言语失用症患者的问题就在于言语运动协调机制出了问题，使得此类患者可以正常地感知语音，但是不能很好地协调发音的动作，他们的话语会变得缓慢，会出现大量的发音错误。例如，一个患者在说 grief 一词时，会说"gris…riss…riff"。Dronkers（1996）应该是第一个对言语失用症患者进行研究并发现其大脑损伤部位的研究者。他对 25 位言语失用症患者以及 19 位其他类型的语言障碍患者大脑损伤的部位进行了对比研究，结果发现，所有的言语失用症患者都在大脑左侧岛叶前部，尤其是该部位的中央前回上部有损伤，而对于其他类型的语言障碍患者来说，他们在这一部位都没有损伤，这一对比说明，大脑左侧岛叶前部与言语运动协调机制有很大的关系。这一结论也得到了后来一些同类研究的证实。例如，Nagao 等（1999）报道了一位有言语协调障碍，但是没有失语症的患者，而该患者恰好是因为很小的脑梗塞而导致大脑左侧岛叶前部（中央前回）损伤。另外，Marien 等（2001）也有类似的报道。Ogar 等（2006）还对言语失用症患者的错误类型进行了分析。该研究采用由 Wertz 等（1984）设计的言语运动评价系统（Motor Speech Evaluation），结果发现此类左侧岛叶前部受损伤的患者最常见的错误出现在需要对复杂的发音动作进行协调的项目，例如，重复 pataka pataka pataka 等。关于大脑岛叶前部的言语运动协调功能也得到了一些采用大脑成像技术研究的证实。例如，Wise 等（1999）采用 PET 技术对词汇重复和正常的词汇产出进行了对比研究，结果发现单纯的词汇重复不会引起布洛卡氏区及其周边的激活，但是词汇的产出会引起大脑左半球岛叶前部的激活。Blank 等（2002）也认为该部位与语言产出过程的发音环节有密切的关系。

13.5 结语

在本章中我们从语言的理解和产出两个方面对有关语言处理神经基础的研究进行了介绍与讨论，其实相关的内容远不止这些，还有很多相关的内容，例如，书面语的处理，没有包括在内。但是由此我们也可以对目前有关研究的现状有一个总体的认识，从中不难看出，语言处理神经基础的研究还处在初级阶段，对于许多问题还存在争论，而且还存在许多空白点，例如对于句子产出研究的数量还非常有限，而对于语篇层次的言语产出的研究更是很少涉及。这一方面是由于该领域研究的历史较短，另一方面是由于研究手段和研究技术的局限，更为重要的是，语言处理神经基础的研究所涉及的两个基本问题——语言处理和大脑的机制——本身就是非常复杂的，几乎每个领域都涉及悬而未决的问题，两个复杂的问题放在一起，其研究的难度也就可想而知了。面对诸多的问题，我们需要对此做出认真、深入的思考与分析，才能使我们今后的研究更有成效。因此，在下一章我们将就神经语言学研究的问题进行进一步的讨论。

第14章

问题、挑战与可能的解决方案

把语言与大脑联系起来,并力图探索两者之间的关系,这是从现代语言学诞生以来就确立的研究目标之一,现代语言学之父 de Saussure(1986:15)指出:"语言的结构在具体性上比之言语毫不逊色,这对语言研究非常有利。虽然从根本上来说,语言符号具有心理的属性,但它们不是抽象的。语言要素之间的种种关联,经过集体的认可,而构成语言。它们的所在地就在我们的大脑之中。"在此之前,Baudouin de Courtenay(1895)就指出,对于语言病理的研究可以使我们更加深入地理解语言的结构。受此影响,Jakobson(1941,1968,1971)成为第一个开展失语症研究的语言学家,并不断地把语言的结构及其神经基础关联起来,例如,Jakobson Waugh(1979:123)在谈到音位的区分性特征时,指出"不仅能够为划分各种不同语言中的音位提供具有普遍意义的框架,而且这些特征更有助于解释语音感知和产出的神经机制,从这个意义上讲它们都是真实的。"另一位重要的语言学家是 Chomsky(1957,1965),他把语言学置于认知科学的范畴之内,并把人类的语言能力置于大脑的结构之中。在这些前辈们的引导下,从 20 世纪 80 年代开始,众多语言学家投入到神经语言学的研究领域之中,并取得了大量的研究成果。但是令人遗憾的是,这些成果更多的是处于各说各话的境地,能够达成的共识少之又少,更不用说有什么相对稳定、为大多数人接受的理论模式被构建起来。这一现象在语言神经基础的研究方面表现得更为突出,并且已经引起了一些研究者(例如,Grimaldi,2012;Bassett & Gazzaniga,2011;Raichele,2010)的注意,并提出了一定的解决办法。在本章中,我们将借鉴相关的观点对目前神经语言学研究存在的问题及其可能的解决方案进行讨论。

14.1 神经语言学研究的复杂性

神经语言学研究语言和大脑之间的关系,探讨语言处理过程的神经

第 14 章 问题、挑战与可能的解决方案

基础。在本书第 13 章的结尾我们曾经谈到，本学科研究最大挑战之一在于其所涉及的两个基本问题（即语言处理的过程与大脑）本身就是非常复杂的，各自存在着诸多的争论和不同的观点。这与语言本身的复杂性有很大的关系。与视觉以及其他的认知活动相比，语言既是一种感知和产出活动，也是两者之间错综复杂的结合体。语言的独特之处在于它把一系列有限数量的语音单位用一种几乎是无限数量的组合方式，不断地构成更为复杂的有意义的语言单位，而且这些单位之间又有着复杂的结构和语义关系。这样，一系列连续的、不断变化的语音的声波通过一定的计算过程就可以被转化为个体的神经表征，这是一个极其复杂的过程，而这一过程又与大脑中的不同记忆机制相关联。更为重要的是，语言还是一种社会现象，总是与一定的社会环境相关联，说话者和听者都需要根据具体的语境采用相应的交际策略以成功地完成交际。面对这一复杂的语言本体，心理语言学关于语言处理的内在过程还存在着诸多的争议（Harley，2001；Carrol，2008）。从总体来看，有两个争议对神经语言学的研究具有更为直接的影响。一是语言处理的模块性问题。语言处理可以分为不同的层次（例如，语音、音位、词汇、句法等），人们对这一点不存在争议。争议之处在于这些不同层次的语言处理之间是什么关系。模块主义的观点认为不同层次之间的语言处理是相互独立、并且按照一定的次序依次进行的，相互之间不存在重叠的问题。而与之对立的互动主义的观点则不同。首先他们认为在不同的处理层次或者阶段之间存在着重叠的部分，也就是说不同阶段的处理过程在有些情况下是同时进行的，这被称为并行处理。另外，互动主义还认为不同阶段信息的流动不是单方向的，后一阶段的信息有可能会影响前面阶段信息的处理。现在有越来越多的研究证明互动观点的正确性（Carrol，2008），例如，整个单词的知识有可能会影响到字母的识别。在图 14-1 中，两个完全相同的图形可以被我们识别为不同的字母（第一个为 H，第二个为 A），而造成这一差异的原因恰恰在于我们关于词汇的知识。但是，从目前神经语言学研究的现状来看，不论是在语言障碍的研究，还是在语言处理神经基础的研究方面，研究者更多地采用了模块主义的观点，而对互动主义的观点考虑不足，这种状况很容易导致研究结果的不确定。另一个对神经语言学研究产生直接影响的争论点在于语言的处理在多大程度上

TAE CAT

图 14-1　字母识别与词汇知识互动示例

要使用语言的规则。语言学理论基于对语言现象的研究从不同的角度提出了各种不同的语言规则,尤其是 Chomsky(1957,1965)的转换生成语法所提出的各种规则与语言处理的思路最为契合,因此也被大量地运用到了语言处理模式的建立中。但是,问题在于这些规则真的具有充分的信息现实性吗?也就是说,在语言处理过程中人们是否真的使用这些规则呢?众多的心理语言学研究都是以对此问题的肯定回答为基础的,但是联结主义却对此提出了的不同的看法(崔刚,2006)。联结主义的观点更加接近于大脑的工作模式,否定了原来纯粹以规则为基础的语言处理模式,而是更多地基于对输入数据的概括。但是,目前神经语言学研究对联结主义的观点几乎未做考虑。

语言和语言的处理都是非常复杂的,而大脑则更加复杂。这一复杂性首先表现在对大脑结构的有限认识上。虽然我们可以根据大脑的外在面貌(例如,左右半球、大体的分叶、沟与回等)采用不同的方式对大脑的不同部位进行描述,例如,我们可以使用 Brodmann(1909)的大脑分区编码,或者用语言描述的形式(例如,大脑颞上回中部等)来确定大脑的部位,但是这些描述都是基于我们对大脑功能极其粗浅的认识,并不见得准确。另外,如果我们再考虑到神经元的结构和左右半球相对应区域等因素(Bassett & Gazzaniga,2011),问题会更加的复杂。更为糟糕的是,大脑皮层之下是纵横交错的神经纤维,它们把整个大脑的各个部位联结在一起,而我们目前对于它们的认识更是极其有限。图14-2显示了采用大脑成像技术构建的大脑结构图,由此我们可以对大脑结构的复杂性有所认识。

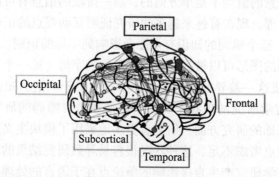

(parietal:顶叶;frontal:额叶;occipital:枕叶;subcortical:皮质下神经纤维;temporal:颞叶)

图14-2 大脑的复杂结构示意图(Bassett & Gazzaniga,2011:200)

大脑的复杂性还表现在人们对于大脑功能认识的争议上,在本书的第

第14章 问题、挑战与可能的解决方案

5章中我们曾经简要介绍了各种不同的关于大脑功能的观点,包括定位说、整体说、联系学说、动态定位说等等,研究者持有的观点将直接影响到整个的研究过程,包括假设的提出、方法的采用、数据的分析,以及最终的结论。在不同观点的指引下,同样的数据可能会得出完全不同的结论。

语言处理是复杂的,其中涉及的过程还有很多是不确定的,而大脑更是如此,两个复杂的、不确定的研究对象交织在一起,研究难度也就可想而知了。在此状况下,我们应该注意以下两个问题。(1)对神经语言学研究问题的复杂性具有充分的认识,在研究的设计与具体的操作中应仔细考虑研究对象所涉及的多种因素,尤其是在分析实验结果时要尽可能多角度地看问题,力求分析在不同理论的观点之下实验数据有可能导致的结论,避免简单化。这一点是一个看似简单,但其实做起来很不容易的事情,因为这要求研究者要具备坚实的理论基础,对与神经语言学研究相关的各种不同的理论具有深刻、全面的认识。(2)众多关于语言处理过程和大脑功能的争论,其核心在于模块性和互动性,也就是说,不同的处理阶段或者不同的大脑部位在多大程度上是相互独立的,又在多大程度上是相互协同、共同起作用的。笔者认为,在语言处理的问题上,绝对的模块主义和绝对的互动主义都是站不住脚的,绝对的模块主义忽视了语言处理过程的整体性,割裂了不同处理阶段之间的内在联系,很容易导致"只见树木,不见森林"的现象,而绝对的互动主义又走向另一个极端,忽视了语言处理过程的各个阶段的相对独立性,很容易导致"只见森林,不见树木"的现象。而在大脑功能的基本观点上也是如此,绝对的大脑功能定位观点和绝对的整体论观点也都有同样的问题。因此,我们在神经语言学研究中,在不忽视研究问题的独立性的同时,要养成从整体上看问题的习惯,把任何一个语言处理环节放置于整个语言处理过程之中来考察,注重考虑与分析这一环节在整个语言处理过程中的定位和与其他环节之间的关系,以及它们之间的相互影响。同理,对于大脑任何部位的语言功能的研究也要具备全局观,而不是仅仅局限于这一部位本身。从目前的研究现状来看,神经学研究在上述两个方面都有很大的改进余地。很多研究还存在着对研究设计简单化和得出武断结论的问题,还有更多的研究只是把着眼点放在研究的问题本身上,还缺乏全局的、整体的观点,而且对于研究问题的多角度、多视角的考察也表现出严重的不足。

要做到上述两点,复杂系统理论可以为我们提供很多的启示。动态系统理论又称复杂动力学(complex dynamics),是指按照特定的规律随时

间不断发展变化的复杂系统。这一理论起源于 17 世纪牛顿提出的动力学理论和数学中的非线性原理。作为一种研究范式,动态系统理论着眼于系统各部分之间的关系,强调系统对初始状态的敏感性、内部要素的完全相关性、系统行为的变异性与非线性。该理论认为,系统的各部分互相影响、互相依存,而系统的整体状态是各部分互相作用的最终结果。动态系统通过与外界环境的互动以及系统内自我组织的不断发展,不断实践从无序到有序的周期性调整。动态系统理论超越了传统理论奉承的线性行为和因果关系论,直面真实环境中系统的复杂性与变异性(李兰霞,2010)。Larsen-Freeman(2012)指出,复杂系统理论/动态系统理论为我们提供了一个有价值的跨学科主题,提供了指导具体实证研究工作的一般性原则。已有大量研究人员运用动态系统理论研究人类认知问题(例如,Beer,2000;Van Orden 等,2003)和语言问题(例如,Rueckle,2002;van Lieshout,2004)。但是,在神经语言学领域该理论的应用还比较少见,这应该成为我们今后研究的一个重要方向。

14.2 语言学与神经科学的兼容性

在第 1 章我们已经指出,神经语言学是一个跨越心理学、计算机科学、神经科学、语言学、哲学、人类学等众多学科的认知科学研究领域。从语言学的角度来看,语言研究者力图把语言理论和神经科学的方法结合起来,以求加深对于语言的神经基础的理解。但是,两者之间的关系是非常复杂的,目前的研究还存在着严重的认识论和方法论的问题,尚未形成一个具有共识的研究平台,语言学理论和神经科学之间还存在着兼容性的问题(Grimaldi,2012)。

两者之间的兼容性问题首先表现在基本的研究思路上。从根本上讲,它们分别代表了两种不同的科学模式(Grimaldi,2012)。Chomsky(1957,1965)的理论极大地促进了认知科学的诞生与发展,但是他却没有充分地考虑神经科学对于言语与认知研究的影响。转换生成语法从一开始就从理论上把对于语言表征和语言的神经生理的研究分离开来。这一分离主要是基于 Descartes 的思想,认为心智可以完全区分于身体和任何的物体(Chomsky,1986,2000b,2006)。Chomsky(2000c:16-17)明确指出:"世界具有神秘的特点,我们只能利用自己的智力去尽可能地理解它,这也就使得自然界的很多部分成为秘不可知的东西。因为我们自身就是生物世界的组成部分,而不是天使。现在不再有什么'心智—身体'的问题,因为还不存在关于'身体'和'物质世界"的有用的概念。不论这些术语最终证明是什么，它们也只不过表明我们对世界的某种程度的理解，而且会被吸收到物理学之中。"我们可以把语言视为和其他认知系统一样的人类心智的组成部分，或者是专门的"语言器官"（Chomsky, 2005），这样我们就可以通过理论的假设以及实验验证（主要以认知活动的产出物，即本族语者所产出的话语为基础）对语言的物质特征（即大脑）做出推论。根据这一观点，普遍语法反映了大脑映射到心理上所表现出来的特征，一个以有效的、具有充分解释性的形式语法理论就可以把握隐含在语言行为之内的心理运算过程，即内隐性的语言结构知识与规则。与此同时，把语言和心理与大脑联系起来，我们就可以通过研究本族语者的话语来验证这些理论对内在心理运算过程的预测，从而进一步验证这些理论。这样，也就把语言能力（competence）和言语行为（performance）区分开来。换言之，就是要通过言语行为来研究语言能力，也就是大脑或者信息的特征。这一研究的过程主要是基于本族语者对于句子形成的语法性的本能的判断，而这往往带有主观的色彩。

而神经科学并不主张这样的区分（Grimaldi, 2012）。有关该学科的基本理念是，心理具体体现在神经系统上，而神经生理的过程与正在工作的心理过程是等同的。尽管神经科学的研究也需要理论的推测，但是它更加看重通过控制的实验得到的数据。采用神经科学的方法研究语言的目的在于描述语言的各种特性是如何在大脑中得到体现的。其基本的研究过程一般是，首先就观察到的语言现象提出假设，然后设计实验（其中包括选择适合的语言刺激以获得预期的认知活动，确定合适的手势，还要在实验中尽量地减少测量误差以及人为的干扰因素等），并通过对实验结果的数据分析来验证或者否定这一假设。由此我们可以看出，语言学与神经科学的研究方法是非常不同的，两者具有完全相反的思路。一方面，现代语言学，尤其是在Chomsky的影响下，具有重理论的传统和较强的抽象性。语言学研究者提出了许多关于语言的理论，但是其验证的方法在本质上与神经科学不同，它们基本上不能通过控制的实验获取验证数据。和物理学一样，这些抽象的理论假设应该可以引导人们发现物体具体特征的物理机制（Chomsky, 1988）。也就是说，语言学研究是沿着从理论到验证的方向进行的。与此相反，神经科学的研究者则认为要通过实证的观察与研究来获取关于世界的知识，并在数据的基础上建立相应的理论。这样导致的结果是，通过神经科学的经过精心设计的实验积累了大量的数据，而这些数据很难与语言学理论结合起来，从而导致了目前神经语言学关于语言的神经基础研究各说各话的现象。

　　语言学与神经科学的不兼容性还表现在语言分析的层次上。现代语言学从语音、音位、词汇、句法、语义、语篇和语用等层次来研究语言，并产生了相应的分支学科，但是这些层次往往都是一些抽象的概念，直接用于描述语言的生物与神经基础并不见得合适，有关的术语并不一定反映语言的神经特性。Poeppel & Embick（2005）指出，把语言学的术语直接应用于语言的神经与生物基础的研究之中会产生粒度失调（Granularity Mismatch Problem，GMP）和本体不可比（Ontological Incommensurability Problem，OIP）两个问题。粒度是指原值颗粒的大小，这里被用来指单位的细分程度。粒度失调问题是指语言学与神经科学在语言单位划分的细微程度是不同的。语言学中包含有许多细微的区分，心理语言学对于语言理解和产出的过程也有比较细致的描述，而神经科学对于语言的研究则更多基于概念的框架，对于语言单位的划分要粗得多。语言学和心理语言学所描述的把音位组合成音节、词素构成词项、词项构成词汇块、词汇块构成句子以及转换生成语法所描述的一系列移位的过程并没有直接的神经基础。本体不可比问题是指语言计算的单位和神经计算的单位之间具有不可比性。例如，The astute detective solved the case. 从语言学理论的角度来看，该句子包含一个名词短语（NP）和一个动词短语（VP），但是神经科学的研究者并不在意这一分析，这并不意味着在我们的大脑之中就存在着与NP或者VP相对应的神经机制。句法学中所使用的树形图可以用来很好地描述与分析句子的结构，但是在语言神经机制的研究中却未必有用。事实上，许多的研究（例如，Fuster，2003；Schnelle，2010）表明大脑中句法的处理是一组神经细胞的同步活动，在听者或者说话者完全没有意识的情况下，在几百毫秒之内即可完成。上述两个问题的存在也在一定程度上导致了目前神经语言学研究的一些混乱局面。Grodzinsky（2003）把语言研究与视觉系统的研究作比较，认为语言研究具有许多独特性。虽然人们对视觉系统的研究还存在很多争论，但是对于分析的基本单位很少有争议。但是在语言的神经基础的研究中，人们对于基本的分析单位尚未达成共识。许多研究者从语言的结构层次出发，把语言分为语音、词汇、句子、语篇等不同的层次，还有研究者从语言的行为出发，把语言分为听、说、读、写等不同的部分，"这样就很难达成一个统一的分析单位，也就很难达成共识"（Grodzinsky，2003：55）。

第 14 章　问题、挑战与可能的解决方案

　　面对语言学与神经科学结合的问题，为了更好地开展神经语言学的研究，我们急需在两者之间构建一个互通的平台。目前有一些思想可供我们借鉴。例如，我们可以把人类普通的肌动能力（例如，握拳或者挥舞胳膊的动作）与语言的控制能力看作相似的现象，两者都需要神经表征和运算的过程（Grimaldi，2012）。它们的区别在于，普通的肌动行为只需要它们自身所需的神经表征和运算，而言语行为需要两个层次的神经表征和运算，一个负责和言语相关的具体的肌动行为，另一个负责各种语法要素和语言符号的处理。许多研究（例如，Bressler & Kelso，2001；Damasio & Damasio，1994）表明，复杂的认知行为和一般性的功能性行为的神经机制在大脑中并不是相互独立的，大脑作为一个整体，大脑皮层和皮层下的神经纤维构成一个复杂的网络系统，在执行具体的任务时，包括肌动控制、语言的处理等，大脑的不同部位会通过这一网络系统协同工作。要在语言学和神经科学之间构建一个互通的平台，还需要两个领域研究者的共同努力。一方面，语言学研究者要更加深入地理解神经科学关于大脑功能的理论以及研究的方法，并以此为基础不断地修正自己的理论；另一方面，神经科学的研究者也应更多地了解语言学和心理语言学关于语言的本质、结构以及处理的研究成果，尤其是要注意跟踪有关研究的最新进展，并利用它们来解释自己实验的数据。

　　跟踪语言学和心理语言学研究的最新进展对于目前神经语言学的研究是非常重要的。例如，关于失语症患者的句法障碍的研究目前还都局限于Chomsky 的管辖约束理论的框架之下，而此后转换生成语法又得到了很大的发展，他所提出的最简方案理论（Chomsky，1995，2000）与神经语言学研究有了更好的结合点，也就是说，两者之间具有了更好的兼容性。许多学者（例如，Marantz，2005；Rizzi，2012）认为该理论提供了直接的、可以采用神经语言学研究方法进行验证的动态模型。在最简方案的框架内，根据"简洁雅致"（simplicity and elegance）的指导原则，句法被简单地视为一种构建结构的循环递归程序，它由感知运动（sensory-motor）系统和概念意向（conceptual-intentional）系统两个界面按照其固有的条件和程序来处理。其中，句法—音位界面负责准备供感知—运动系统进一步处理的句法结构，这一准备过程包括句法结构的线性化和句法结构与音位结构的匹配两个部分。所谓线性化就是把按照一定层级组织的句法结构转化为相关的线性次序，而匹配程序则负责把句子中的要素转化为音韵成分（Grimaldi，2012）。为了把最简方案与认知神经科学相融合，Jackendoff（2002，

2007a，2007b）提出了一个并行的语言认知结构模型（如图 14-3 所示）。他首先引入了功能心智（functional mind，f-mind）的概念以取代 Chomsky 提出的抽象结构。这就意味着对于心智的分析应该依照他提出的结构模型来进行，而有关大脑研究的成果会对此模型的功能特征产生直接的影响。

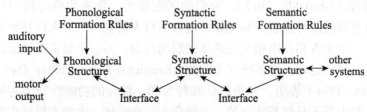

图 14-3　语言的认知并行结构模型（Jackendoff，2007b：8）

Jackendoff（2002，2007a，2007b）的工作在语言学理论和神经科学之间建立了一座桥梁，实际上就是一种增加两者之间兼容性的努力。此类的工作对于神经语言学的研究具有极其重要的意义，我们相信在最简方案的框架下神经语言学的研究将会具有广阔的前景。

14.3　关于大脑功能的反射说和内在说

关于大脑的功能还有两种不同的基本观点：反射说和内在说。两种观点的争论由来已久，从 19 世纪甚至更早的时间就开始了。当时反射说的代表人物之一是 Sherrington（1906），在其代表性著作《神经系统的综合性行为》中，他指出，大脑基本上是反射性的，要随时受到环境需求的影响。而当时内在说的代表性人物之一则是 Sherrington 的学生 Brown（1914），这一派的观点认为，大脑的功能，包括解释、预测环境的需求以及对此做出反应的信息处理过程，首先是内在的。也就是说即使是在没有外部刺激的情况下，大脑本身也在一刻不停地进行着各种认知活动。

目前神经语言学的关于大脑语言功能的研究大都以大脑功能成像为基础，对于语言学研究者来说，他们的目标就在于建立"一种理论，它不仅能够解释听者是如何通过感知把语音转化为意义的，以及是如何在语言产出过程中把意义转化为声音的，而且必须要通过神经生理学和大脑成像技术的手段得到验证"（Grimaldi，2012：307），而关于大脑功能成像的研究大都以事件诱发为基础，都是基于大脑功能反射说的观点。造成这种现象的原因是显而易见的，因为这样可以很容易地控制刺激以及所涉及的任务，更符合科学试验的标准要求。但是，Raichele（2010）指出，这些研究都没有考虑到另外的一种观点。他认为，大脑功能的内在说要比反射说更具合理性。其主要理由在于大脑能量消耗的不均衡性。对于正常的成年人来说，大脑的重量只是占到总体重的 2% 左右，但是却消耗了 20% 的总能量（Clarke & Sokoloff，1999）。大脑的活动可以被分为静息态（resting state）和事件触发状态。如第 12 章中所述，所谓静息态是指大脑在不受外部刺激时的状态，而事件触发状态则是指大脑受到某一特殊的刺激或者执行某一特定的任务时所呈现的状态。目前的大脑功能性成像实验都是测定事件触发状态时的反应。在大脑所消耗的 20% 的总能量中，在事件触发状态时所消耗的能量只是占到 5% 左右。这也就意味着大脑能量的消耗受特定认知任务的影响很小，绝大部分的能量都消耗在了大脑内在的神经信号的处理之中。因此，以反射说为基础，单纯地依靠外部事件诱发的大脑活动的变化来研究大脑的功能，很可能"会使得我们忽视了实验所反映的只是大脑实际功能活动的很小一部分的可能性"（Raichele，2010：180）。对于这一点我们不妨打这样的一个比方，来回走动是人们的日常活动之一，它和剧烈的跑步运动都是肢体的运动形式，但是，在跑步时人们可能会出汗。这与大脑的认知活动相类似，大脑的内在活动就如同日常的走动，只不过因为我们太习以为常或者它的外在表现不那么明显，就被我们忽视了。而目前实验中所采用的外部事件诱发大脑活动的变化的方法，一般都会增加某一认知活动的强度，以增强大脑变化的显示度，从而使得我们能够用仪器把有关的变化观察与测量出来。这就如同激烈的跑步运动，而我们所测量的大脑行为的变化很可能类似于跑步所带来的出汗的效果，显然，通过出汗来研究肢体的运动功能无论如何是不能反映其真正的内在机制的。

目前，关于内在说和反射说的争论仍在进行之中，恐怕在短时间内也难以有结果。但是我们在神经语言学的研究中，不能单纯地依靠反射说的观点，而忽视内在说的存在。今后的神经语言学研究应充分考虑在内在说的指导之下语言与大脑之间的关系。需要考虑的主要问题包括以下三个方面。（1）建立语言的层级系统，搞清楚语言的哪些要素是属于语言系统本身最核心的成分，哪些要素属于相对外缘的部分。语言学研究者（例如，Hauser 等，2002；Pulvermüller，2012；Rizzi，2012）已经开始了相关的工作，其中的研究方法与思路值得我们借鉴。另外，我们还可以从语言习得和对语言障碍患者的研究中获得有关的信息。Jakobson 是最早意识到语言障碍研究重要性的语言学家，他指出不仅语言学能对理解脑损伤引起的语言障碍的性质做出贡献，更为重要的是我们可以从这种"自然实验"中获得独到的见识，从而为各种语言学的假设提供验证的基础并丰富语言学理论（Jakobson，1971）。Jakobson（1968）的研究重点是成人失语症，尤其注重研究语言的原始要素和结构特征，其中包括它们的层次结构。他指出，语言的衰退体现了语言系统固有的结构原理，这也就意味着语言系统的组织框架的损坏方式是有规律的，而且失语症患者语言功能衰退的次序与儿童语言习得的次序正好是相反的，即最先习得的最后丧失。基于这样的思路，我们完全可以通过儿童语言习得和失语症患者语言衰退过程中语言要素出现的先后次序而建立起语言的层级系统。（2）把语言的层级系统与神经的层级系统相关联，这一关联过程中的一个基本假设应该是，语言的核心要素很可能是由大脑的内在活动负责，而语言的一些非核心的要素的处理很可能与反射活动相关。Raichele(2010)提出了"默认方式网络"（default mode network）的概念用以解释大脑内在运动的神经基础，那么这一神经网络与语言处理之间的关系就成为一个重要的研究问题。（3）大脑成像技术的应用。如上文所述，目前神经语言学采用大脑成像技术所进行的研究大都以反射说为基础，但是这并不意味着此类的研究就毫无价值。在内在说的指导之下，我们需要对原有的研究设计以及结果的分析进行更加仔细地 考虑，确定外在事件刺激引起的大脑变化所真正反映的语言处理过程，这无疑将会对神经语言学研究带来新的挑战。

参考文献

蔡厚德. 2010. 生物心理学. 上海：上海教育出版社.

陈宝国，彭聃龄. 1998. 词的具体性对词汇识别的影响. 心理学报（1），387–393.

崔刚. 1994. 布鲁卡氏失语症实例研究——兼谈词汇障碍对大脑词库研究的启示. 外语教学与研究（1），27–33.

崔刚. 1998. 语言学与失语症研究. 外语教学与研究（1），21–28.

崔刚. 1999a. 布洛卡氏与传导性失语症患者的句法障碍. 现代外语（3），296–307.

崔刚. 1999b. 布卡氏与传导性失语症患者的语音障碍. 外语教学与研究（3），22–27.

崔刚. 2002. 失语症的语言学研究. 北京：外语教学与研究出版社.

崔刚. 2007. 从语言处理复杂性和高效性看联结主义. 外语与外语教学（5），1–4.

崔刚. 2011. 关于语言习得关键期假说的研究. 外语教学（3），48–51.

崔刚. 2012. 神经语言学：探索大脑深处的语言奥秘. 中国社会科学报，7月2日.

崔刚，张伟. 2002. 布洛卡的失语症研究及其对神经语言学的贡献. 清华大学学报（哲学社会科学版）（增刊），46–50.

崔刚，张岳. 2002. 儿童语言障碍的语言学研究. 外语与外语教学（11），9–12.

崔刚，姚平平. 2006. 联结主义引论. 外语与外语教学（2），4–8.

崔刚，马凤阳. 2012a. 失语症患者语音障碍的响度研究. 西安外国语大学学报（1），34–37，63.

崔刚，马凤阳. 2012b. 语法缺失的句法树剪裁假说研究述评. 外国语（6），69–76.

戴炜华. 2007. 新编英汉语言学词典. 上海：上海外语教育出版社.

邓思颖. 2010. 形式汉语句法学. 上海：上海外语教育出版社.

丁峻，陈巍，袁逖飞. 2009. 阐明心理理论机制的新途径——来自镜像神经元研究神经语言学的证据. 南京师范大学学报（社会科学版）（1），99–106.

方燕红，张积家．2008．语义范畴特异性损伤：研究现状和理论．中国特殊教育（4），70–74．

封世文，杨亦鸣．2007．脑成像技术在汉语神经机制研究中的应用．外语研究（2），1–7．

高素荣．1993．失语症．北京：北京医科大学、协和医科大学联合出版社．

高素荣．2006．失语症．北京：北京大学医学出版社．

桂诗春．实验心理语言学纲要．长沙：湖南教育出版社，1991．

韩在柱，柏晓利，舒华．2002．语义范畴特异性损伤的理论研究进展．心理科学进展（1），15–20．

何自然．1988．语用学概论．长沙：湖南教育出版社．

何自然，冉用平．2009．新编语用学概论．北京：北京大学出版社．

胡晓晴，傅根跃，施臻彦．2009．镜像神经元系统的研究回顾及展望．心理科学进展（1），118–125．

黄国文．1988．语篇分析概要．长沙：湖南教育出版社．

黄文红，崔刚．2010．心理语言学研究中的过去式之争．外国语（3），23-31．

李兵．1998．优选论的产生、基本原理与应用．现代外语（3），71–91．

李传玲，王荫华，周雪琴．1998．右大脑半球梗死患者情感性语韵障碍的研究．中华神经科杂志（5），177–179．

李兰霞．2010．动态系统理论与第二语言发展．外语教学与研究（5），409–179．

梁丹丹．2004．中国神经语言学的回顾与展望．当代语言学（2），139–153．

刘宇红．2007．语言的神经基础．北京：中国社会科学出版社．

毛子欣．1996．神经语言学的理论和探源．解放军外国语学院学报（1），1–5．

沈政，方方，杨炯炯．2010．认知神经科学导论．北京：北京大学出版社．

舒华，韩在柱，柏晓利，熊汉忠．2003．动、名词词类特异性损伤的研究现状．心理科学进展（2），121–126．

舒华，张亚旭．2008．心理学研究方法：实验设计与数据分析，北京：人民教育出版社．

台北荣民总医院教学研究部．2013．近红外光光谱仪．http://ibru.vghtpe.gov.tw/chinese/fNIRS．htm，7月21日．

王德春．1988．方兴未艾的神经语言学．哲学社会科学文摘（6），11．

王宏军．2006．会话结构的语用研究方法述评．天津外国语学院学报（9），67–71．

王士元．2011．语言、演化与大脑．北京：商务印书馆．

王宗炎．1988．语言学和语言的应用．上海：上海外语教育出版社．

卫志强．1985．卢利亚．国外语言学（2），27–28．

参考文献

肖秀莲. 2010. 原型范畴理论与形容词的认知研究. 内蒙古师范大学学报（教育科学版）(3), 97–99.

杨亦鸣. 2007. 语言的理论假设与神经基础. 语言科学（2）, 60–83.

杨亦鸣. 2012. 神经语言学与当代语言学的学术创新. 中国语文（6）, 549–560.

杨亦鸣, 曹明. 2000. 基于神经语言学的中文大脑词库初探. 语言文字应用(3), 91–98.

杨亦鸣, 周统权. 2005. 失语症语法障碍的表现与研究. 当代语言学（4）, 338–357.

杨亦鸣, 刘涛. 2010. 中国神经语言学研究回顾与展望. 语言文字应用（2）, 12–25.

张钦, 张必隐. 1997. 中文双字词的具体性效应研究. 心理学报（2）, 216–224.

张荣兴, 黄惠华. 2005. 心理空间理论与"梁祝十八相送"之隐喻研究. *Language and Linguistics*（4）, 681–705.

赵向东. 2007. 事件相关电位. 现代电生理学杂志（4）, 228–232.

赵忠德. 2006. 音系学. 上海：上海外语教育出版社.

周晓林, 庄捷, 舒华. 2001. 言语产生研究的理论框架. 心理科学（3）, 262–265.

周雪婷. 2008. 交叉学科：神经语言学及其哲学思考. 求索（6）, 191–192.

Ahlsén, E. (1995). Pragmatics and aphasia—An activity based approach. *Gothenburg papers on theoretical linguistics, 77*. Göthenburg, Germany: University of Göthenburg, Department of Linguistics.

Ahlsén, E. (2006). *Introduction to neurolinguistics*. Amsterdam, the Netherlands: John Benjamins.

Ahlsén, E. (2008). Conversational implicative and communication impairment. In M. J. Ball, M. R. Perkins, N. Muller & S. Howard (Eds.), *The handbook of clinical linguistics* (pp. 32–48). Malden, MA: Blackwell.

Aitchison, J. (1989). *Words in the mind: An introduction to the mental lexicon*. Cambridge, UK: Basil Blackwell.

Alcocer, P. M., Jensen, E., Kratovac, S., Lukyanchenko, A., Teubner-Rhodes, S., Poeppel, D., et al. (2009). Neural correlates of sonority sequencing constraint violations in word-initial consonant clusters using MEG. Paper presented at the Neurobiology of Language Conference, Chicago, IL.

Alcocer, P. M., Berent, I., Idsardi, W. J., & Poeppel, D. (2010). An MMF asymmetry in processing illicit onset consonant clusters. Paper presented at the Neurobiology of Language Conference, San Diego, CA.

Almor, A., Kempler, D., MacDonald, M. C., Andersen, E. S., & Tyler, L. K. (1999). Why do Alzheimer patients have difficulty with pronouns? Working memory, semantics, and reference in comprehension and production in Alzheimer's disease. *Brain and Language, 67*, 202–227.

Amunts, K., Schleicher, A., Bürgel, U., Mohlberg, H., Uylings, H. B. M., & Zilles, K. (1999). Broca's region revisited: Cytoarchitecture and intersubject variability. *Journal of Comparative Neurology, 412*, 319–341.

Amunts, K., Weiss, P. H., Mohlberg, H., Pieperhoff, P., Gurd, J., Shah, J. N., et al. (2004). Analysis of the neural mechanisms underlying verbal fluency in cytoarchitectonically defined stereotaxic space—The role of Brodmann's areas 44 and 45. *NeuroImage, 22*, 42–56.

Amounts, K., & Zilles, K. (2006). A multimodal analysis of structure and function in Broca's region. In Y. Grodzinsky & K. Amunts (Eds.), *Broca's region* (pp. 17–30). New York, NY: Oxford University Press.

Anderson, H. R. (2010). *Cognitive psychology and its implications*. New York, NY: Worth.

Anderson, S. R. (1982). Where's morphology? *Linguistic Inquiry, 13*, 571–613.

Angela, D., Friederici, A. D., Bahlmann, J., Heim, S., Schubotz, R. I., & Anwander, A. (2006). The brain differentiates human and nonhuman grammars: Functional localization and structural connectivity. *Proceedings of the National Academy of Sciences of the United States of America, 103*(7), 2458–2463.

Ansaldo, A., Arguin, M., & Lecours, A. (2002). The contribution of the right cerebral hemisphere to the recovery from aphasia: A single longitudinal case study. *Brain and Language, 82*, 206–222.

Anwander, A., Tittgemeyer, M., von Cramon, D. Y., Friederici, A. D., & Knosche, T. R. (2007). Connectivity-based parcellation of Broca's area. *Cerebral Cortex, 17*(4), 816–825.

Aram, D. (1988). Language sequelae of unilateral brain lesions in children. In F. Plum (Ed.), *Language communication and the brain* (pp.171–197). New York, NY: Raven Press.

Arbib, M. A. (1989). *The metaphorical brain 2: Neural networks and beyond*. New York, NY: Wiley-Interscience.

Arbib, M. A. (2005). From monkey-like action recognition to human language: An evolutionary framework for neurolinguistics. *Behavioral and Brain Sciences, 28*, 105–167.

Ardila, A., Montanes, P., Caro, C., & Delgado, R. (1989). Phonological transformations in Spanish-speaking aphasics. *Journal of Psycholinguistic Research, 18*(2), 163–180.

Aristotle. (2013, July 21). *On the motion of animals*. (A. S. L. Farquharson, Trans.).

Retrieved from http://classics.mit.edu/Aristotle/motion_animals.html.

Armstrong, E. M. (1987). Cohesive harmony and its significance in listener perception of coherence. In R. H. Brookshire (Ed.), *Clinical aphasiology* (pp. 210–215). Minneapolis, MN: BRK.

Armstrong, E. M. (1988). A cohesion analysis of aphasic discourse. Unpublished MA (Hons) thesis, Macquarie University, Sydney.

Armstrong, E. M. (2000). Aphasic discourse: The story so far. *Aphasiology, 14*(9), 875–892.

Armstrong, E. M., & Ulatowska, H. K. (2007). Making stories: Evaluative language and the aphasia experience. *Aphasiology, 21*(6/7/8), 763–774.

Assaf, M., Calhoun, V. D., Kuzu, C. H., Kraut, M. A., Rivkin, P. R., Hart, J. Jr., et al. (2006). Neural correlates of the object-recall process in semantic memory. *Psychiatry Research, 147*(2–3), 115–126.

Austin, J. L. (1962). *How to do things with words*. Oxford, UK: Clarendon Press.

Avrutin, S. (1999). *Development of the syntax-discourse interface*. Dordrecht, the Netherlands: Kluwer.

Avrutin, S. (2000). Comprehension of D-linked and non-D-linked wh-question by children and Broca's aphasics. In Y. Grodzinsky, L. Shapiro & D. Swinney (Eds.), *Language and the Brain* (pp. 295–313). New York, NY: Academic Press.

Avrutin, S. (2001). Linguistics and agrammatism. *Glot International, 5*(3), 87–97.

Avrutin, S. (2006). Weak syntax. In Y. Grodzinsky & K. Amunts (Eds.), *Broca's region* (pp. 49–62). New York, NY: Oxford University Press.

Avrutin, S., & Manzoni, D. (2000). Grammatical constraints on agrammatic speech: Evidence from Italian. Paper presented at the conference on Linguistic Theory, Speech and Language Pathology, Padua, Italy.

Awad, M., Warren, J. E., Scott, S. K., Turkheimer, F. E., & Wise, R. J. S. (2007). A common system for the comprehension and production of speech. *Journal of Neuroscience, 27*, 11455–11464.

Baddaley, A. D. (1986). *Working memory*. Oxford, UK: Oxford University Press.

Badecker, W. (2001). Lexical composition and the production of compounds: Evidence from errors in naming. *Language and Cognitive Processes, 16*, 337–366.

Badecker, W., & Caramazza, A. (1985). On considerations of method and theory governing the use of clinical categories in neurolinguistics and cognitive neuropsychology: The case against agrammatism. *Cognition, 20*, 97–125.

Bahlmann, J., Schubotz, R. I., & Friederici, A. D. (2008). Hierarchical sequencing engages Broca's area. *NeuroImage, 42*, 525–534.

Baltaxe, C., & D'Angiola, N. (1992). Cohesion in the discourse interaction of autistic, specifically language-impaired, and normal children. *Journal of Autism and Developmental Disorders, 22*, 1–21.

Barbas, H., Garcia-Cabezas, M. A., & Zikopoulos, B. (2013). Frontal-thalamic circuits associated with language. *Brain and Language, 126*, 49–61.

Barch, D. M., Sabb, F. W., Carter, C. S., Braver, T. S., Noll, D. C., & Cohen, J. D. (1999). Overt verbal responding during fMRI scanning: Empirical investigations of problems and potential solutions. *NeuroImage, 10*, 642–657.

Bartels-Tobin, L., & Hinckley, J. (2005). Cognition and discourse production in right hemisphere disorder. *Journal of Neurolinguistics, 18*, 461–477.

Barton, M., Maruszewski, M., & Urrea, D. (1969). Variation of stimulus context and its effects on word-finding ability in aphasics. *Cortex, 5*, 351–365.

Bassett, D. S., & Gazzaniga, M. S. (2011). Understanding complexity in the human brain. *Trends in Cognitive Sciences, 15*(5), 200–209.

Basso, A., Razzano, C., Faglioni, P., & Zanobio, M. E. (1990). Confrontation naming, picture description and action naming in aphasic patients. *Aphasiology, 4*, 185–195.

Bastiaanse, R. (2008). Production of verbs in base position by Dutch agrammatic speakers: Inflection versus finiteness. *Journal of Neurolinguistics, 21*, 104–119.

Bastiaanse, R., Gilbers, D., & van der Linde, K. (1994). Sonority substitutions in Broca's and conduction aphasia. *Journal of Neurolinguistics, 8*, 247–255.

Bastiaanse, R., & van Zonneveld, R. (1998). On the relation between verb inflection and verb position in Dutch agrammatic aphasics. *Brain and Language, 64*, 165–181.

Bastiaanse, R., Jonkers, R., Ruigendijk, E., & van Zonneveld, R. (2003). Gender and case in agrammatic production. *Cortex, 39*, 405–417.

Bastiaanse, R., & van Zonneveld, R. (2004). Broca's aphasia, verbs and the mental lexicon. *Brain and Language, 90*, 198–202.

Bates, E., Hamby, S., & Zurif, E. (1983). The effects of focal brain damage on pragmatic expression. *Canadian Journal of Psychology, 37*, 59–83.

Bates, E., Friederici, A., & Wulfeck, B. (1987). Grammatical morphology in aphasia. *Cortex, 23*, 545–574.

Bates, E., Chen, S., Tzeng, O. J. L., Li, P., & Opie, M. (1991). The noun-verb problem in Chinese aphasia. *Brain and Language, 41*, 203–233.

Bates, E., Reilly, J., Wulfeck, B., Dronkers, N., & Opie, M. (2001). Differential effects of unilateral lesions on language production in children and adults. *Brain and Language, 79*, 223–265.

Bates, K. (1976). *Language and context.* London, UK: Academic Press.

Baudouin de Courtenay, J. (1895). *Versuch einer Theorie phonetischer Alternationen:*

Ein Kapitel aus der Psychophonetik. Strassburg, Germany: Trübner.

Beaumanoir, A. (1999). The Landau-Kleffner syndrome. In J. Roger, M. Bureau, C. Dravet, F. E. Dreifuss, A. Perret & P. Wolf (Eds.), *Epileptics syndromes in infancy, childhood and adolescence*. London, UK: John Libbey.

Beeman, M. (1993). Semantic processing in the right hemisphere may contribute to drawing inferences from discourse. *Brain and Language, 44*, 80–120.

Beeman, M. (1998). Coarse semantic coding and discourse comprehension. In M. Beeman & C. Chiarello (Eds.), *Right hemisphere language comprehension: Perspectives from cognitive neuroscience* (pp. 255–284). Mahwah, NJ: Erlbaum.

Beer, R. D. (2000). Dynamical approaches to cognitive science. *Trends in Cognitive Sciences, 4*(3), 91–99.

Beland, R., Caplan, D., & Nespoulous, J. L. (1985). Lexical phonology and performance errors in a conduction aphasic. Paper presented at the BABBLE conference, Niagara Falls, Canada.

Beland, R., & Nespoulous, J. L. (1985). Recent phonological models and the study of aphasic disorders. Paper presented at the Academy of Aphasia, Pittsburgh, PA.

Beland, R., Caplan, D., & Nespoulous, J. L. (1990). The role of abstract phonological representations in word production: Evidence from phonemic paraphasias. *Journal of Neurolinguistics, 5*(2/3), 125–164.

Belin, P., Zatorre, R., Lafaille, P., Ahad, P., & Pike, B. (2000). Voice-selective areas in human auditory cortex. *Nature, 403*, 309–312.

Belton, E., Salmond, C. H., Watkins, K. E., Vargha-Khadem F., & Gadian, D. G. (2003). Bilateral brain abnormalities associated with dominantly inherited verbal and orofacial dyspraxia. *Human Brain Mapping, 18*, 194–200.

Benedet, M. J., Christiansen, J. A., & Goodglass, H. A. (1998). Cross-linguistic study of grammatical morphology in Spanish and English speaking agrammatic patients. *Cortex, 34*, 309–336.

Ben-Shachar, M., Hendler, T., Kahn, I., Ben-Bashat, D., & Grodzinsky, Y. (2003). The neural reality of syntactic transformations: Evidence from functional magnetic resonance imaging. *Psychological Science, 14*(5), 433–440.

Ben-Shachar, M., Palti, D., & Grodzinsky, Y. (2004). Neural correlates of syntactic movement: Converging evidence from two fMRI experiments. *NeuroImage, 21*(4), 1320–1336.

Benson, D. F. (1977). The third alexia. *Archives of Neurology, 34*(3), 327–332.

Benson, D. F., & Geschwind, N. (1971). Aphasia and related cortical disturbances. In A. B. Baker & L. H. Baker (Eds.), *Clinical neurology*. New York, NY: Harper and Row.

Benton, A. L., & Joynt, R. J. (1960). Early descriptions of aphasia. *Archives of Neurology, 3*, 109–126.

Benton, A. L., Smith, K. C., & Lang, M. (1972). Stimulus characteristics and object naming in aphasic patients. *Journal of Communication Disorders, 5*, 19–24.

Beretta, A. (2001). Linear and structural accounts of theta-role assignment in agrammatic aphasia. *Aphasiology, 15*, 515–531.

Berko-Gleason, J., Goodglass, H., Obler, L. K., Green, E., Hyde, M. R., & Weintraub, S. (1980). Narrative strategies of aphasics and normal-speaking subjects. *Journal of Speech and Hearing Research, 23*, 370–382.

Bernard, D. (1889). *De l'aphasie et de ses diverses formes*. Paris, France: Lecrosnier & Bab.

Bhatnagar, S. C. (2008). *Neuroscience for the study of communicative disorders*. Philadelphia, PA: Lippincott Williams & Wilkins.

Bhatnagar, S. C., Mandybur, G., Buckingham, H., & Andy, O. (2000). Language representation in the human brain: Evidence from cortical mapping. *Brain and Language, 74*, 238–259.

Binder, J., Frost, J., Hammeke, T., Bellgowan, P., Springer, J., Kaufman, J., et al. (2000). Human temporal lobe activation by speech and nonspeech sounds. *Cerebral Cortex, 10*(5), 512–528.

Binder, J. R., Liebenthal, E., Possing, E. T., Medler, D. A., & Ward, B. D. (2004). Neural correlates of sensory and decision processes in auditory object identification. *Nature Neuroscience, 7*(3), 295–301.

Binder, J. R., & Desai, R. H. (2011). The neurobiology of semantic memory. *Trends in Cognitive Sciences, 15*(11), 527–536.

Bird, H., Howard, D., & Franklin, S. (2000). Why is a verb like an inanimate object? Grammatical category and semantic category deficits. *Brain and Language, 72*, 246–309.

Bird, H., Lambon-Ralph, M. A., Seidenberg, M. S., McClelland, J. L., & Patterson, K. (2003). Deficits in phonology and past-tense morphology: What's the connection. *Journal of Memory and Language, 48*, 502–526.

Bishop, D. (1997). *Uncommon understanding: Development and disorders of language comprehension in children*. Hove, UK: Psychology Press.

Bishop, D. V. M., & Adams, C. (1989). Conversational characteristics of children with semantic-pragmatic disorder Ⅱ: What features lead to a judgment of inappropriacy? *British Journal of Disorders of Communication, 24*, 241–263.

Bishop, D. V. M., & Adams, C. (1991). What do referential communication tasks measure? A study of children with specific language impairment. *Applied Psycholinguistics, 12*, 199–215.

Bisiach, E., & Luzzatti, C. (1978). Unilateral neglect representation of space. *Cortex, 14*, 129–135.

Black, M., & Chiat, S. (2003). Noun-verb dissociations: A multi-faceted phenomenon.

Journal of Neurolinguistics, 16, 231–250.

Blank, S., Scott, S., Murphy, K., Warburton, E., & Wise, R. (2002). Speech production: Wernicke, Broca and beyond. *Brain, 125*, 1829–1838.

Blanken, G. (2000). The production of nominal compounds in aphasia. *Brain and Language, 74*, 84–102.

Blanken, G., Dittmann, J., Haas, J. C., & Wallesch, C. W. (1987). Spontaneous speech in senile dementia and aphasia: Implications for a neurolinguistic model of language production. *Cognition, 27*, 247–274.

Bloom, R. L. (1994). Hemispheric responsibility and discourse production: Contrasting patients with unilateral left and right hemisphere damage. In R. Bloom, L. K. Obler, S. DeSanti & J. S. Ehrlich (Eds.), *Discourse analysis and applications: Studies in adult clinical populations* (pp. 81–93). Hillsdale, NJ: Erlbaum.

Blum-Kulka, S., & House, J. (1989). Cross-cultural and situational variation in requesting behavior. In S. Blum-Kulka, J. House & G. Kasper (Eds.), *Cross-cultural pragmatics: Requests and apologies*. Norwood, NJ: Ablex.

Blumstein, S. (1990). Phonological deficits in aphasia: Theoretical perspectives. In A. Caramazza (Ed.), *Cognitive neuropsychology and neurolinguistics* (pp. 33–53). Hillsdale, NJ: Erlbaum.

Blumstein, S. (1991). Phonological aspects of aphasia. In M. T. Sarno (Ed.), *Acquired aphasia* (pp. 151–180). New York, NY: Academic Press.

Blumstein, S. (1994). Impairments of speech production and speech perception in aphasia. *Philosophical Transactions of the Royal Society of London B-Biologic, 346*, 29–36.

Blumstein, S. E. (1973). Some phonological implications of aphasic speech. In H. Goodglass & S. Blumstein (Eds.), *Psycholinguistics and aphasia* (pp. 123–137). Baltimore, MD: Johns Hopkins University Press.

Blumstein, S. E. (1978). Segment structure and the syllable in aphasia. In A. Bell & J. B. Hooper (Eds.), *Syllables and segments* (pp. 189–200). Amsterdam, the Netherlands: North-Holland.

Blumstein, S. E. (1988). Neurolinguistics: An overview of language-brain relations in aphasia. In F. J. Newmeyer (Ed.), *Linguistics: The Cambridge survey (Vol. II), Language: Psychological and biological aspects* (pp. 210–236). Cambridge, UK: Cambridge University Press.

Blumstein, S. E., Myers, E. B., & Rissman, J. (2005). The perception of voice onset time: An fMRI investigation of phonetic category structure. *Journal of Cognitive Neuroscience, 17*(9), 1353–1366.

Blundo, C., Ricci, M., & Miller, L. (2006). Category-specific knowledge deficit for animals in a patient with herpes simples encephalitis. *Cognitive Neuropsychology, 23*, 1248–1268.

Boatman, D. (2004). Cortical bases of speech perception: evidence from functional lesion studies. *Cognition, 92*(1–2), 47–65.

Boatman, D., Lesser, R., & Gordon, B. (1995). Auditory speech processing in the left temporal lobe: An electrical interference study. *Brain and Language, 51*, 269–290.

Boatman, D., Hall, C., Goldstein, M. L., Lesser, R., & Gordon, B. (1997). Neuroperceptual differences in consonant and vowel discrimination, as revealed by direct cortical electrical interference. *Cortex, 33*, 83–98.

Boatman, D., Alidoost, M., Bergey, G., Gordon, B., Crone, N., Hart, J., & Lenz, F. (2000). Right hemisphere language dominance in a right-handed patient with late-onset seizures. *Epilepsy and Behavior, 1*(4), 281–286.

Boatman, D., Gordon, B., Hart, J., Selnes, O., Miglioretti, D., & Lenz, F. (2000). Transcortical sensory aphasia: revisited and revised. *Brain, 123*, 1634–1642.

Bock, K., Dell, G. S., Chang, F., & Onishi, K. H. (2007). Persistent structural priming from language comprehension to language production. *Cognition, 104*, 437–458.

Bokde, A. L., Tagamets, M. A., Friedman, R. B., & Horwitz, B. (2001). Functional interactions of the inferior frontal cortex during the processing of words and word-like stimuli. *Neuron, 30*(2), 609–617.

Bookheimer, S. Y., Zeffiro, T. A., Blaxton, T. A., Gaillard, W., & Theodore, W. H. (1995). Regional cerebral blood flow during object naming and word reading. *Human Brain Mapping, 3*, 93–106.

Bottini, G., Corcoran, R., Sterzi, E., Paulesu, P., Schenone, P., Scarpa, R. S., et al. (1994). The role of the right hemisphere in the interpretation of figurative aspects of language: A positron emission tomography activation study. *Brain, 117*, 1241–1253.

Bouillaud, J. (1825). Recherches clinique propres a démontrer que la perte de la parole correspond à la lésion del lobules antérieurs du cerveau. *Archives Générale del a Médicine, 8*, 25–45.

Boyle, M. (2004). Semantic feature analysis treatment for anomia in two fluent aphasia syndromes. *American Journal of Speech-language Pathology, 13*(3), 236–249.

Braber, N., Patterson, K., Ellis, K., & Lambon-Ralph, M. A. (2005). The relationship between phonological and morphological deficits in Brora's aphasia: Further evidence from errors in verb inflection. *Brain and Language, 92*, 278–287.

Brady, M., Mackenzie, C., & Armstrong, L. (2003). Topic use following right hemisphere brain damage during three semi-structured conversational discourse samples. *Aphasiology, 17*(9), 881–904.

Brais, B. (1992). The third frontal convolution plays no role in language: Pierre

Marie and the Paris debate on aphasia 1906–1908. *Neurology, 42,* 690–695.

Branch, C., Milner, B., & Rasmussen, T. (1964). Intracarotid sodium amytal for the lateralization of cerebral dominance. *Journal of Neurosurgery, 21*(5), 399–405.

Branigan, H. P., Pickering, M. J., & Cleland, A. A. (2000). Syntactic co-ordination in dialogue. *Cognition, 75,* B13–B25.

Branigan, H. P., Pickering, M. J., & McLean J. F. (2005). Priming prepositional-phrase attachment during comprehension. *Journal of Experimental Psychology: Learning, Memory and Cognition, 31*(3), 468–481.

Breasted, J. H. (1922). *The Edwin Smith papyrus.* New York, NY: New-York Historical Society.

Breedin, S. D., Martin, N., & Saffran, E. (1994). Category-specific semantic impairments: An infrequent occurrence? *Brain and Language, 47,* 383–386.

Breedin, S., Saffran, E., & Coslett, H. (1994). Reversal of the concreteness effect in a patient with semantic dementia. *Cognitive Neuropsychology, 11,* 617–660.

Bresnan, J. (2001). *Lexical-functional syntax.* Oxford, UK: Blackwell.

Bressler, S. L., & Kelso, J. A. S. (2001). Cortical coordination dynamic and cognition. *Trends in Cognitive Sciences, 5*(1), 26–36.

Broca, P. (1861). Perte de la parole. *Bulletin de la Sociéte d'Anthropologie de Paris, 2,* 219–237.

Broca, P. (1863). Localisation des fonctions cérébrales: Siège du langage articul. *Bulletins de la Sociét Anthropologique de Paris, 3,* 200–204.

Broca, P. (1865). Remarques sur la siège de la faculté du langage articulé. *Bulletin del la Société d'Anthropologie de Paris, 6,* 330–357.

Brodmann, K. (1909). Vergleichende lokalisationslehre der Grosshirnrinde, Johann Ambrosius Barth (L. J. Garey, Trans). Rpt. in Y. Grodzinsky & K. Amunts (Eds.), *Broca's region.* New York, NY: Oxford University Press.

Brown, T. G. (1914). On the nature of the fundamental activity of the nervous centres; together with an analysis of the conditioning of rhythmic activity in progression, and a theory of the evolution of function in the nervous system. *Journal of Physiology, 48,* 18–46.

Brownell, H. H., Michel, D., Powelson, J. A., & Gardner, H. (1988). Surprise but not coherence: Sensitivity to verbal humor in right hemisphere patients. *Brain and Language, 18,* 20–27.

Brownell, H., & Stringfellow, A. (1999). Making requests: Illustrations of how right-hemisphere brain damage can affect discourse production. *Brain and Language, 68,* 442–465.

Buccino G., Riggio L., Melli G., Binkofski F., Gallese V., & Rizzolatti G. (2005). Listening to action-related sentences modulates the activity of the motor system:

A combined TMS and behavioral study. *Cognitive Brain Research, 24,* 355–363.

Buckingham, H. (1979). Semantic paraphasia. *Journal of Communication Disorders, 12,* 197–209.

Buckingham, H. (1980). On correlating aphasic errors with slips of the tongue. *Applied Psycholinguistics, 1,* 199–220.

Buckingham, H. (1981). Where do neologisms come from? In J. Brown (Ed.), *Jargon aphasia* (pp. 39–62). New York, NY: Academic Press.

Buckingham, H. W. (1986). The scan-copier mechanisms and the positional level of language production: Evidence from phonemic paraphasia. *Cognitive Science, 10,* 195–217.

Buckingham, H. W. (1987). Review: Phonemic paraphasias and psycholinguistic production models for neologistic jargon. *Aphasiology, 1,* 381–400.

Buckingham, H. W. (1990). Principle of sonority, doublet creation, and the checkoff monitor. In J. L. Nespoulous & P. Villiard (Eds.), *Phonology, morphology and aphasia* (pp. 193–205). New York, NY: Springer-Verlag.

Buckingham, H. W. (2006). Was Sigmund Freud the first neogrammarian neurolinguist? *Aphasiology, 20,* 1085–1104.

Buckingham, H. W., & Christman, S. (2005). Phonological impairments: Sublexical. In K. Brown (Ed.), *Encyclopedia of language and linguistics.* Oxford, UK: Elsevier.

Bull, M., & Aylett, M. (1998). An analysis of the timing of turn-taking in a corpus of goal-oriented dialogue. *Proceedings of ICSLP-98, Sidney, Australia, Vol. 4,* 1175–1178.

Burchert, F., Swobod–Moll, M., & de Bleser, R. (2005). Tense and agreement dissociations in German agrammatic speakers: Underspecification vs. hierarchy. *Brain and Language, 94,* 188–199.

Burgess, C., & Lund, K. (2000). The dynamics of meaning in memory. In E. Dietrich & A. B. Markman (Eds.), *Cognitive dynamics: Conceptual and representational change in humans and machines* (pp. 117–156). Mahwah, NJ: Erlbaum.

Burton, M. W. (2001). The role of inferior frontal cortex in phonological processing. *Cognitive Science, 25*(5), 695–709.

Burton, M. W. (2009). Understanding the role of the prefrontal cortex in phonological processing. *Clinical Linguistics & Phonetics, 23*(3), 180–195.

Burton, M., Small, S., & Blumstein, S. (2000). The role of segmentation in phonological processing: An fMRI investigation. *Journal of Cognitive Neuroscience, 12*(4), 679–690.

Butterworth, B. (1979). Hesitation and the production of verbal paraphasias and neologisms in jargon aphasia. *Brain and Language, 8,* 133–161.

Butterworth, B. (1983). Lexical representation. In B. Butterworth (Ed.), *Language production* (pp. 257–294). New York, NY: Academic Press.

Butterworth, B., & Howard, D. (1987). Paragrammatism. *Cognition, 26*, 1–37.

Buxhoeveden, D. P., Switala, A. E., Litaker, M., Roy, E., & Casanova, M. F. (2001). Lateralization of minicolumns in human planum temporale is absent in nonhuman primate cortex. *Brain, Behavior and Evolution, 57*(6), 349–358.

Bybee, J. L. (1985). *Morphology: A study of the relation between meaning and form.* Philadelphia, PA: John Benjamins.

Byng, S., & Black, M. (1989). Some aspects of sentence production in aphasia. *Aphasiology, 33*, 241–263.

Canepari, L. (1983). *Phentic notation? La notazione fonetica.* Venice, Italy: Cafoscarina.

Capitani, E., Laiacona, M., Mahon, B., & Caramazza, A. (2003). What are the facts of semantic category-specific deficits? A critical review of the clinical evidence. *Cognitive Neuropsychology, 20*(3/4/5/6), 213–261.

Caplan, D. (1987). *Neurolinguistics and linguistic aphasiology: An introduction.* Cambridge, UK: Cambridge University Press.

Caplan, D. (1996). *Language.* Cambridge, MA: MIT Press.

Caplan, D., Hildebrandt, N., & Makris, N. (1996). Location of lesions in stroke patients with deficits in syntactic processing in sentence comprehension. *Brain, 119*, 933–949.

Caplan, D., & Waters, G. S. (1999). Verbal working memory and sentence comprehension. *Behavioral Brain Science, 22*, 77–126.

Caramazza, A. (1997). How many levels of processing are there in lexical access? *Cognitive Neuropsychology, 14*, 177–208.

Caramazza, A., & Zurif, E. (1976). Dissociation of algorithmic and heuristic processes in sentence comprehension: Evidence from aphasia. *Brain and Language, 3*, 572–582.

Caramazza, A., & Berndt, R. S. (1978). Semantic and syntactic processes in aphasia: A review of the literature. *Psychological Bulletin, 85*, 898–918.

Caramazza, A., & Shelton J. R. (1998). Domain-specific knowledge systems in the brain: The animate-inanimate distinction. *Journal of Cognitive Neuroscience, 10*(1), 1–34.

Cardebat, D. (1987). Incohérence narrative: Analyse comparée de récits de patients aphasiques et de patients déments. *Cahiers du Centre Interdisciplinaire des Sciences du Langage, 6*, 151–175.

Carroll, D. W. (2008). *Psychology of language.* New York, NY: Wadsworth.

Catani, M., Jones, D. K., & Ffytche, D. (2005). Perisylvian language networks of the human brain. *Annals of Neurology, 57*, 8–16.

Celsis, P., Boulanouar, K., Doyon, B., Ranjeva, J., Berry, I., Nespoulous, J., et al. (1999). Differential fMRI responses in the left posterior superior temporal gyrus and left supramarginal gyrus to habituation and change detection in syllables and tones. *NeuroImage, 9*, 135–144.

Champagne L., M., Stip, E., & Joanette, Y. (2006). Social cognition deficit in schizophrenia: Accounting for pragmatic deficits in communication abilities? *Current Psychiatry Reviews, 2*, 309–315.

Chance, B., Zhuang, Z., UnAh, C., & Lipton, L. (1993). Cognition-activated low-frequency modulation of light absorption in human brain. *Proceedings of the National Academy of Sciences of the United States of America, 90*(8), 3770–3774.

Chao, Y. R. (1968). *A grammar of spoken Chinese*. Berkley, CA: University of California Press.

Chapman, S. B., Highley, A. P., & Thompson, J. L. (1998). Discourse in fluent aphasia and Alzheimer's disease: Linguistic and pragmatic considerations. *Journal of Neurolinguistics, 11*, 55–78.

Charcot, J. M. (1884). *Differanti forme d'afasia*. Milan, Italy: Vallardi.

Chee, M. W., Hon, N., Lee, H. L., & Soon, C. S. (2001). Relative language proficiency modulates BOLD signal change when bilinguals perform semantic judgments. *NeuroImage, 13*, 1155–1163.

Chiarello, C., Burgess, C., Richards, L., & Pollock, A. (1990). Semantic and associative priming in the cerebral hemisphere: Some words do, some words don't…sometimes, some places. *Brain and Language, 38*, 75–104.

Chomsky, N. (1957). *Syntactic structures*. The Hague, the Netherlands: Mouton.

Chomsky, N. (1959). A review of B. E. Skinner's verbal behavior. *Language, 35*, 26–58.

Chomsky, N. (1965). *Aspects of the theory of syntax*. Cambridge, MA: MIT Press.

Chomsky, N. (1981). *Lectures on government and binding*. Dordrecht, the Netherlands: Foris.

Chomsky, N. (1986). *Knowledge of language: Its nature, origin and use*. New York, NY: Praeger.

Chomsky, N. (1988). *Language and problems of knowledge: The Managua lecture*. Cambridge, MA: MIT Press.

Chomsky, N. (1992). A minimalist program for linguistic theory. *MIT occasional papers in linguistics* (Vol. 1). Cambridge, MA: MIT Press.

Chomsky, N. (1995). *The minimalist program*. Cambridge, MA: MIT Press.

Chomsky, N. (2000a). Linguistics and brain science. In A. Marantz, Y. Miyashita & W. O'Neil (Eds.), *Image, language, brain* (pp. 13–27). Cambridge, MA: MIT Press.

Chomsky, N. (2000b). Minimalist inquiries: The framework. In R. Martin, D. Michaels & J. Uriagereka (Eds.), *Step by step* (pp. 89–155). Cambridge, MA: MIT Press.

Chomsky, N. (2000c). *New horizons in the study of language and mind.* Cambridge, UK: Cambridge University Press.

Chomsky, N. (2005). Three factors in language design. *Linguistic Inquiry, 36*(1), 1–22.

Chomsky, N. (2006). *Language and mind.* Cambridge, UK: Cambridge University Press.

Chomsky, N., & Halle, M. (1968). *The sound pattern of English.* Cambridge, MA: MIT Press.

Christiansen, J. A. (1995). Coherence violations and propositional usage in the narratives of fluent aphasics. *Brain and Language, 51,* 291–317.

Christman, S. S. (1992a). Abstruse neologism formation: Parallel processing revisited. *Clinical Linguistics and Phonetics, 6,* 65–76.

Christman, S. S. (1992b). Uncovering phonological regularity in neologisms: Contributions of sonority theory. *Clinical Linguistics and Phonetics, 6,* 219–247.

Christman, S. S. (1994). Target-related neologism formation in jargonaphasia. *Brain and Language, 46,* 109–128.

Clahsen, H. (2008). Chomskyan syntactic theory and language disorders. In M. J. Ball, M. R. Perkins, N. Müller & S. Howard (Eds.), *Handbook of clinical linguistics* (pp. 165–183). Oxford, UK: Blackwell.

Clahsen, H., & Ali, M. (2009). Formal features in aphasia: Tense, agreement and mood in English agrammatism. *Journal of Neurolinguistics, 22,* 436–450.

Clark, H. H., & Malt, B. C. (1984). Psychological constraints on language: A commentary on Bresnan and Kaplan and on Givo'n. In W. Kintsch, J. R. Miller & P. G. Polson (Eds.), *Method and tactics in cognitive science* (pp. 191–214). Hillsdale, NJ: Erlbaum.

Clarke, D. D., & Sokoloff, L. (1999). Circulation and energy metabolism of the brain, In B. W. Agranoff & G. J. Siegel (Eds.), *Basic neurochemistry. Molecular, cellular and medical aspects* (6th ed.) (pp. 637–670). Philadelphia, PA: Lippincott-Raven.

Clements, G. N. (1990). The role of the sonority cycle in core syllabification. In J. Kingston & M. Beckmann (Eds.), *Papers in laboratory phonology 1* (pp. 283–333). Cambridge, UK: Cambridge University Press.

Code, C., & Ball, M. J. (1994). Syllabification in aphasic recurring utterances: Contributions of sonority theory. *Journal of Neurolinguistics, 8,* 257–265.

Coelho, C. A., Grela, B., Corso, M., Gamble, A., & Feinn, R. (2005). Microlinguistic deficits in the narrative discourse of adults with traumatic brain injury. *Brain*

Injury, 19(13), 1139–1145.

Cole, M. F., & Cole, M. (1971). *Pierre Marie's paper on speech disorders.* New York, NY: Hafner.

Coney, J. (2002). The effect of associative strength on priming in the cerebral hemispheres. *Brain and Cognition, 50,* 234–241.

Constable, R. T., Pugh, K. R., Berroya, E., Mencl, W. E., Westerveld, M., & Ni, W. (2004). Sentence complexity and input modality effects in sentence comprehension: An fMRI study. *NeuroImage, 22*(1), 11–21.

Conway, N. (1990). Repair in the conversation of two dysphasics with members of their families. Unpublished undergraduate dissertation, University of Newcastle upon Tyne, UK.

Cooke, A., Zurif, E. B., DeVita, C., Alsop, D., Koenig, P., et al. (2002). Neural basis for sentence comprehension: Grammatical and short-term memory components. *Human Brain Mapping, 15*(2), 80–94.

Corballis, M. C. (1992). On the evolution of language and generativity. *Cognition, 44,* 197–226.

Corballis, M. C. (2010). Mirror neurons and the evolution of language. *Brain and Language, 112,* 25–35.

Corlew, M. M., & Nation, J. E. (1975). Characteristics of visual stimuli and naming performance in aphasic adults. *Cortex, 11,* 186–191.

Coslett, H. B., & Monsul, N. (1994). Reading with the right-hemisphere: Evidence from transcranial magnetic stimulation. *Brain and Language, 46,* 198–211.

Crosson, B. (1984). Role of the dominant thalamus in language: A review. *Psychological Bulletin, 96*(3), 491–517.

Crosson, B. (2013). Thalamic mechanisms in language: A reconsideration based on recent findings and concepts. *Brain and Language, 126*(1), 73–88.

Crosson, B., Moberg, P. J., Boone, J. R., Rothi, L. J., & Raymer, A. (1997). Category specific naming deficit for medical terms after dominant thalamic/capsular hemorrhage. *Brain and Language, 60*(3), 407–442.

Croxson, P. L., Johansen-Berg, H., Behrens, T. E., Robson, M. D., Pinsk, M. A., & Gross, C. G. (2005). Quantitative investigation of connections of the prefrontal cortex in the human and macaque using probabilistic diffusion tractography. *Journal of Neuroscience, 25*(39), 8854–8866.

Crystal, D., Fletcher, P., & Garman, M. (1976). *The grammatical analysis of language disability.* London, UK: Arnold.

Cuenod, C. A., Bookheimer, S. Y., Hertz-Pannier, L., Zeffiro, T. A., Theodore, W. H., & Le Bihan, D. (1995). Functional MRI during word generation, using conventional equipment: A potential tool for language localization in the clinical environment. *Neurology, 45,* 1821–1827.

Cunningham, J., Neil P., Jeffrey C., Byron, T., & Stephen, R. (1997). Relationship between confabulation and measures of memory and executive function. *Journal of Clinical and Experimental Neuropsychology, 19,* 867–877.

Curtiss, S. (1977). *Genie: A psycholinguistic study of a modern-day "wild child".* New York, NY: Academic Press.

Cutica, I., Bucciarelli, M., & Bara, B. (2006). Neuropragmatics: Extralinguistic pragmatic ability is better preserved in left-hemisphere-damaged patients than in right-hemisphere-damaged patients. *Brain and Language, 98,* 12–25.

D'Ausilio, A., Craighero, L., & Fadiga, L. (2012). The contribution of the frontal lobe to the perception of speech. *Journal of Neurolinguistics, 25,* 328–335.

Dabrowska, E. (2004). *Language, mind and brain.* Edinburgh, UK: Edinburgh University Press.

Dahl, H. (1979). *Word frequencies of spoken American English.* Detroit, MI: Gale Research.

Dalalakis, J. (1994). English adjectival comparatives and familial language impairment. *McGill Working Papers in Linguistics, 10,* 50–66.

Dalin, O. L. (1745). Berattelse om de dumbe, som kan siunga. *Swenska Wetenska Acad: Handingar, 6,* 114–115.

Damasio, A. R. (1989). Time-locked multiregional retroactivation: A systems-level proposal for the neural substrates of recall and recognition. *Cognition, 33,* 25–62.

Damasio, A. R., & Damasio, H. (1994). Cortical systems for retrieval of concrete knowledge: The convergence zone network. In C. Koch & J. Davis (Eds.), *Large scale neural theories of the brain* (pp. 61–74). Cambridge, UK: Cambridge University Press.

Damasio, H., Grabowski, T. G., Tranel, D., Hichwa, R., & Damasio, A. R. (1996). A neural basis for lexical retrieval. *Nature, 380,* 499–505.

Davis, G. A. (2000). *Aphasiology: Disorders and clinical practices.* Boston, MA: Allyn & Bacon.

Davis, G. A., & Wilcox, M. J. (1985). *Adult aphasia rehabilitation: Applied pragmatics.* Windsor, UK: NFER-Nelson.

de Bleser, R., & Bayer, J. (1985). German word formation and aphasia. *The Linguistic Review, 5,* 1–40.

de Bleser, R., & Luzzatti, C. (1994). Morphological processing in Italian agrammatic speakers: Syntactic implementation of inflectional morphology. *Brain and Language, 46,* 21–40.

de Groot, A. M. B. (1989). Representational aspects of word imageability and word frequency assessed through word association. *Journal of Experimental Psychology:*

Learning, Memory, and Cognition, 15, 824–845.

de Mornay Davies, P., & Funnell, E. (2000). Semantic representation and ease of predication. *Brain and Language, 73*, 92–119.

de Roo, E. (1999). Agrammatic grammar. Doctoral dissertation. Leiden University, the Netherlands.

de Saussure, F. (1986). *Course in general linguistics* (3rd ed.) (R. Harris, Trans.). Chicago, IL: Open Court.

de Zubicaray, G. I., Williams, S. C. R., Wilson, S. J., Rose, S. E., & Brammer, M. J. (1998). Prefrontal cortex involvement in selective letter generation: A functional magnetic resonance imaging study. *Cortex, 34*, 389–401.

Deacon, T. (1997). *The symbolic species*. Harmondsworth, UK: Penguin Books.

Dehaene-Lambertz, G., Pallier, C., Semicales, W., Sprenger-Charolles, L., Jobert, A., & Dehaene, S. (2005). Neural correlates of switching from auditory to speech perception. *NeuroImage, 24*, 21–33.

Dejerine, J. (1891). Sur un cas de cécit verbale avec agraphie suivi d'autopsie. *Mémoires de la Sociét de Biologie, 3*, 197–201.

Dejerine, J. (1892). Contribution l'étude anatomique et clinique des différentes varieties de cécit verbale. *Mémoires de la Sociét de Biologie, 4*, 61–90.

Dejerine, J. (1895). *Anatomie des centres nerveux*. Paris, France: Rueff et Cie.

Dejerine, J., & Roussy, G. (1906). Thalamic syndrome. *Revue Neurologique, 14*, 521–532.

Delazer, M., & Semenza, C. (1998). The processing of compound words: A study in aphasia. *Brain and Language, 61*, 54–62.

Dennis, M., & Kohn, B. (1975). Comprehension of syntax in infantile hemiplegics after cerebral hemidecortication: Left-hemisphere superiority. *Brain and Language, 2*, 472–482.

Derouesné, J., & Lecours, A. (1972). Two tests for the study of semantic deficits in aphasia. *International Journal of Mental Health, 1*, 14–24.

Derouesné, J., & Beauvois, M. F. (1979). Phonological processing in reading: Data from alexia. *Journal of Neurology, Neurosurgery and Psychiatry, 42*, 1125–1132.

Descartes, R. (1974). *O'Evres de Descartes*. In C. Adam & P. Tannery (Eds.), *Tome XI* (pp. 301–497). Paris, France: Vrin.

Desmond, J. E., Gabrieli, J. D., & Glover, G. H. (1998). Dissociation of frontal and cerebellar activity in a cognitive task: Evidence for a distinction between selection and search. *NeuroImage, 7*, 368–376.

Dogil, G., Ackermann, H., Grodd, W., Haider, H., Kamp, H., Mayer, J., et al. (2002). The speaking brain: A tutorial introduction to fMRI experiments in the production of speech, prosody and syntax. *Journal of Neurolinguistics, 19*, 59–90.

Dorsaint-Pierre, R., Penhune, V. B., Watkins, K. E., Neelin, P., Lerch, J. P., Bouffard, M., et al. (2006). Asymmetries of the planum temporale and Heschl's gyrus: Relationship to language lateralization. *Brain, 129,* 1164–1176.

Dressler, U. W. (2006). Compound types. In G. Libben & G. Jarema (Eds.), *The representation and processing of compound words* (pp. 23–44). Oxford, UK: Oxford University Press.

Dromi, E., Leonard, L. B., Adam, G., & Zadunaisky-Ehrlich, S. (1999). Verb agreement morphology in Hebrew speaking children with specific language impairment. *Journal of Speech and Hearing Research, 42,* 1414–1431.

Dronkers, N. F. (1996). A new brain region for coordinating speech articulation. *Nature, 384,* 159–161.

Dronkers, N. F., Wilkins, D. P., Van Valin, R. D. J., Redfern, B. B., & Jaeger, J. J. (1994). A reconsideration of the brain areas involved in the disruption of morphosyntactic comprehension. *Brain and Language, 47,* 461–463.

Druks, J., & Carroll, E. (2005). The crucial role of tense for verb production. *Brain and Language, 94,* 1–18.

Dudai, Y. (1989). *The neurobiology of memory.* Oxford, UK: Oxford University Press.

Duffy, J. (1995). *Motor speech disorders: Substrates, differential diagnosis, and management.* St. Louis, MO: Mosby.

Durda, K., Buchanan, L., & Caron, R. (2006). WordMine2. Retrieved from www.wordmine2.org.

Edith, C., Kurt, K., Debra, D., & Cathy, S. (1988). The efficacy of PACE in the remediation of naming deficits. *Journal of Communicative Disorder, 21*(6), 491–503.

Edwards, S., & Garmans, M. (1989). Case study of a fluent aphasic: The relation between linguistic assessment and therapeutic intervention. In P. Grunwell & A. James (Eds.), *The functional evaluation of language disorders.* London, UK: Croom Helm.

Edwards, S., & Varlokosta, S. (2007). Pronominal and anaphoric reference in agrammatism. *Journal of Neurolinguistics, 20,* 423–444.

Eling, P. (1994). *Reader in the history of aphasia: From Franz Gall to Geschwind.* Amsterdam, the Netherlands: John Benjamins.

Ellis, A. W. (1985). *The psychology of language and communication.* London, UK: Erlbaum.

Ellis, A. W., & Young, A. (1988). *Cognitive neuropsychology.* London, UK: Erlbaum.

Enard, W., Przeworski, M., Fisher, S. E., Lai, C. S., Wiebe, V., Kitano, T., et al. (2002). Molecular evolution of FOXP2, a gene involved in speech and language. *Nature, 418,* 869–872.

Enard, W., Gehre, S., Hammerschmidt, K., Hölter, S. M., Blass, T., Somel, M., et al. (2009). A humanized version of Foxp2 affects cortico-basal ganglia circuits in mice. *Cell, 137,* 961–971.

Eng Huie, N. (1994). Dissolution of lexical tone in Chinese-speaking aphasics. Ph.D. dissertation, City University of New York, New York, NY.

Eoyang, E. (1999). The worldliness of the English language: A lingua franca past and future. *ADFL Bulletin, 31*(1), 26–32.

Evans, J., Workman, L., Mayer, P., & Crowley, K. (2002). Differential bilingual laterality: Mythical monster found in Wales. *Brain and Language, 83,* 291–299.

Eviatar, Z., Menn, L., Zaidel, E. (1990). Concreteness: Nouns, verbs and hemispheres. *Cortex, 26,* 611–624.

Fadiga, L., Craighero, L., & Roy, A. (2006). Broca's region: A speech area? In Y. Grodzinsky & K. Amunts (Eds.), *Broca's region* (pp. 137–152). New York, NY: Oxford University Press.

Falzi, G., Perrone, P., & Vignolo, L. A. (1982). Right-left asymmetry in anterior speech region. *Archives of Neurology, 4,* 239–240.

Farah, M. J., & McClelland, J. L. (1991). A computational model of semantic memory impairment: Modality-specific and emergent category-specificity. *Journal of Experimental Psychology (General), 120,* 339–357.

Fauconnier, G. (1994). *Mental spaces: Aspects of meaning construction in natural language.* Cambridge, UK: Cambridge University Press.

Fauconnier, G. (1996). Analogical counterfactuals. In G. Fauconnier & E. Sweetser (Eds.), *Spaces, worlds and grammars* (pp. 57–90). Chicago, IL: The University of Chicago Press.

Fauconnier, G. (1997). *Mappings in thought and language.* Cambridge, UK: Cambridge University Press.

Fauconnier, G., & Turner, M. (2002). *The way we think: Conceptual blending and the mind's hidden complexities.* New York, NY: Basic Books.

Faust, M., & Lavidor, M. (2003). Convergent and divergent priming in the two cerebral hemispheres: Lexical decision and semantic judgment. *Cognitive Brain Research, 17,* 585–597.

Fergadiotis, G., & Wright, H. (2011). Lexical diversity for adults with and without aphasia across discourse elicitation tasks. *Aphasiology, 25*(11), 1414–1430.

Ferrari, P. F., Gallese, V., Rizzolatti, G., & Fogassi, L. (2003). Mirror neurons responding to the observation of ingestive and communicative mouth actions in the monkey ventral premotor cortex. *The European Journal of Neuroscience, 17*(8), 1701–1714.

Ferreiro, S. M. (2010). The cartography of Ibero-Romance agrammatic deficits.

Biolinguistics, 4, 324–355.

Ferrucci, D., Brown, E., Chu-Carroll, J., Fan, J., Gondek, D., Kalyanpur, A., et al. (2010). Building Watson: An overview of the DeepQA project. *AI Magazine, 31*, 59–79.

Ferstl, E. C. (2007). The functional neuroanatomy of text comprehension: What's the story so far? In F. Schmalhofer & C. A. Perfetti (Eds.), *Higher level language processes in the brain: Inference and comprehension processes* (pp. 53–102). Mahwah, NJ: Erlbaum.

Ferstl, E. C., & von Cramon, D. Y. (2001). The role of coherence and cohesion in text comprehension: An event-related fMRI study. *Cognitive Brain Research, 11*, 325–340.

Ferstl, E. C., Walther, K., Guthke, T., & Cramon, D. (2005). Assessment of story comprehension deficits after brain damage. *Journal of Clinical and Experimental Neuropsychology, 27*, 367–384.

Fiebach, C. J., Schlesewsky, M., & Friederici, A. D. (2001). Syntactic working memory and the establishment of filler-gap dependencies: Insights from ERPs and fMRI. *Journal of Psycholinguistic Research, 30*, 321–338.

Fiebach, C. J., & Friederici, A. D. (2003). Processing concrete words: fMRI evidence against a specific right hemisphere involvement. *Neuropsychology, 42*, 62–70.

Fiez, J. A. (2001). Neuroimaging studies of speech an overview of techniques and methodological approaches. *Journal of Communication Disorders, 34*, 445–454.

Fiez, J., Raichle, M., Miezin, F., Petersen, S., Tallal, P., & Katz, W. (1995). PET studies of auditory and phonological processing: Effects of stimulus characteristics and task design. *Journal of Cognitive Neuroscience, 7*, 357–375.

Fillmore, C. (1982). Towards a descriptive framework for spatial deixis. In R. J. Jarvella & W. Klein (Eds.), *Speech, place, and action: Studies in deixis and related topics* (pp. 31–59). Chichester, UK: Wiley.

Fillmore, C. (1997). *Lectures on deixis*. Chicago, IL: University of Chicago Press.

Finger, S. (1994). *Origins of neuroscience: A history of explorations into brain function*. Oxford, UK: Oxford University Press.

Fisher, S. E., Vargha-Khadem, F., Watkins, K. E., Monaco, A. P., & Pembrey, M. E. (1998). Localisation of a gene implicated in a severe speech and language disorder. *Nature Genetics, 18*, 168–170.

Fitch, W. T., & Hauser, M. D. (2004). Computational constraints on syntactic processing in a nonhuman primate. *Science, 303*, 377–380.

Fliessbach, K., Weis, S., Klaver, P., Elger, C. E., & Weber, B. (2006). The effects of word concreteness on recognition memory. *NeuroImage, 32*, 1413–1421.

Fliessbach, K., Trautner, P., & Quesada, C. M. (2007). Cerebellar contributions to episodic memory encoding as revealed by fMRI. *NeuroImage, 35*, 1330–1337.

Flourens, P. (1824). *Recherches expérimentales sur les proprétés et les fonctions du système nerveux dans les animaux vertèbres.* Paris, France: Baillière.

Fodor, J. A. (1983). *The modularity of mind: An essay on faculty psychology.* Cambridge, MA: MIT Press.

Foldi, N. A. (1987). Appreciation of pragmatic interpretations of indirect commands: Comparison of right and left hemisphere brain-damaged patients. *Brain and Language, 31*, 88–108.

Foss, D. J., & Hakes, D. T. (1978). *Psycholinguistics: An introduction to the psychology of language.* Englewood Cliffs, NJ: Prentice Hall.

Foundas, A. L., Leonard, C. M., & Heilman, K. M. (1995). Morphologic cerebral asymmetries and handedness: The pars triangularis and planum temporale. *Archives of Neurology, 5*, 501–508.

Franklin, S., Howard, D., & Patterson, K. (1995). Abstract word anomia. *Cognitive Neuropsychology, 12*, 549–566.

Frazier, L. (1987). Theories of sentence processing. In J. Garfield (Ed.), *Modularity in knowledge representation and natural-language processing* (pp. 291–307). Cambridge, MA: MIT Press.

Frazier, L., & Fodor, J. D. (1978). The sausage machine: A new two-stage model of the parser. *Cognition, 6*, 291–325.

Frederiksen, C. H., Bracewell, R. J., Breuleux, A., & Renaud, A. (1990). The cognitive representation and processing of discourse: Function and dysfunction. In Y. Joanette & H. H. Brownell (Eds.), *Discourse ability and brain damage: Theoretical and empirical explanations* (pp. 69–110). New York, NY: Springer-Verlag.

Frederiksen, C. H., & Stemmer, B. (1993). Conceptual processing of discourse by a right hemisphere brain-damaged patient. In H. H. Brownell & Y. Joanette (Eds.), *Narrative discourse in neurologically impaired and normal aging adults* (pp. 239–278). San Diego, CA: Singular.

Freeman, N. H. (2000). Communication and representation: Why mentalistic reasoning is a lifelong endeavor. In P. Mitchill & K. J. Riggs (Eds.), *Children reasoning and the mind* (pp. 349–366). Hove, UK: Psychology Press.

Freedman, S. A., & Forster, K. I. (1985). The psychological status of over generated sentences. *Cognitions, 19*, 101–131.

Freud, S. (1891). *Zur Auffassung der Aphasien: Eine kritische Studie.* Leipzig, Germany: Deuticke.

Freud, S. (1893). Aphasie. In A. Bum & M. T. Schnirer (Eds.), *Diagnostisches Lexikon für praktische Arzte, Volume 1.* Vienna, Austria: Urban & Schwarzenberg.

Freud, S. (1953). *On aphasia: A critical study* (E. Stengel, Trans.). New York, NY:

International Universities Press.

Frey, S., Campbell, J. S. W., Pike, G. B., & Petrides, M. (2008). Dissociating the human language pathways with high angular resolution diffusion fiber tractography. *Journal of Neuroscience, 28,* 11435–11444.

Friederici, A. D. (2002). Towards a neural basis of auditory sentence processing. *Trends in Cognitive Sciences, 6*(2), 78–84.

Friederici, A. D. (2009). Pathways to language: Fibre tracts in the human brain. *Trends in Cognitive Sciences, 13*(4), 175–181.

Friederici, A. D., Bahlmann, J., Heim, S., Schubotz, R. I., & Anwander, A. (2006). The brain differentiates human and non-human grammars: Functional localization and structural connectivity. *Proceedings of the National Academy of Sciences of the United States of America, 103,* 2458–2463.

Friederici, A. D., & Weissenborn, J. (2007). Mapping sentence form onto meaning: The syntax-semantic interface. *Brain Research, 1146,* 50–58.

Friedmann, N. (2001). Agrammatism and the psychological reality of the syntactic tree. *Journal of Psycholinguistic Research, 30,* 71–90.

Friedmann, N. (2002). Question production in agrammatism: The tree pruning hypothesis. *Brain and Language, 80,* 160–187.

Friedmann, N. (2005). Degrees of severity and recovery in agrammatism: Climbing up the syntactic tree. *Aphasiology, 19*(10/11), 1037–1051.

Friedmann, N. (2006). Speech production in Broca's agrammatic aphasia: Syntactic tree pruning. In Y. Grodzinsky & K. Amunts (Eds.), *Broca's region* (pp. 63–82). New York, NY: Oxford University Press.

Friedmann, N. (2008). Traceless relatives: Agrammatic comprehension of relative clauses with resumptive pronouns. *Journal of Neurolinguistics, 21,* 138–149.

Friedmann, N., & Grodzinsky, Y. (1997). Tense and agreement in agrammatic production: Pruning the syntactic tree. *Brain and Language, 56,* 397–425.

Friedman, N., & Biran, M. (2003). When is gender accessed? A study of paraphasias in Hebrew anomia. *Cortex, 39,* 441–463.

Friedmann, N., Reznick, J., Dolinski-Nuger, D., & Soboleva, K. (2010). Comprehension and production of movement-derived sentences by Russian speakers with agrammatic aphasia. *Journal of Neurolinguistics, 23*(1), 44–65.

Frith, U. (1985). Beneath the surface of developmental dyslexia. In K. Patterson, J. Marshall & M. Coltheart (Eds.), *Surface dyslexia: Neuropsychological and cognitive studies of phonological reading* (pp. 301–330). London, UK: Erlbaum.

Froeschels, E. (1914). Über die Behandlung der Aphasien. *Archiv für Psychiatrie und Nervenkrankheiten, 53,* 221–261.

Fromkin, V. A. (1971). The non-anomalous nature of anomalous utterances.

Language, 47(1), 27–52.

Fromkin, V. A. (1997). Some thoughts about the brain/mind/language interface. Lingua, 100, 3–27.

Fukuda, S. H., & Fukuda, S. U. (1994). Familial language impairment in Japanese: A linguistic investigation. In J. Matthews (Ed.), Linguistic aspects of familial language impairment: Special issue of McGill working papers in linguistics (pp. 150–177). Montreal, Canada: McGill.

Fuster, J. M. (2003). Cortex and mind-unifying cognition. Oxford, UK: Oxford University Press.

Fyndanis, V., Varlokosta, S., & Tsapkini, K. (2010). Exploring wh-questions in agrammatism: Evidence from Greek. Journal of Neurolinguistics, 6, 644–662.

Gainotti, G. (1998). Category specific disorders for nouns and verbs: A very old and very new problem. In B. Stemmer & H. A. Whitaker (Eds.), Handbook of neurolinguistics (pp. 3–11). London, UK: Academic Press.

Galaburda, A. M. (1980). La region de Broca: Observations anatomiques faites un siecle apres la mort de son decoveur. Revue Neurology (Paris), 136, 609–616.

Galaburda, A., & Kemper, T. (1979). Cytoarchitectonic abnormalities in developmental dyslexia: A case study. Annals of Neurology, 6, 94–100.

Gallese, V., Fadiga, L., Fogassi, L., & Rizzolatti, G. (1996). Action recognition in the premotor cortex. Brain, 119, 593–609.

Gandour, J., Ponglorpisit, S., Khunadorn, F., & Dechongkit, S. (1992). Lexical tones in Thai after unilateral brain damage. Brain and Language, 43(2), 275–307.

Gandour, J., Akamanon, S., Dechongkit, S., & Khunadorn, F. (1994). Sequences of phonemic approximations in a Thai conduction aphasic. Brain and Language, 46(1), 69–95.

Gandour, J., Wong, D., Hsieh, L., Weinzapfel, B., VanLancker, D., & Hutchins, G. D. (2000). A cross-linguistic PET study of tone perception. Journal of Cognitive Neuroscience, 12, 207–222.

Gardner, H. (1973). The contribution of operativity to naming capacity in aphasic patients. Neuropsychologia, 11, 213–220.

Gardner, H. (1975). The shattered mind. New York, NY: Knopf.

Garraffa, M. (2009). Minimal structures in aphasia: A study on agreement and movement in a non-fluent aphasic speaker. Lingua, 119, 1444–1457.

Garrett, M. (1982). Production of speech: Observations from normal and pathological language use. In A. W. Ellis (Ed.), Normality and pathology in cognitive functions (pp.19–76). London, UK: Academic Press.

Gavilan, J. M., & Garcia-Albea, J. E. (2011). Theory of mind and language comprehension in schizophrenia: Poor mindreading affects figurative language comprehension beyond intelligence deficits. *Journal of Neurolinguistics, 24*(1), 54–69.

Geschwind, N. (1965). Disconnexion syndromes in animals and man. *Brain, 88,* 237–294.

Geschwind, N. (1966). Carl Wernicke, the Breslau school and the history of aphasia. In E. Cartette (Ed.), *Brain function* (pp. 1–16). Berkeley, CA: University of California Press.

Geschwind, N. (1972). Language and the brain. *Scientific American, 4,* 76–83.

Geschwind, N. (1979). Specializations of the human brain. In W. S. Wang (Ed.), *Human communication: Language and its psychobiological bases* (pp. 110–119). San Francisco, CA: Freeman.

Gesner, J. A. P. (1789) *Samlung von Beobachtungen aus der Arzneygelahrtheit. Zweyter Band: Neue verbesserte Auflage.* Nödlingen: Beck.

Gibbs, R. W. (1999). Interpreting what speakers say and implicate. *Brain and Language, 68,* 466–485.

Giraud, A. L., Lorenzi, C., Ashburner, J., Wable, J., Johnsrude, I., Frackowiak, R., et al. (2000). Representation of the temporal envelope of sounds in the human brain. *Neurophysiology, 843,* 1588–1598.

Giraud, A., & Price, C. (2001). The constraints functional neuroimaging places on classical models of auditory word processing. *Journal of Cognitive Neuroscience, 13*(6), 754–765.

Glasser, M. F., & Rilling, J. K. (2008). DTI tractography of the human brain's language pathways. *Cerebral Cortex, 18,* 2471–2482.

Gleason, J. B., Goodglass, H., Obler, L., Green, E., & Hyde, M. R. (1980). Narrative strategies of normal-speaking subjects. *Journal of Speech and Hearing Research, 23,* 370–382.

Glosser, G., & Deser, T. (1990). Patterns of discourse production among neurological patients with fluent language disorders. *Brain and Language, 40,* 67–88.

Goad. H., & Gopnik, M. (1994). Perception of word-final consonants in familial language impairment. In J. Matthews (Ed.), *Linguistic aspects of familial language impairment: Special issue of McGill working papers in linguistics* (pp. 10–15). Montreal, Canda: McGill.

Goad, H., & Rebellati, C. (1994). Pluralization in familial language impairment. In J. Matthews (Ed.), *Linguistic aspects of familial language impairment: Special issue of McGill working papers in linguistics* (pp. 24–40). Montreal, Canada: McGill.

Goldblum, N. (2001). *Brain-shaped mind: What the brain can tell us about the mind.* Cambridge, UK: Cambridge University Press.

Goldrick, M., & Rapp, B. (2007). Lexical and post-lexical phonological representations in spoken production. *Cognition, 102,* 219–260.

Goldstein, K. (1927). Über Aphasie. *Schweizer Archiv für Neurologie und Psychiatrie, 6,* 1–68.

Goldstein, K. (1948). *Language and language disturbances: Aphasic symptom complexes and their significance for medicine and theory of language.* New York, NY: Grune & Stratton.

Goldstein, K. (1971). *Selected papers.* The Hague, the Netherlands: Nijhoff.

Goodglass, H. (1976). Agrammatism. In H. Whitaker & H. A. Whitaker (Eds.), *Studies in neurolinguistics* (Vol. 1) (pp. 237–260). New York, NY: Academic Press.

Goodglass, H. (1993). *Understanding aphasia.* San Diego, CA: Academic Press.

Goodglass, H., & Hunt, J. (1958). Grammatical complexity and aphasic speech. *Word, 14,* 197–207.

Goodglass, H., & Berko, J. (1960). Agrammatism and inflectional morphology in English. *Journal of Speech and Hearing Research, 3,* 257–267.

Goodglass, H., Dyde, M. R., & Blumstein, S. (1969). Frequency, picturability and availability of nouns in aphasia. *Cortex, 5,* 104–119.

Goodglass, H., & Baker, E. (1976). Semantic field, naming and auditory comprehension in aphasia. *Brain and Language, 3,* 359–374.

Goodglass, H., & Stuss, D. T. (1979). Naming to confrontation versus oral description in there subgroups of aphasics. *Cortex, 15,* 119–221.

Goodglass, H., & Kaplan, E. (1983a). *The assessment of aphasia and related disorders.* Philadelphia, PA: Lea & Febiger.

Goodglass, H., & Kaplan, E. (1983b). *Boston diagnostic aphasia examination (BDAE).* Philadelphia, PA: Lea & Febiger.

Goodwin, C. (1995). Co-constructing meaning in conversations with an aphasic man. *Research on Language and Social Interaction, 28*(3), 233–260.

Goodwin, C. (2003). Conversational frameworks for the accomplishment of meaning in aphasia. In C. Goodwin (Ed.), *Conversation and brain damage* (pp. 90–116). New York, NY: Oxford University Press.

Goodwin, C., & Heritage, J. (1990). Conversation analysis. *Annual Review of Anthropology, 19*(1), 283–307.

Gopnik, M. (1990). Feature-blind grammar and dysphasia. *Nature, 344,* 715.

Gopnik, M. (1994). Impairments of syntactic tense in familial language disorder. In J. Matthews (Ed.), *Linguistic aspects of familial language impairment: Special issue of McGill working papers in linguistics* (pp. 67–80). Montreal, Canda: McGill.

Gopnik, M., & Crago, M. (1991). Familial aggregation of a developmental language disorder. *Cognition, 39*, 1–50.

Grashey, H. (1885). On aphasia and its relations to perception (Über Aphasie und ihre Beziehungen zur Wahrnehmung). *Archiv für Psychiatrie und Nervenkrankheiten, 16*, 654–688. (English version [1989]. R. de Bleser, Trans. *Cognitive Neuropsychology, 6*, 515–546.)

Graves, W. W., Grabowski, T. J., Mehta, S., & Gupta, P. (2008). The left posterior superior temporal gyrus participates specifically in accessing lexical phonology. *Journal of Cognitive Neuroscience, 20*(9), 1698–1710.

Green, E. (1969). Phonological and grammatical aspects of jargon in an aphasic patient: A case study. *Language and Speech, 12*, 103–118.

Green, E., & Boller, E. (1974). Features of auditory comprehension in severely impaired aphasics. *Cortex, 10*, 133–145.

Grewe, T., Bornkessel, I., Zysset, S., Wiese, R., von Cramon, D. Y., & Schlesewsky, M. (2005). The emergence of the unmarked: A new perspective on the language-specific function of Broca's area. *Human Brain Mapping, 26*(3), 178–190.

Grice, H. P. (1975). Logic and conversation. In F. Cole and J. L. Morgan (Eds.), *Syntax and semantics (Vol. III): Speech acts* (pp. 41–58). New York, NY: Academic Press.

Grimaldi, M. (2012). Toward a neural theory of language: Old issues and new perspectives. *Journal of Neurolinguistics, 25*, 304–327.

Grodzinsky, Y. (1984). The syntactic characterization of agrammatism. *Cognition, 16*, 99–120.

Grodzinsky, Y. (1986). Language deficits and the theory of syntax. *Brain and Language, 27*, 135–159.

Grodzinsky, Y. (1989). Agrammatic comprehension of relative clauses. *Brain and Language, 27*, 135–159.

Grodzinsky, Y. (1990). *Theoretical perspectives on language deficit.* Cambridge, MA: MIT Press.

Grodzinsky, Y. (1995). A restrictive theory of agrammatic comprehension. *Brain and Language, 50*, 27–51.

Grodzinsky, Y. (2000). The neurology of syntax: Language use without Broca's area. *Behavioral and Brain Sciences, 23*, 1–71.

Grodzinsky, Y. (2003). Imaging the grammatical brain. In M. A. Arbib (Ed.), *The handbook of brain theory and neural networks* (pp. 551–556). Cambridge, MA: MIT Press.

Grodzinsky, Y. (2006). A blueprint for a brain map of syntax. In Y. Grodzinsky & K. Amunts (Eds.), *Broca's region* (pp. 83–107). New York, NY: Oxford University Press.

Grodzinsky, Y., & Friederici, A. D. (2006). Neuroimaging of syntax and syntactic processing. *Current Opinion in Neurobiology, 16*(2), 240–246.

Grodzinsky, Y., & Santi, A. (2008). The battle for Broca's region. *Trends in Cognitive Science, 12*(12), 474–480.

Grossman, M., & Haberman, S. (1987). The detection of errors in sentences after right hemisphere brain damage. *Neuropsychologia, 25,* 163–172.

Grundy, P. (2000). *Doing pragmatics.* London, UK: Edward Arnold.

Haarmann, H. J., & Kolk, H. H. J. (1991). A computer model of the temporal course of agrammatic sentence understanding: The effects of variation in severity and sentence complexity. *Cognitive Science, 15,* 49–87.

Hagmann, P., Cammoun, L., Martuzzi, R., Maeder, P., Clarke, S., Thiran, J.P., et al. (2006). Hand preference and sex shape the architecture of language networks. *Human Brain Mapping, 27,* 828–835.

Hagmann, P., Cammoun, L., Gigandet, X., Meuli, R., & Honey, C. J. (2008). Mapping the structural core of human cerebral cortex. *PLoS Biology, 6*(7), 1479–1493.

Hagoort, P. (1998). The shadows of lexical meaning in patients with semantic impairments. In B. Stemmer & H. A. Whitaker (Eds.), *Handbook of neurolinguistics* (pp. 235–248). London, UK: Academic Press.

Hagoort, P. (2005). On Broca, brain and binding: A new framework. *Trends in Cognitive Sciences, 9*(9), 416–423.

Hagoort, P. (2008). The fractionation of spoken language understanding by measuring electrical and magnetic brain signals. *Philosophical Transactions of the Royal Society B, 363*(1493), 1055–1069.

Hagoort, P., Hald, L., Bastiaansen, M., & Petersson, K. M. (2004). Integration of word meaning and world knowledge in language comprehension. *Science, 304,* 438–441.

Hagoort, P., & Van Berkum, J. (2007) Beyond the sentence given. *Philosophical Transactions of the Royal Society B, 362*(1481), 801–811.

Hagoort, P., Baggio, G., & Willems, R. M. (2009). Semantic unification. In M. S. Gazzaniga (Ed.), *The cognitive neuroscience* (pp. 819–836). Cambridge, MA: MIT Press.

Hall, D. A., Johnsrude, I. S., Haggard, M. P., Palmer, A. R., Akeroyd, M. A., & Summerfield, A. Q. (2002). Spectral and temporal processing in the human auditory cortex. *Cerebral Cortex, 12,* 140–149.

Haller, S., Radue, E. W., Erb, M., Grodd, W., & Kircher, T. (2005). Overt sentence production in event-related fMRI. *Neuropsychologia, 43*(5), 807–814.

Halliday, M. A. K., & Hasan, R. (1976). *Cohesion in English.* Bath, UK: Longman.

Hampton, J. (1993). Prototype models of concept representation. In I. Van Mechelen, J. A. Hampton, R. S. Michlanski & P. Theuns (Eds.), *Categories and concepts: Theoretical views and inductive data analysis* (pp. 67–96). London, UK: Academic Press.

Hampton, J. A. (1995). Testing the prototype theory of concepts. *Journal of Memory and Language, 34*, 686–708.

Harasty, J., Halliday, G. M., & Kril, J. J. (1996). Reproducible sampling regimen for specific cortical regions: Application to speech-related areas. *Journal of Neuroscience Methods, 67*, 43–51.

Hari, R., Forss, N., Avikainen, S., Kirveskari, E., Salenius, S., & Rizzolati, G. (1998). Activation of human primary motor cortex during action observation: A neuromagnetic study. *Proceeding of National Academic Science, USA, 95*, 15061–15065.

Harley, T. (2001). *The psychology of language: From data to theory*. Hove, UK: Psychology Press.

Harms, M. P., Melcher, J. R., & Weisskoff, R. M. (1998). Time courses of fMRI signals in the inferior colliculus, medial geniculate body and auditory cortex show different dependencies on noise burst rate. *NeuroImage, 7*, S365.

Harris, J. (1983). *Syllable structure and stress in Spanish: A non-linear analysis*. Cambridge, MA: MIT Press.

Harris, J. (1998). Phonological universals and phonological disorders. In E. Visch-Brink & R. Bastiaanse (Eds.), *Linguistic levels in aphasiology* (pp. 91–118). London, UK: Singular.

Hartsuiker, R. J., & Kolk, H. J. (1998). Syntactic facilitation in agrammatic sentence production. *Brain and Language, 62*, 221–254.

Hartsuiker, R. J., Kolk, H. J., & Huinck, P. (1999). Agrammatic production of subject-verb agreement: The effect of conceptual number. *Brain and Language, 69*, 119–160.

Hasan, R. (1985). The texture of a text. In M. A. K. Halliday & R. Hasan (Eds.), *Language, context and text: Aspects of language in a social-semiotic perspective* (pp. 70–96). Victoria, Australia: Deakin University Press.

Hashimoto, N., & Frome, A. (2011). The use of a modified semantic features analysis approach in aphasia. *Journal of Communication Disorders, 44*, 459–469.

Hasson, U., Nusbaum, H. C., & Small, S. L. (2006). Repetition suppression for spoken sentences and the effect of task demands. *Journal of Cognitive Neuroscience, 18*(12), 2013–2029.

Hatfield, F. M., Howard, D., Barker, J., Jones, C., & Morton, J. (1977). Object naming in aphasics: The lack of the effect of context or realism. *Neuropsychologia,*

15, 717–727.

Hauser, M. D., Chomsky, N., & Fitch, T. (2002). The faculty of language: What is it? Who has it? And how did it evolve? *Science, 298,* 1569–1579.

Hayes, T. L., & Lewis, D. A. (1992). Nonphosphorylated neurofilament protein and calbindin immunoreactivity in layer III pyramidal neurons of human neocortex. *Cerebral Cortex, 2,* 56–67.

Hayes, T. L., & Lewis, D. A. (1995). Anatomical specialization of the anterior motor speech area: Hemispheric differences in magnopyramidal neurons. *Brain and Language, 49,* 289–308.

Head, H. (1926). *Aphasia and kindred disorders of speech* (Vols. 1–2). Cambridge, UK: Macmillan.

Hebb, A. O., & Ojemann, G. A. (2013). The thalamus and language revisited. *Brain and Language, 126,* 99–108.

Heeschen, C., & Schegloff, E. A. (1999). Agrammatism, adaptation theory, conversation analysis: On the role of so-called telegraphic style in talk-in-interaction. *Aphasiology, 13*(4/5), 365–406.

Heim, S., Eickhoff, S. B., & Amunts, K. (2009). Different roles of cytoarchitectonic BA44 and BA45 in phonological and semantic verbal fluency as revealed by dynamic causal modelling. *NeuroImage, 48*(3), 616–624.

Hengst, J., Frame, S., Neuman-Stritzel, T., & Gannaway, R. (2005). Using others' words: Conversational use of reported speech by individuals with aphasia and their communication partners. *Journal of Speech, Language and Hearing Research, 48,* 137–156.

Hickok, G., & Poeppel, D. (2000). Towards a functional neuroanatomy of speech perception. *Trends in Cognitive Sciences, 4*(4), 131–136.

Hickok, G., Okada, K., & Serences, J. (2009). Area Spt in the human planum temporale supports sensory-motor interaction for speech processing. *Journal of Neurophysiology, 101,* 2725–2732.

Hirsch, E., Marescaux, C., Maquet, P., Metz-Lutz, M., Kiesmann, M., Salmon, E., et al. (1990). Landau-Kleffner syndrome: A clinical and EEG study of five cases. *Epilepsia, 31,* 756–767.

Hirst, W., LeDoux, J., & Stein, S. (1984). Constraints on the processing of indirect speech acts: Evidence from aphasiology. *Brain and Language, 23,* 26–33.

Hoeks, J., Prinsen, I., & Stowe, L. (2003). Semantic illusion in sentence processing: A right-hemisphere mechanism? In F. Schmalhofer, R. M. Young & G. Katz (Eds.), *Proceedings of the European cognitive science conference 2003* (pp. 175–180). Hillsdale, NJ: Erlbaum.

Holcomb, P. J., Kounios, J., Anderson, J. E., & West, W. C. (1999). Dual-coding, context-availability, and concreteness effects in sentence comprehension: An electrophysiological investigation. *Journal of Experimental Psychology: Learning, Memory & Cognition, 25*, 721–742.

Holland, A. (1975). Aphasics as communicators: A model and its implications. Paper presented at the American Speech and Hearing Association, Washington, DC.

Holland, A. L., Swindell, C. S., & Reinmuth, O. M. (1990). Aphasia and related adult disorders. In G. H. Shames & E. H. Wiig (Eds.), *Human communication disorders*. Columbus, OH: Charles E. Merrill.

Hooper, J. B. (1976). *An introduction to natural generative phonology*. New York, NY: Academic Press.

Hopkins, W. D., Marino, L., Rilling, J. K., & MacGregor, L. A. (1998). Planum temporale asymmetries in great apes as revealed by magnetic resonance imaging (MRI). *NeuroReport, 9*, 2913–2918.

Howard, M., Volkov, I., Mirsky, R., Garell, P., Noh, M., Granner, M., et al. (2000). Auditory cortex on the human posterior superior temporal gyrus. *Journal of Comparative Neurology, 416*, 79–92.

Huber, W. (1990). Text comprehension and production in aphasia: Analysis in terms of micro- and macrostructure. In Y. Joanette & H. H. Brownell (Eds.), *Discourse ability and brain damage: Theoretical and empirical perspectives* (pp. 154–179). New York, NY: Springer Verlag.

Humphreys, G. W., & Riddoch, M. J. A. (2003). A case series analysis of "category-specific" deficits of living things: The HIT account. *Cognitive Neuropsychology, 20*(3/4/5/6), 263–306.

Humphries, C., Willard, K., Buchsbaum, B., & Hickok, G. (2001). Role of anterior temporal cortex in auditory sentence comprehension: An fMRI study. *NeuroReport, 12*(8), 1749–1752.

Hurst, J. A., Baraitser, M., Auger, E., Graham, F., & Norell, S. (1990). An extended family with a dominantly inherited speech disorder. *Developmental Medicine & Child Neurology, 32*, 352–355.

Iacoboni, M., Woods, R. P., Brass, M., Bekkering, H., Mazziotta. J. C., & Rizzolatti, G. (1999). Cortical mechanisms of human imitation. *Science, 286*, 2526–2568.

Iacoboni, M., Molnar-Szakacs, I., Gallese, V., Buccino, G., Mazziotta, J. C., & Rizzolatti, G. (2005). Grasping the intentions of others with one's own mirror neuron system. *PLoS Biology, 3*(3), 529–535.

Iacoboni, M., & Wilson, S. M. (2006). Beyond a single area: Motor control and language within a neural architecture encompassing Broca's area. *Cortex, 42*, 503–506.

Iacoboni, M., & Dapretto, M. (2006). The mirror neurons system and the consequences of its dysfunction. *Nature Reviews Neuroscience, 7,* 942–951.

Ichiki, H., Kuroiwa, T., Taniguchi, I., & Okeda, R. (1998). Delayed recovery of auditory cortical evoked potentials is correlated with cortical neuronal death after transient cerebral ischemia in awake gerbils. *Brain Research, 806,* 278–281.

Indefrey, P. (1997). PET research in language production. In W. Hulstijn, H. E. M. Peters & P. H. H. M. Van Lieshout (Eds.), *Speech production: Motor control, brain research and fluency disorders* (pp. 269–278). Amsterdam, the Netherlands: Elsevier.

Indefrey, P., Brown, C. M., Hellwig, F., Amunts, K., Herzog, H., Seitz, R. J., et al. (2001). A neural correlate of syntactic encoding during speech production. *Proceedings of the National Academy of Sciences of the United States of America, 98,* 5933–5936.

Indefrey, P., & Levelt, W. J. M. (2004). The spatial and temporal signatures of word production components. *Cognition, 92,* 101–144.

Jackendoff, R. (2002). *Foundations of language: Brain, meaning, grammar, evolution.* Oxford, UK: Oxford University Press.

Jackendoff, R. (2007a). Linguistics in cognitive science: The state of the art. *The Linguistic Review, 24,* 347–401.

Jackendoff, R. (2007b). A parallel architecture perspective on language processing. *Brain Research, 1146,* 2–26.

Jackson, J. H. (1866). Notes on the physiology and pathology of language. In J. Taylor (Ed.), *Selected writings of John Hughlings Jackson (Vol. 2): Evolution and dissolution of the nervous system, speech, various papers, addresses and lectures* (pp. 121–128). (1958). New York, NY: Basic Books.

Jackson, J. H. (1874). On the nature of the duality of the brain. In J. Taylor (Ed.), *Selected writings of John Hughlings Jackson (Vol. 2): Evolution and dissolution of the nervous system, speech, various papers, addresses and lectures* (pp. 129–145). (1958). New York, NY: Basic Books.

Jackson, J. H. (1878). Remarks on non-protrusion of the tongue in some cases of aphasia. In J. Taylor (Ed.), *Selected writings of John Hughlings Jackson (Vol. 2): Evolution and dissolution of the nervous system, speech, various papers, addresses and lectures* (pp. 153–154). (1958). New York: Basic Books.

Jakobson, R. (1941). *Kindersprache, Aphasie und allgemeine Lautgesetze.* Uppsala, Switzland: Universitets Arsskrift.

Jakobson, R. (1968). *Child language, aphasia and phonological universals.* The Hague, the Netherlands: Mouton.

Jakobson, R. (1971). Aphasia as a linguistic topic. In S. Rudy (Ed.), *Roman*

Jakobson selected writings II: Word and language (pp. 229–238). The Hague, the Netherlands: Mouton.

Jakobson, R., & Waugh, L. (1979). *The sound shape of language.* Bloomington, IN: Indiana University Press.

James, C. (1975). The role of semantic information in lexical decisions. *Journal of Experimental Psychology: Human Perception and Performance, 104,* 130–136.

Jarema, G. (2008). Impaired morphological processing. In B. Stemmer & H. A. Whitaker (Eds.), *Handbook of the neuroscience of language* (pp. 137–146). New York, NY: Academic Press.

Jarema, G., & Libben, G. (2010). Disorders of morphology. In H. Whitaker (Ed.), *Concise encyclopedia of brain and language* (pp. 358–365). Oxford, UK: Elsevier.

Jesperson, O. (1904). *Lehrbuch der Phonetik.* Leipzig, Germany: Teubner.

Jessen F., Heun, R., Erb, M., Granath, D. O., Klose, U., Papassotiropoulos, A., et al. (2000). The concreteness effect: Evidence for dual coding and context availability. *Brain and Language, 74,* 103–122.

Joanette, Y., & Anslado, A. I. (1999). Clinical note: Acquired pragmatic impairments and aphasia. *Brain and Language, 68,* 529–534.

Joanisse, M., & Seidenberg, M. S. (1999). Impairments in verb morphology after brain injury: A connectionist model. *Proceedings of the National Academy of Science, 96,* 7592–7597.

Jobsis, F. F. (1977). Noninvasive, infrared monitoring of cerebral and myocardial oxygen sufficiency and circulatory parameters. *Science, 198,* 1264–1267.

Johnson, J., & Newport, E. (1989). Critical period effects in second language learning: The influence of maturational state on the acquisition of English as a second language. *Cognitive Psychology, 21,* 60–99.

Johnson-Laird, P. N. (1983). *Mental models: Towards a cognitive science of language inference, and consciousness.* Cambridge, UK: Cambridge University Press.

Johnson-Laird, P. N. (1989). Mental models. In M. I. Posner (Ed.), *Foundations of cognitive science* (pp. 469–499). Cambridge, MA: MIT Press.

Jones, L. V., & Wepman, J. M. (1967). Grammatical indicants of speaking styles in normal and aphasic speakers. In K. Salzinger and S. Salzinger (Eds.), *Research in verbal behaviour and some neurological implications* (pp. 120–137). New York, NY: Academic Press.

Jordan, E M., Murdoch, B. E., & Buttsworth, D. L. (1991). Closed head injured children's performance on narrative tasks. *Journal of Speech and Hearing Research, 34,* 572–582.

Just, M., Carpenter, P., Keller, T., Eddy W., & Thulborn, K. (1996). Brain activation modulated by sentence comprehension. *Science, 274,* 114–116.

Kaan, E., & Swaab, T. Y. (2002). The brain circuitry of syntactic comprehension. *Trends in Cognitive Sciences, 6*(8), 350–356.

Kaas, J., Hackett, T., & Tramo, M. (1999). Auditory processing in the primate cerebral cortex. *Current Opinions in Neurobiology, 9*, 164–170.

Kandel, E. R., Schwartz, J. H., & Jessell, T. M. (1991). *Principles of neural science*. New York, NY: Elsevier.

Kaplan, J. A., Brownell, H. H., Jacobs, J. R., & Gardner, H. (1990). The effects of right hemisphere damage on the pragmatic interpretation of conversational remarks. *Brain and Language, 38*, 315–333.

Karl, K. H. S., Norman, R., Lee, K. M., & Joy, H. (1997). Distinct cortical areas associated with native and second languages. *Nature, 388*(6638), 171–174.

Kasher, A., Batori, G., Soroker, N., Graves, D., & Zaidel, E. (1999). Effects of right- and left-hemisphere damage on understanding conversational implicatures. *Brain and Language, 68*, 566–590.

Kastle, O. U. (1987). Einige bisher unbekannte Texte von Sigmund Freud aus den Jahren 1893/94 und ihr Stellenwert in seiner wissenschaftlichen Entwicklung. *Psyche, 41*, 508–528.

Kean, M. L. (1977). The linguistic interpretation of aphasic syndromes. *Cognition, 5*, 9–46.

Kehayia, E. (1994). Whole-word access or decomposition in word recognition in familial language impairment: A psycholinguistic study. In J. Matthews (Ed.), *Linguistic aspects of familial language impairment: Special issue of McGill working papers in linguistics* (pp. 123–128). Montreal, Canda: McGill.

Kempen, G. (2000). Could grammatical encoding and grammatical decoding be subserved by the same processing module? *Behavioral Brain Science, 23*, 38–39.

Kempen, G., Olsthoorn, N., & Sprenger, S. (2012). Grammatical workspace sharing during language production and language comprehension: Evidence from grammatical multitasking. *Language and Cognitive Processes, 27*(3), 345–380.

Kennedy, M. R. T. (2000). Topic scenes in conversations with adults with right-hemisphere brain damage. *American Journal of Speech-Language Pathology, 9*, 72–86.

Kennedy, M. R. T., Strand, E. A., Burton, W., & Peterson, C. (1994). Analysis of first-encounter conversations of right-hemisphere-damaged adults. *Clinical Aphasiology, 22*, 67–80.

Kerr, C. (1995). Dysnomia following traumatic brain injury: An information-processing approach to assessment. *Brain Injury, 9*(8), 777–796.

Kiehl, K. A., Liddle, P. F., Smith, A. M., Mendrek, A. Forster, B. B., & Hare, R. D. (1999). Neural pathways involved in the processing of concrete and abstract words. *Human Brain Mapping, 7*, 225–233.

Kim, M., & Thompson, C. (2000). Patterns of comprehension and production of nouns and verbs in agrammatism: Implications for lexical organization. *Brain and Language, 74*, 1–25.

Kintsch, W. (1988). The role of knowledge in discourse comprehension: A construction-integration model. *Psychological Review, 95*, 163–182.

Kintsch, W., & van Dijk, T. A. (1978). Toward a model of text comprehension and production. *Psychological Review, 85*, 363–394.

Kiparsky, P. (1979). Metrical structure assignment is cyclic in English. *Linguistic Inquiry, 3*, 421–441.

Kiran, S., & Thompson, C. K. (2003). Effect of typicality on online category verification of animate category exemplars in aphasia. *Brain and Language, 85*, 441–450.

Kleist, K. (1916). Die Leitungsaphasie und grammatische StÖungen. *Monatsschrift für Psychiatrie und Neurologie, 40*, 118–199.

Kleist, K. (1934). *Gehirnpathologie vornehmlich auf Grund der Kriegserfahrungen.* Leipzig, Germany: Barth.

Kluender, K. R., Diehl, R. L., & Killeen, P. R., (1987). Japanese quail can learn phonetic categories. *Science, 237*, 1195–1197.

Kluender, K. R., & Greenberg, S. (1989). A specialization for speech perception? *Science, 244*, 1530.

Kohler, E., Keysers, C., Umiltà, M. A., Fogassi, L., Gallese, V., & Rizzolatti, G. (2002). Hearing sounds, understanding actions: Action representation in mirror neurons. *Science, 297*, 846–848.

Kohn, S. E., Melvold, J., & Shipper, V. (1998). The preservation of sonority in the context of impaired lexical-phonological output. *Aphasiology, 12*(4–5), 375–398.

Kolk, H. (1987). A theory of grammatical impairment in aphasia. In G. Kempen (Ed.), *Natural language generation: New results in artificial intelligence, psychology, and linguistics* (pp. 388–391). Dordrecht, the Netherlands: Martinus Nijhoff.

Kolk, H. (1999). The use of ellipsis in aphasic and child language. Paper presented at the Conference on Language Acquisition and Breakdown. Utrecht, the Netherlands.

Kolk, H. (2010). Agrammatism I, process approaches. In H. Whitaker (Ed.), *Concise encyclopedia of brain and language* (pp. 3–9). Oxford, UK: Elsevier.

Kolk, H. H. J (1995). A time-based approach to agrammatic production. *Brain and Language, 50*, 282–303.

Kolk, H. H. J. (2001). Does agrammatic speech constitute a regression to child language? A three-way comparison between agrammatic, child and normal ellipsis. *Brain and Language, 77*, 340–350.

Kolk, H. H. J., & van Grunsven, M. F. (1985). Agrammatism as a variable phenomenon. *Cognitive Neuropsychology, 2*, 347–384.

Kolk, H. H. J., van Grunsven, M. F., & Keyser, A. (1985). On parallelism between production and comprehension in agrammatism. In M. L. Kean (Ed.), *Agrammatism* (pp. 165–206). New York, NY: Academic Press.

Kolk, H. H. J., & Heeschen, C. (1992). Agrammatism, paragrammatism and the management of language. *Language and Cognitive Processes, 7*, 89–129.

Kolk, H. H. J., & Weijts, M. (1996). Judgements of semantic anomaly in agrammatic patients: argument movement, syntactic complexity and the use of heuristics. *Brain and Language, 54*, 86–135.

Kolk, H. H. J., Chwilla, D. J., van Herten, M., & Oor, P. J. W. (2003). Structure and limited capacity in verbal working memory: A study with event-related potential. *Brain and Language, 85*, 1–36.

Komatsu, L. K. (1992). Recent views of conceptual structure. *Psychological Bulletin, 112*(3), 500–526.

Korkman, M., GranstrÖm, M. L., Appelqvist, K., & Liukkonen, E. (1998). Neuropsychological characteristics of five children with the Landau-Kleffner syndrome: Dissociation of auditory and phonological discrimination. *Journal of International Neuropsychological Society, 4*, 566–575.

Kounios, J., & Holcomb, P. J. (1994). Concreteness effects in semantic processing: ERP evidence supporting dual-coding theory. *Journal of Experimental Psychology: Learning, Memory, and Cognition, 20*, 804–823.

Kounios, J., Greena, D. L., Paynea, L., Jessica I., Fleckb, J. I., Grondinc, R., et al. (2009). Semantic richness and the activation of concepts in semantic memory: Evidence from event-related potentials. *Brain Research, 1282*, 95–102.

Kraut, M. A., Kremen, S., Segal, J. B., Calhoun, V., Moo, L. R., & Hart, J. Jr. (2002a). Object activation from features in the semantic system. *Journal of Cognitive Neuroscience, 14*(1), 24–36.

Kraut, M. A., Kremen, S., Moo, L. R., Segal, J. B., Calhoun, V., & Hart, J. Jr. (2002b). Object activation in semantic memory from visual multimodal feature input. *Journal of Cognitive Neuroscience, 14*(1), 37–47.

Kraut, M. A., Calhoun, V., Pitcock, J. A., Cusick, C., & Hart, J. Jr. (2003). Neural hybrid model of semantic object memory: Implications from event-related timing using fMRI. *Journal of the International Neuropsychological Society, 9*(7), 1031–1040.

Kroll, J. F., & Merves, J. S. (1986). Lexical access for concrete and abstract words. *Journal of Experimental Psychology: Learning, Memory, and Cognition, 12*, 92–107.

Kuhl, P. K., & Miller, J. D. (1975). Speech perception by the chinchilla: Voiced-voiceless distinction in alveolar plosive consonants. *Science, 190,* 69–72.

Kuhl, P. K. (2004). Early language acquisition: Cracking the speech code. *Nature Reviews Neuroscience, 5,* 831–843.

Kulke, F., & Blanken, G. (2001). Phonological and syntactic influences on semantic misnamings in aphasia. *Aphasiology, 15,* 3–15.

Kussmaul, A. (1877). *Die Storungen der Sprache: Versuch einer Pathologie der Sprache.* Leipzig, Germany: Vogel.

Kutas, M., & Hillyard, S. A. (1980). Reading senseless sentences: Brain potentials reflect semantic incongruity. *Science, 207,* 203–205.

Kutas, M., & Hillyard, S. A. (1984). Brain potentials reflect word expectancy and semantic association during reading. *Nature, 307,* 161–163.

Laakso, M., & Klippi, A. (1999). A closer look at the "hint and guess" sequences in aphasic conversation. *Aphasiology, 13*(4–5), 345–64.

Labov, W. (1972a). *Language in the inner city: Studies in the black English vernacular.* Philadelphia, PA: University of Pennsylvania Press.

Labov, W. (1972b). *Sociolinguistic patterns.* Philadelphia, PA: University of Pennsylvania Press.

Lai, C. S., Fisher, S. E., Hurst, J. A., Vargha-Khadem, F., & Monoco, A. P. (2001). A forkhead-domain gene is mutated in a severe speech and language disorder. *Nature, 413,* 519–523.

Laiacona, M., & Caramazza, A. (2004). The noun/verb dissociation in language production. *Cognitive Neuropsychology, 21,* 103–123.

Lakoff, G. (1987). *Women, fire and dangerous things.* Chicago, IL: University of Chicago Press.

Landau, W. M., & Kleffner, F. R. (1957). Syndrome of acquired aphasia with convulsive disorder in children. *Neurology, 7,* 523–530.

Lapointe, S. (1983). Some issues in the linguistic description of agrammatism. *Cognition, 14,* 1–39.

Larsen-Freeman, D. (2012). Complex, dynamic systems: A new transdisciplinary theme for applied linguistics? *Language Teaching, 45*(2), 202–214.

Lau, E. F., Phillips, C., & Poeppel, D. (2008). A cortical network for semantics: (De)constructing the N400. *Nature Reviews: Neuroscience, 9*(12), 920–933.

Laver, J. (1980). Monitoring systems in the neurolinguistic control of speech production. In V. A. Fromkin (Ed.), *Errors in linguistic performance: Slips of the tongue, ear, pen and hand.* New York, NY: Academic Press.

Lecours, A. R., & Lhermitte, F. (1969). Phonemic paraphasias: Linguistic structures and tentative hypotheses. *Cortex, 5,* 193–228.

Lecours, A. R., & Lhermitte, F. (1979). *L'Aphasie.* Paris, France: Flammarion.

Lecours, A. R., Lhermitte, F., & Bryans, B. (1983). *Aphasiology.* London, UK: Balliere Tindall.

Lee, J., Milman, L. H., & Thompson, C. K. (2005). Functional category production in agrammatic speech. *Brain and Language, 95,* 123–124.

Lee, S. S., & Dapretto, M. (2006). Metaphorical vs. literal word meanings: fMRI evidence against a selective role of the right hemisphere. *NeuroImage, 29,* 536–544.

Leech, G. N. (1981). *Semantics.* Harmondsworth, UK: Penguin Books.

Leech, G. N. (1983). *Principles of pragmatics.* London, UK: Longman.

Lehman, M. T., & Tompkins, C. A. (2000). Inferencing in adults with right hemisphere brain damage: An analysis of conflicting results. *Aphasiology, 14*(5/6), 485–499.

Lemme, M. L., Hedberg, N. L., & Bottenberg, D. F. (1984). Cohesion in narratives of aphasic adults. In R. H. Brookshire (Ed.), *Clinical aphasiology* (pp. 215–222). Minneapolis, MN: BRK.

Lenneberg, E. H. (1967). *Biological foundations of language.* New York, NY: Wiley.

Lesser, R., & Milroy, L. (1993). *Linguistics and aphasia: Psycholinguistic and pragmatic aspects of intervention.* London, UK: Longman.

Lesser, R., & Algar, L. (1995). Towards combining the cognitive neuropsychological and the pragmatic in aphasia therapy. *Neuropsychological Rehabilitation, 5,* 67–92.

Levelt, W. J. M. (1989). *Speaking: From intention to articulation.* Cambridge, MA: MIT Press.

Levelt, W. J. M. (1999). Models of word production. *Trends in Cognitive Sciences, 3,* 223–232.

Levelt, W. J., Praamstra, P., Meyer, A. S., Helenius, P., & Salmelin, R. (1998). An MEG study of picture naming. *Journal of Cognitive Neuroscience, 10*(5), 553–567.

Levelt, W. J. M., Roclofs, A., & Meyer, A. S. (1999). A theory of lexical access in speech production. *Behavioral and Brain Sciences, 22*(1), 1–38.

Levinson, S. C. (1983). *Pragmatics.* Cambridge, UK: Cambridge University Press.

Libben, G. (1990). Morphological representation and morphological deficits in aphasia. In J. L. Nespoulous & P. Villard (Eds.), *Morphology, phonology, and aphasia* (pp. 20–31). New York, NY: Springer-Verlag.

Libben, G. (1993). A case of obligatory access to morphological constituents. *The Nordic Journal of Linguistics, 16,* 111–121.

Libben, G. (1998). Semantic transparency in the processing of compounds: Consequences for representation, processing, and impairment. *Brain and Language, 61*, 30–44.

Liberman, A. M. (1970). The grammars of speech and language. *Cognitive Psychology, 1*, 301–323.

Liberman, A. M. (1996). *Speech: A special code*. Cambridge, MA: Bradford Books/MIT Press.

Liberman, A. M., Cooper, F. S., Shankweiler, D. P., & Studdert-Kennedy, M. (1967). Perception of the speech code. *Psychological Review, 74*, 431–461.

Liberman, A. M., Isenberg, D., & Rakerd, B. (1981). Duplex perception of cues for stop consonants: Evidence for a phonetic mode. *Perception and Psychophysics, 30*(2), 133–143.

Liberman, A. M., & Mattingly, I. G. (1985). The motor theory of speech perception revised. *Cognition, 21*, 1–36.

Liberman, A. M., & Mattingly, I. G. (1989). A specialization for speech perception. *Science, 243*, 489–494.

Lichtheim, L. (1885). Über Aphasie. *Deutsches Archiv für klinishcer Medizin, 36*, 204–268.

Liebenthal, E., Binder, J. R., Spitzer, S. M., Possing, E. T., & Medler, D. (2005). Neural substrates of phonemic perception. *Cerebral Cortex, 15*, 1621–1631.

Liepmann, H. (1909). Zum Stande der Aphasiefrage. *Neurologisches Centralblatt, 28*, 449–484.

Lindblom, B. (1983). Economy of speech gestures. In P. F. Mac Neilage (Ed.), *The production of speech* (pp. 217–245). New York, NY: Springer-Verlag.

Lindenberg, R., Fangerau, H., & Seitz, R. J. (2007). "Broca's area" as a collective term? *Brain and Language, 102*(1), 22–29.

Lindsay, J., & Wilkinson, R. (1999). Repair sequences in aphasic talk: A comparison of aphasic-speech and language therapist and aphasic-spouse conversations. *Aphasiology, 13*(4/5), 305–325.

Linebarger, M. C., Schwartz, M., & Saffran, E. (1983). Sensitivity to grammatical structure in so-called agrammatic aphasia. *Cognition, 13*, 361–392.

Linne, C. (1745). Glomska of alla substantica och isynnerhiet namm. *Swensk Wetensk Akad Handl, 6*, 114–115.

Lock, S., & Armstrong, L. (1997). Cohesion analysis of the expository discourse of normal, fluent aphasic and demented adults: A role in differential diagnosis? *Clinical Linguistics and Phonetics, 11*(4), 299–317.

Lock, S., Wilkinson, R., & Bryan, K. (2001). *SPPARC (Supporting partners of people with aphasia in relationships and conversation): A resource pack*. Bicester, Oxon:

Speechmark.

Lordat, J. (1843). Analyse de la parole pour servir la théorie de divers cas d'ALALIE et de PARALALIE (de mutisme et d'imperfection du parler) que les nosologistes ont mal connus. *Journal de la Sociét de Médecine Pratique de Montpellier, 7,* 333–353, 417–433.

Lotto, A. J., Hickok, G. S., & Holt, L. L. (2009). Reflections on mirror neurons and speech perception. *Trends in Cognitive Science, 13*(3), 110–114.

Lubinski, R., Duchan, J., & Weitzner-Lin, B. (1980). Analysis of breakdowns and repairs in aphasic adult communication. In R. Brookshire (Ed.), *Clinical aphasiology conference proceedings* (pp. 111–116). Minneapolis, MN: BRK.

Lucchelli, F., & De Renzi, E. (1992). Proper name anomia. *Cortex, 28*(2), 221–230.

Luria, A. R. (1966). *Higher cortical functions in man.* New York, NY: Basic Books.

Luria, A. R. (1976). *Basic problems in neurolinguistics.* The Hague, the Netherlands: Mouton.

Luria, A. R. (1980). *Higher cortical functions in man* (2nd ed.). New York, NY: Basic Books.

Lurito, J., Lowe, M., Sartorius, C., & Mathews, V. (2000). Comparison of fMRI and intraoperative direct cortical stimulation in localization of receptive language areas. *Journal of Computer Assisted Tomography, 24*(1), 99–105.

Luzzatti, C., & de Bleser, R. (1996). Morphological processing in Italian agrammatic patients: Eight experiments in lexical morphology. *Brain and Language, 54,* 26–74.

Lyons, J. (1977). *Semantics.* Cambridge, UK: Cambridge University Press.

Lyons, J. (1995). *Linguistic semantics: An introduction.* Cambridge, UK: Cambridge University Press.

Mackenzie, C., & Brady, M. (2004). Communication abilities in non-right handers following right hemisphere stroke. *Journal of Neurolinguistics, 17,* 301–313.

Macoir, J. (2008). Is a plum a memory problem? Longitudinal study of the reversal of concreteness effect in a patient with semantic dementia. *Neuropsychologia, 47*(2), 518–535.

MacWhinney, B. (2000). *The CHILDES project: Tools for analysing talk* (3rd ed.). Mahwah, NJ: Erlbaum.

MacWhinney, B., Fromm, D., Holland, A., Forbes, M., & Wright, H. (2010). Automated analysis of the Cinderella story. *Aphasiology, 24,* 856–868.

MacWhinney, B., Fromm, D., Forbes, M., & Holland, A. (2011). AphasiaBank: Methods for studying discourse. *Aphasiology, 25*(11): 1286–1307.

Makris, N., & Pandya, D. (2009). The extreme capsule in humans and rethinking of the language circuitry. *Brain Structure Function, 213*(3), 343–358.

Mandler, J. M., & Johnson, N. S. (1977). Remembrance of things parsed: Story structure and recall. *Cognitive Psychology, 9,* 111–151.

Mann, V. A., Madden, J., Russell, J. M., & Liberman, A. (1981). Further investigation into the influence of preceding liquids on stop consonants perception. *Journal of the Acoustical Society of America, 69* (Suppl. 1), S91 (Abstract).

Manning, L., & Warrington, E. K. (1996). Two routes to naming: A case study. *Neuropsychologia, 34*(8), 809–817.

Maquet, P., Hirsch, E., Metz-Lutz, M. N., Motte, J., Dive, D., Marescaux, C., et al. Franck, G. (1995). Regional cerebral glucose metabolism in children with deterioration of one or more cognitive functions and continuous spike-and-wave discharges during sleep. *Brain, 1,* 492–520.

Marangolo, P., Incoccia, C., Pizzamiglio, L., Sabatini, U., Castriota-Scanderberg, A., & Burani, C. (2003). The right hemisphere involvement in the processing of morphologically derived words. *Journal of Cognitive Neurosciences, 15,* 364–371.

Marangolo, P., & Piras, F. (2008). Dissociations in processing derivational morphology: The right basal ganglia involvement. *Neuropsychologia, 46,* 196–205.

Marantz, A. (2005). Generative linguistics within cognitive neuroscience of language. *The Linguistic Review, 22,* 429–445.

March, E. G., Wales, R., & Pattison, P. (2006). The uses of nouns and deixis in discourse production in Alzheimer's disease. *Journal of Neurolinguistics, 19*(4), 311–340.

Marie, P. (1906a). Révision de la question sur l'aphasie: La troisième circonvolution frontale gauche ne joue aucun role spécial dans la fonction du langage. *La Semaine Médicale, 26,* 241–247.

Marie, P. (1906b). Révision de la question sur l'aphasie: Que faut-il penser des aphasies sous-corticales (aphasies pures)? *La Semaine Médicale, 26,* 493–500.

Marie, P. (1906c). Révision de la question sur l'aphasie: L'aphasie de 1861 à 1866. Essai critique historique sur la genèse de la doctrine de Broca. *La Semaine Médicale, 26,* 565–571.

Marie, P. (1907). Sur la fonction de la langage: Rectifications propos de l'article de M. Grasset. *Revue de Philosophie, 10,* 207–229.

Marien, P., Pickut, B. A., Engelborghs, S., Martin, J. J., & De Deyn, P. P. (2001). Phonological agraphia following a focal anterior insulo-opercular infarction. *Neuropsychologia, 39,* 845–855.

Marshall, J., Pring, T., & Chiat, S. (1998). Verb retrieval and sentence production in aphasia. *Brain and Language, 63,* 159–183.

Marshall, J. C. (1974). Freud's psychology of language. In R. Wollheim (Ed.), *Freud:*

A collection of critical essays (pp. 349–365). Garden City, NY: Anchor.

Marshall, J. C., & Newcombe, F. (1973). Patterns of paralexia: A psycholinguistic approach. *Journal of Psycholinguistic Research, 2*, 175–199.

Marslen-Wilson, W., & Tyler, L. K. (1981). The temporal structure of spoken language understanding. *Cognition, 8*, 1–71.

Martin, A. D., Wasserman, N. H., Gilden, L., & West, J. (1975). A process model of repetition in aphasia: An investigation of phonological and morphological interactions in aphasia error performance. *Brain and Language, 2*, 434–450.

Mashal, N., Faust, M., Hendler, T., & Jung-Beeman, M. (2007). An fMRI investigation of the neural correlates underlying the processing of novel metaphoric expressions. *Brain and Language, 100*, 115–126.

Mashal, N., & Faust, M. (2008). Right hemisphere sensitivity to novel metaphoric relations: Application of the signal detection theory. *Brain and Language, 104*, 103–112.

Mathews, J. (Ed.). (1994). *Linguistic aspects of familial language impairment: Special issue of McGill working papers in linguistics.* Montreal, Canada: McGill.

Mathews, P., Obler, L. K., & Albert, M. (1994). Wernicke and Alzheimer on the language disturbances of aphasia and dementia, *Brain and Language, 46*, 439–462.

Matzig, S., Druks, J., Masterson, J., & Vigliocco, G. (2009). Noun and verb difference in picture naming: Past studies and new evidence. *Cortext, 45*, 738–758.

Mauner, G., Fromkin, V., & Cornell, T. (1993). Comprehension and acceptability judgments in agrammatism: Disruptions in the syntax of referential dependency. *Brain and Language, 45*, 340–370.

Mazoyer, B. M., Tzourio, N., Frak, V., Syrota, A., Murayama, N., Levrier, O., et al. (1993). The cortical representation of speech. *Journal of Cognitive Neuroscience, 5*, 467–479.

McCarthy, J., & Prince, A. (1993). *Prosodic morphology I: Constraint interaction and satisfaction.* MS. University of Massachusetts/Rutgers University.

McClelland, J., & Patterson, K. (2002). Pattern rules or connections in past tense inflections: What does the evidence rule out? *Trends in Cognitive Science, 11*, 465–472.

McDonald, S. (2000). Exploring the cognitive basis of right-hemisphere pragmatic language disorder. *Brain and Language, 75*, 82–107.

McEntee, L. J., & Kennedy, M. (1995). Profiling agrammatic spoken language: Toward a government and biding framework. *European Journal of Disorders of Communication, 30*(3), 317–332.

McRae, K., Cree, G. S., Seidenberg, M. S., & McNorgan, C. (2005). Semantic feature production norms for a large set of living and nonliving things. *Behavior*

Research Methods, 37, 547–559.

Mellet, E., Tzourio, N., Denis, M., & Mazoyer, B. (1998). Cortical anatomy of mental imagery of concrete nouns based on their dictionary definition. *NeuroReport, 9,* 803–808.

Meltzoff, A. N., & Decety, J. (2003). What imitation tells us about social cognition: A rapprochement between developmental psychology and cognitive neuroscience. *Philosophical Transactions of Royal Society Biological Sciences, 358,* 491–500.

Menn, L., & Obler, L. K. (1990). *Agrammatic aphasia: A cross-language narrative sourcebook.* Amsterdam, the Netherlands: John Benjamins.

Mesulam, M. (1985). Patterns in behavioral neuroanatomy: Association areas, the limbic system, and hemispheric specialization. In M. Mesulam (Ed.), *Principles of behavioral neurology* (pp. 1–70). Philadelphia, PA: F. A. Davis Company.

Metz-Lutz, M., Seegmuller, C., Catherine, K., de Saint Martin, A., Hirsch, E., & Marescaux, C. (1999). Landau-Kleffner syndrome: A rare childhood epileptic aphasia. *Journal of Neurolinguistics, 12*(3), 167–179.

Mey, J. L. (2001). *Pragmatics: An introduction.* Oxford, UK: Blackwell.

Miceli, G., Mazzuchi, A., Menn, L., & Goodglass, H. (1983). Contrasting cases of Italian agrammatic aphasia without comprehension disorder. *Brain and Language, 35,* 24–65.

Miceli, G., & Caramazza, A. (1998). Dissociation of inflectional and derivational morphology. *Brain and Language, 35,* 24–65.

Miceli, G., Capasso, R., & Caramazza, A. (2004). The relationships between morphological and phonological errors in aphasic speech: Data from a word repetition task. *Neuropsychologia, 42,* 273–287.

Miglioretti, D., & Boatman, D. (2003). Modeling variability in cortical representations of human complex sound perception. *Experimental Brain Research, 153,* 382–387.

Mishkin, M., (1979). Analogous neural models for tactual and visual learning. *Neuropsychologia, 17,* 139–150.

Mitchell, C., Elliott, R., & Barry, M. (2003).The neural response to emotional prosody as revealed by functional magnetic resonance imaging. *Neuropsychologia, 41,* 1410–1421.

Mitchell, T. M., Shinkareva, S. V., Carlson, A., Chang, K. M., Malave, V. L., Mason, R. A., et al. (2008). Predicting human brain activity associated with the meanings of nouns. *Science, 320,* 1191–1195.

Mondini, S., Jarema, G., Luzzatti, C., Burani, C., & Semenza, C. (2002). Why is "Red Cross" different from "Yellow Cross"? A neuropsychological study of noun-adjective agreement within Italian compounds. *Brain and Language, 81,* 621–634.

Mondini, S., Luzzatti, C., Zonca, G., Pistarini, C., & Semenza, C. (2004). The mental representation of verb-noun compounds in Italian: Evidence from a multiple single-case study in aphasia. *Brain and Language, 90*, 470–477.

Moreaud, O., Pellat, J., Charnallet, A., Carbonnel, S., & Brennen, T. (1995). Deficiency in the reproduction and learning proper names after left tuberothalamic ischemic lesion. *Revue Neurologique, 151*(2), 93–99.

Morgagni, G. B. (1769). *The seats and causes of disease: Investigated by anatomy.* London, UK: A. Millar.

Morris, C. (1938). Foundations of the theory of signs. In R. Carnap & C. W. Morris (Eds.), *International encyclopedia of unified science* (pp. 1–50). Chicago, IL: The University of Chicago Press.

Moss, H. E., Tyler, L. K., & Devlin, J. T. (2002). The emergence of category-specific deficits in a distributed semantic system. In E. M. E. Forde & G. W. Humphreys (Eds.), *Category-specificity in brain and mind* (pp. 115–148). East Sussex, UK: Psychology Press.

Mross, E. F. (1990). Text analysis: Macro- and microstructural aspects of discourse processing. In Y. Joanette & H. Brownell (Eds.), *Discourse ability and brain damage: Theoretical and empirical perspectives* (pp. 50–69). New York, NY: Springer.

Murdoch, B. E., & Jordan, F. M. (1991). Closed-head-injured children's performance on narrative tasks. *Journal of Speech and Hearing Research, 34*, 572–582.

Murre, J. M. J., & Sturdy, D. P. F. (1995). "The connectivity" of the brain: Multi-level quantitative analysis. *Biological Cybernetics, 73*(6), 529–545.

Myers, E. B., Blumstein, S. E., Walsh, E., & Eliassen, J. (2009). Inferior frontal regions underlie the perception of phonetic category invariance. *Psychological Science, 20*(7), 895–903.

Myers, P., & Linebaugh, C. (1981). Comprehension of idiomatic expressions by right-hemisphere damaged adults. In R. H. Brookshire (Ed.), *Clinical aphasiology: Proceedings of the conference* (Vol. 11) (pp. 254–261). Minneapolis, MN: BRK Publishers.

Myers, P. S. (1993). Narrative expressive deficits associated with right hemisphere damage. In H. H. Brownell and Y. Joanette (Eds.), *Narrative discourse in neurologically impaired and normally aging adults* (pp. 279–298). San Diego, CA: Singular.

Myerson, R., & Goodglass, H. (1972). Transformational grammar of aphasic patients. *Language and Speech, 15*, 40–50.

Nadeau, S. E., & Gonzalez-Rothi, L. J. (1992). Morphologic agrammatism following a right hemisphere stroke in a dextral patient. *Brain and Language, 43*, 642–667.

Nagao, M., Takeda, K., Komori, T., Isozaki, E., & Hirai, S. (1999). Apraxia of speech associated with an infarct in the precentral gyrus of the insula. *Neuroradiology, 41,* 356–357.

Nanousi, V., Masterson, J., Druks, J., & Atkinson, M. (2006). Interpretable vs. uninterruptable features: Evidence from six Greek speaking agrammatic patients. *Journal of Neurolinguistics, 19,* 209–238.

Nathaniel, J., & Frith, C. (1996). Confabulation in schizophrenia: Evidence of a new form. *Psychological Medicine, 26,* 391–399.

Nespoulous, J. L., Joanette, Y., Beland, R., Caplan, D., & Lecours, A. R. (1984). Phonological disturbances in aphasia: Is there a nakedness effect in aphasic phonemic errors? In F. C. Rose (Ed.), *Progress in aphasiology: Advances in neurology* (pp. 203–214). New York, NY: Raven Press.

Nespoulous, J. L., & Villard, P. (1990). *Morphology, phonology and aphasia.* New York, NY: Springer.

Nespoulous, J. L., Lecours, A. R., & Lafond, D. (1992). *Protocole Montréal-Toulouse d'examen linguistique de l'aphasie* (MT-86). Isbergues, France: L'Ortho-Edition.

Nespoulous, J. L., Code, C., Virbel, J., & Lecours, A. R. (1998). Hypotheses on the dissociation between "referential" and "modalizing" verbal behavior in aphasia. *Applied Psycholinguistics, 19,* 311–331.

Neville, H., Nicol, J. L., Barss, A., Forster, K. I., & Garrett, M. F. (1991). Syntactically based sentence processing classes: Evidence from event-related brain potentials. *Journal of Cognitive Neuroscience, 3*(2), 151–165.

Newman, A. J., Davelier, D., Corina, D., Jezzard, P., & Neville1, H. J. (2002). A critical period for right hemisphere recruitment in American sign language processing. *Nature Neuroscience, 5*(1), 76–80.

Nickels, L. (1995). Getting it right? Using aphasic naming errors to evaluate theoretical models of spoken word production. *Language and Cognitive Processes, 10*(1), 13–45.

Niemi, J., Koivuselka-Sallinen, P., & Hanninen, R. (1985). Phoneme errors in Broca's aphasia: Three Finnish cases. *Brain and Language, 26,* 28–48.

Noppeney, U., & Price, C. J. (2004). An fMRI study of syntactic adaptation. *Journal of Cognitive Neuroscience, 16*(4), 702–713.

Noppeney, U., Phillips, J., & Price, C. (2004). The neural areas that control the retrieval and selection of semantics. *Neuropsychologia, 42,* 1269–1280.

Nucifora, P. G. P., Verma, R., Melhem, E. R., Gur, R. E., & Gur, R. C. (2005). Leftward asymmetry in relative fiber density of the arcuate fasciculus. *NeuroReport, 16,* 791–795.

Obler, L. (1981). Right hemisphere participation in second language acquisition. In

K. Diller (Ed.), *Individual differences and universals in language learning aptitude* (pp. 53–64). Rowley, MA: Newbury House.

Obler, K. L., & Gjerlow, K. (1999). *Language and the brain*. Cambridge, UK: Cambridge University Press.

Obleser, J., & Eisner, F. (2008). Pre-lexical abstraction of speech in the auditory cortex. *Trends in Cognitive Sciences, 13*(1), 14–19.

Oelschlager, M., & Damico, J. (2003). Word searches in aphasia: A study of the collaborative responses of communicative partners. In C. Goodwin (Ed.), *Conversation and brain damage* (pp. 211–230). New York, NY: Oxford University Press.

Ogar, J., Willock, S., Baldo, J. V., Wilkins, D., Ludy, C., & Dronkers, N. F. (2006). Clinical and anatomical correlates of apraxia of speech. *Brain and Language, 97*, 343–350.

Ogden, C. K., & Richards, I. A. (1923). *The meaning of meaning*. London, UK: Routledge & Kegan Paul.

Ojemann, G. A. (1983). Brain organization for language from the perspective of electrical stimulation mapping. *Behavioral and Brain Sciences, 6*, 189–230.

Ojemann, G. A. (1991). Cortical organization of language. *Journal of Neuroscience, 11*(8), 2281–1187.

Ojemann, G. A., & Mateer, C. (1979). Human language cortex: Localization of memory, syntax, and sequential motor-phoneme identification systems. *Science, 205*, 1401–1403.

Ojemann, J. G., Buckner, R. L., Akbudak, E., Snyder, A. Z., Ollinger, J. M., McKinstry, R. C., et al. (1998). Functional MRI studies of word-stem completion: Reliability across laboratories and comparison to blood flow imaging with PET. *Human Brain Mapping, 6*, 203–215.

Olness, G. S., Matteson, S. E., & Stewart, C. T. (2010). "Let me tell you the point": How speakers with aphasia assign prominence to information in narratives. *Aphasiology, 24*, 697–708.

Olness, G. S., & Englebretson, E. F. (2011). On the coherence of information highlighted by narrators with aphasia. *Aphasiology, 25*(6–7), 713–726.

Ombredane, A. (1951). *L'Aphasie et l'elaboration de la pensée explicite*. Paris, France: Presses Universitaires de France.

Oreen, E., & Boiler, E. (1974). Features of auditory comprehension in severely impaired aphasics. *Cortex, 10*, 133–145.

Packard, J. L. (1990). Agrammatism in Chinese: A case study. In L. Menn & L. K. Obler (Eds.), *Agrammatic aphasia: A cross-language narrative sourcebook* (pp. 1191–1223). Amsterdam, the Netherlands: John Benjamins.

Paivio, A. (1986). *Mental representations: A dual coding approach*. New York, NY: Oxford University Press.

Paivio, A. (1991). *Mental representation: Dual-coding hypothesis*. New York, NY: Harvester Wheatsheaf.

Paradis, M. (1994). Neurolinguistic aspects of implicit and explicit memory: Implications for 163 bilingualism and SLA. In N. C. Ellis (Ed.), *Implicit and explicit learning of languages* (pp. 393–420). San Diego, CA: Academic Press.

Paradis, M. (1998). The other side of language: Pragmatic competence. *Journal of Neurolinguistics, 11*(1–2), 1–10.

Paradis, M. (2003). The bilingual Loch Ness Monster raises its non-asymmetric head again; or, why bother with such cumbersome notions as validity and reliability? Comments on Evans et al., 2000. *Brain and Language, 87*, 441–448.

Paradis, M. (2004). *A neurolinguistic theory of bilingualism*. Amsterdam, the Netherlands: John Benjamins.

Paradis, M., & Gopnik, M. (1994). Compensatory strategies in familial language impairment. In J. Matthews (Ed.), *Linguistic aspects of familial language impairment: Special issue of McGill working papers in linguistics* (pp. 142–149). Montreal, Canda: McGill.

Parker, G. J., Luzzi, S., Alexander, D. C., Wheeler-Kingshott, C. A., Ciccarelli, O., & Lambon-Ralph, M. A. (2005). Lateralization of ventral and dorsal auditory language pathways in the human brain. *NeuroImage, 24*(3), 656–666.

Parsons, S. D. (1993). Deixis in aphasic language. Unpublished Ph.D. dissertation, University of Texas at Dallas, TX.

Penfield, W., & Jasper, H. (1954). *Epilepsy and the functional anatomy of the human brain*. Boston, MA: Little-Brown.

Penfield, W., & Roberts, L. (1959). *Speech and brain mechanisms*. Princeton, NJ: Princeton University.

Penfield, W., & Perot, P. (1963). The brain's record of auditory and visual experience: A final summary and discussion. *Brain, 86*, 595–696.

Penke, M. (1996). Die grammatik des Agrammatismus: Eine linguistische Untersuchung zu Wortstellung und Flexion bei Broca-aphasie. Unpublished Ph.D. dissertation, University of DuÈsseldorf, Germany.

Penke, M., & Gent, U. (2011). Syntax and language disorders. In T. Kiss & A. Alexiadou (Eds.), *Syntax: An international handbook* (pp. 58–96). Berlin, Germany: Walter de Gruyter.

Penn, C. (1985). A profile of communicative appropriateness: A clinical tool for the assessment of pragmatics. *The South Africa Journal of Communicative Disorders, 32*, 18–23.

Penn, C. (1988). The profiling of syntax and pragmatics in aphasia. *Clinical Linguistics and Phonetics, 2,* 179–208.

Perfetti, C. A., & Frishkoff, G. A. (2008). The neural bases of text and discourse processing. In B. Stemmer & H. A. Whitaker (Eds.), *Handbook of the neuroscience of language* (pp. 165–174). Amsterdam, the Netherlands: Elsevier.

Perkins, L. (1989). Reference in aphasia: An investigation. Unpublished undergraduate dissertation, University of Newcastle upon Tyne, UK.

Perkins, L. (1995). Applying conversation analysis to aphasia: Clinical implications and analytic issues. *European Journal of Disorders of Communication, 30,* 372–383.

Perkins, M. (2007). *Pragmatic impairment.* Cambridge, UK: Cambridge University Press.

Perlak, D., & Jarema, G. (2003). The recognition of gender-marked nouns and verbs in Polish-speaking aphasic patients. *Cortex, 39,* 383–403.

Perlmutter, D. M. (1983). *Studies in relational grammar 1.* Chicago, IL: The University of Chicago Press.

Perlmutter, D. M., & Rosen, C. G. (1984). *Studies in relational grammar 2.* Chicago, IL: The University of Chicago Press.

Persinger, M. A., Chellew-Belanger, G., & Tiller, S. G. (2002). Bilingual men but not women display less left ear but not right ear accuracy during dichotic listening compared to monolinguals. *International Journal of Neuroscience, 112,* 55–63.

Petrides, M. (2006). Broca's area in the human and the non-human primate brain. In Y. Grodzinsky & K. Amunts (Eds.), *Broca's region* (pp. 31–48). New York, NY: Oxford University Press.

Peuser, G., & Fittschen, M. (1977). On the universality of language dissolution: The case of a Turkish aphasic. *Brain and Language, 4,* 196–207.

Pexman, P. M., Hargreaves, I. S., Edwards, J. D., Henry, L. C., & Goodyear, B. G. (2007). The neural consequences of semantic richness. *Psychological Science, 18,* 401–406.

Pexman, P. M., Hargreaves, I. S., Siakaluk, P., Bodner, G., & Pope, J. (2008). There are many ways to be rich: Effects of three measures of semantic richness on word recognition. *Psychonomic Bulletin & Review, 15,* 161–167.

Phelps, E. A., Hyder, F., Blamire, A. M., & Shulman, R. G. (1997). fMRI of the prefrontal cortex during overt verbal fluency. *NeuroReport, 8,* 561–565.

Piattelli, P. M., & Uriagereka, J. (2010). A geneticist's dream, a linguist's nightmare: The case of FOXP2. In A. M. Di Sciullo & C. Aguero (Eds.), *Biolinguistic investigation* (pp. 100–125). Cambridge, MA: MIT Press.

Pick, A. (1913). *Die Agrammatishen Sprachstorungen: Studien zur Psyhologischen Grudlegung der Aphasielehre.* Berlin, Germany: Springer.

Pika, S. (2008). Gestures of ape and pre-linguistic human children: Similar or different? *First Language, 28*, 116–140.

Pinker, S. (1994). *The language instinct.* New York, NY: William Morrow and Company.

Pinker, S. (1999). *Words and rules: The ingredients of language.* New York, NY: Harper Collins.

Pinker, S., & Bloom, P. (1990). Natural language and natural selection. *Behavioral and Brain Sciences, 13*(4), 707–784.

Pinker, S., & Prince, A. (1988). On language and connectionism: Analysis of a parallel distributed processing model of language acquisition. *Cognition, 28*, 73–193.

Pinker, S., & Ullman, M. (2002). The past and future of the past tense. *Trends in Cognitive Sciences, 11*, 456–463.

Pitres, A. L. (1898). *L'aphasie amnésique et ses variétés cliniques.* Paris, France: Alcan.

Platzack, C. (2001). The vulnerable C-domain. *Brain and Language, 77*(3), 364–377.

Plaut, D. C., & Shallice, T. (1993). *Connectionist neuropsychology: A case study.* Mahwah, NJ: Erlbaum.

Poeppel, D. (1996). A critical review of PET studies of phonological processing. *Brain and Language, 55*(3), 317–351.

Poeppel, D., & Embick, D. (2005). The relation between linguistics and neuroscience. In A. Cutler (Ed.), *Twenty-first century psycholinguistics: Four cornerstones* (pp. 1–16). Mahwah, NJ: Erlbaum.

Polanyi, L. (1989). *Telling the American story.* Cambridge, MA: MIT Press.

Pollock, J. Y. (1989). Verb movement, universal grammar and the structure of IP. *Linguistic Inquiry, 20*, 365–424.

Popvici, M., & Voinescu, I. (1991). Type and frequency of phonemic errors in aphasics. *Revue Roumaine de Neurologie et Psychiatrie, 29*(3–4), 183–195.

Powell, H. W., Parker, G. J., Alexander, D. C., Symms, M. R., Boulby, P. A., Wheeler-Kingshott, C. A., et al. (2006). Hemispheric asymmetries in language-related pathways: A combined functional MRI and tractography study. *NeuroImage, 32*(1), 388–399.

Prather, J. F., Nowicki, S., Anderson, R. C., Peters, S., & Mooney, R. (2009). Neural correlates of categorical perception in learned vocal communication. *Nature Neuroscience, 12*(2), 221–228.

Price, C., Thierry, G., & Friffiths, T. (2005). Speech-specific auditory processing: Where is it? *Trends in Cognitive Science, 9*(6), 271–276.

Price, P. J. (1980). Sonority and syllabicity: Acoustic correlates of perception.

Phonetica, 37, 327–343.

Prince, A., & Smolensky, P. (1993). *Optimality theory: Constraint interaction in generative grammar*. MS. Rutgers University/University of Colorado.

Prinz, P. M. (1980). A note on requesting strategies in adult aphasics. *Journal of Communication Disorder, 13*, 65–73.

Propper, R. E., O'Donnell, L. J., Whalen, S., Tie, Y., Norton, I. H., Suarez, R. O., et al. (2010). A combined fMRI and DTI examination of functional language lateralization and arcuate fasciculus structure: Effects of degree versus direction of hand preference. *Brain and Cognition, 73*, 85–92.

Pulvermüller, F. (2012). Meaning and the brain: The neurosemantics of referential, interactive, and combinatorial knowledge. *Journal of Neurolinguistics, 25*(25), 423–459.

Pylkkänen, L., & Marantz, A. (2003). Tracking the time course of word recognition with MEG. *Trends in Cognitive Sciences, 7*(5), 187–189.

Pylyshyn, Z. W. (1984). *Computation and cognition: Toward a foundation for cognitive science*. Cambridge, MA: MIT Press.

Quaresima, V., Bisconti, S., & Ferrari, M. (2012). A brief review on the use of functional near-infrared spectroscopy (fNIRS) for language imaging studies in human newborns and adults. *Brain and Language, 121*, 79–89.

Quirk, R., Greenhaum, S., Leech, G., & Svartvik, J. (1972). *A grammar of contemporary English*. London, UK: Longman.

Raichele, M. E. (2010). Two views of brain function. *Trends in Cognitive Sciences, 14*(4), 180–190.

Rand, T. C. (1974). Dichotic release from masking for speech. *Journal of the Acoustical Society of America, 55*, 678–680.

Ranganath, C., & D'Esposito, M. (2005). Directing the mind's eye: Prefrontal, inferior and medial temporal mechanisms for visual working memory. *Current Opinion in Neurobiology, 15*, 175–182.

Rapp, B., & Caramazza, A. (2002). Selective difficulties with spoken nouns and written verbs: A single case study. *Journal of Neurolinguistics, 15*, 375–402.

Rauschecker, J. P. (1998). Cortical processing of complex sounds. *Current Opinions in Neurobiology, 8*(4), 516–521.

Rauschecker, J. P., Tian, B., & Hauser, M. (1995). Processing of complex sounds in the macaque nonprimary auditory cortex. *Science, 268*, 111–114.

Rauschecker, J. P., & Scott, S. K. (2009). Maps and streams in the auditory cortex: Nonhuman primates illuminate human speech processing. *Nature Neuroscience, 12*(6), 718–724.

Raymer, A. M., Moberg, P., Crosson, B., Nadeau, S., & Rothi, L. J. (1997).

Lexical-semantic deficits in two patients with dominant thalamic infarction. *Neuropsychologia, 35*(2), 211–219.

Reiterer, S., Pereda, E., & Bhattacharya, J. (2009). Measuring second language proficiency with EEG synchronization: How functional cortical networks and hemispheric involvement differ as a function of proficiency level in second language speakers. *Second Language Research, 25*, 77–106.

Richards, J. C., Schmidt, R., Kendrick, H., & Kim, Y. (2002). *Longman dictionary of language teaching and applied linguistics*. Harlow, UK: Pearson.

Rizzi, L. (2012). Core linguistics computations: How are they expressed in the brain? *Journal of Neurolinguistics, 25*(5), 489–499.

Rizzolatti, G., Fadiga, L., Gallese, V., & Fogassi, L. (1996). Premotor cortex and the recognition of motor actions. *Cognitive Brain Research, 3*(2): 131–141.

Rizzolatti, G., & Arbib, M. A. (1998). Language within our grasp. *Trends in Neuroscience, 21*, 188–194.

Rizzolatti, G., & Craighero, L. (2004). The mirror-neuron system. *Annual Review of Neuroscience, 27*, 169–192.

Robert, I. S. (2001). *Cognitive psychology*. Harlow, UK: Pearson.

Rochon, E., Saffran, E. M., Berndt, R. S., & Schwartz, M. F. (2000). Quantitative analysis of aphasic sentence production: Further development and new data. *Brain and Language, 72*, 193–218.

Rodd, J. M., Davis, M. H., & Johnsrude, I. S. (2005). The neural mechanisms of speech comprehension: fMRI studies of semantic ambiguity. *Cerebral Cortex, 15*(8), 1261–1269.

Röder, B., Stock, O., Neville, H., Bien, S., & Rösler, F. (2002). Brain activation modulated by the comprehension of normal and pseudo-word sentences of different processing demands: A functional magnetic resonance imaging study. *NeuroImage, 15*, 1003–1014.

Romani, C., & Calabrese, A. (1998). Syllabic constraints in the phonological errors of an aphasic patient. *Brain and Language, 64*, 83–121.

Rommel, P. (1683). De aphonia rara. *Miscellane Curiosa Medico-physica Academiae Naturae Curiosorum, 2*, 222–227.

Rosch, E. (1973). On the internal structure of perceptual and semantic categories. In T. E. Moore (Ed.), *Cognitive development and the acquisition of language* (pp. 111–144). New York, NY: Academic Press.

Rosch, E. (1975). Cognitive representations of semantic categories. *Journal of Experimental Psychology (General), 104*, 192–233.

Rosch, E., & Mervis, C. (1975). Family resemblances: Studies in the internal structure of categories. *Cognitive Psychology, 7*, 573–604.

Rosenbaum, B. (2000). *Tankeformer og talemider: En undersogelse af skizofrenes udsigelse, tankeforstyrrelse og kommunikation*. Kobenhavn, Denmark: Multivers.

Rosenfield, I. (1992). *Das fremde, das Vertraute und das Vergessene: Anatomie des Bewußtseins*. Frankfurt, Germany: Fischer.

Roth, F. P., & Spekman, N. J. (1986). Narrative discourse: Spontaneously-generated stories of learning-disabled and normally achieving students. *Journal of Speech and Hearing Disorders, 51*, 8–23.

Rueckle, J. (2002). The dynamics of visual word recognition. *Ecological Psychology, 14*, 5–19.

Ruigendijk, E., & Avrutin, S. (2003). The comprehension of pronouns and reflexives in agrammatic and Wernicke's aphasia. *Brain and Language, 87*, 17–18.

Rumelhart, D. E., & McClelland, J. L. (1986). On learning the past tenses of English verbs. In D. E. Rumelhart, J. L. McClelland & the PDP Research Group (Eds.), *Parallel distributed processing: Explorations in the microstructures of cognition* (Vol. 2) (pp. 216–271). Cambridge, MA: MIT Press.

Sacks, H., Schegloff, E. A., & Fefferson, G. (1974). A simplest systematics for the organization of turn-taking for conversation. *Language, 50*(4), 696–735.

Saffran, E., Schwartz, M., & Marin, O. (1980). The word-order problem in agrammatism: II. Production. *Brain and Language, 10*, 263–280.

Saffran, E., Schwartz, M. F., & Linebarger, M. C. (1998). Semantic influences on thematic role assignment: Evidence from normals and aphasics. *Brain and Language, 62*, 255–297.

Saldert, C. (2006). Inference and conversational interaction. *Gothenburg Monographs in Linguistics, 31*. Göthenburg, Germany: University of Göthenburg, Department of Lingwistics.

Santi, A., & Grodzinsky, Y. (2007). Working memory and syntax interact in Broca's area. *NeuroImage, 37*(1), 8–17.

Satz, P., Strauss, E., & Whitaker, H. (1990). The ontogeny of hemispheric specialization: Some old hypotheses revisited. *Brain and Language, 38*, 596–614.

Saur, D., Kreher, B. W., Schnell, S., Kümmerer, D., Kellmeyer, P., Vry, M. S., et al. (2008). Ventral and dorsal pathways for language. *Proceedings of the National Academy of Science USA, 105*(46), 18035–18040.

Scarborough, D. L., Cortese, C., & Scarborough, H. S. (1977). Frequency and repetition effects in lexical memory. *Journal of Experimental Psychology: Human Perception and Performance, 3*, 1–17.

Schank, R. C., & Abelson, R. P. (1977). *Scripts, goals, plans and understanding*. Hillsdale, NJ: Erlbaum.

Schegloff, E. A., & Sacks, H. (1973). Opening up and closings. *Semiotics, 8*(4), 289–327.

Schlösser, R., Hutchinson, M., Joseffer, S., Rusinek, H., Saarimaki A, Stevenson, J., et al. (1998). Functional magnetic resonance imaging of human brain activity in a verbal fluency task. *Journal of Neurology, Neurosurgery & Psychiatry, 64*, 492–498.

Schmalhofer, F., & Perfetti, C. A. (2007). Neural and behavioral indicators of integration processes across sentence boundaries. In F. Schmalhofer & C. A. Perfetti (Eds.), *Higher level language processes in the brain: Inference and comprehension processes* (pp. 161–188). Mahwah, NJ: Erlbaum.

Schmidt, J. (1676). De oblivion lectionis ex apoplexia salva scriptione. *Miscellane Curiosa Medico-physica Academiae Naturae Curiosorum, 4*, 195–197.

Schneider, A. M., & Tarshish, B. (1986). *An introduction to physiological psychology*. Scarborough, UK: McGraw-Hill.

Schnelle, H. (2010). *Language in the brain*. Cambridge, UK: Cambridge University Press.

Schnur, T. T., Schwartz, M. F., Kimberg, D. Y., Hirshorn, E., Coslett, H. B., & Thompson-Schill, S. L. (2009). Localizing interference during naming: Convergent neuroimaging and neuropsychological evidence for the function of Broca's area. *Proceedings of the National Academy of Sciences of the United States of America, 106*(1), 322–327.

Schreuder, R., & Baayen, R. H. (1995). Modeling morphological processing. In L. B. Feldman (Ed.), *Morphological aspects of language processing* (pp. 345–364). Hillsdale, NJ: Erlbaum.

Schuell, H. M., & Jenkins, J. J. (1961). Comment on "Dimensions of language performance in aphasia". *Journal of Speech and Hearing Research, 4*, 295–299.

Schütze, C. (2004). Synchronic and diachronic microvariation in English do. *Lingua, 114*, 495–516.

Schwanenflugel, P. J. (1991). Why are abstract concepts hard to understand? In P. J. Schwanenflugel (Ed.), *The psychology of word meaning* (pp. 223–250). Mahwah, NJ: Erlbaum.

Schwartz, M., Linebarger, M. C., Saffran, E., & Pate, D. (1987). Syntactic transparency and sentence interpretation in aphasia. *Language and Cognitive Processing, 2*, 85–113.

Scott, S. K., Blank, C., Rosen, S., & Wise, R. (2000). Identification of a pathway for intelligible speech in the left temporal lobe. *Brain, 123*(12), 2400–2406.

Scott, S. K., & Johnsrude, I. S. (2003). The neuroanatomical and functional organization of speech perception. *Trends in Neuroscience, 26*(2), 100–107.

Scott, S. K., & Wise, R. J. S. (2003). PET and fMRI studies of the neural basis of speech perception. *Speech Communication, 41*, 23–34.

Searle, J. R. (1969). *Speech acts*. Cambridge, UK: Cambridge University Press.

Searle, J. R. (1975). Indirect speech acts. In F. Cole & J. L. Morgan (Eds.), *Syntax and semantics, Vol. 3: Speech acts* (pp. 41–58). New York, NY: Academic Press.

Segaert, K., Menenti, L., Weber, K., Petersson, K. M., & Hagoort, P. (2011). Shared syntax in language production and language comprehension: An fMRI study. *Cerebral Cortex, 22*, 1662–1670.

Selkirk, E. (1982). The syllable. In P. van der Hulst & N. Smith (Eds.), *The structure of phonological representations, Vol. II* (pp. 337–385). Dordrecht, the Netherlands: Foris.

Semenza, C., Luzzatti, C., & Carabelli, S. (1997). Morphological representation of compound nouns: A study on Italian aphasic patients. *Journal of Neurolinguistics, 10*, 33–43.

Semenza, C., Girelli, L., Spacal, M., Kobal, J., & Mesec, A. (2002). Derivation by prefixation in Slovenian: Two aphasia case studies. *Brain and Language, 81*, 242–249.

Shannon, R. V., Zeng, F. G., Kamath, V., Wygonski, J., & Ekelid, M., (1995). Speech recognition with primarily temporal cues. *Science, 270*, 303–304.

Shapiro, K., Shelton, J., & Caramazza, A. (2000). Grammatical class in lexical production and morphological processing: Evidence from a case of fluent aphasia. *Cognitive Neuropsychology, 17*, 665–682.

Shapiro, K., & Caramazza, A. (2003a). Grammatical processing of nouns and verbs in left frontal cortex. *Neuropsychologia, 41*, 1189–1198.

Shapiro, K., & Caramazza, A. (2003b). The representation of grammatical categories in the brain. *Trends in Cognitive Sciences, 7*, 201–206.

Sherrington, C. S. (1906). *The integrative action of the nervous system*. New Haven, CT: Yale University Press.

Sievers, E. (1881). *Grundzuge der Phonetik*. Leipzig, Germany: Breitkopf and Hartel.

Silveri, M. C., & di Betta, A. (1997). Noun-verb dissociation in brain-damaged patients: Further evidence. *Neurocase, 3*, 477–488.

Silveri, M. C., & Gainotti, G. (1998). Interaction between vision and language in category-specific impairment. *Cognitive Neuropsychology, 5*, 677–509.

Ska, B., & Guénard, D. (1993). Narrative schema in dementia of the Alzheimer's type. In H. H. Brownell & Y. Joanette (Eds.), *Narrative discourse in neurologically impaired and normally aging adults* (pp. 299–316). San Diego, CA: Singular.

Ska, B., Duong, A., & Joanette, Y. (2004). Discourse impairments. In R. D. Kent (Ed.), *The MIT encyclopedia of communication disorders* (pp. 302–304). Cambridge, MA: MIT Press.

Smith, E. E., Shoben, E. J., & Rips, L. J. (1974). Structure and process in semantic memory: A featural model of semantic association. *Psychological Review, 81*, 214–241.

Smith, E. E., & Medin, D. L. (1981). *Categories and concepts.* Cambridge, MA: Harvard University Press.

Smith, E. E., & Jonides, J. (1999). Storage and executive processes in the frontal lobes. *Science, 283*, 1657–1661.

Soroker, N., Kasher, A., Giora, R., Batori, G., Corn, C., Gil, M., et al. (2005). Processing of basic speech acts following localized brain damage: A new light on the neuroanatomy of language. *Brain and Cognition, 57*(2), 214–217.

Sparks, R. W. (1978). Parastandardized examination guidelines for adult aphasia. *British Journal of Disorders of Communication, 13*, 135–146.

Sperber, D., & Wilson, D. (1995). *Relevance: Communication and cognition.* Oxford, UK: Blackwell.

Spreen, O., & Wachal, R. S. (1973). Psycholinguistic analysis of aphasic language: Theoretical formulations and procedures. *Language and Speech, 16*, 130–146.

Stark, H., & Stark, J. (1990). Syllable structure in Wernicke's aphasia. In J. L. Nespoulous & P. Villiard (Eds.), *Morphology, phonology and aphasia* (pp. 213–234). New York, NY: Springer.

Stefan, K., Cohen, L. G., Duque, J., Mazzocchio, R., Celnik, P., Sawaki, L., et al. (2005). Formation of a motor memory by action observation. *The Journal of Neuroscience, 25*, 9339–9346.

Stein, N. L., & Glenn, C. G. (1979). An analysis of story comprehension in elementary school children. In R. O. Freedle (Ed.), *New directions in discourse processing* (pp. 53–120). Norwood, NJ: Ablex.

Steinberg, D., & Sciarini, N. V. (2006). *An introduction to psycholinguistics.* Harlow, UK: Pearson.

Stemmer, B. (2008a). Neuropragmataics. In M. J. Ball, M. Perkins, N. Mueller & S. Howard (Eds.), *Handbook of clinical linguistics* (pp. 61–78). Oxford, UK: Blackwell.

Stemmer, B. (2008b). Neuropragmatics: Disorders and neural systems. In B. Stemmer & H. A. Whitaker (Eds.), *Handbook of the neuroscience of language.* Amsterdam, the Netherlands: Elsevier.

Stemmer, B., Giroux, F., & Joanette, Y. (1994). Production and evaluation of requests by right hemisphere brain-damaged individuals. *Brain and Language, 47*, 1–31.

Stemmer, B., & Joanette, Y. (1998). The interpretation of narrative discourse of brain-damaged individuals within the framework of a multilevel discourse model. In M. Beeman & C. Chiarello (Eds.), *Right hemisphere language comprehension: Perspectives from cognitive neuroscience* (pp. 329–348). Mahwah, NJ: Erlbaum.

Stenneken, P., Bastiaanse, R., Huber, W., & Jacobs, A. M. (2005). Syllable structure and sonority in language inventory and aphasic neologisms. *Brain and Language, 95,* 280–292.

Steriade, E. (1982). Greek prosodies and the nature of syllabification. Ph.D. dissertation, MIT, Cambridge, MA.

Stevens, N. K., & Blumstein, S. E. (1981). The search for invariant acoustic correlates of phonetic features. In P. D. Eimas & J. L. Miller (Eds.), *Perspectives on the study of speech* (pp. 1–38). Hillsdale, NJ: Erlbaum.

Storms, G., De Boek, P., & Ruts, W. (2000). Prototype and exemplar based information in natural language categories. *Journal of Memory and Language, 42,* 51–73.

Sussman, H. M. (1984). A neuronal model for syllable presentation. *Brain and Language, 22,* 167–177.

Sutton, S., Braren, M., Zubin, J., & John, E. R. (1965). Evoked-potential correlates of stimulus uncertainty. *Science, 150,* 1187–1188.

Sutton, S., Tueting, P., Zubin, J., & John, E. R. (1967). Information delivery and the sensory evoked potential. *Science, 155,* 1436–1439.

Swinney, D., Zurif, E., Prather, P., & Love, T. (1996). Neurological distribution of processing resources underlying language comprehension. *Journal of Cognitive Neuroscience, 8,* 174–184.

Taft, M. (2004). Morphological decomposition and the reverse base frequency effect. *Quarterly Journal of Experimental Psychology, 57,* 745–765.

Takahashi, H., Takahashi, K., & Liu, F. C. (2009). FOXP genes, neural development, speech and language disorders. In K. Maiese (Ed.), *Forkhead transcription factors: Vital elements in biology and medicine* (pp. 117–129). New York, NY: Landes Bioscience and Springer Science Business Media.

Talairach, J., & Tournoux, P. (1988). *Co-planar stereotaxic atlas of the human brain, 3-dimensional proportional system: An approach to cerebral imaging.* New York, NY: Thieme Medical Publishers.

Tallberg, I. (2001). Deictic disturbances after right hemisphere stroke. *Journal of Pragmatics, 33,* 1309–1327.

Tanaka, H., Fujita, N., Watanabe, Y., Hirabuki, N., Takanashi, M., Oshiro, Y., et al. (2000). Effects of stimulus rate on the auditory cortex using fMRI with sparse temporal sampling. *NeuroReport, 11*(9), 2045–2049.

Tesak, J., & Dittmann. J. (1991). Telegraphic style in normals and aphasics. *Linguistics, 29,* 1111–1137.

Tesak, J., & Code, C. (2008). *Milestones in the history of aphasia*. Hove, UK: Psychology Press.

Tettamanti, M., Buccino, G., Saccuman, M. C., Gallese, V., Danna, M., Scifo, P., et al. (2005). Listening to action-related sentences activates fronto-parietal motor circuits. *Journal of Cognitive Neuroscience, 17*, 273–278.

Thompson, C. K., Fix, S., & Gitelman, D. (2002). Selective impairment of morphosyntactic production in a neurological patient. *Journal of Neurolinguistics, 15*, 189–208.

Tissen, A., Weber, S., Grande, M., & Gunther, T. (2007). The "tree-pruning hypothesis" in bilingualism. *Aphasiology, 21*(6–8), 548–557.

Tompkins, C. A. (1995). *Right hemisphere communication disorders: Theory and management*. San Diego, CA: Singular.

Tompkins, C. A., & Mateer, C. A. (1985). Right hemisphere appreciation of prosodic and linguistic indications of implicit attitude. *Brain and Language, 24*, 185–203.

Tompkins, C. A., Lehman, M. T., & Baumgaertner, A. (1999). Suppression and inference revision in right brain-damaged and non-brain-damaged adults. *Aphasiology, 13*(9–11), 725–742.

Trost, J. E., & Canter, G. J. (1974). Apraxia of speech in patients with Broca's aphasia: A study of phoneme production accuracy and error patterns. *Brain and Language, 1*, 63–79.

Tsapkini, K., Jarema, G., & Kehayia, E. (2002). Regularity revisited: Evidence from lexical access of verbs and nouns in Greek. *Brain and Language, 81*, 103–119.

Tyler, L. K., Bright, P., Fletcher, P., & Stamatakis, E. A. (2004). Neural processing of nouns and verbs: The role of inflectional morphology. *Neuropsychologia, 42*, 512–523.

Tzeng, O., & Chen, S. (1988). Aphasia in Chinese. *Symposium on Aphasia in Non-Indo-European Languages*. Montreal, Canada: Academy of Aphasia.

Tzeng, O., Chen, S., & Huang, D. (1991). The classifier problem in Chinese aphasia. *Brain and Language, 41*, 184–202.

Ulatowska, H. K., North, A. J., & Macaluso-Haynes, S. (1981). Production of narrative and procedural discourse in aphasia. *Brain and Language, 13*, 345–371.

Ulatowska, H. K., Doyel, A. W., Freedman-Stern, R. F., Macaluso-Haynes, S. M., & North, A. J. (1983). Production of procedural discourse in aphasia. *Brain and Language, 18*, 315–341.

Ulatowska, H. K., Olness, G., Hill, C., Roberts, J., & Keebler, M. (2000). Repetition in narratives of African Americans: The effects of aphasia. *Discourse Processes, 30*, 265–283.

Ulatowska, H. K., & Olness, G. S. (2001). Dialectal variants of verbs in narratives of

African Americans with aphasia: Some methodological considerations. *Journal of Neurolinguistics, 14,* 93–110.

Ulatowska, H. K., & Olness, G. S. (2003). On the nature of direct speech in narratives of African Americans with aphasia. *Brain and Language, 87,* 69–70.

Ulatowska, H. K., Olness, G. S., & Williams, L. J. (2004). Coherence of narratives in aphasia. *Brain and Language, 91,* 42–43.

Ulatowska, H. K., Reyes, B. A., Santos, T. O., & Worle, C. (2011). Stroke narratives in aphasia: The role of reported speech. *Aphasiology, 25*(1), 93–105.

Ullman, M. T. (2001). A neurocognitive perspective on language: The declarative/procedural model. *Nature Reviews Neuroscience, 2,* 717–726.

Ullman, M. T., Corkin, S., Coppola, M., Hickok, G., Growdon, J. H., Koroshetz, W. J., et al. (1997). A neural dissociation within language: Evidence that the mental dictionary is part of declarative memory and that grammatical rules are processed by the procedural system. *Journal of Cognitive Neuroscience, 9,* 266–276.

Ullman, M. T., Pancheva, R., Love, T., Yee, E., Swinney, D., & Hickok, G. (2005). Neural correlates of lexicon and grammar: Evidence from the production, reading, and judgment of inflection in aphasia. *Brain and Language, 93,* 185–238.

Uyeda, K. M., & Mandler, F. (1980). Prototypicality norms for 28 semantic categories. *Behavior Research Methods and Instrumentation, 12*(6), 587–595.

Vaid, J., & Hull, R. (2001). A tale of two hemispheres: A meta-analytic review of the bilingual brain. Poster presented at the Third International Symposium on Bilingualism. University of the West of England, Bristol, UK.

van Dijk, T. A., & Kintsch, W. (1983). *Strategies of discourse comprehension*. New York, NY: Academic Press.

van Lancker-Sidtis, D. (2004). When only the right hemisphere is left: Language and communication studies. *Brain and Language, 91,* 199–211.

van Lieshout, P. (2004). Dynamical systems theory and its application in speech. In B. Maassen, R. Kent, H. Peters, P. van Lieshout & W. Hulstijn (Eds.), *Speech motor control in normal and disordered speech* (pp. 51–82). Oxford, UK: Oxford University Press.

Van Orden, G. C., Holden, J. G., & Turvey, M. T. (2003). Self-organization of cognitive performance. *Journal of Experimental Psychology: General, 132*(3), 331–350.

van Valin, R. D. (1993). *Advances in role and reference grammar*. Amsterdam, the Netherlands: John Benjamins.

van Valin, R. D. (2005). *Exploring the syntax-semantics interface*. Cambridge, UK: Cambridge University Press.

Vargha-Khadem, F., Watkins, K., Alcock, K., Fletcher, P., & Passingham, R. (1995). Praxic and nonverbal cognitive deficits in a large family with a genetically transmitted speech and language disorder. *Proceedings of the National Academy of Sciences of the United States of America, 92*(3), 930–933.

Vargha-Khadem, F., Gadian, D. G., Copp, A., & Mishkin, M. (2005). FOXP2 and the neuroanatomy of speech and language. *Nature Reviews Neuroscience, 6*, 131–138.

Varlokosta, S., Valeonti, N., Kakavoulia, M., Lazaridou, M., Economou, A., & Protopapas, A. (2006). The breakdown of functional categories in Greek aphasia: Evidence from agreement, tense, and aspect. *Aphasiology, 20*, 723–743.

Vico, G. B. (1744). *Principi di scienza nuova, terza impressione.* Naples, Italy: Stamperia Muziana.

Villardita, C., Grioli, M., & Quattropani, M. C. (1988). Concreteness/abstractness of stimulus-words and semantic clustering in right brain-damaged patients. *Cortex, 24*, 563–571.

von Economo, C., & Koskinas, G. N. (1925). *Die Cytoarchitektonik der Hirnrinde des erwachsenen Menschen.* Berlin, Germany: Springer.

von Monakow, C. (1911). Localization of brain functions. In G. von Bonin (Ed.), *Some papers on the cerebral cortex.* Springfield, IL: Charles C. Thomas.

von Monakow, C. (1914). *Die Lokalisation im Grosshirn und der Abbau der Funktion durch kortikale Herde.* Wiesbaden, Germany: Bergmann.

Vosse, T., & Kempen, G. (2000). Syntactic structure assembly in human parsing: A computational model based on competitive inhibition and a lexicalist grammar. *Cognition, 75*, 105–143.

Vouloumanos, A., Kiehl, K., Werker, J., & Liddle, P. (2001). Detection of sounds in the auditory stream: Event-related fMRI evidence for differential activation to speech and nonspeech. *Journal of Cognitive Neuroscience, 13*(7), 994–1005.

Warrington, E. K., & Shallice, T. (1984). Category-specific semantic impairments. *Brain, 107*, 829–853.

Weed, E. (2011). What's left to learn about right hemisphere damage and pragmatic impairment? *Aphasiology, 25*(8), 872–889.

Weekes, N. Y., Capetillo-Cunliffe, L., Rayman, J., Iacoboni, M., & Zaidel, E. (1999). Individual differences in the hemispheric specialization of dual route variables. *Brain and Language, 67*, 110–133.

Weisenburg, T. H., & McBride, K. E. (1935). *Aphasia: A clinical and psychological study.* New York, NY: Commonwealth Fund.

Wenzlaff, M., & Clahsen, H. (2004). Tense and agreement in German agrammatism. *Brain and Language, 89*, 57–68.

Wenzlaff, M., & Clahsen, H. (2005). Finiteness and verb-second in German agrammatism. *Brain and Language, 92*, 33–44.

Wepman, J. M., & Jones, L. V. (1966). Studies in aphasia: Classification of aphasic speech by the noun-pronoun ratio. *British Journal of Disorders of Communication, 1*, 46–54.

Wernicke, C. (1874). *Der aphasische Symptomencomplex: Eine psychologische Studie auf anatomischer Basis*. Breslau, Germany: Cohn and Weigert.

Wernicke, C. (1885). Einige neuere Arbeiten über Aphasie. *Fortschritte der Medizin, 3*, 463–482. [English translation in G. H. Eggert (Ed.). (1977). *Wernicke's works on aphasia: A sourcebook and review* (pp. 175–205). The Hague, the Netherlands: Mouton.]

Wernicke, C. (1886). Neuere arbeiten über Aphasie. *Fortschritte der Medizin, 4*, 371–377.

Wertz, T., LaPointe, L., & Rosenbek, J. (1984). *Apraxia of speech: The disorders and its management*. New York, NY: Grune and Stratton.

Wessinger, C. M., VanMeter, J., Tian, B., Van Lare, J., Pekar, J., & Rauschecker, J. P. (2001). Hierarchical organisation of the human auditory cortex revealed by functional magnetic resonance imaging. *Journal of Cognitive Neuroscience 131*, 1–7.

West, W. C., & Holcomb, P. J. (2000). Imaginal, semantic, and surface-level processing of concrete and abstract words: An electrophysiological investigation. *Journal of Cognitive Neuroscience, 12*(6), 1024–1037.

Weylman, S. T., Brownell, H. H., Roman, M., & Gardner, H. (1989). Appreciation of indirect requests by left- and right-brain-damaged patients: The effects of verbal context and conventionality of wording. *Brain and Language, 36*, 580–591.

Whitaker, H. A. (1971). *On the representation of language in the human brain*. Edmonton, Canada: Linguistic Research.

Whitehouse, P., Caramazza, A., & Zurif, E. (1978). Naming in aphasia: Interacting effects of form and function. *Brain and Language, 6*, 63–74.

Wilcox, M. J., & Davis, G. A. (1977). Speech act analysis of aphasic communication in individual and group settings. In R. H. Brookshire (Ed.), *Clinical aphasiology conference proceedings* (pp. 166–174). Minneapolis, MN: BRK Publishers.

Wildgruber, D., Kischka, U., Ackermann, H., Klose, U., & Grodd, W. (1999). Dynamic pattern of brain activation during sequencing of word strings evaluated by fMRI. *Cognitive Brain Research, 7*, 285–294.

Wildgruber, D., Riecker, A., & Hertrich, I. (2005). Identification of emotional intonation evaluated by fMRI. *NeuroImage, 4*, 1233–1241.

Wilkinson, R. (1999). Sequentiality as a problem and a resource for intersubjectivity in aphasic conversation: Analysis and implications for therapy. *Aphasiology, 13*(4–5), 327–343.

Wilkinson, R., Beeke, S., & Maxim, J. (2003). Adapting to conversation: On the use of linguistic resources by speakers with fluent aphasia in the construction of turns at talk. In C. Goodwin (Ed.), *Conversation and brain damage* (pp. 59–89). New York, NY: Oxford University Press.

Willems, R. M., & Hagoort, P. (2009). Broca's region: Battles are not won by ignoring half of the facts. *Trends in Cognitive Science, 13*(3), 101.

Williams, S. E., & Canter, G. J. (1987). Action-naming performance in four syndromes of aphasia. *Brain and Language, 6*, 362–377.

Willis, T. (1664). *De cerebri anatome qui accessit nervorum descriptio et usus*. Londines: R. Davis.

Willis, T. (1672). *De anima brutorum*. Londines: R. Davis.

Winner, E., & Gardner, H. (1977). The comprehension of metaphor in brain damaged patients. *Brain, 100*, 717–729.

Winner, E., Brownell, H., Happé, F., Blum, A., & Pincus, D. (1998). Distinguishing lies from jokes: Theory of mind deficits and discourse interpretation in right hemisphere brain-damaged patients. *Brain and Language, 62*, 89–106.

Wise, R. J., Greene, J., Buchel, C., & Scott, S. K. (1999). Brain regions involved in articulation. *Lancet, 353*, 1057–1061.

Wright, H. H. (2011). Discourse in aphasia: An introduction to current research and future directions. *Aphasiology, 25*(11), 1283–1285.

Xiao, X., Zhao, D., Zhang, Q., & Guo, C. Y. (2012). Retrieval of concrete words involves more contextual information than abstract words: Multiple components for the concreteness effect. *Brain and Language, 120*(3), 251–258.

Yang, C. L., Perfetti, C. A., & Schmalhofer, F. (2007). Event-related potential indicators of text integration across sentence boundaries. *Journal of Experimental Psychology: Learning, Memory, and Cognition, 33*(1), 55–89.

Yule, G. (1997). *Referential communication tasks*. Hillsdale, NJ: Erlbaum.

Zakzanis, K. K., Graham, S. J., & Campbell, Z. (2003). A meta-analysis of structural and functional brain imaging in dementia of the Alzheimer's type: A neuroimaging profile. *Neuropsychology Review, 13*, 1–18.

Zeno, S. M., Ivens, S. H., Millard, R. T., & Duvvuri, R. (1995). *The educator's word frequency guide*. Brewster, NJ: Touchstone Applied Science Associates.

Zhang, Q., Guo, C. Y., Ding, J. H., & Wang, Z. Y. (2006). Concreteness effects in the processing of Chinese words. *Brain and Language, 96*, 59–68.

Zingeser, L., & Berndt, R. (1990). Retrieval of nouns and verbs in agrammatism and anomia. *Brain and Language, 39*, 14–32.

Zurif, E. B., Caramazza, A., & Myerson, R. (1972). Grammatical judgments of agrammatic aphasics. *Neuropsychologia, 10*, 405–417.

Zurif, E. B., Caramazza, A., Myerson, R., & Galvis, J. (1974). Semantic feature representations for normal and aphasic language. *Brain and Language, 1*, 167–187.